Hanspeter Nüesch

Ruth und Billy Graham

Ein Ehepaar verändert die Welt

SCM Hänssler

SCM

Stiftung Christliche Medien

Bestell-Nr. 395.061
ISBN 978-3-7751-5061-3

Internet: www.scm-haenssler.de
E-Mail: info@scm-haenssler.de
Umschlaggestaltung: Jens Vogelsang, Aachen
Satz: Satz & Medien Wieser, Stolberg
Druck und Bindung: CPI – Ebner & Spiegel, Ulm
Printed in Germany

Inhalt

Das Buch – Ein Gemeinschaftsprojekt

Zum Gelingen dieses Buches haben viele Menschen beigetragen. Aber ohne Gottes unübertreffbare Koordination und Leitung hätte ich viele dieser Personen gar nie getroffen. Ihm gilt deshalb mein erster Dank.

Dann möchte ich meiner Frau Vreni danken, die die große Liebe meines Lebens während nun schon beinahe 40 Jahren ist. Du bist eine dauernde Quelle der Ermutigung für mich und hast mir oft in großer Weisheit Feedback gegeben. Danke für die vielen hilfreichen Gespräche und Gebetszeiten das Buch betreffend, oft mitten in der Nacht. Dann möchte ich auch unseren vier Kindern Stephan, Gretina, Daniel und Seraina danken, die nicht nur für das Buchprojekt gebetet haben, sondern da und dort auch praktisch zum Gelingen desselben beigetragen haben. Gretina hat zusammen mit Iris Fontana Hunderte von Zitaten und Quellen in den Computer aufgenommen zwecks späterer Verwendung. Meine zwei Schwestern Christine Koenig und Marianne Bächtold haben das fertige Manuskript mit den Augen von ausgebildeten Lehrerinnen angeschaut und viele hilfreiche Korrekturen vorgeschlagen.

Eine ganz wichtige Person für das Gelingen des Projekts war Gigi Graham, die Vreni und mir in der Zwischenzeit zu einer echten Freundin wurde. Sie hat uns an ihrem Leben als älteste Tochter von Ruth und Billy Graham Anteil gegeben und uns erlaubt, einen Blick hinter die Kulissen ihrer Eltern zu werfen. Gigi hat uns ihre privaten Fotoalben geöffnet und viele wertvolle Dokumente für das Buch zusammengetragen. Ich kann mir kaum eine hilfsbereitere Person vorstellen als Gigi Graham. Danke, Gigi, auch für Dein sehr persönlich geschriebenes Vorwort.

Danken möchte ich den Mitarbeitern des Billy-Graham-Archivs des Wheaton College, die mir geholfen haben, fehlende Dokumente zu finden. Dankbar bin ich auch für die Hilfsbereitschaft der persönlichen Mitarbeiter von Billy Graham im Montreater Büro. Dank ihnen kam ich zu einigen wertvollen Dokumenten sowie zu einem lange gesuchten Buch über die Teenagerjahre von Billy Graham. Eine besondere Großzügigkeit erlebte ich vonseiten von Stone Table Media in Black Mountain, die mir zahlreiche auf DVD aufgenommene Interviews Ruth Graham betreffend unentgeltlich anvertraut haben.

Dann möchte ich meinen Mitarbeitern bei Campus für Christus danken, allen voran meinem persönlichen Assistenten Felix Rechsteiner. Er hat Hunderte von Stunden in das Projekt investiert und war oft der Einzige, der noch die Übersicht behalten hat. Er hat das Ganze zu seinem Projekt gemacht und war für mich eine unschätzbar wertvolle Hilfe. Ohne seinen riesigen Einsatz wäre das Buch nie entstanden. Zu besonderem Dank bin ich auch Anja Ehrsam gegenüber verpflichtet, die viele wertvolle Anregungen gegeben hat und die mir wie keine andere Person geholfen hat, inhaltlich den roten Faden zu behalten. Dr. Rainer Behrens möchte ich danken für die Übersetzung der Zitate aus dem Englischen.

Schließlich möchte ich den Mitarbeitern von SCM Hänssler danken, allen voran der Cheflektorin Uta Müller, die nicht nur mit großer fachlicher Kompetenz, sondern auch mit innerem Engagement dem Projekt zum Durchbruch verholfen hat, dann aber auch Anke Becker, die als Lektorin so manche wertvolle Verbesserungen vorgeschlagen hat, um das Buch verständlicher zu machen.

Last but not least möchte ich unseren zwölf persönlichen Fürbitter/-innen danken, die regelmäßig für meine Frau und mich und speziell auch für das Buchprojekt im Gebet vor Gott eingestanden sind. Eure Treue und Hingabe ist ein gewaltiges Zeugnis. Das Buch ist auch ein bisschen Euer Buch.

Hanspeter Nüesch

Vorwort von Gigi Graham

Eines Morgens rief mich mein Sohn Basyle an und informierte mich, dass ihn ein Schweizer Mitarbeiter von Campus für Christus kontaktiert habe. Dieser wolle mich treffen, weil er ein Buch über meine Mutter und meinen Vater schreibe. Da ich viele ähnliche Anfragen erhalte, war ich ein wenig unsicher und nicht sehr begeistert. Aus purer Freundlichkeit stimmte ich jedoch zu, ihn zu treffen.

Gegen Ende derselben Woche kam Hanspeter bei mir zu Hause in Florida an.

Ein paar Minuten nach dem ersten herzlichen Händedruck wusste ich, dass ich einen neuen, aber bereits sehr lieben Freund gewonnen hatte.

Sein Überschwang, sein Eifer, seine Energie, sein herzliches Lachen, sein Sinn für Humor, seine Lebensfreude – all das war ansteckend. Doch seine Liebe zum Herrn und seine Zielstrebigkeit zogen mich noch mehr zu diesem ganz besonderen Menschen als all die anderen Eigenschaften.

Hanspeter erzählte mir von dem Projekt, von dem er glaubte, dass Gott es ihm aufs Herz gelegt hatte; nämlich ein Buch über meine Eltern zu schreiben.

Es war ein großes Projekt, und ich war mir überhaupt nicht sicher, ob er in der Lage sein würde, es zu vollenden; doch ich lernte schnell: Wenn Hanspeter sich entscheidet, irgendetwas zu tun, dann aufgepasst!

Als ich Hanspeter und seine Familie einige Monate später in der Schweiz besuchte, bekam ich einen ersten kleinen Eindruck von der Ernsthaftigkeit dieses Projektes. Hanspeter hatte Hunderte von Stunden mit der Erforschung meiner Familie zugebracht.

Er hatte jedes Buch und jeden Artikel gesammelt, das bzw. der jemals über meine Familie geschrieben worden ist. Er hatte jede Information beschafft, an die er herankommen konnte. Bücher, Zeitschriften, Briefe, Interviews und Artikel, die ich nie gesehen hatte oder von deren Existenz ich nicht einmal wusste. Manchmal musste ich lachen, weil er mehr über meine Familie zu wissen schien als ich selbst. Wieder war ich von seiner Energie und seiner Begeisterung in Beschlag genommen, und diesmal glaubte ich, dass er diese Aufgabe vollenden würde.

Im darauffolgenden Sommer besuchten mich Hanspeter und seine Frau Vreni in North Carolina. An einem Tag fuhren wir zum Haus meiner Eltern und besuchten meinen Vater. Während dieses herrlichen Zusammenseins fiel es Hanspeter schwer, die freudige Erregung über diese Erfahrung zu verbergen. Er war so voller Energie und Überschwang für den Herrn und seine Arbeit in der Schweiz, in Europa und in anderen Teilen der Welt; ich dachte, es könnte meinem alten Vater, der Schwierigkeiten mit dem Hören hat, zu viel werden. Aber es dauerte nicht lange, bis ich erkannte, dass mein Vater ebenfalls von all den Dingen begeistert war, die Gott durch diesen enthusiastischen Schweizer Christen tut, sodass er mehr davon hören wollte. Also lud er uns am nächsten Tag wieder zum Mittagessen ein.

Hanspeters Frau Vreni beschrieb Hanspeter und sein Buchprojekt in einem Brief folgendermaßen: »HP ist so begeistert, all die guten und interessanten Geschichten und Botschaften zu Papier zu bringen. Er ist völlig erfüllt davon; manchmal ist er wie ein Vulkan.«

Ich musste lachen, da ich mich daran erinnerte, wie ich vor ein paar Monaten am Fenster ihres hübschen Hauses gestanden hatte, inmitten der Schönheit, die ihr Haus am Berghang und das bezaubernde Dorf darunter umgibt.

Vreni war in der Küche und bereitete ein köstliches Raclette vor, eines meiner Lieblingsgerichte. Der Duft erschwerte es mir, meine ungeteilte Aufmerksamkeit Hanspeter zu schenken, der ständig versuchte, sie wieder auf dieses Buchprojekt zu lenken. Hanspeter war so voller Begeisterung und Energie, so fokussiert, so hingegeben, so entschlossen, so voller Ideen und Gedanken, dass er sich kaum zurückhalten konnte. Es musste einfach aus ihm herausbrechen, ähnlich wie bei einem Vulkan. Da wusste ich, dass Hanspeter bis zum Abschluss dieses Projektes nur eine Sache im Kopf haben würde.

Hanspeters konzentrierter Eifer und sein Gehorsam gegenüber dem, was er als Gottes Berufung empfand, haben sich ausgezahlt. Dieses Buch, »Ruth und Billy Graham – Ein Ehepaar verändert die Welt«, ist das Ergebnis.

Danke, Hanspeter, und danke Vreni, dass Du deinen Vulkan unterstützt hast. Ich kann es kaum in Worte fassen, was für ein reicher Segen Ihr beide für mich seid. Auch Ihr seid Menschen, »die die Welt verändern«. Ich bin dankbar und habe das Vorrecht, Euch meine lieben Freunde zu nennen.

Gigi

Gigi Graham, die älteste Tochter von Ruth und Billy Graham, zusammen mit ihrem Vater.

1. Partnerschaft – Das Vermächtnis eines Ehepaares

Sie wurde 1920 an der Ostküste Chinas geboren und wuchs inmitten heftiger Kriegswirren als Tochter eines amerikanischen Missionsarztes auf. Keine Nacht ging sie zu Bett, ohne dass sie Schüsse und Kriegslärm hörte. Die Missionare wurden als fremde Teufel bezeichnet. Viele von ihnen starben einen Märtyrertod. Sie kniete vor dem Bett nieder und betete: *»Herr, lass mich auch als Märtyrerin für dich sterben!«* Ihre ältere Schwester betete gleichzeitig: *»Bitte nimm ihr Gebet nicht ernst. Sie ist noch viel zu klein, um zu verstehen, was sie betet.«* Als Teenager hatte sie nur einen Wunsch: als Missionarin nach Tibet zu gehen. Sie brauchte dafür nichts und niemanden, auch keinen Mann. Jesus und die Bibel würden ausreichen. Daneben war sie aber auch ein sehr lebenslustiges Mädchen und zu mancherlei Streichen aufgelegt. Um eine richtige Schulbildung zu genießen, wurde sie nach Pjöngjang, der Hauptstadt des heutigen Nordkorea geschickt. Weit weg vom Elternhaus lernte sie Gefühle des Alleinseins und des Heimwehs zu überwinden, indem sie Jesus Christus zu ihrem Vertrauten und Freund machte. In langen Briefen an ihre Familie und in Gedichten versuchte sie, ihre Gedanken und Empfindungen auszudrücken. Wichtiger als alles waren ihr jedoch ihre Zeiten ganz allein mit Gott. Das Studium der Bibel wurde zu ihrer Lieblingsbeschäftigung. Ihre Lebensberufung schien geklärt.

Er wurde 1918 in Charlotte im Südosten der Vereinigten Staaten geboren, als Sohn eines Milchbauern. Das Melken der Kühe gehörte neben der Schule zu seiner täglichen Routine. Aber viel lieber fuhr er mit dem Auto seines Vaters umher, mit einem hübschen Mädchen an seiner Seite. Baseball, Mädchen und Weltgeschichte, insbesondere die Geschichte der amerikanischen Präsidenten; das war es, was ihn interessierte. Dazu las er mit Inbrunst Bücher über Tarzan. Dann bekehrte er sich bei einer Evangelisation in seiner Heimatstadt und besuchte daraufhin eine Bibelschule. Um die zusätzliche Ausbildung zu finanzieren, ging er von Haus zu Haus und verkaufte Bürsten. Später kehrte er der Bibelschule den Rücken, weil sie ihm in mancher Hinsicht zu autoritär erschien. »Meckern verboten« stand auf dem Schild an der Wand seines Zimmers. Beim abschließenden Gespräch meinte der Leiter der Bibelschule, dass, wenn er so weitermache, leider nie etwas Außerordentliches aus ihm werden würde, höchstens ein armer Baptistenprediger auf dem Land, irgendwo draußen in der Pampa. Er versuchte es nochmals mit einer Bibelschule, diesmal in Tampa, Florida, wo er mehr Freiheiten genoss. Bald einmal verliebte er sich in eine hübsche Bibelschülerin. Sie begannen eine Freundschaft. Er machte bereits Heiratspläne. Da verließ sie ihn. Liebevoll, aber klar gab sie ihm zu bedenken, er sei zwar ein durchaus liebenswürdiger Mensch, aber ohne klaren Fokus im Leben werde er nie etwas erreichen. Für ihn brach eine Welt zusammen. Er begann Gott und seinen Willen noch intensiver zu suchen. Eines Nachts schlenderte er, über sein Leben nachsinnend, über den Golfplatz vor der Bibelschule. Beim 18. Green fiel er auf die Knie und betete:

»Oh Herr, wenn du willst, dass ich dir diene und das Evangelium predige, dann möchte ich das tun. Ich verspreche dir: Ich werde das tun, was du mich tun heißt; ich werde das sagen, was du mich sagen heißt; ich werde dorthin gehen, wo du mich hinzugehen heißt.«

Wenn schon kein berühmter Prediger aus ihm werden sollte, so wollte er wenigstens ein Seelengewinner werden. Immer wieder paddelte er in die Sümpfe hinaus und predigte den Bäumen und Alligatoren. Gleichzeitig hoffte er, dass ihn irgendjemand entdecken würde. Bald taten sich erste kleine Türen zum Predigtdienst in Gemeinden auf. Auch begann er regelmäßig in einem Wohnwagen-Park zu predigen. Das war in jedem Fall Erfolg versprechender als seine Straßenpredigten, wo er es zum Teil mit erbosten Ladenbesitzern zu tun bekam.

Die Tochter des chinesischen Missionsarztes musste China, angesichts der wachsenden Kriegswirren, Hals über Kopf verlassen und wurde zum Studium ans Wheaton College in der Nähe von Chicago geschickt. Der Bauernsohn erhielt nach der Bibelschulzeit ein Stipendium für das Studium am gleichen College. Dort lernten sich die beiden kennen. Der Bauernsohn verliebte sich in die Missionarstochter. Sie war sehr beeindruckt vom Glauben und der Ernsthaftigkeit dieses Mannes. »*Dieser Mann weiß, zu wem er spricht*«, dachte sie, als sie ihn einmal im Nebenraum beten hörte. Er lud sie ein, mit ihm zusammen Händels »Messias« anzuhören. Sie nahm die Einladung an. Anschließend schrieb sie in ihr Tagebuch, dass sie es als größtes Vorrecht empfinden würde, an der Seite dieses Mannes das Leben zu verbringen. Jahre später bekannte sie, dass sie, wenn sie gewusst hätte, was das bedeuten würde, wahrscheinlich nicht den Mut gehabt hätte, so etwas zu schreiben. Da war aber immer noch ihr Wunsch, als Pioniermissionarin in Tibet zu wirken. Er empfand dagegen, dass Gott ihm eine andere Aufgabe gegeben hatte. Nach einem klärenden Gespräch unter vier Augen löste sie sich schweren Herzens von ihrem Lebenstraum und entschied sich, fortan seine Berufung zu unterstützen. Am 13. August 1943 schlossen Ruth Bell und Billy Graham den Bund fürs Leben; für ein Leben, welches das Leben unzähliger Menschen auf allen Kontinenten beeinflussen sollte.

Im vorliegenden Buch geht es um zwei Menschen mit sehr unterschiedlichem Hintergrund: ihre Gottesbeziehung, ihre Prioritäten und Prinzipien, ihre Partnerschaft. Es geht um ein Ehepaar, das die Welt nachhaltig verändert hat: Ruth und Billy Graham. Billy Grahams weltweiter Dienst ist bereits von allen Seiten beleuchtet worden. Leider wurde dabei der wesentliche Beitrag, den Ruth bei diesem Dienst leistete, nicht gebührend berücksichtigt. Das, wofür Billy Graham bis heute steht, wäre aber ohne den wesentlichen Beitrag seiner Ehefrau Ruth nicht möglich gewesen.

In der zweiten Hälfte des 20. Jahrhunderts hat wohl niemand so vielen Menschen das Evangelium von Angesicht zu Angesicht weitergegeben wie Billy Graham. Zusätzlich hat er Millionen von Menschen via die Massenmedien erreicht. Er predigte über die amerikanische Fernsehkette NBC, als noch nicht einmal jeder vierte Amerikaner überhaupt einen Fernsehapparat besaß. Auf vielen der größten Plätze der Welt gab er das Evangelium von Jesus Christus weiter und forderte Menschen zur Entscheidung heraus. Bei der Abschlussveranstaltung seiner ersten Londoner Evangelisationskampagne von 1954 war

Ruth und Billy Graham anlässlich ihrer Vermählung 1943.

das Wembley Stadion zu klein, um alle Leute zu fassen, die Billy Graham hören wollten.

Seine Evangelisationen in Europa, insbesondere in England, Deutschland und der Schweiz, sind bis heute die größten christlichen Veranstaltungen geblieben, die es in diesen Ländern je gab.

Nur die Päpste, insbesondere Johannes Paul II., versammelten ähnliche Massen von Leuten. Der »Spiegel« brachte 1954 eine Titelgeschichte über Billy Grahams Evangelisation in Deutschland, und der »Zürcher Kirchenbote« berichtete ein Jahr später, anschließend an Grahams Evangelisation in Zürich, dass noch nie so viele Menschen gemeinsam der Botschaft der Bibel zugehört hätten: *»Es war eine erhebende Stunde, als Zehntausende mit Ernst dem Evangelium von der Erlösung in Christus folgten.«*[1]

Via Fernsehübertragung, über seine wöchentliche Radiosendung »Stunde der Entscheidung« und über seine täglichen Zeitungskolumnen »Meine Antwort« erreichte Billy Graham über die Jahre zusätzlich unzählige Menschen. Während mehrerer Jahrzehnte war er für viele Gottes Botschafter schlechthin. Die amerikanische »Saturday Evening Post« bezeichnete ihn 1972 als *»die größte Persönlichkeit unserer Zeit«* und *»den bekanntesten Mann der Welt«*, wobei Letzteres sicher ein bisschen vollmundig war. Richtiger lag die »New York

1954 konnte das Wembley Stadion in London bei Weitem nicht alle Personen fassen, die Billy Graham zum Abschluss seines evangelistischen Feldzuges hören wollten.

Das Berliner Olympiastadion war 1954 übervoll,
als Billy Graham das Evangelium predigte.

Times« nach seinen Auftritten am Londoner Trafalgar Square und am New Yorker Times Square, als sie davon sprach, dass Billy Graham die *»Kreuzungen der Welt«* in *»große Kathedralen«* verwandelt hätte. Den zahlenmäßigen Höhepunkt seines weltweiten evangelistischen Dienstes erreichte er im Rahmen der »Global Mission« 1995, als die Ansprachen des bereits knapp 77-Jährigen von Puerto Rico aus über ein Netzwerk von 30 Satelliten in 165 Länder übertragen wurden. Zusammen mit den nachträglichen Ausstrahlungen sollen schätzungsweise eine Milliarde Menschen zumindest eine seiner Botschaften gehört haben.

Billy Graham war aber nicht nur Gottes Botschafter für die Massen; er war zugleich Vertrauter von gekrönten Häuptern und Seelsorger von Staatspräsidenten, unter anderem von nicht weniger als elf US-Präsidenten. Nach Angaben der ihn begleitenden Mitarbeiter hat er die Begegnungen mit Politikern in aller Welt regelmäßig genutzt,

1957 predigte Billy Graham vor den Stufen des amerikanischen Finanzministeriums an der Wall Street in New York. Während einer Stunde kam der Verkehr völlig zum Erliegen.

um auf zentrale Aspekte des christlichen Glaubens zu sprechen zu kommen. Er wusste, dass er als Botschafter Gottes unterwegs war und nicht als Botschafter Amerikas. Er war der erste und lange Zeit einzige westliche Prediger, der während des Kalten Krieges hinter dem Eisernen Vorhang das Evangelium predigte. Zwischen 1967 und 1988 predigte er in Jugoslawien, Ungarn, Polen, der DDR, Rumänien, der Tschechoslowakei und mehrmals in der Sowjetunion.

Er war nicht nur ein Evangelist, der viele Menschen in die Nachfolge von Jesus rief; er war auch ein Prophet, eine Stimme Gottes für Nationen, allen voran die Vereinigten Staaten. Für den Soziologieprofessor William Martin, Autor von »A Prophet with Honor«, der umfassendsten Biografie über Billy Graham, ist Billy Graham *»nicht nur eine Ikone der amerikanischen Christenheit, sondern eine Ikone Amerikas schlechthin«.*[2]

Billy Graham wurde in der zweiten Hälfte des zwanzigsten Jahrhunderts zu Recht als der Pastor Amerikas bezeichnet. Er war es, der seit 1965 jeweils das Gebet der Amtseinführung der Präsidenten sprach oder vom Glauben her Trost zu spenden versuchte, wie im Umfeld des 11. September 2001 oder nach der Flutkatastrophe in New Orleans. Lange Jahre bildeten Billy und Ruth Graham für die Amerikaner *»**das** Ehepaar der amerikanischen Christenheit«* schlechthin. 1996 verlieh der amerikanische Kongress Billy und Ruth Graham für ihre Verdienste an der Allgemeinheit die Congressional Gold Medal, die höchste Auszeichnung, die der Kongress an US-Bürger verleihen kann. Erst zum dritten Mal in der Geschichte wurde damit auch eine Frau mit dieser Auszeichnung geehrt.

Das Besondere an der Ehrung des amerikanischen Kongresses war die Tatsache, dass ein Ehepaar geehrt wurde.

Die Zeitschrift »TIME« schrieb über Billy Graham:

»Moralische Instanzen kamen und gingen, aber Graham blieb, und seine Ehre blieb trotz seiner Nähe zu den enormen Versuchungen der Macht unbeschädigt.«[3]

Über 50 Jahre lang war er bei Umfragen in den Vereinigten Staaten immer auf den vordersten Plätzen, wenn es darum ging, die am meisten geachtete Person zu bezeichnen.

Als Ruth und Billy Graham heirateten, ahnten sie nichts vom späteren Ruhm. Nach der Heirat war er eine kurze Zeit als Pastor einer kleinen baptistischen Gemeinde tätig. Während dieser Zeit wurde der Gründer von »Jugend für Christus«, Torrey Johnson, auf ihn aufmerksam. Dieser bat ihn, seine 45-minütige wöchentliche Radiosendung am Sonntagabend »Songs in the Night« zu übernehmen. Nach Rücksprache mit der Gemeinde sagte Billy Graham zu. Er konnte den zehn Jahre älteren George Beverly Shea dazu gewinnen, den Musikpart zu übernehmen. Und Ruth half ihm beim Schreiben der Predigtmanuskripte. Immer deutlicher kam die evangelistische Redebegabung von Billy zum Vorschein. Bald wurde er zum Evangelisten und damit ersten hauptamtlichen Mitarbeiter von »Jugend für Christus« berufen, einer Jugendbewegung, die sich damals v.a. den Militärangehörigen annahm. »Jugend für Christus« wollte insbesondere auch die jungen Militärangehörigen auf Heimaturlaub erreichen. Während dieser Zeit lernte Billy Graham, wie man die biblische Botschaft hörerfreundlich verpacken kann, ohne Kompromisse beim Inhalt zu machen. Die Mitarbeiter von »Jugend für Christus« sagten sich: Warum nicht die Gefäße, die normalerweise der Feind Gottes braucht, dazu verwenden, um Menschen zu Jesus zu führen? Im Buch »Deconstructing Evangelicalism« wird die damalige Art der Evangelisation ein bisschen überzeichnend beschrieben:

»Die Leiter, eine Gruppe unbekannter Anhänger der Erweckungsbewegung, kombinierten einen Glauben, der die Wiedergeburt betont, mit dem ›Stil‹ und den ›Medien‹ aus Hollywood und Radio ... Die Leiter der Massenversammlungen entliehen sich Ideen direkt aus der Räuberhöhle des Teufels ... um die Ziele des Herrn zu erreichen.«[4]

Auch in späteren Jahren war Billy Graham bestrebt, alle weltlichen Mittel, insbesondere auch die Massenmedien, zu benutzen, um die beste Botschaft der Welt zu verbreiten. Noch bevor es das Internet gab, benutzte er die Satellitentechnologie, um das Evangelium in vielen Ländern gleichzeitig zu verkündigen. Dabei wollten er und sein Team ihr Vertrauen aber nicht primär in die modernen Kommunikationsmittel setzen, sondern in das Wirken des Heiligen Geistes. Billy Graham war es wichtig, bei der Nutzung der modernen Massenmedien keine Kompromisse beim Inhalt zu machen, sondern das Evangelium von Jesus Christus unvermindert deutlich zu kommunizieren.

Vor Fernsehauftritten verbrachte er deshalb immer besonders viel Zeit im Gebet, um der großen Verantwortung als Botschafter Gottes bei der Benutzung der Kanäle der Welt gerecht zu werden. In den Talkshows war Billy Graham nicht zuletzt wegen seiner ungekünstelten, natürlichen Art ein gefragter Gast. Larry King, der ihn nicht weniger als 24-mal interviewte, würdigte seinen Dienst mit folgenden Worten:

»Sein Dienst im Radio, im Fernsehen und in jeder Art von Zeitschrift berührte Millionen von Menschen aller Farben, Stämme und Rassen. Von Parlamenten bis Präsidenten, von Königen bis zum allgemeinen Volk hörte jeder die Wahrheit über Gottes erstaunliche Gnade.«[5]

Billy Graham sah aber auch die Gefahren, die im Medienrummel liegen:

»Bei dieser ständigen Beleuchtung durch die Öffentlichkeit und die Medien tendieren die Menschen zu dem Gefühl, du seist überlebensgroß. Viele Menschen heben mich auf ein Podest, auf das ich nicht gehöre. Ich bin nicht der heilige, gerechte Prophet Gottes, für den mich viele halten. Ich teile mit Wesley [dem Begründer der Methodistischen Kirche] das ständige Gefühl meiner eigenen Unzulänglichkeit und Sündhaftigkeit. Ich bin oft erstaunt, dass Gott mich überhaupt gebrauchen kann.«[6]

Gerade angesichts dieser bescheidenen Haltung vermerkte U2-Leadsänger Bono, der die Grahams zu Hause besucht hatte:

»In einer Zeit, in der Religion dem Werk Gottes so oft im Weg zu stehen scheint, danke ich Gott für Billy Grahams gesunde Einsicht, für seine klare und empathische Stimme.«[7]

Das Leben von Billy Graham und seinem Team trug über so viele Jahre konstant Früchte, weil die Wurzel, ihre Gottesbeziehung, gesund war. Aus dieser Gottesbeziehung jedes Einzelnen heraus ergaben sich auch gesunde Teambeziehungen. Das Bühnenteam (Billy Graham, Cliff Barrows und George Beverly Shea, kurz Bev Shea) blieb über 60 Jahre zusammen und verkündigte das gleiche einfache Evangelium in Wort und Lied auf allen Kontinenten. Sie waren selber am meisten erstaunt, wie Gott sie brauchte.

Das Kernteam rund um Billy Graham hat aber auch hart dafür gearbeitet. Sie wollten ihr Bestes für Gott und die Menschen geben. »*Excellence*« war ihr Maßstab in allen Bereichen, sei es bei den Radioaufnahmen, beim Chorgesang oder bei der Umrahmung der evangelistischen Veranstaltungen. Dieses Streben nach der bestmöglichen Leistung übertrug sich auch auf die Büromitarbeiter.

In den Siebzigerjahren hatte ich die Gelegenheit, das Verwaltungszentrum der »Billy Graham Evangelistic Association« (BGEA), das sich damals in Minneapolis befand, zu besuchen. Was mir dabei auffiel, war die absolute Professionalität, mit der ans Werk gegangen wurde. Man unternahm wirklich alles, dass die Personen, die auf die Verkündigung des Evangeliums geantwortet hatten, optimal betreut wurden und in die Gemeinschaft von aktiven Christen fanden. Billy Graham meinte einmal, die beste Botschaft, die es gäbe, hätte es auch verdient, dass sie durch das bestmögliche Management unterstützt würde. Vor allem in der Nachbetreuung war ein gutes, professionelles Management wichtig, damit die Früchte des Dienstes nicht verfaulten, sondern zur Reife gelangten.

Heute befindet sich das Verwaltungszentrum der BGEA in Charlotte/North Carolina, unweit des Ortes, wo Billy Graham aufgewachsen ist. Und es ist nicht weniger professionell organisiert, als es das frühere Zentrum in Minneapolis war. Das Callcenter, das die eingehenden Telefonanrufe von suchenden Menschen empfängt, ist klei-

Billy Graham: »Die beste Botschaft hat das beste Marketing verdient.« Im Bild ein besonderes Beispiel kreativer Werbung aus den Fünfzigerjahren in Deutschland.

ner geworden. Dafür sind neue Dienste dazugekommen, wie die seelsorgerliche Betreuung bei Katastrophen und »Dare to be a Daniel« (»Wage es, ein Daniel zu sein«); ein Dienst, der spezifisch auf die junge Generation ausgerichtet ist. Billy Graham predigt nicht mehr live; aber auf Filmen aufgenommene Predigten von ihm bilden immer noch den Kern von evangelistischen Feldzügen, bei denen die lokalen Christen die Filme gemeinsam mit ihren Nachbarn und Freunden anschauen.

Zurück zum aktiven Dienst von Billy Graham: Die teilweise landesweit übertragenen Evangelisationsveranstaltungen von Billy Graham, seine wöchentlichen Radioansprachen, seine täglichen Zeitungskolumnen sowie seine Bücher, die zum Teil Bestseller wurden, hatten einen starken erwecklichen Einfluss sowohl auf die gläubigen Christen wie auf die Menschen, die dadurch zum Glauben fanden. Kirchenhistoriker sind sich einig, dass der Dienst von Billy Graham wesentlich zum Glaubensaufbruch und zum stark wachsenden Kirchenbesuch in den Nachkriegsjahren insbesondere in den USA und in Großbritannien beigetragen hatte. Mitte der Fünfzigerjahre wurden in den Vereinigten Staaten dreimal so viel christliche Bücher verkauft wie alle anderen Bücher zusammen. In den Sechziger- und Siebzigerjahren führte jede zweite Person, die in Großbritannien in den hauptamtlichen christlichen Dienst eintrat, ihre Entscheidung auf evangelistische Feldzüge von Billy Graham zurück. Ich habe persönlich zahlreiche geistliche Leiter kennengelernt, die mir sagten, sie hätten den entscheidenden Glaubensanstoß bei Evangelisationen von Billy Graham erhalten. Darunter fallen so verschiedene Personen wie George Verwer, der Gründer von »Operation Mobilisation«; Norman Rentrop, Initiant des deutschen »Bibel TV« oder der Pastor unserer lokalen Freikirche.

Je länger Billy Graham an einem Ort evangelisierte, desto nachhaltiger waren die Auswirkungen. Bei manchen seiner zum Teil mehrere Wochen dauernden Evangelisationen konnte man auch Auswirkungen auf die Gesellschaft feststellen. So veränderte sich nach seinen evangelistischen Feldzügen in Großbritannien das gesellschaftliche Klima in der Weise, dass der Glaube und Jesus Christus von den Arbeitern bis zur Chefetage zu einem heiß debattierten Thema wurden.

Erstaunlich waren auch die Auswirkungen der drei evangelistischen Feldzüge in Australien. Der »Sydney Daily Mirror« berichtete 1959, dass der Billy-Graham-Feldzug die Kriminalität in Teilen von Sydney ungefähr halbiert habe. Das australische »Bureau of Statistics« stellte neben der Verminderung der Verbrechensrate auch einen signifikanten Rückgang des Alkoholkonsums und der außerehelichen Geburten fest. »Christian Today« berichtete 2007, die Auswirkungen der Billy-Graham-Feldzüge seien in Australien noch heute spürbar. Sie hätten *»den Lauf der australischen Geschichte verändert«*. Dr. Peter Jensen, anglikanischer Erzbischof von Sydney, der zusammen mit seinem Bruder, Dekan Philipp Jensen, bei einer Evangelisation von Billy Graham zum Glauben gefunden hatte, lud aus Anlass des 50. Jahrestages des ersten evangelistischen Feldzuges von Billy Graham in Australien im Mai 2009 zu einer »Thanksgiving Celebration for Billy Graham Crusades in Sydney and Australia« ein, so groß waren die Auswirkungen von Billy Grahams Dienst in Australien.

Die Veränderung in der Gesellschaft beginnt immer mit der Veränderung einzelner Menschen. Als Schweizer las ich in einer alten Ausgabe des »U.S. News & World Report« mit besonderem Interesse von einem einflussreichen Schweizer Geschäftsmann, der, nachdem er sich durch die Lektüre von Billy Grahams Buch »Friede mit Gott« bekehrt hatte, 1957 eine DC 6 charterte, um seine Geschäftsfreunde zu der Evangelisation in New York zu bringen. Die eingeladenen Geschäftsleute fanden dort zum Glauben, und der Einladende wurde mit folgendem Vorsatz zitiert: *»Jeder Dollar, den ich verdiene, muss ein ehrlicher Dollar sein.«*[8]

Billy Graham war es ein großes Anliegen, dass nicht nur Heiden zu Christen werden, sondern dass die Christen nicht wieder zu Heiden werden. Um den Glauben der jungen Christen zu stärken und zu vertiefen, gründete er die monatlich erscheinende Zeitschrift »Entscheidung«, die bis heute unzählige Menschen erreicht, die im Rahmen seines evangelistischen Dienstes eine Entscheidung für Jesus Christus getroffen haben. Billy Graham hegte auch ein großes Anliegen für die hauptamtlichen Verkündiger, die Pastoren und Missionare, die ermutigt und inspiriert werden sollten. Die von ihm zusammen mit seinem Schwiegervater Nelson Bell zu diesem Zweck 1956 ins Leben gerufene Zeitschrift »Christianity Today« verlieh den »Evangelikalen« zum ersten Mal eine respektierte Stimme, indem sie Glauben und Denken, missionarische Praxis und gründliches Arbeiten am Wort Gottes verband. Graham widersetzte sich damit der Meinung vieler Glaubensgeschwister, dass Theologie generell schädlich für unseren Glauben sei und deshalb nicht gottgewollt. Durch die Zusammenarbeit von evangelistischen Praktikern mit anerkannten evangelikalen Theologen erhielten die evangelisch-missionarischen Christen eine größere biblische Tiefe und Weite, ohne die Herzensfrömmigkeit zu opfern. Die »Evangelikalen« bekamen eine klar erkennbare Identität, und die dem Missionsauftrag von Jesus verpflichteten Christen bekamen ein internationales Netzwerk.

Wie war seine Beziehung zur katholischen Kirche?

Katholiken vermissten in Grahams Ansprachen zentrale katholische Glaubensinhalte, wie die Sakramente. In den Fünfzigerjahren verboten katholische Verantwortliche in Südamerika und auf den Philippinen den Katholiken, die Evangelisationen von Billy Graham zu besuchen. Auch in den Vereinigten Staaten sprachen sich viele katholische Würdenträger gegen einen Besuch aus. Billy Graham lud jedoch weiterhin, wie er es seit Jahren tat, alle christlichen Gemeinden einer Region ein, sich an seinen evangelistischen Kampagnen zu beteiligen. Immer mehr Pfarreien nahmen mit den Jahren diese Einladung an. Diese Tatsache schlug sich dann wieder im wachsenden Anteil von Katholiken unter den Zuhörern und bei den Entscheidungen nieder. Nicht wenige katholische Kirchenleiter wünschten sich, es gäbe nicht nur einen, sondern viele Billy Grahams, die ihnen bei der Evangelisierung helfen würden. Papst Johannes Paul II. war Billy Graham und seinem evangelistischen Wirken besonders zugeneigt. In seiner Diözese hatte er mit der von Professor Franciszek Blachnicki geleiteten stark evangelistischen Oasis-Bewegung »Licht – Leben« erlebt, wie segensreich eine einfache Verkündigung der wesentlichen Inhalte des Evangeliums ist, verbunden mit einem Aufruf zur Entscheidung. Als Kardinal Karol Wojtyla in Rom zum Papst Johannes Paul II. gewählt wurde, verkündigte Billy Graham in dessen Heimatkirche in Krakau das Evangelium im Rahmen einer Evangelisationstour in Polen, bei der er auch in mehreren polnischen Kathedralen predigte. Später traf er Papst Johannes Paul II. auch zum persönlichen Gedankenaustausch. Gemäß Billy Graham verband ihn mit dem Papst trotz unterschiedlichem Hintergrund eine warme Freundschaft. Billy Graham schrieb dann das Vorwort zur Gedenkausgabe des »LIFE«-Magazins zum Ableben des Papstes, welches mit dem Wunsch Grahams schließt: »*Möge in einer Zeit, in der die Welt im Begriff ist, in ein neues Jahrtausend einzutreten, der Ruf Christi zur Buße und zum Glauben mit immer größerer Klarheit gehört werden!*«[9]

Billy Graham wurde immer wieder dafür kritisiert, dass er alle Christen, auch die Katholiken und die theologisch liberalen, bei seinen evangelistischen Feldzügen zur Mitarbeit einlud. Darauf angesprochen meinte er: »*Wenn jemand theologische Kompromisse macht*

Billy Graham traf sich 1990 zum zweiten Mal zu einem persönlichen Austausch mit Papst Johannes Paul II. über die Situation der Christen in der Welt.

und seiner Überzeugung untreu ist, dann sind es höchsten sie und nicht wir.«

Kaum etwas hat im vergangenen Jahrhundert so viel zur Klärung einer evangelisch-missionarischen Identität und zur Förderung der Weltmission beigetragen wie die durch Billy Graham ins Leben gerufenen internationalen Missionskonferenzen. Die Kongresse für Weltevangelisation Berlin '66, Lausanne '74 und Manila '89 trugen wesentlich dazu bei, dass die Erfüllung des Missionsauftrages von Jesus bei den aus der Reformation stammenden Kirchen trotz den immer liberaleren Tendenzen des Weltkirchenrates wieder zu einer Priorität wurde. Die »Lausanner Verpflichtung« (siehe voller Text auf www.lausannerbewegung.de) ist bis heute so etwas wie die missionstheologische Grundlage der evangelisch-missionarischen bzw. »evangelikalen« Christen in aller Welt. Im Kapitel über »Weltverantwortung« gehe ich detailliert auf den wichtigen Beitrag der von Billy Graham und seiner Organisation einberufenen Konferenzen ein und stelle sie in den weiteren Kontext der Theologie- und Missionsgeschichte des 20. Jahrhunderts.

Während die drei Konferenzen für Weltevangelisation in Berlin, Lausanne und Manila vor allem Missionswissenschaftler und Kirchenführer versammelten, rüsteten die drei Evangelistenkonferenzen in Amsterdam 1983, 1986 und 2000 Tausende von evangelistischen Praktikern für ihren Dienst zu. Auf die Frage, wer einmal die Nachfolge seines Vaters antreten würde, wies Sohn Franklin, der heute die »Billy Graham Evangelistic Association« (BGEA) leitet, auf die Tausenden von Evangelisten aus aller Welt hin, die sich in Amsterdam für ihren Dienst zurüsten ließen. Ich war einer der Profiteure dieser Konferenzen. Für mich persönlich war Amsterdam '83 auch deshalb von besonderer Wichtigkeit, weil die Konferenz zeitlich zusammenfiel mit meiner Berufung zum Leiter von Campus für Christus in der Schweiz.

In späteren Jahren habe ich Spuren von Billy Grahams Dienst in vielen Ländern gefunden, von Deutschland bis Nordkorea. Für die nordkoreanischen Christen, die ich im Rahmen unserer landwirtschaftlichen Entwicklungszusammenarbeit getroffen habe, brachten die zwei Besuche Billy Grahams 1992 und 1994 eine große Ermutigung und Glaubensstärkung. Sie verfassten eine kleine Broschüre über seinen Predigtdienst, die man noch Jahre später beim Besuch des Gottesdienstes mitnehmen konnte. Ein älterer Christ meinte mit Tränen in den Augen, sie hätten zwar in ihrer staatlich akkreditierten Kirche immer wieder einmal Besuch von offizieller kirchlicher Seite aus dem Ausland, selten aber von echten Geschwistern im Glauben, die wie sie den Herrn Jesus liebten. Ich selber besuchte Nordkorea zum ersten Mal Ende 1995, ein Jahr nach dem Tode Kim Il Sungs. Das große Vertrauen, das wir als bekennende Christen von Anfang an bei den Offiziellen bis hinauf zur Ministerebene genossen, führe ich zum großen Teil auf die zwei vorausgehenden Besuche Billy Grahams zurück. Aber auch in anderen Bereichen durften wir vom Dienst von Billy Graham und seiner Organisation, der BGEA, profitieren. So vertrauten sie uns via ihren Arbeitszweig »World Wide Pictures« kostenlos Filme wie »Die Zuflucht« an, die wir über unsere christliche Fernsehagentur »New Life Network« u. a. an das Schulfernsehen in China sowie staatliche Kulturhäuser in Kuba weitervermitteln konnten.

Viele Missionswerke und Leiterpersönlichkeiten bezeugen, dass Billy Graham einen entscheidenden Anstoß für ihren Dienst gegeben habe. Ihm ging es nie darum, dass sein eigener Dienst groß würde, sondern dass der Dienst des Leibes Christi als Ganzes wachsen würde. Immer wieder hat er seinen guten Namen dafür eingesetzt, um Kirchen und missionarische Initiativen zu fördern. Insbesondere hat er Exponenten der pfingstlich-charismatischen Bewegung wie Oral Roberts und David Yonggi Cho immer als gesegnete Geschwister wertgeschätzt und ist öffentlich zu ihnen gestanden. Dadurch hat er einen unschätzbar wertvollen Beitrag zur Einheit des Leibes Christi geleistet. Ihm ging es allein darum, wie möglichst viele Menschen das Evangelium Jesu Christi hören können. Zeit seines Lebens war es sein größtes Verlangen, »Seelen zu gewinnen«. Diesem Ziel ordnete er alles unter.

Billy Graham hat zusammen mit seinem langjährigen Mitarbeiterteam in der zweiten Hälfte des 20. Jahrhunderts durch seine evangelistischen Predigten und die weitverzweigten Dienste seiner Organisation das Leben von unzähligen Menschen verändert. Es waren immer einzelne Menschen, die nachhaltig verändert wurden. Weil es aber gesamthaft so viele waren – die Schätzungen gehen in die Millionen –, hatte das Auswirkungen in unzählige Familien hinein und in das weitere Umfeld dieser veränderten Menschen. Einige Personen, die sich im Rahmen der Dienste von Billy Graham und seiner Organisation bekehrten, brachten nicht nur fünfzig- oder hundertfältige Frucht, sondern halfen mit, dass Tausende und Abertausende von Menschen das Evangelium vernahmen. Nicht wenige erhielten auch den Ruf in den hauptamtlichen christlichen Dienst. Hunderte von Reichgottesarbeitern in aller Welt führen ihre Berufung auf den Dienst von Billy Graham zurück.

Wer ist die Person, die ihm als Ehefrau zeitlebens zur Seite stand? Die 2007 verstorbene Ruth Graham war definitiv eine außergewöhnliche Person. Die Autoren des Buches »Christian Wives«, die Leben und Dienst von sieben Ehefrauen von herausragenden christlichen Persönlichkeiten beschreiben und miteinander vergleichen, bezeichnen Ruth Graham als unvergleichlich und einzigartig.

»Von den sieben Frauen in diesem Buch ist keine so einzigartig wie Ruth Graham … Einzigartig bedeutet: eine und nur eine, und das ist die beste Beschreibung Ruth Grahams.«[10]

Ruth und Billy Graham mit ihren fünf Kindern, v.l.n.r.:
Gigi, Anne, Ruth »Bunny«, Franklin und Ned.

Alle fünf Kinder der Grahams betonen übereinstimmend, es gäbe keinen Billy Graham, wie wir ihn kennen, ohne Ruth. Ruth muss zu den herausragendsten christlichen Persönlichkeiten des 20. Jahrhunderts gezählt werden. In ihrer Person waren verschiedene Charakterzüge symbiotisch miteinander verknüpft: Glaubenstiefe und

Weltoffenheit, Einfühlungsvermögen und Dienstbereitschaft, Ernsthaftigkeit und Abenteuergeist, Belesenheit und Tatendrang, Unkonventionalität und Mut; Mut wie ein Löwe, wie es einmal Sohn Franklin ausdrückte. Eines zeichnete sie besonders aus: ihre Schlagfertigkeit, ihr trockener Humor. Billy war auch humorvoll, doch sein Humor unterschied sich von dem seiner Ehefrau. Oft löste Billy Gelächter aus, ohne es zu realisieren. Ich habe ein köstliches Foto von ihm zusammen mit meiner Frau: Vreni lacht aus vollem Hals, und er scheint überhaupt nicht zu verstehen, warum sie so lacht. Gemäß den Kindern von Ruth und Billy Graham soll es öfters vorgekommen sein, dass alle gelacht hätten außer Daddy, der eigentlich der Grund des Gelächters gewesen sei. Sein jüngster Sohn Ned meinte zum Humor des Vaters:

»Dad hat zwar einen Sinn für Humor, aber er weiß nicht, dass er selbst lustig ist. Er lässt die Leute in Gelächter ausbrechen, und dann schaut er sich um und wundert sich, warum alle lachen. Er ist einfach urkomisch«.[11]

Ruth sah ihre Aufgabe zu Hause. Sie meinte einmal, ihr Mann hätte nur ein Projekt. Sie hätte mehrere Projekte, ihre Kinder. Alle fünf Kinder, die drei Töchter und zwei Söhne, folgen heute in den geistlichen Fußstapfen ihrer Eltern und dienen in mancherlei Weise ihren Mitmenschen; die beiden Söhne allerdings nach längeren Umwegen.

Die Kinder hatten für Ruth immer Priorität. Für sie gab es kein größeres Vorrecht, als Mutter zu sein. Um Zeit für ihre Kinder zu haben, nahm sie nur selten Dienste in der Öffentlichkeit wahr. Einer in der Familie, der in der Welt umherreise und predige, sei genug. Oft war Billy während Wochen nicht zu Hause. Da war es wichtig, dass wenigstens sie zu Hause blieb. Die Zeiten der Abwesenheit von Billy waren für beide Ehepartner sehr schwer. Oft musste Billy verstohlen Tränen aus den Augen wischen, wenn er seine Familie wieder einmal für eine mehrere Wochen dauernde Evangelisation verließ. Gegenüber den Kindern hat sich Ruth nie beklagt, dass ihr Ehemann so oft weg war; aber es ist vorgekommen, dass sie eine Jacke von ihm mit ins

Bett genommen hat, um wenigstens etwas von Billy zu haben. Für Ruth war es hilfreich, ihre tiefsten Gefühle in Gedichten niederzuschreiben und so verarbeiten zu können. Das folgende Gedicht zeigt etwas von Ruths Gefühlslage in Zeiten der längeren Abwesenheit von Billy:

> Wenn ich am Morgen unser Bett mache,
> seine Bettlaken und seine Bettdecke glatt streiche,
> dann weiß ich, dass mir die Tränen,
> die ich nicht vergießen sollte,
> ungebeten kommen wie der Regen;
> und ich knie nieder,
> bete mal wieder Worte, die ich meine,
> aber nicht fühlen kann.
> »Herr, nicht mein Wille,
> sondern deiner soll geschehen.«
> Die Zweifel verfliegen einer nach dem anderen …
> Denn ich erkenne, während ich bete:
> dass es einen Grund hat,
> … warum es so ist.[12]

Neben ihrer ersten Aufgabe als Ehefrau und Mutter stand Ruth ihrem Ehemann in mannigfaltig anderer Weise zur Seite. Sie war Billy zeitlebens eine weise Ratgeberin.

Sie war gebildet und außerordentlich belesen, eine Frau mit weitem Horizont. Sie gab Inputs und sammelte Illustrationen zu seinen Predigten. Sie half ihm beim Schreiben seiner Bücher und Artikel, indem sie ihn auf geeignete Bibelstellen oder Literatur zum Thema hinwies. Dank ihres ausgezeichneten Bibelwissens und ihrer Belesenheit war Ruth für ihren Mann eine dauernde Quelle der Inspiration. Viele Illustrationen in den Predigten ihres Ehemannes tragen ihre Handschrift.

Der offizielle Billy-Graham-Biograf John Pollock betont, dass keine Person so sehr zum weiten Horizont von Billy Graham beigetragen habe wie Ruth:

»Sie sah keine Notwendigkeit, seine Manieren und sein Benehmen aufzupolieren, aber sie war kultiviert, war weit gereist, liebte Kunst und Literatur. Sie bewahrte seine Ernsthaftigkeit davor, in eine spießige Feierlichkeit abzugleiten, und sie schaute dazu, dass seine Leichtigkeit erhalten blieb, die Seite des kleinen Jungen an ihm. Darüber hinaus befreiten Ruth und ihre Familie, loyale Presbyterianer, Billy von seiner unausgesprochenen Überzeugung, dass ein lebendiger schriftgemäßer Glaube nicht innerhalb der großen Denominationen aufrechterhalten werden könne.«[13]

Ruth war aber nicht nur eine große Inspiration und Ermutigung für Billy, sondern auch für viele Frauen. Vonette Bright, die mit ihrem Mann Bill zusammen 1951 Campus für Christus gegründet hatte, beschreibt Ruth in einem Dankeswort an Billy als ein großes Vorbild für unzählige Frauen, und nicht zuletzt für sie persönlich:

»Ruth ist immer ein Vorbild für Frauen in aller Welt gewesen: eine großartige Christin, eine großartige Mutter, eine großartige Ehefrau, eine große Stütze für Dich [Billy] und ein Vorbild für Millionen, insbesondere für mich. Ich bin für ihre Unterstützung in notvollen Zeiten äußerst dankbar. Sie war immer verfügbar, bereit den Menschen zu helfen. Sie gab ihnen Zeit, die sie auch anderen hätte geben können: Was für ein Vorbild!«[14]

Ruth hatte eine große Gabe, andere Menschen zu ermutigen. Ihr Leben zeigt, was Ermutigung an Gutem bei anderen Menschen freisetzt. Sie war überzeugt, dass mehr Menschen aus Mangel an Ermutigung scheitern als aus irgendeinem anderen Grund. Ruth konnte trotz ihrer großen Empfindsamkeit solch eine Ermutigerin sei, weil sie gelernt hatte, nicht auf die Probleme, sondern auf Gottes Verheißungen zu schauen. Sie entschied sich, auch in den schwierigsten Situationen Gott zu danken, dass er alles im Griff hat und etwas Gutes daraus macht. Und sie entschied sich immer wieder neu, nicht über dies und jenes zu klagen, sondern sich an ihrem Herrn zu erfreuen. Wenn es bei jemandem zutrifft, dann bei Ruth, dass die Freude am

Herrn ihre Stärke war. Mit dieser Freude ermutigte sie auch die Menschen, die ihr begegneten.

Der Erste, der auf Ruths Ermutigung bauen konnte, war Billy selber. Oft war es Ruth, die Billy in Zeiten der Unsicherheit und des Zweifels ermutigte, an dem, was Gott ihm gezeigt hatte, dranzubleiben. Als sich im Vorfeld der Konferenz für Weltevangelisation 1974 in Lausanne viele Schwierigkeiten auftürmten und Billy sich ernsthaft überlegte, die Konferenz abzusagen, bestärkte Ruth ihren Mann darin, am ursprünglichen Plan festzuhalten. Angesichts einer zunehmenden Aushöhlung der christlichen Botschaft und des Missionsbegriffs sei es wichtig, die missionarisch gesinnten Christen zusammenzurufen und sie in ihrem Auftrag zu stärken.

Ruth erinnerte Billy immer wieder daran, was sein Auftrag sei: das Evangelium zu verkündigen und andere anzuleiten, das Gleiche zu tun.

Billy bekam viele attraktive berufliche Angebote. Mehrere Präsidenten wollten ihm wichtige Kabinettsposten anvertrauen. Einmal drängte man ihn dazu, sich bei der Wahl des amerikanischen Präsidenten aufstellen zu lassen. Ruths Antwort darauf: *»Dann würde ich mich von dir scheiden lassen, und die Amerikaner würden nie eine geschiedene Person zum Präsidenten wählen.«* Damit war die Sache ein für alle Mal klar.

Ruth war sehr weise. Sie hatte ein feines Gespür für Gottes Willen in einer Sache. Dieses intuitive Wissen hat sie in den Zeiten allein mit Gott und seinem Wort erworben. Billy nahm Ruths Rat dankbar an. Er wusste, Gott hatte ihm Ruth zur Seite gestellt, und deshalb musste er auf sie hören. In seinem letzten Auftritt bei »Larry King Live« am 16. Juni 2005 machte ihr Billy ein großes Kompliment:

»Ich denke nicht, dass ich irgendjemanden hätte heiraten können, der für meine Arbeit und meinen Dienst hilfreicher gewesen wäre, als sie es war. Und sie ist immer noch sehr klug.«[15]

Ruth kehrte am 14. Juni 2007 87-jährig für immer zu ihrem Herrn heim. Anlässlich ihres Todes widmete ihr Billy folgendes Zeugnis:

»Ruth war meine Lebenspartnerin, und wir waren von Gott als Team berufen. Niemand sonst hätte die Last tragen können, die sie trug. Sie war ein entscheidender und integraler Bestandteil unseres Werkes, und meine Arbeit durch all die Jahre hindurch wäre ohne ihre Ermutigung und Unterstützung unmöglich gewesen … Meine Frau Ruth war die Person, die ich aufsuchte, um geistliche Orientierung zu bekommen. Sie war die Einzige, der ich mich vollständig anvertrauen konnte. Sie war eine großartige Studentin des Wortes Gottes. Ich kenne niemanden, dessen Leben so sehr von der Bibel beherrscht war wie ihres.«

Ruth und Billy Graham bildeten ein Team, bei dem jeder Partner seine Gaben zum Wohl des Ganzen einbrachte.

Je mehr ich mich mit dem Leben und Dienst von Billy und Ruth Graham beschäftigte, desto mehr entdeckte ich, wie entscheidend ihre gelebte Partnerschaft für Billys weltumspannenden Dienst war. Besonders hilfreich waren mir dabei Berichte von Personen, die mit dem Ehepaar Graham persönlich verbunden waren. Für das Verständnis der Grahams ist es eine große Hilfe, dass meine Frau und ich mit ihrer ältesten Tochter, Gigi, freundschaftlich verbunden sind.

Gigi, die die ersten Ehejahre in der Westschweiz verbracht hat, hat uns viele interessante und zum Teil auch humorvolle Storys über ihre Eltern erzählt und uns erlaubt, einen Blick hinter die Kulissen zu werfen. Die meisten bisher noch nicht veröffentlichten privaten Fotografien der Grahams stammen aus Gigis Familienalben.

Ruth und Billy Graham waren keine perfekten Christen. Sie hatten Stärken und Schwächen wie wir alle. Es gab Zeiten, in denen Billy die amerikanische Kultur mit dem Reich Gottes verwechselte, wie er es später einmal selber formulierte. Es gab Zeiten, in denen er in Gefahr war, den amerikanischen Präsidenten nicht nur seelsorgerlich und moralisch zur Seite zu stehen, sondern auch politische Ratschläge zu erteilen. Wenn Ruth ihn nicht wiederholt davor gewarnt hätte, wäre das sicher noch viel öfters geschehen. Einmal gab seine Frau ihm unter dem Tisch einen Stoß ans Schienbein, als er beim gemeinsamen Essen mit Präsident Johnson in Versuchung geriet, diesem politische Empfehlungen zu geben.

Billy Graham im Gespräch mit Präsident Lyndon B. Johnson.

Mit Präsident Johnson verband ihn eine besonders freundschaftliche Beziehung. Oft war dieser einfach froh, bei wichtigen Entscheidungen mit Billy Graham einen Freund in der Nähe zu wissen, dem er vertrauen und mit dem er beten konnte. So ist es immer wieder vorgekommen, dass sie zu diesem Zweck gemeinsam auf die Knie gegangen sind.

Bei meinen Recherchen entdeckte ich mit nicht geringer Überraschung, dass Billy Graham alle amerikanischen Präsidenten mit Ausnahme von Präsident Truman zum Teil schon Jahre, bevor sie ins Amt gewählt wurden, persönlich kannte. Ronald Reagan, damals noch Schauspieler, lernte er 1953 auf dem Golfplatz kennen, weil die Mutter von Nancy ihn mit ihrem neuen Schwiegersohn bekannt machen wollte. Hätte Billy Graham sich damals vorstellen können, dass er beinahe 28 Jahre später einmal das Gebet sprechen würde bei dessen Einsetzungsfeier zum Präsidenten der Vereinigten Staaten? Und hätte er ahnen können, dass seine Evangelisation in Little Rock 1959 beim damals 13-jährigen Bill Clinton eine so tiefe Wirkung auslösen würde, weil er inmitten des dort gerade sich entzündenden Rassenhasses mutig die Botschaft von Gottes Liebe und Versöhnung verkündigte? Anschließend habe er, so Bill Clinton, von seinem Taschengeld von Zeit zu Zeit etwas Billy Graham gespendet.[16] Viele Jahre später hat Bill Clinton, damals Gouverneur von Arkansas, Billy Graham einmal auf sehr persönliche Weise kennengelernt, als sie zusammen den krebskranken Pastor Bill Clintons besuchten und gemeinsam für ihn beteten.

Gott hatte diese Zusammentreffen offensichtlich arrangiert, weil die amerikanischen Präsidenten und ihre Ehefrauen mit Billy und Ruth zwei Menschen zur Seite bekommen sollten, die ihnen seelsorgerlich dienten. Anders kann ich diese erstaunliche Tatsache beim besten Willen nicht deuten. Ruth pflegte mit mehreren Ehefrauen der Präsidenten ein freundschaftliches Verhältnis. Besonders eng verbunden war sie mit Lady Bird Johnson, Nancy Reagan und Barbara Bush. Dabei ist sie immer sie selbst geblieben, was die First Ladies an ihr schätzten.

Bei allen Fehlern, die auch Ruth und Billy gemacht haben, gab es vieles, das sie gut gemacht haben, sehr gut sogar. So gut, dass ihnen Gott eine sehr große Verantwortung anvertrauen konnte. Er konnte dies tun, weil sie ihn über alles liebten und allein seine Ehre suchten. Gott konnte sich darauf verlassen, dass sie ihrem Auftrag treu bleiben würden, sein Wort einfach und kompromisslos weiterzugeben, ohne sich selber in den Vordergrund zu stellen. Es ist wirklich bemerkenswert, wie treu sie ihren evangelistischen Auftrag während über sechzig Jahren ausführten und sich dabei durch nichts ablenken ließen.

Gott konnte Ruth und Billy auch deshalb die Verantwortung als seine Botschafter anvertrauen, weil sie ihre Mitmenschen von Herzen liebten; nicht nur die Liebenswürdigeren unter ihnen. Insbesondere Ruth empfand eine spezielle Zuneigung zu den Menschen auf der Schattenseite des Lebens und zu Menschen, die in den Augen ihrer Mitmenschen versagt hatten. Sie versuchte, Menschen mit Gottes Augen zu sehen.

Gelebte Barmherzigkeit ist sicher ein Grund, warum Gott seinen Segen über Ruth und Billy Graham und ihrem Team über 60 Jahre lang nie zurückzog. Wenn sie Fehler machten, beanspruchten sie Gottes Vergebung und Barmherzigkeit in gleicher Weise, wie sie den geistlichen Geschwistern gegenüber barmherzig waren. Einen weiteren Grund dafür, dass sie auf Kurs blieben und im Gegensatz zu anderen geistlichen Leitungspersonen nie in Skandale verwickelt waren, bildeten die Leitlinien, auf die sie sich zu Anfang ihres Dienstes verpflichteten.

Das »Manifest von Modesto«, wie es rückblickend genannt wird (ausführlich beschrieben im Kapitel »Integrität«), hat das Ehepaar und ihr Mitarbeiterteam vor vielem bewahrt. Vor allem der Vorsatz, sich nie an Kritik an den geistlichen Geschwistern zu beteiligen, sondern diese im Gegenteil zu ermutigen und zu fördern, ist Billy Graham und seinem Team zum großen Segen geworden. Wenn sie angegriffen wurden, haben sie die Sache Gott übergeben und sind fröhlich an ihrem Auftrag drangeblieben, das Evangelium von Jesus Christus zu verkündigen. Billy Graham brachte denjenigen Geschwistern, die ihren Auftrag an einem anderen Ort sahen und andere theologische Schwerpunkte hatten, immer eine hohe Wertschätzung entgegen.

Gleichzeitig betonte er jedoch, seine Berufung sei eine andere; nämlich die zentralen Wahrheiten des Evangeliums einfach und verständlich zu verkündigen und Menschen eindringlich in die Nachfolge Christi zu rufen. Er war überzeugt: Der Inhalt der Botschaft bleibt immer derselbe, ob er nun vor Menschen in den USA, in Europa, in Asien oder in Afrika zu sprechen hat; ob es sich um gebildete oder einfache Menschen handelt. Denn das menschliche Herz und das Grundproblem der Sünde sind überall gleich. Die Form der Verkündigung und die Art der Illustrationen etc. können sich ändern, nicht aber der zentrale Inhalt: die bedingungslose Liebe Gottes, die Heilstat von Jesus Christus und der Ruf zur Umkehr.

Bei aller Weitherzigkeit verschiedenen Ausprägungen des Glaubens gegenüber ging Billy Graham, was den Inhalt der Botschaft betraf, nie Kompromisse ein. »The Bible says« (»die Bibel sagt«) wurde zu seinem Markenzeichen. Kaum eine andere Person hat im vergangenen Jahrhundert den Menschen so stark ins Bewusstsein gerufen, dass Gott durch die Bibel zu uns spricht. Für Billy und Ruth war die Bibel, weil von Gott inspiriert, absolute Autorität und damit auch Leitlinie für Glauben und Leben. Immer wieder betonten sie, dass Gott keine speziellen Verheißungen auf unsere menschlichen Worte gelegt habe, sondern auf sein Wort, die Bibel. Es sei das biblische Wort, das der Heilige Geist brauche, um Menschen die Liebe Gottes zu zeigen, das Werk von Jesus zu erklären und sie ihrer Sünden zu überführen. Deshalb müsse es unverkürzt gepredigt werden, wobei das Zentrum immer im Zentrum bleiben müsse.

Früh hat Billy Graham entschieden, keine Botschaft zu halten, ohne den Kreuzestod Christi in den Mittelpunkt zu stellen und die Menschen zur Entscheidung zu rufen. Und er blieb seinem Entschluss über alle Jahre treu.

Billy Graham betonte immer, dass die Nachfolge Christi etwas kostet. Bisherige Freunde würden sich von uns distanzieren, weil wir uns verändert hätten und ihr sündiges Verhalten nicht mehr teilen könnten. Das Ich müsse immer neu gekreuzigt werden, sonst stände es Gottes Plan in unserem Leben im Wege. Oft zitierte er die Aussage von Jesus in Markus 8,34: »*Wenn jemand mir nachfolgen will … muss er sich selbst verleugnen, sein Kreuz auf sich nehmen und mir nachfolgen.«*

Ruth und Billy haben immer über Jesus Christus geredet, ob im persönlichen Gespräch unter vier Augen oder vor Tausenden von Menschen in einem Stadion. Es gab keine Evangeliumsverkündigung ohne die Einladung, von nun an »Jesus zu lieben und die Sünde zu hassen«. Ihre Botschaft war das grundlegend neue Leben, das Christus schenkt, und nicht ein durch menschliche Anstrengungen verbessertes Leben. Dieses neue Leben baut auf einer ganz neuen Kraftquelle auf, dem Heiligen Geist, der in dem Glaubenden wirkt, wenn Christus Herr seines Lebens geworden ist. Billy Graham betonte immer, dass jegliche nachhaltige Veränderung von innen nach außen geschehen muss.

Billy Graham legte Wert auf die zentrale Rolle der lokalen Gemeinde, deren Aufgabe es sei, die Fragenden im Glauben weiterzuführen und zu gründen. Sein Beitrag sei verhältnismäßig sehr klein. Viel wichtiger sei der Beitrag der Christen vor Ort. Das Engagement der lokalen Kirchen und Gemeinden sei durch nichts zu ersetzen. Es entscheide letztlich darüber, wie gesegnet die evangelistischen Kampagnen seien und wie viel langfristige Frucht daraus gewirkt würde.

Billy Graham steht heute für eine Evangelisation, die von Anfang bis Ende auf das Wachstum der christlichen Gemeinden ausgerichtet ist. Sein während Jahren engster Mitarbeiter, T. W. Wilson, betonte im Sammelband »Evangelism in the Twenty-first Century« die zentrale Wichtigkeit der lokalen Gemeinde bei Großevangelisationen:

»Ich kenne keine andere Institution auf Erden, die besser geeignet ist, Menschen zu Jüngern zu machen, als die lokale Kirche. Großevangelisationen sollten der Kirche dienen, nicht die Kirche den Großevangelisationen«.[17]

Ruth und Billy Graham haben in ihrem Leben Wahrheit mit Liebe verbunden. Sie stehen für ein freundliches, warmherziges Antlitz des Christentums. Ihr Leben und Dienst ist der Beweis, dass Barmherzigkeit und Menschenfreundlichkeit nicht auf Kosten einer klaren biblischen Haltung gehen müssen. Durch ihre Liebenswürdigkeit und die

Wertschätzung, die sie auch anderen Meinungen gegenüber zeigten, wirkten sie verbindend. Sie haben im Leib Christi Brücken geschlagen und ihn zum evangelistischen Auftrag vereint, weil sie ihr Augenmerk nicht auf die Ränder gelegt haben, sondern auf das Zentrum, Jesus Christus. Sie wussten sich allein ihrem göttlichen Freund verpflichtet, dessen Name sie groß machen wollten. Ihnen war es auch wichtig, zur Versöhnung der verschiedenen ethnischen Gruppen beizutragen. Schon Jahre vor der gesetzlichen Gleichstellung der Rassen hat Billy Graham nur noch Einladungen für integrierte Veranstaltungen angenommen. Vor dem Kreuz Christi seien alle Menschen gleich. Alle würden zum gleichen Gott und Vater beten.

Wenn man vom Vermächtnis spricht, das Ruth und Billy Graham hinterlassen haben, dann muss man auch ihr absolutes Vertrauen in die Macht des Gebets erwähnen. Beide verbrachten selber außerordentlich viel Zeit im Gebet. Billy betete in den ersten Jahren seines Dienstes so viel Zeit auf den Knien, dass der ihn behandelnde Masseur besorgt war, dass Billys Knie Schaden erleiden würden. Auch Ruth pflegte ein intensives Gebetsleben und versuchte während des Tages immer »online« mit Gott zu sein. Sie war überzeugt, dass das Gebet die beste Waffe im Kampf gegen den Feind Gottes ist, und dass das Gebet nicht nur Umstände verändert, sondern auch uns selber. Ruth: »*Satan fürchtet Gebet, denn Gott erhört Gebet. Gott hat es so verfügt, dass er als Antwort auf Gebet handelt. Wir können nicht beten und dieselben bleiben.*« Ruth war überzeugt, dass man nirgends schneller geistlich wächst als auf den Knien. Sie hatte ein außerordentliches Vertrauen in die Macht und Liebe Gottes und war sich bewusst, dass er in seiner Souveränität schon wusste, welches die beste Antwort auf ein Gebet ist. Vor allem war es ihr wichtig, regelmäßig um den Segen Gottes für Billy und seine mannigfaltigen Dienste sowie für ihre Kinder zu beten.

Das große Vertrauen von Billy Graham in die Macht des Gebets drückte sich unter anderem darin aus, dass er immer wieder darum bat, dass man für ihn und seine Projekte beten solle. Im Vorfeld seiner Evangelisationen wurde ein großes Gewicht auf das Gebet und die Gebetsschulung gelegt. Eine Frau reiste von Evangelisation zu Evangelisation, um für Billy und sein Team zu beten. Als das Team das herausfand, wurde diese Frau als Zeichen der Dankbarkeit und Wertschätzung besonders geehrt, und ihr Foto erschien Seite an Seite mit den Fotos der »wichtigen Persönlichkeiten«, die hinter der Evangelisation standen. Immer wieder betonten Ruth und Billy Graham den so wichtigen Beitrag der Gebetspartner zum Gelingen eines evangelistischen Feldzuges. Nur dank der Fürbitte von unzähligen Menschen würde so viel geistliche Frucht gewirkt.

Billy und Ruth wehrten sich stets mit aller Kraft gegen Versuche, sie auf ein Podest zu stellen, das ihrer Meinung nach allein Gott zusteht. Jesus Christus wäre der Einzige, der uns nie enttäuschen würde. Gerade weil sie die Aufmerksamkeit immer von sich weg auf Gott richteten, können sie uns in manchen Bereichen als Vorbild dienen. Wenn jemand sich bewusst war, auf die tägliche Gnade und Barmherzigkeit Gottes angewiesen zu sein, dann waren sie es. Diese Tatsache machte sie gleichzeitig anderen Menschen gegenüber sehr barmherzig. Ihr Leben strahlte etwas von der bedingungslosen Liebe Gottes aus. Man fühlte sich wohl in ihrer Gegenwart. Ruth und Billy haben zu Hause gelebt, was Billy in der Öffentlichkeit predigte.

Auf meine Bitte an Tochter Ruth, im Familienkreis »Bunny« genannt, mit wenigen Worten ihre Eltern zu charakterisieren, antwortete sie: *»Daddy ist durch und durch authentisch, und meine Mutter war einfach in Jesus verliebt.«*

Was das Ehepaar Graham mehr als alles andere charakterisierte, sind diese zwei genannten Merkmale: ihre ungemein tiefe persönliche Gottesbeziehung und die daraus entspringende Echtheit und Aufrichtigkeit, die sich in sämtlichen Bereichen ihres Lebens und Dienstes widerspiegelte.

Die populäre Krimiautorin Patricia Cornwell, die Ruth und Billy von Kindesbeinen an kannte und die in den Achzigerjahren die bisher einzige Biografie über Ruth Graham verfasste, stellt Billy Graham diesbezüglich ein schönes Zeugnis aus:

»Ich liebe Billy Graham von ganzem Herzen wegen seiner immer herzlichen, unaufdringlichen und freundlichen Aufmerksamkeit und vor

allem deshalb, weil er mich auch aus der Nähe gesehen nicht enttäuschte. Du [Billy] bist besser als Deine Legende und größer als Dein Name«.[18]

Viele typische Eigenschaften von Billy und Ruth Graham, wie ihre echte Bescheidenheit und ihre lebenslange Treue zu ihrem göttlichen Auftrag, können nur im Kontext ihrer intimen Beziehung zu ihrem göttlichen Freund richtig verstanden und eingeordnet werden. Ihr tiefstes Herzensanliegen war es, ihren Freund nie und nimmer zu enttäuschen. Typisch die Replik von Billy Graham nach den lobenden Worten der ehemaligen amerikanischen Präsidenten Carter, Bush senior und Clinton anlässlich der Einweihungsfeier der »Billy Graham Library« in Charlotte: *»Ich wollte ja nur dem Herrn gefallen.«*

Vreni und Hanspeter Nüesch anlässlich des zweiten Besuches bei Billy Graham in seinem Wohnhaus in Montreat in North Carolina kurz vor dessen 90. Geburtstag.

Meine Frau Vreni und ich hatten das Vorrecht, Billy Graham kurz vor seinem 90. Geburtstag an zwei aufeinanderfolgenden Tagen in seinem Wohnhaus in Montreat in den Bergen North Carolinas zu besuchen und mit ihm zu sprechen und zu beten. Wir trafen einen Menschen, der gezeichnet war von einer Parkinson-ähnlichen Krankheit und der deshalb nur langsam zu sprechen vermochte. Geistig war er jedoch voll da. Wir erlebten einen Menschen, der eine tiefe Beziehung zu Jesus kombinierte mit einem immer noch regen Interesse daran, was in der Welt vor sich geht. Und was für eine bescheidene Person! Im Gespräch wies er wiederholt von sich weg auf Jesus Christus, dem er alles verdanke und dem allein alle Ehre gebühre: »*Es geht nicht um Billy Graham. Es geht um Jesus. Ich freue mich, dass du ihn erhebst. Er verdient alle Ehre. Wenn es Frucht in meinem Leben gibt, dann nur wegen ihm.*«

Es ist mein Bestreben, bei aller Hochachtung den Grahams gegenüber, sie nicht zu christlichen Übermenschen hochzustilisieren. Im Vorwort des Buches »Billy« zum gleichnamigen Kinofilm, der Ende 2008 in die amerikanischen Kinos gelangte und die frühen Jahre Billy Grahams thematisierte, wird Billy Graham folgendermaßen zitiert:

»*Meine einzige Sorge ist, dass mein Bild auf der Leinwand das Bild von Jesus verdunkelt. Ich bin in einem Alter, in dem ich weiß, dass ich bald vor meinem Retter stehen werde, und ich will ihn nicht enttäuschen.*«[19]

In einem Interview im amerikanischen Fernsehnetzwerk NBC wurde Billy Graham im Rahmen seiner letzten Großevangelisation 2005 in New York gefragt, wie er bei den Menschen in Erinnerung bleiben wolle. Seine Antwort lautete:

»*Ich hoffe, sie werden sagen, er war treu, sein Leben lang der Botschaft treu. Er wich nicht davon ab. Er drehte sich nicht nach dem Wind. Und ich bin dankbar, dass ich dazu die Hilfe des Heiligen Geistes habe.*«[20]

Thomas Paul Johnston bestätigt in seinem gründlichen Studienwerk über die Evangelisationstheologie von Billy Graham, dass dessen Theologie und Kernbotschaft immer die gleiche geblieben ist. Dazu komme, dass er praktiziert habe, was er predigte, was ihn von manchen seiner Zeitgenossen unterschieden habe. Der Autor fasst Billy

Grahams Vermächtnis als Evangelist kurz und bündig zusammen: »Sein mehr als 63 Jahre dauernder Dienst als Feldzugs-Evangelist hat den Ruf des Evangelisten wiederhergestellt.«[21] Und im Sammelband »The Legacy of Billy Graham – Critical Reflections on America's Greatest Evangelist«[22] (»Das Vermächtnis von Billy Graham – Kritische Überlegungen zu Amerikas größtem Evangelisten«) wird sein Vermächtnis ähnlich zusammengefasst:

»Wahrscheinlich zum ersten Mal im 20. Jahrhundert ... hatte eine eindeutige Form von enthusiastischem, erfahrungsbezogenem, erwecklichem, konservativem Christentum die offizielle Zustimmung erworben. Was sich früher gegenüber anderen Formen des Christentums negativ abgrenzend definiert hatte, wurde zum »normalen Typus« des Christentums ... Er [Billy Graham] hat die Art des Predigens von vielen Tausenden von Predigern nachhaltig beeinflusst ... Aus diesem Grund ist Billy Graham wahrscheinlich der wichtigste Faktor in der wieder auflebenden Vitalität der konservativen evangelikalen Tradition.«

Ruth und Billy zeichnete eine außerordentliche Treue zu Gott und seinem Wort, der Bibel, aus. Sie waren überzeugt, dass die biblische Botschaft an sich relevant ist für alle Menschen, und dass man sie nicht noch speziell relevant machen muss. Billy Grahams Botschaft war nicht Verbesserung, sondern totale Neuschöpfung. Er verkündete ein grundlegend neues Leben mit grundlegend neuer Kraftausrüstung und mit Jesus Christus im Zentrum. Ihm ging es nicht darum, dass die Menschen sich fortan mit aller Kraft anstrengen, ein moralisch akzeptables Leben zu führen, sondern dass sie sich an die göttliche Kraftquelle anschließen lassen, die ein Leben als Christ überhaupt erst möglich macht.

Auch Ruth war von ganzem Herzen eine Evangelistin. Während Billy das Evangelium vom Podium aus verkündete, gab sie es von Mensch zu Mensch weiter. Nicht wenige Menschen bezeugen, dass Ruth ihnen den Weg in die Nachfolge von Jesus gewiesen habe, indem sie ihnen Gott und seine Gnade lieb gemacht hatte.

Beim Studium des Lebens von Ruth und Billy Graham wurde ich

immer wieder neu überrascht, weil sie einfach in kein Klischee passen. So ist ihre Abhängigkeit vom Heiligen Geist außerordentlich, insbesondere wenn man berücksichtigt, dass sie gemeinhin nicht zu den »Charismatikern« im engeren Sinne gezählt werden. Dazu prägte Ruth eine große Liebe zum gründlichen, systematischen Bibelstudium. Ruth war die Theologin im Hause angesichts der Tatsache, mit welcher Akribie sie beim Bibelstudium jeweils verschiedene Übersetzungen und Kommentare zurate zog. Auch Billy liebte das systematische Bibelstudium. Hätte man von einem Evangelisten erwartet, dass er einmal eine gründliche Bibelauslegung über Engel verfassen würde? Sein Buch »Engel – Gottes Geheimagenten« (»Angels: God's Secret Agents«[23]) wurde zu einem Bestseller. Billy Graham sah sich selber nie als Theologe. Im Gegensatz zu Ruth, die in Wheaton in Theologie abgeschlossen hatte, war sein Hauptstudiengebiet damals Anthropologie. Umso wichtiger empfand er es deshalb, die Hilfe von anerkannten evangelikalen Theologen zu beanspruchen. Erst die Verbindung mit diesen theologischen Denkern, die sein missionarisches Anliegen teilten, machte Billy Graham zu einer weltweit gehörten evangelikalen Stimme. Die Verbindung eines leidenschaftlichen Herzens mit einem kühlen Kopf prägte seinen Dienst und insbesondere die durch ihn ins Leben gerufenen Missionskonferenzen.

Im Gegensatz zu dem, was man Evangelisten oft vorwirft, haben Billy und Ruth ein ganzheitliches Missionsverständnis gelebt und gelehrt, bei dem Wort und Tat in der Balance waren. Man wird Ruth und Billy Graham nicht gerecht, wenn man sie allein aufgrund der evangelistischen Kampagnen beurteilt, so wichtig diese auch waren.

Persönlich finde ich ihre gelebte Partnerschaft als vielleicht ihr wichtigstes Vermächtnis überhaupt. Billy und Ruth Grahams Leben und Dienst zeigen mit aller Deutlichkeit, welch großer Segen in einem Miteinander liegt, bei der beide Partner ein ganz auf Gott und ihren gemeinsamen Auftrag fokussiertes Leben führen. Ruth und Billy haben gezeigt, welch großer Segen darin liegt, wenn beide Ehegatten ihre Gaben zum Wohl des Ganzen einbringen und einander so ergänzen und vervollständigen. Partnerschaft prägte ihr Leben. Partnerschaft prägte ihren Dienst. Das Thema Partnerschaft taucht deshalb in den nachfolgenden Kapiteln immer wieder wie ein roter Faden auf. Ohne diese gelebte Partnerschaft in allen Bereichen gäbe es keinen Billy Graham, so wie wir ihn heute kennen.

Was können wir von Ruth und Billy Graham lernen? Welche Leitlinien prägten Leben und Dienst dieses Ehepaares? Welche Charaktereigenschaften sind in Gottes Augen für geistliche Leitungspersonen offensichtlich wichtig? Wo setzten Ruth und Billy ihre Prioritäten? Wie behielten sie zeitlebens ihren Fokus? Welche Fehler machten sie, aus denen wir lernen können? Auf diese und ähnliche Fragen versuche ich in den nachfolgenden Kapiteln vertiefter einzugehen und eine Antwort zu geben.

2. Authentizität – Ganzheitlich leben

»Billy Graham ist immer derselbe Mensch. Er hat keine Fassade aufgebaut, um etwas zu verbergen. Billy ist Billy, wo er auch ist, ob er vor Tausenden von Menschen predigt, auf einem Weg nahe bei seinem Haus in Montreat joggt, auf einem Pferd reitet, Golf spielt, schwimmt, eine Predigt vorbereitet oder mit seiner reizenden Frau Ruth zu Mittag isst.«[24]

Grady Wilson, langjähriger Mitarbeiter

»Ruth lässt sich nicht in ein Schema pressen. Sie tut genau das, was sie tun will … Ruth ist in vielen Dingen leidenschaftlich unabhängig; während es viele ›Führer ohne Nachfolger‹ gibt, ist Ruth von Natur aus eine Führungspersönlichkeit – aber gleichzeitig eine Nachfolgerin Christi, deren Hingabe schwer zu übertreffen ist.«[25]

Betty Frist, Nachbarin

»Obwohl die Welt Billy und Ruth Graham kennt und liebt, hat Gott es mir glücklicherweise erlaubt, Billy und Ruth Graham als Daddy Bill und TaiTai zu kennen. Es ist vielleicht der größte Segen, dass absolut kein Unterschied besteht zwischen dem öffentlichen Leben von Billy und Ruth Graham und dem privaten Leben von Daddy Bill und TaiTai. Unser Vater im Himmel hat meine Großeltern durch ihre Authentizität, mit der sie das Evangelium lebten, für mich zu einem starken Vorbild gemacht.«

Basyle »Boz« Tchividjian, Enkel

Während man das Herz von Ruth am besten spürt, wenn man ihre Gedichte liest, so lernt man das Herz von Billy kennen, wenn man seine Botschaften studiert. Das, was er vom Podium aus weitergab, das prägte auch sein eigenes Leben. Seine Person war in seiner Botschaft aufgegangen und umgekehrt. Wenn er dreimal nacheinander »Gott liebt dich« in die Menge rief, dann war das kein geschicktes Marketing für Gottes Sache, sondern entsprach seiner tiefsten Überzeugung. Der Kern seiner Botschaft ist über 60 Jahre lang der gleiche geblieben. Dieser Kern hat alle Facetten seines Lebens und Dienstes geprägt. Und diese Botschaft hat er in Einfachheit, aber mit großer Dringlichkeit weitergegeben.

Billy Graham hat seinen öffentlichen Dienst 2005 in New York mit einer dreitägigen Evangelisationskampagne abgeschlossen. Die Worte, mit denen er seine letzte öffentliche Predigt beendete, sind eine gute Zusammenfassung für das, wofür er zeitlebens stand und was sein Herz ausfüllte:[26]

»Die Bibel sagt, dass unsere ganze Gerechtigkeit in den Augen Gottes wie dreckige Lumpen ist. Alle guten Werke, die wir tun, zählen nichts im Hinblick auf den Himmel. Nachdem du Christus angenommen hast, wirst du alle guten Werke tun wollen, die du tun kannst, aber davor musst du Buße tun und im Glauben zu Christus kommen. Als Jesus kam, kam er nicht bloß, um uns zu lehren, wie wir leben sollen. Er kam, um am Kreuz zu sterben …

Die Bibel lehrt, dass es eine großartige Krönung geben wird. Millionen von Engeln, zusammen mit Millionen von Menschen, die Christus in ihrem Leben hier auf dieser Erde nachgefolgt sind, werden ein gigantisches Bankett erleben, das ›das Hochzeitsfest des Lammes‹ genannt wird. Jesus ist das Lamm und er wird zum König der Könige und Herrn der Herren gekrönt werden.

Was wird das für ein herrlicher Moment sein! Ich freue mich darauf. George Beverly Shea, der gerade so wunderbar das Lied ›How Great Thou Art‹ [›Wie groß bist du‹] gesungen hat, ist 96 Jahre alt.

Billy Graham weist anlässlich seiner letzten öffentlichen Predigt 2005 in New York auf Jesus Christus hin.

Ich bin 86, bald 87. Ich weiß, dass es nicht mehr lange dauert, bis wir beide im Himmel sein werden.

Jesus sagte: ›Seid bereit!‹ Im vierten Kapitel des Amosbuches heißt es: ›Bereite dich darauf vor, deinem Gott zu begegnen.‹ Bist du vorbereitet? Hast du dein Herz Jesus geöffnet? Hast du für deine Sünden Buße getan?

Du fragst: ›Was ist Buße?‹ Buße bedeutet, dass du zu Gott sagst: ›Ich bin ein Sünder. Meine Sünden tun mir leid. Ich will mich von meinen Sünden abkehren, aber Herr, du musst mir bei dieser Umkehr helfen. Ich habe so oft versucht, Dinge sein zu lassen, von denen ich weiß, dass sie falsch sind, aber ich bekomme es einfach nicht hin. Ich brauche deine Hilfe.‹ Dann nimmst du im Glauben Christus an, der am Kreuz für dich starb. Du öffnest dein Herz und sagst: ›Ja, Herr Jesus, komm herein. Ich bin bereit, dir zu folgen‹ …

Heute könnte der letzte Tag deines Lebens sein. Man kann nie wissen. Die Bibel sagt: ›Heute ist die angenehme Zeit, heute ist der Tag der Errettung!‹ Die Schrift sagt, und hier zitiert sie Gott: ›Ich werde nicht immer für die Menschen streiten.‹ Es kommt ein Punkt, an dem es für dich zu spät ist. Du kannst nur mit der Hilfe des Heiligen Geistes zu Christus kommen – und er wird dir helfen, aber nicht immer.

Es kommt ein Punkt, an dem es für dich zu spät ist. Ich werde dich gleich bitten, heute zu Christus zu kommen. Das könnte die letzte Möglichkeit sein, die du hast. Ich werde dich bitten, von deinem Stuhl aufzustehen und vor die Bühne zu kommen und heute Abend zu sagen: ›Ich lade Jesus in mein Leben ein. Ich möchte mich mit aller Kraft von meinen Sünden abwenden und Jesus nachfolgen.‹

Wenn du dich irgendwo sonst im Stadion befindest, kannst du zu dem Bildschirm in deiner Nähe kommen. Dort werden Leute sein, die mit dir reden und beten und dir Literatur geben, die dir in deinem Leben als Christ hilft. Ich bitte dich, jetzt zu kommen und Christus in dein Herz aufzunehmen. Gott segne dich!«

Mit diesen Worten schloss Billy Graham seine allerletzte Großevangelisation am 26. Juni 2005 im Flushing Meadows Corona Park in

Über 60 Jahre diente das Bühnenteam gemeinsam und verkündigte das Evangelium auf allen Kontinenten mit Wort und Lied. V.l.n.r.: Cliff Barrows, Billy Graham, George Beverly Shea. Die Aufnahme stammt von einer Evangelisation in Jacksonville/Florida im Jahre 2000.

New York ab. Zwei seiner Freunde haben den Gottesdienst aktiv mitgestaltet, Cliff Barrows, der wie immer den Chor leitete, und George Beverly (Bev) Shea, der wie immer mit seiner dunklen Baritonstimme die Zuhörer musikalisch auf die nachfolgende Predigt einstimmte. Vor 60 Jahren hatte das Bühnen-Trio seinen evangelistischen Dienst gemeinsam begonnen. Nachdem sie Millionen von Menschen auf allen Erdteilen das Evangelium gebracht hatten, haben sie ihren öffentlichen Dienst gemeinsam beendet. Wenn es noch einen Beweis der Authentizität, der Echtheit von Billy Graham und seinem engsten Mitarbeiterteam gebraucht hätte, dann wäre es dieser gewesen. So lange kann man die Leidenschaft für Gott und die Menschen nur aufrechterhalten, wenn man der Umwelt gegenüber nichts vormachen muss; wenn man in der Öffentlichkeit die gleiche Person ist wie im stillen Kämmerlein.

Als Billy Graham an der Pressekonferenz in New York, seiner letzten Pressekonferenz im Rahmen einer Großevangelisation, gefragt wurde, was in letzter Zeit sein häufigstes Gebet gewesen sei, antwortete er mit entwaffnender Ehrlichkeit: »*Lord help me!*« (»Herr, hilf mir!«). Die anwesenden Medienleute konnten sich mit diesem Bekenntnis identifizieren, denn es war aus dem Leben gegriffen. Auch der weltbekannte Evangelist fühlte sich in gleicher Weise auf Gottes Hilfe angewiesen und von ihm abhängig wie Herr Müller und Frau Meier. Das Spezielle daran ist aber, dass Billy Graham so offen zu seiner Hilfsbedürftigkeit stehen konnte. Gerade diese Tatsache machte ihn so authentisch und damit so glaubwürdig. Sein ursprünglicher Kompagnon und späterer Kontrahent Charles Templeton beschrieb ihn, als er mit dem christlichen Glauben generell und mit Evangelisten im Speziellen gar nichts mehr am Hut hatte, als einzigen vertrauenswürdigen Diener Gottes, gerade auch weil er ehrlich zu seinen Schwächen stand. Billy habe zu ihm sagen können: »*Bete für mich, ich habe Todesangst*«.[27] Billys Enkel Tullian Tchividjian betont ebenfalls, dass diese Echtheit seinen Großvater so liebenswürdig macht:

»Daddy Bill ist ganz normal! Er wird ärgerlich, er wird traurig; es macht Spaß, bei ihm zu sein. Sein Lieblingsfilm ist ›Crocodile Dundee‹.

Sein Lieblingsgetränk ist Orangensaft, und er liebt Catfish [Wels]. Er ist einfach ein Mensch mit all den Grenzen und Eigenarten, die wir alle haben – und dafür liebe ich ihn!«[28]

Den Enkeln imponierte es, dass Billy Graham einen tiefen, echten Glauben mit einer ungekünstelten normalen Art verband.

Tullians Bruder Basyle erzählte mir, wie er als kleiner Junge mitbekommen hatte, dass sein Großvater kurz nach einem Telefongespräch mit dem amerikanischen Präsidenten seine volle Aufmerksamkeit der schwarzen Hausangestellten widmete und sie fragte, wie es ihr gehe. Das habe sein Bild von »Daddy Bill« nachhaltig geprägt.

Auch Bev Shea, sein enger Mitarbeiter über 60 Jahre, lobt Billys authentisches Christsein: »*Was für eine wunderbare Erfahrung, diesen großartigen 24-Stunden-pro-Tag-Christen zu kennen – und ihn ›meinen Freund‹ nennen zu können.*«[29] Er würde Billy dafür ewig dankbar sein.

Was er zu Hause oder im engsten Mitarbeiterkreis war, das war Billy Graham in der Öffentlichkeit, nicht mehr und nicht weniger. Sein authentisches Wesen wurde auch von den Medienleuten wahrgenommen. Die Zeitschrift »TIME« beschrieb ihn einmal als *»beinahe unnatürlich natürlich«*.[30] Er bewege sich selbst durch die Hochglanzwelt der Hotels, Bankette, Wohltätigkeitsveranstaltungen und weitverbreiteter Bewunderung mit betonter Freundlichkeit und großem Charme. Und eine Reporterin, die über seine erste Großevangelisation in London schrieb, bei der er sich anfänglich einer Meute negativ eingestellter Journalisten gegenübersah, empfand ihn als *»völlig entwaffnend«. »Er scheint die Ehrlichkeit, Offenherzigkeit und die Art von einfachem Charme zu besitzen, die das größte Kapital der Amerikaner ist.«*[31]

David Frost hatte nicht nur die Gelegenheit, Billy Graham im Rahmen seiner »The David Frost Show« mehrmals zu interviewen, sondern ihn später auch mehr von der privaten Seite kennenzulernen. Er wurde einmal gefragt, was ihn am meisten an Billy Graham beeindrucke. David Frost:

»Nun, der Mann selbst ist, wie Ihre Frage schon andeutet, so beeindruckend, weil Sie niemals hören werden, dass er eine billige oder unhöfliche Bemerkung über irgendjemanden macht, selbst im privaten Rahmen nicht. Im Grunde lebt er das Evangelium aus. Der Billy Graham, den Sie im wahren Leben treffen, ist dieselbe Person, die er auf der Bühne ist.«[32]

Warum ist das so? Billy Graham gibt selbst unbewusst die Antwort darauf:

»Die Leute heben mich auf ein Podest, wissen Sie, aber sie kennen mich nicht. Ich bin ein Sünder wie alle anderen auch. Ich muss ständig zu Gott gehen und um Vergebung bitten«.[33]

Billy konnte bei allem Aufheben um ihn er selber bleiben, weil er sich immer zuallererst als Kind Gottes sah, dem er von ganzem Herzen gefallen wollte. Im Angesicht Gottes und beim täglichen Studium der Bibel blieb er sich immer seiner Defizite und seines Versagens bewusst. Er wehrte sich, wenn man ihn zu einem Heiligen emporstilisierte. Immer wieder betonte er auch in der Öffentlichkeit seine schwachen, unsicheren Seiten, zum Beispiel wenn er vorgängig zu einer Großevangelisation gebeten wurde, seine Ziele zu formulieren. Ein gutes Beispiel dafür ist die erste Großevangelisation 1957 in New York. Er sprach von ernsthaften Zweifeln, ob New York überhaupt mit dem Evangelium erreicht werden könnte; von Zeiten, in denen er am liebsten vor Angst und Schrecken fliehen wollte. *»Ich bin bereit, nach New York zu gehen und wenn nötig gekreuzigt zu werden. Wenn ich New York verlasse, wird vielleicht jedes Engagement, das wir irgendwo in der Welt verabredet haben, abgesagt werden.«* Gleichzeitig sprach er aber auch von seinen großen Träumen: *»Wir hoffen, dass die ganze Stadt ein Gottesbewusstsein bekommen wird, dass Religion in den Bars, in der U-Bahn und beim Friseur zum Gesprächsthema wird.«*[34]

Als Billy Graham kurz vor seiner Abreise nach New York Ruth freudig berichtete, er fühle sich nun stark und gerüstet für den Kampf, antwortete sie ihm, dass dies das Resultat der unzähligen Leute sei, die für ihn und New York im Gebet einstünden. Billy war der gleichen Meinung. Alles Gelingen wäre allein dem Eingreifen Gottes als Antwort auf das Gebet vieler seiner Kinder zuzuschreiben. So konnte er dann New York gelassen entgegensehen. Der gleiche Gott, der ihn in den Bergen North Carolinas stärkte, war auch seine Stärke in der damals größten Metropole der Welt.

Billy Graham wurde nicht enttäuscht: Nach der mehrere Wochen dauernden Großevangelisation wurde Folgendes berichtet:

»Im Blick auf die Wiederherstellung unglücklicher Ehen und kaputter Familien erzielte der New Yorker Feldzug spektakuläre Ergebnisse, besonders durch die Fernsehübertragung. Selbstmorde wurden verhindert; heimliche Verabredungen zum Sex abgesagt; getrennte Partner versöhnt; tote Ehen wiederbelebt. Die Bekehrung von Ehepartnern war ein allabendliches Schauspiel.«[35]

Mehrere Tausend Menschen fanden 1957 keinen Platz mehr im Madison Square Garden in New York und mussten mir einer Übertragung vorliebnehmen.

Bei einem Fassungsvermögen von täglich 18 500 Besuchern im Madison Square Garden, bis zu 100 000 Besuchern im Yankee Stadion und einem Publikum von mehr als zehn Millionen Menschen bei der Fernsehübertragung an jedem Samstag wurde Ruths und Billys Traum Wirklichkeit. Über 10 000 Briefe von Personen, die sich für ein Leben mit Jesus entschieden hatten, hat das zentrale Büro täglich erhalten, und das über sechs Wochen! Die Zeitungen berichteten, dass leitende Mitglieder der berüchtigten New Yorker Jugendgangs brav geworden seien und das Gebiet um den Madison Square Garden zur neutralen Zone erklärt hätten. Hunderte Jugendliche hätten sich bei einer speziellen »Youth Emphasis Week« bekehrt. Was muss da in Billy und Ruth Graham vorgegangen sein, nachdem sie länger als vor jeder anderen Evangelisation im Gebet gerungen und lange gezögert hatten, die Einladung nach New York überhaupt anzunehmen?

Das, was wir sind, wenn keine Menge zuschaut, das sind wir wirklich. Billy Grahams nächsten Vertrauten erwähnten immer wieder, dass er alle Gelegenheiten wahrnahm, um das Evangelium auch einzelnen Menschen, denen er zufällig begegnete, weiterzugeben. Und das geschah oft inmitten sogenannter wichtiger Anlässe. Um zu illustrieren, wie deckungsgleich die öffentliche und private Seite von Billy Graham sind, möchte ich zwei Berichte zitieren, die im Umfeld seiner Großevangelisation 1959 in Australien erschienen sind. Gleichzeitig gibt uns der erste Bericht einen guten Eindruck über die Auswirkungen und das Umfeld einer evangelistischen Großkampagne.

»Menschen mit Fragen kamen aus jedem wirtschaftlichen Hintergrund, aus jeder Einkommenssparte, aus der Stadt, vom Stadtrand, aus dem Hinterland; Manager, Angestellte, Gewerkschafter, Arbeiter, Landstreicher; aus Klubs und aus dem Gefängnis; von Schiffen, Büros und Fabriken; Gebildete und Analphabeten – australische Ureinwohner, weiße Australier, neue Australier – kirchliche und unkirchliche: Es gab kein Gesellschaftssegment, in dem diese Wunder der Neuschöpfung nicht passierten. Die obersten Schichten wurden von der Predigt Billy Grahams stark beeinflusst, eingeschlossen Personen aus der Kulturelite von Melbourne wie auch aus dem Hafenbezirk von Sydney. Vornehme Damen, Parlamentarier, Finanzmogule, Lebemänner entdeckten eine Dimension des Lebens, deren Existenz viele noch nicht einmal erahnt hatten. Selbst dem Königshaus nahestehende Kreise wurden erfasst. Feierlich stand die Frau des Gouverneurs, des Repräsentanten der Queen, neben der Frau des Erzbischofs, um ihren Glauben an Christus bekanntzugeben, und beide hatten seelsorgerliche Gespräche mit der Frau eines Parlamentariers. Billy Graham genoss in mehreren der noblen Regierungshäuser beinahe königliche Gastfreundschaft. Es gab bemerkenswerte Folgeerscheinungen und Auswirkungen unter den führenden Persönlichkeiten der glitzernden, reichen gesellschaftlichen Szene von Sydney.«[36]

Die zweite Geschichte zeigt die andere private Seite von Billy Graham. Nach den langen und intensiven Wochen des evangelistischen Dienstes in Australien wollte er sich am Meer zusammen mit seinen Mitarbeitern für einige Stunden zurückziehen. Aber es dauerte nicht lange, bis er auch hier entdeckt wurde.

»Nach alter Gewohnheit las Billy Graham Lee Fisher laut aus einem neuen Buch vor. Während er las, kam ein Mädchen vorbei. Sie führte einen Hund spazieren. Lee Fisher bemerkte, dass sie in ihre Richtung starrte. Sie kam sofort zu ihnen, stellte sich vor Billy hin und sagte: ›Sie sind Dr. Billy Graham, nicht wahr?‹ Billy bejahte. Sie hatte zwei der Gottesdienste des Feldzuges besucht, und Billy nutzte die Gelegenheit als treuer Evangelist und fragte sie: ›Hast du Christus angenommen?‹ Ihre Augen wurden feucht und ihre innere Selbstsicherheit ließ nach. Nein, sie hatte Christus nicht angenommen. Billy fragte: ›Würdest du ihn nicht gerne annehmen?‹ Das Mädchen sagte: ›Ja, das würde ich gerne tun.‹ An jenem abgelegenen Strandabschnitt holte Billy sein Neues Testament hervor, las die Verheißungen der Errettung und erläuterte die Bedeutung der christlichen Bekehrung. Er betete für sie und lud sie dann ein, selbst zu beten. Sie beteuerte deutlich und ehrlich ihren Glauben an Christus. (Sie hörten später, dass es ihr blendend ging und dass sie in ihrem neu gefundenen lebendigen Glauben glücklich war.)«[37]

Billy Graham konnte in der Öffentlichkeit nur so stark und überzeugend wirken, weil er sich nie zu schade fühlte, die Hilfe von Ruth und seinen Teammitgliedern in Anspruch zu nehmen. Ein persönliches Erlebnis seines Schwagers Leighton Ford, das er mit Billy Graham ebenfalls in Australien gemacht hat, soll diese Tatsache illustrieren. Leighton Ford:

»Ich habe gelernt, dass ein Mann, der groß und berühmt ist, sehr einsam sein kann. Vor Kurzem ging ich eines Nachmittags in Australien in sein Zimmer. Ich war dabei, in die USA abzureisen, und wollte mich verabschieden. Seine Frau Ruth war einige Tage vorher abgereist. Ich stand mehrmals auf, um mich wirklich zu verabschieden, aber er bat mich: ›Bitte bleib noch, geh nicht weg.‹ Also blieb ich noch, doch die

Zeit kam näher, dass er zum abendlichen Meeting wegmusste. Während ich aufbrach, bat er mich zu beten, und ich legte meinen Arm um ihn, und er legte seinen Kopf auf meine Schulter und legte seinen Arm um mich, als ich für ihn betete.«[38]

Während Billy oft die Hilfe seiner Mitarbeiter in Anspruch nahm, wollte Ruth ihre Mitmenschen nicht mit ihren Problemen belasten. Ihr Problemlöser, mit dem sie alles besprach, war ihr Gott, dessen Treue sie nicht genug loben konnte. Die Zeiten mit ihrem göttlichen Freund waren Balsam für ihre Seele und stärkten sie für den Dienst. Für ihre Mitmenschen war Ruth eine große Ermutigung. Das konnte sie nur deshalb sein, weil sie sich immer neu selber vom göttlichen Ermutiger stärken ließ.

Ihre Tochter Ruth erzählte eine bewegende Geschichte, die aufzeigt, wie wichtig ihrer Mutter diese intimen Zeiten mit dem Vater im Himmel waren.[39]

In den letzten Jahren ihres Lebens war ihre Mutter sehr zerbrechlich und als Folge von zahlreichen Operationen und einer fortschreitenden Arthritis an den Rollstuhl gebunden. Als die Pflegeperson spätabends überprüfte, ob mit den Grahams alles in Ordnung sei, sah sie, wie Ruth Graham auf ihren Knien, ihren Körper an das Bett lehnend, mit zusammengefalteten Händen ins Gebet versunken war. Tochter Ruth:

»Sie hatte Gemeinschaft mit Gott, betete denjenigen an, den sie verehrte … Um Mutters Gesundheit stand es schlecht, ihr Körper war so verletzlich wie der Körper eines Kätzchens. Wir erkannten, wie schwer ihr das Niederknien fallen musste. Sie, die jede Entschuldigung gehabt hätte, nicht auf die Knie zu fallen, sie, die allgegenwärtige heftige Schmerzen kannte, hatte in ihrer Gebrechlichkeit irgendwie die Kräfte gesammelt, um aus ihrem Bett auf den Fußboden zu kommen, um Gott auf dieselbe Weise anzubeten, wie sie es fast ihr ganzes Leben lang getan hatte.«

Dann fügte sie bei, die Situation reflektierend:

»Meine Mutter besitzt eine unglaubliche innere Stärke und Hingabe. Sie ist eine Frau, die Gott mehr liebt als sich selbst; die ihn auf ganz vertraute Weise kennt und liebt, deren größtes Verlangen darin besteht, bei ihm zu sein.«

Es war offensichtlich: Ruth wollte trotz ihrer großen Schmerzen und ihrer Zerbrechlichkeit nochmals an dem Ort sein, wo Gott zeit ihres Lebens zu ihr gesprochen hatte und wo sie zu ihm gesprochen hat. Hier, auf den Knien, hat Ruth nicht nur ihre Freundschaft mit ihrem Vater im Himmel gepflegt, hier hat sie auch ihre Autorität als Kind Gottes und Ehefrau eines Evangelisten wahrgenommen. Von diesem Thron zu Füßen Gottes hat sie königlich regiert. Ruth: *»Billy braucht meinen Schutz.«* Billy war auf Ruths Rückendeckung angewiesen, so wie Ruth auch Billys Rückendeckung benötigte. Viel betete Ruth auch für ihre fünf Kinder Gigi (Jg. 1945), Anne (Jg. 1948), Ruth »Bunny« (Jg. 1950), Franklin (Jg. 1952) und Ned (Jg. 1958).

Es ist wunderbar, wie Gott Ruths Gebete für ihre beiden Söhne, die viele Jahre auf Abwegen verbrachten, erhört hat. Heute sind Franklin und Ned Zeugen von Gottes Gnade und leiten geistliche Werke. Franklin leitet sowohl die »Billy Graham Evangelistic Association« als Nachfolger seines Vaters wie die Hilfsorganisation »Samaritan's Purse«, die v. a. durch die weihnachtlichen Schuhkartonaktionen bekannt ist, aber auch einen größeren medizinischen Zweig hat. Ned leitet mit »East Gates International« ein Werk, das Christen und Gemeinden in China hilft und sie mit Bibeln und Hilfsmitteln versorgt. »East Gates International« konnte bereits über drei Millionen Bibeln drucken und an chinesische Hauskirchen in ganz China und auch in Tibet verteilen. Damit hat Gott einen Traum von Ruth erhört, wollte sie doch ursprünglich Missionarin in Tibet werden. Seit ihrer Jugendzeit in China hatte Ruth eine ganz besondere Liebe zu den chinesischen Menschen. Und nun war es ihr Jüngster, um den sie sich nächtelang gesorgt hatte, den Gott brauchte, um ihre Träume und Gebete zu erfüllen.

Weil sie eine sehr persönliche Beziehung zum Herrn aller Herren pflegte, war sie nicht besonders beeindruckt von den Herren dieser

Ruth Graham zeichnete neben ihrem tiefen Glauben ein großer Humor aus. Auf dieser Küchenschürze steht übersetzt: »Das Abendessen wird großartig sein. Unser Hund hat es gerade getestet.«

Welt, was wiederum diese Herren positiv zu beeindrucken schien. So eine fröhlich-unkomplizierte Person hatten sie in ihrem Umfeld wahrscheinlich schon lange nicht mehr angetroffen. Als Präsident Nixon einmal bei Grahams privat zu Gast war, war es wohl recht ungekünstelt zu- und hergegangen. Beim Abschied meinte Ruth, der Präsident solle sich ein bisschen beeilen, damit sie genug Zeit hätte, das Haus aufzuräumen.

Weil Ruth priesterlich abhängig war von Gott, war sie königlich unabhängig von den Menschen und ihren Meinungen. Und mit dieser Haltung steckte sie auch ihren Ehemann an. *»Lassen wir Gott Richter sein«*, war ihre Haltung, wenn ihr Mann wieder einmal kritisiert wurde. Einmal wollte sie Franklin eine Lektion erteilen, wie er sich verhalten sollte, wenn sein Vater in der Schule kritisiert würde: *»Franklin, wie wäre deine Reaktion?«* Franklin: *»Es kommt darauf an, wie groß er ist.«* Franklin hat bezüglich Schlagfertigkeit viel von seiner Mutter geerbt. Einmal wollte Franklin unbedingt im Freien übernachten. Ruth war besorgt wegen der wilden Tiere. (Es gibt in der Umgebung des Graham-Wohnsitzes tatsächlich nicht wenige wilde Tiere. Bei unserem ersten Besuch war auf dem Anwesen der Grahams unweit des Hauses gerade ein Schwarzbär gesichtet worden.) Franklin versuchte seine Mutter zu beruhigen: *»Ich werde meine Pistole dabeihaben.«* Ruth: *»Aber es ist doch nur eine Spielzeugpistole!«* Franklin: *»Aber das wissen doch die Tiere nicht.«*

Ruth war sehr abenteuerlustig veranlagt. Sie wollte das auch einmal ausprobieren, was die Jungen so in Beschlag nahm. So versuchte sie sogar einmal mit einer Harley Davidson zu fahren. Sie hatte aber vergessen zu fragen, wie man das Motorrad wieder zum Anhalten bringen kann. Die Fahrt endete dann im Graben. Wenigstens einmal wollte sie es auch mit einem Hängegleiter versuchen. Auch das endete nicht allzu schön. Nach dem Ableben von Ruth kam dann die wahre Geschichte zutage:[40]

1975 bat Ruth einen Studenten des Montreat College, ihr das Fliegen mit einem Hängegleiter beizubringen. Dieser war ein bisschen erstaunt, dass eine Frau in solch fortgeschrittenem Alter noch den Umgang mit einem Deltasegler lernen wollte, und meinte, es sei vielleicht nicht die sicherste Sportart für eine Person ... Und bevor er etwas Unsensibles sagen konnte, fiel ihm Ruth taktvoll ins Wort: »vom Typ Großmutter«? Nun, sie war ja auch schon 55 Jahre alt und hatte in der Tat bereits mehrere Enkel.

Ein Fluglehrer gab ihr schließlich die nötigen Anweisungen und erzählte vom »Jesus-Strap« (»Jesus-Gurt«). So wurde tatsächlich die Vorrichtung bezeichnet, die den Piloten mit dem Fluggerät verband. Ruth amüsierte sich köstlich darüber. Nach den Grundlektionen wollte es Ruth dann mit einem Flug versuchen. Von einer kleinen Anhöhe aus rannte sie einige Schritte, und der Hängegleiter füllte sich, wie es sein sollte, mit Luft, sodass Ruth vom Boden abhob. Sie genoss den kurzen Flug offensichtlich, hatte dabei aber im Hochgefühl des ersten Fluges vergessen, wie man richtig landet. Dabei hatte man sie zuvor gewarnt, dass der Start freiwillig sei, die Landung aber obligatorisch. Sie vergaß in der Aufregung, bei der Landung das Lenkgestänge nach vorne zu drücken. Lassen wir den Studenten erzählen, was dann geschah:

»Das Gelände wurde ebenerdig, aber der Flügel senkte sich weiter nach unten. Zuerst begannen ihre Füße über den Boden zu schleifen, dann ihre Knie, bis der Hängegleiter unter Schwanken abrupt zum Stehen kam. Die Pilotin hing schräg verschoben ein paar Zentimeter über dem Boden im Rahmen des Fluggerätes. Mrs Graham erhob sich würdevoll, klopfte den Staub von den Knien, dankte allen, sagte, sie hätte den Flug genossen, wolle es aber kein zweites Mal versuchen.«

Als man sie später auf dieses Gerücht ansprach, mehr war es damals nicht, antwortete sie, das sei eine Dummheit gewesen, über die es sich nicht lohne, ein Wörtlein zu verlieren. Ich habe es aber trotzdem gemacht, weil es eine amüsante Geschichte ist, die etwas von Ruths Pioniergeist und Mut zeigt. Und hat sie nicht selber einmal gesagt, es sei unmöglich, jemanden zu lieben, über den man nicht lachen kann?

Ruth war es geradezu peinlich, wenn man sie zu viel lobte. Sie betonte immer, dass es bei allem um Gott und seine Treue und nicht um uns gehen soll. Sonst könnte es uns leicht so ergehen wie demjenigen, der Bev Shea aus Versehen einmal gebeten habe, »*How Great I Am*« (»Wie groß bin ich«) statt »*How Great Thou Art*« (»Wie groß bist du«) zu singen.

Ruth hatte ein gesundes Selbstwertgefühl, das mit ihrem Bewusstsein zusammenhing, Mitarbeiterin Gottes bei einem wichtigen Dienst zu sein. Sie empfand es als großes Vorrecht, Partnerin ihres Mannes bei seinem Auftrag zu sein, Menschen mit Gottes Liebe und Treue bekannt zu machen. Sie musste sich ihres Wertes und ihrer Identität nicht durch andere Menschen oder durch einen in der Öffentlichkeit beachteten Dienst versichern. Sie musste niemandem etwas vormachen. Bei ihr gab es keine Gespaltenheit zwischen der öffentlichen Ruth, der Ehefrau des berühmtesten Evangelisten seiner Zeit, und der privaten Ruth und Mutter von fünf ganz normalen Kindern. Sie war immer sie selbst. Das machte ihre Authentizität aus. Beides gehörte in gleicher Weise zu ihr: ihre tiefe Geistlichkeit wie auch ihre Lebenslust und ihr Humor. Sie war nahe am Herzen von Gott und gleichzeitig nahe am Herzen der Menschen. Sie verband ihren Abenteuerdrang und ihren Hunger nach Gott dadurch, dass sie zum Beispiel auf einen Baum kletterte, um dort ganz allein mit Gott zu sein. Sie war zeitlebens durstig nach echtem Leben und deshalb auch durstig nach Gott. Sie bezeichnete es als ihr wichtigstes Ziel, ein Leben zu führen, das auch andere durstig nach Gott machen sollte. Mich auf jeden Fall hat diese abenteuerlich unkonventionelle und gleichzeitig so tiefgläubige Frau immer sehr angesprochen und ermutigt. Im Hause Gottes hat es offensichtlich auch Platz für unkonventionelle Leute.

Ruth Grahams Botschaft an die Ehefrauen

Als Ruth im Rahmen von Amsterdam ’83 einen ihrer seltenen öffentlichen Auftritte hatte, war ich leider als Mann bei diesem Anlass nicht erwünscht, da die Fragezeit mit Ruth ausschließlich für die Ehefrauen der Evangelisten gedacht war. Und so mutig war ich nicht, um als einziger Mann die Beschaulichkeit der vielen Frauen zu stören. Aber ich kaufte mir die Tonbandkassette und ließ das Gesagte Wort für

Wort abtippen. Da ich die Ausführungen von Ruth, gerade was die Identität als Partnerin an der Seite eines starken Mannes anbetrifft, sehr wertvoll finde, möchte ich das Wichtigste ihrer Ausführungen zusammenfassen.

Zuerst betonte Ruth, was für ein Vorrecht es sei, an einem solch wunderbaren Auftrag beteiligt zu sein:

»Ich denke, wir haben als Ehefrauen von Reiseevangelisten vielleicht einen der schwierigsten Jobs der Welt, der sich aber auch unglaublich lohnt. Es ist eine große Verantwortung und ein großes Privileg, aber wir müssen unsere Prioritäten klar im Blickfeld behalten.«

Ruth bezeichnete es als eine große Ehre, an der Seite eines Evangelisten dienen zu dürfen, auch wenn es nicht immer einfach sei. Aber vielleicht habe Gott gerade die anwesenden Frauen für diese herausfordernde Aufgabe berufen, weil er darauf vertrauen könne, dass sie es mit seiner Hilfe schaffen würden. Ihre Aufgabe sei es, ihre Ehemänner für ihren evangelistischen Auftrag freizustellen, damit diese ihrer Berufung nachgehen könnten. Das gehe nicht ohne eine gewisse Anpassung. Ruth empfahl, die Eigenheiten der Ehemänner zu studieren:

»Wir müssen unsere Ehemänner sorgfältig und von Gebet begleitet analysieren und den Herrn fragen, was wir unseren Ehemännern sein können, wie wir uns ihnen anpassen können.«

Jeder Mann sei wieder anders und brauche eine individuelle Unterstützung. *»Wir dürfen den Herrn um Hilfe bitten, damit wir unserem Ehemann so dienen können, wie er es braucht.«* Es sei wichtig, ein volles Ja zur Berufung als Ehefrau und Mutter zu haben. Dieser Dienst sei ebenso wichtig und wertvoll wie derjenige des Mannes. Wenn man kein volles Ja dazu habe, werde man verbittert und vergifte die Atmosphäre zu Hause, sodass bald auch die Kinder vom Glauben der Eltern nichts mehr wissen wollten. Ruth: *»Es ist unglaublich wichtig, ein glückliches Zuhause zu haben. Es gibt christliche Familien, in denen es ziemlich düster aussieht.«* Ruth veranschaulichte diese Wahrheit dann mit je einem positiven und negativen Beispiel. In einem Fall seien die Kinder später freudig in den Fußstapfen der Eltern gelaufen, weil das ganze Haus von morgens bis abends ein durch und durch fröhlicher Ort war. Im andern Fall seien die Kinder froh gewesen, das ganze fromme Zeugs möglichst schnell hinter sich zu lassen.

Als Frau eines geistlichen Leiters sei es die erste Aufgabe, ihm als Partnerin freudig zur Seite zu stehen und seinen Dienst mit allen Kräften zu unterstützen. Und als Mutter sei es die Aufgabe, die Kinder mit Liebe und biblischen Leitlinien zu erziehen und für ein fröhliches Heim zu sorgen. Diese zweifache Verpflichtung müsse immer wieder erneuert werden. Manchmal bedeute das, dass man seine eigenen Wünsche als Ehefrau für eine gewisse Zeit zurückstellen müsse, um dem sowieso schon stark belasteten Ehemann nicht noch eine weitere Last aufzuladen. Ruth empfahl, in solchen Situationen zu Gott zu kommen und ihm die Angelegenheit anzuvertrauen. *»Es gibt Zeiten, in denen du zu niemandem als dem Herrn gehen kannst. Und die Bibel ist unschlagbar, wenn es um gute praktische Ratschläge geht.«* Die Frauen sollten eine spezielle Ecke im Haus reservieren, wo sie durch nichts abgelenkt würden. Und wenn dann der Herr zu ihnen spräche, dann sollten sie es aufschreiben. Auch mitten am Tag sollten sie hin und wieder eine Kaffeepause für ein Plauderstündchen mit Gott einschieben. So könnten sie Energie tanken und mit göttlicher Nahrung gestärkt wieder an die Arbeit gehen, wie damals Elia.

»Eine viel beschäftigte Mutter hat nicht viel Zeit für das Gebet auf den Knien, und das ist okay. Uns wurde gesagt, ohne Unterlass zu beten. Aber wenn wir immer auf den Knien liegen würden, würden wir nichts anderes mehr zustande bringen. Doch du kannst lernen, beim Abstauben, Bügeln, Einkaufen und Spazierengehen zu beten. Bleib einfach in ständiger Verbindung zum Herrn!«

Dann bekannte Ruth, dass sie früher das Danken oft auf Kosten der Fürbitte vernachlässigt habe. Mit der Zeit habe sie gelernt, wie wichtig es sei, Gott für alles und alle zu danken. Sorgen aller Art seien wie von selbst verflogen.

»Ich erkannte, dass Anbetung und Sorgen nicht im selben Herzen wohnen können. Sie schließen sich gegenseitig aus. Beginne Gott anzubeten und ihm zu danken: für die Kinder, die er dir gegeben hat, für den Ehemann, den er dir gegeben hat, für die Schwierigkeiten, die er dir als Tests geschickt hat. Offen gesagt habe ich in schwierigen Zeiten mehr gelernt als in glücklichen. Das sind die Zeiten, in denen die Bibel für dich lebendig wird, und dann ist die Wirklichkeit des Herrn Jesus für dich am stärksten. Mit anderen Worten: Gott ist treu und wird dich nicht enttäuschen, wenn du dich ihm hingegeben hast.«

Ruth unterstrich, dass gerade Frauen von Evangelisten allen Grund hätten, Gott zu danken und ihn anzubeten.

Ruth ging dann auf die Tatsache ein, dass viele der anwesenden Frauen auch einen direkten Beitrag zum Dienst ihrer Ehemänner leisteten, insbesondere diejenigen, deren Kinder ausgeflogen waren. Sie selber versuche den Dienst ihres Ehemannes zu unterstützen, indem sie viel für ihn lese, Nachforschungen für seine Predigten anstelle und seine Bücher gegenlese.

»Ich möchte eine Assistentin meines Mannes sein. Er kommt zuerst, und ich werde befreit.«

Letzteres sagte sie mit einem Augenzwinkern der »Women Liberation«-Bewegung gegenüber, die postulierte, dass Frauen sich von ihren Männern emanzipieren müssen, um wahrhaft frei zu sein.

Auf die Rückfrage: »*Was macht man als Ehefrau, wenn der eigene Dienst mit dem Dienst des Ehemannes in Konflikt zu geraten scheint?*«, gab Ruth folgende Antwort:

»Ich habe das Gefühl, dass mein Ehemann Priorität hat. Und ich habe das Gefühl, ich wurde berufen, um ihm eine Hilfe zu sein. Wenn etwas von mir mit seinen Verantwortungen kollidiert, dann schaue ich mir das zweimal an, und dann gibt es vielleicht etwas, das ich loswerden kann. Ich habe wirklich das Gefühl, dass wir unseren Ehemännern die Priorität einräumen müssen, wenn wir eine Hilfe sein wollen.«

Das Gleiche gelte aber auch umgekehrt. Zu Hause sei sie die Chefin. Als ihr Ehemann sich einmal darüber mokiert habe, dass er zu Hause nichts mehr zu sagen habe, habe sie ihm geantwortet:

»Willst du, dass ich jedes Mal zu dir komme, wenn die Klärgrube gereinigt werden muss, wenn unsere Töchter sauber gemacht werden müssen oder wenn irgendetwas repariert werden muss? Ich mach das gerne, aber ich versuche, den Haushalt zweckmäßig und bequem für dich zu führen, damit du für wichtigere Dienste freigestellt bist.«

Ruth war im Gegensatz zu Billy sehr praktisch veranlagt. Zu Hause war sie die Chefin.

Ihr Mann habe schnell realisiert, dass diese Aufgabenteilung zumindest in ihrem Fall zweckmäßig sei und jeder genug an seiner Verantwortung trage.

Manchmal sei es jedoch nötig, dass die Frau trotz Mutterpflichten aus finanziellen Gründen einer Arbeit nachgehe. In diesem Fall sei das in Ordnung. Die Kinder wüssten zu unterscheiden, ob ihre Mutter einer Arbeit nachgehe, um zusätzliche unnötige Ausgaben machen oder Dinge kaufen zu können oder um die Familie finanziell durchzubringen.

Dann gab eine Seminarteilnehmerin ihrer Enttäuschung Ausdruck über die Tatsache, dass der Zeitplan ihres Mannes sie auseinander- statt zusammenbringen würde. Ihr antwortete Ruth mit folgendem Bild:

»*Wenn ihr beide nah am Herrn bleibt wie die Speichen an der Nabe, dann wird es echte Nähe geben. Manchmal erwarten wir viel zu viel von der Ehe.*

Wir erwarten, dass sie wie ewige Flitterwochen ist … Sei eine gute Zuhörerin, tu alles, um deinen Mann zu lieben! Wenn er manchmal mit etwas beschäftigt ist, leg ihm kurz die Hand auf die Schulter, küsse ihn kurz auf den Kopf, kleine Dinge wie diese! Erwartet nicht zu viel voneinander! Wir stehen an einem rauen Platz. Uns wurde viel anvertraut, also erwartet nicht so viel! Gebt einfach alles, was ihr habt, und gebt es freudig für den Herrn, und liebt denjenigen, den er euch anvertraut hat!«

Zum Abschluss ihres Seminars ermutigte Ruth die anwesenden Frauen nochmals eindringlich, mit ihren Problemen zur Quelle zu gehen, zu Gott und seinem Wort. Sie gab ihnen Gottes Verheißung mit auf den Weg:

»*Denn ich werde Wasser auf Durstige ausschütten und das trockene Land mit Bächen bewässern. Ich werde meinen Geist auf deine Nachkommen und meinen Segen über deinen Kindern ausgießen*« (Jesaja 44,3).

Weil sich Ruth als Partnerin voll hinter ihren Ehemann und seinen gottgegebenen Auftrag stellte, pflegte sie einen sehr gelassenen Umgang mit Kritik. Einmal bemerkte ein Besucher, Billy sei nicht gerade der beste Prediger, worauf Ruth antwortete, das sei der Beweis, wie mächtig der Heilige Geist sei. Eines Tages verfolgte sie zusammen mit einer Freundin im Fernsehen, wie ein Billy nicht wohlgesinnter Interviewer ihrem Mann mit einer Frage eine Falle stellen wollte. Billy antwortete auf die heikle Frage in einer sehr weisen Art. Ruth zu ihrer Freundin: *»Wir wissen beide, dass Billy nicht so pfiffig ist. Das war Gott.«*

Einmal reagierte sie auf Kritik mit der Bemerkung, die Kritiker wüssten nicht, gegen wen sie kämpften. Und wenn ihr das Ganze zu viel wurde und sie Angst hatte, sie würde »fleischlich« reagieren, dann zog sie sich zurück, um Privataudienz beim König der Könige zu halten.

Im Allgemeinen ging es bei den Grahams ganz normal zu und her. Gigi erzählte uns, wie oft sie sich über die Vorstellung von Außenstehenden amüsierte, sie hätten die freien Zeiten sicher immer mit Bibellesen und Beten verbracht. Wie alle Kinder hatten die Graham-Kinder nicht immer eitel Freude an den Familienandachten, obwohl die Eltern sich alle Mühe gaben, diese kurz und interessant zu gestalten. Die Kinder liebten die schwarze Hausangestellte Bea nicht zuletzt deshalb, weil sie kurz und prägnant betete, kürzer, als es meist ihr Vater tat. Als sie einmal an Weihnachten wegen all der geistlichen Programmteile lange nicht zum Geschenkeauspacken kamen, meinte Franklin: *»Bethlehem war noch nie so miserabel.«*

Als sich ein Kind wieder einmal danebenbenahm, fragte eine Besucherin Ruth, wie es möglich sei, dass die Kinder von Billy Graham solche Dinge machten. Ruth antwortete: *»Sie haben auch etwas von mir in sich.«* Sie und ihre Schwester Rosa seien in ihrer Jugend auch immer zu Streichen aufgelegt und oft wie Hund und Katze gewesen. Deshalb konnte Ruth mit Kindern ähnlichen Kalibers mitempfinden.

Einmal bespuckten sich Franklin und ein Freund gegenseitig. Der Mutter des Freundes war es gar nicht recht, dass sich ihr Sohn so verhielt. Er sollte sich bei Ruth Graham dafür entschuldigen, was er aber nicht wirklich tat. Die Mütter einigten sich darauf: Wenn der eine wieder spucken würde, dürfe der andere zurückspucken. Ruth lud den andern Burschen dann zusammen mit seiner Mutter zum Abendessen ein, stellte ihm einen Krug Wasser hin und sagte: »*Hier ist deine Munition.*«

Ruth machte immer einen Unterschied zwischen moralischen Verfehlungen, wie Lügen, Stehlen, Unhöflichkeit gegenüber älteren Menschen, für die sie ihre Kinder zur Rechenschaft zog, und altersspezifischen Flausen, wie langen Haaren oder zu laute Musik, die sie, solange sie andere nicht störten, akzeptierte. Da das Temperament der fünf Kinder sehr unterschiedlich war, musste Ruth auch verschiedene Methoden anwenden, um ihnen etwas beizubringen. Während Anne schon auf den feinsten Impuls reagierte, brauchte Franklin stärkeres Geschütz. Als er wiederholt nicht aufstehen und in die Schule gehen wollte, ließ Ruth einmal einen Knallkörper unter dem Türspalt explodieren. Franklin war im Nu auf den Beinen.

Ruth war kämpferisch veranlagt. Sie konnte sich für etwas mit aller Kraft einsetzen, das ihr wichtig erschien. Ihre Methoden waren dabei oft recht unorthodox. Einem Demonstranten riss sie einmal bei einer öffentlichen Veranstaltung sein Schild weg und setzte sich darauf. Dieser zeigte sie dafür an und Ruth musste bei der Polizei antraben.

Ruth konnte aber auch die feine Klinge einsetzen. Als Franklin wiederholt zu spät nach Hause kam, entschied sie sich, im Wohnzimmer zu bleiben, bis er heimkam, und ihn freundlich zu empfangen, ohne einen Kommentar abzugeben über den späten Zeitpunkt seiner Heimkehr. Nach einer Weile war es ihm zu peinlich, dass seine Mutter immer wegen ihm aufbleiben musste, sodass er beschloss, wieder früher nach Hause zurückzukehren.

Ruth hatte vor allem in der ersten Zeit der Ehe manchmal auch ihre liebe Mühe mit ihrem Mann, der sich zuerst noch daran gewöhnen musste, eine Frau mit eigenständiger Meinung zu haben. Als sie einmal beim Parkplatz vor dem Haus statt auf das Brems- auf das Gaspedal drückte und mit dem Auto den Hang hinunterfuhr, wollte ihr Billy verbieten, in Zukunft Auto zu fahren, worauf Ruth ihm entgegnete: »*Hat etwa Abraham der Sara ihr Kamel weggenommen?*«

Ruth liebte es, in ihrer Freizeit die Secondhandläden und Flohmärkte zu besuchen und nach alten Dingen zu stöbern; es handelte sich häufig um Gegenstände, an denen niemand mehr außer Ruth Gefallen hatte. Diese polierte sie dann in ihrer Freizeit auf. Einige Möbel in ihrem Wohnhaus haben den letzten Schliff durch Ruth erhalten.

Billy Graham liebte es, in der wenigen freien Zeit Golf zu spielen. Hier ist er jedoch weniger erfolgreich. Er wirbelt mit seinem Schlag viel Erde auf, aber der Golfball bleibt stehen.

Billy zog es vor, in der freien Zeit zu joggen oder wenn immer möglich Golf zu spielen. Billy liebte das Golfspielen auch darum, weil es praktisch das Einzige war, das er in der Öffentlichkeit ungestört tun konnte. In Restaurants konnte es geschehen, dass das Essen kalt wurde, weil die Leute Schlange standen, um Billy die Hand zu schütteln und ein paar Worte mit ihm zu wechseln. Seine Freundlichkeit erlaubte es ihm nicht, Menschen abzuweisen. Als während seiner Bibelschulzeit in Florida ein angesehener Evangelist sich weigerte, ihm ein Autogramm zu geben, nahm er sich vor, nie ähnlich unfreundlich zu handeln. Er fühlte sich durch das Verhalten seines geistlichen Vorbildes irritiert. Am eigenen Beispiel wurde ihm bewusst, wie wichtig die kleinen Freundlichkeiten und Aufmerksamkeiten im Alltag sind, um als authentischer Zeuge von Jesus wahrgenommen zu werden.

Selbst zu Hause war er ein Gentleman. Wenn Ruth das Essen von der Küche ins Esszimmer brachte, stand er regelmäßig auf. Als ich Gigi darauf ansprach, meinte sie, das habe mit seiner Erziehung als Südstaatler zu tun. Das ist sicher ein Teil der Wahrheit. Ich denke aber, dass es mehr war als nur seine Erziehung als Südstaatler, wenn er völlig unbekannten Personen die volle Aufmerksamkeit widmete und sich Zeit für sie nahm. Er war sich bewusst, dass es vor Gott genauso wichtig war, wie er sich im persönlichen Umgang von Mensch zu Mensch verhielt, wie auf dem Podium vor Tausenden von Menschen. Und für diese eine Person war sein Verhalten vielleicht von ganz besonderer Bedeutung auf ihrem Glaubensweg. Auch für Ruth war es von großer Bedeutung, dass wir Christen aufmerksam sind und auch die kleinen Dinge des Lebens wahrnehmen; Dinge, die für andere aber sehr wichtig sein können. Kurz vor der goldenen Hochzeit betonte sie den Wert eines höflichen, hilfsbereiten Umgangs:

»Höflichkeit löst viele Probleme; Höflichkeit gegenüber den Fremden, Höflichkeit gegenüber den Vorgesetzten, Höflichkeit gegenüber jedermann – und das Bedürfnis zu helfen.«[41]

Höflichkeit und Aufmerksamkeit gehörten für Ruth wie für Billy zu einem Leben, das Gottes Freundlichkeit und Fürsorge reflektiert. Sie hatten ein weites Herz, das von einer Haltung der Großzügigkeit und einer positiven Grundhaltung dem Leben gegenüber geprägt war.

Sie waren keine Asketen. Sie liebten die schönen Dinge des Lebens, obwohl sie oft wenig Zeit dafür hatten. Zum Beispiel liebten sie es, am Sonntag irgendwo im Freien ein Feuer anzufachen und ein saftiges Stück Fleisch auf den Grill zu legen. Manchmal unternahmen sie auch ausgedehnte Wanderungen. Sie vererbten ihre Liebe zur Natur ihren Kindern. Ned war später während einer gewissen Zeit als Bergführer tätig.

Sowohl Ruth wie Billy liebten es, irgendwo in der freien Natur ein saftiges Stück Fleisch auf den Grill zu legen.

Die Beziehung zwischen Ruth und Billy war von Romantik geprägt; interessanterweise nach ihren eigenen Aussagen später mehr als in den ersten Jahren ihrer Ehe. Zur Sexualität hatten sie eine unverkrampfte Einstellung, vor allem wenn man berücksichtigt, in welcher Zeit sie aufgewachsen sind. Innerhalb der gottgegebenen Richtlinien sei die Sexualität eine Gabe Gottes, zur Freude der Ehepartner gegeben und nicht nur zur Fortpflanzung. 1969 beschrieb Billy der Zeitschrift »TIME« gegenüber die Rolle der Sexualität folgendermaßen:

»Nun, Sexualität ist ein Geschenk Gottes. In der viktorianischen Ära gingen wir zu weit. Wir haben Sex totgeschwiegen. Man hätte ihn nie unterdrücken sollen. Er ist etwas, das Gott uns gegeben hat. Er gehört nicht in den Müll und Dreck der finsteren Gassen. Die jungen Leute bekommen eine falsche Vorstellung von Sex. Innerhalb der Ehe ist er die wundervollste Art von Beziehung. Es geht um mehr als um die Fortpflanzung. An dieser Stelle stimme ich dem Papst nicht zu. Beim Sex geht es um mehr als um das Zeugen von Kindern. Die Sexualität ist zum Genuss innerhalb der Grenzen der Ehe gedacht. Sex ist auch zur Erfüllung eines Ehepaares gedacht.«[42]

Billy konnte Ruth, selbst wenn Menschen zugegen waren, einen herzhaften Kuss geben oder sie innig umarmen. Schon früh beeindruckte Ruth Billys Kombination von Ernsthaftigkeit und Liebenswürdigkeit.

Vor der Heirat schrieb sie ihren Eltern:

»Seine große Ernsthaftigkeit ist das, was diejenigen, die ihn kennen, am meisten beeindruckt. Er ist zweifellos ein zielorientierter Mann, und sein furchtloses Predigen des Evangeliums muss dem Herrn Freude machen ... Trotz seiner Furchtlosigkeit und seiner zeitweiligen Strenge ist er so aufmerksam und freundlich, wie man sich einen Mann nur wünschen kann ... Auf alle Fälle schafft er es, dass du dich völlig natürlich und umsorgt fühlst, ohne prahlerisch oder unausstehlich zu sein.«[43]

Wenn Billy endlich wieder einmal von einem längeren Einsatz nach Hause zurückgekehrt war, dann gab es etwas zu feiern. Vor allem an den Sonntagen war »Familie« angesagt. Und am Thanksgiving Day, dem Erntedankfest, das die US-Amerikaner ausgiebig feiern, gab es dann viel zu erzählen. Tochter Anne:

»Aber der Höhepunkt von Thanksgiving ist nicht das Essen, die Football-Fernsehübertragung oder Spaß zu haben. Der Höhepunkt ist immer die Tischgemeinschaft im Esszimmer. Während wir unseren Kaffee schlürfen und uns mit dem letzten Stück Kuchen den Bauch vollschlagen, präsidiert mein Vater am Kopfende des Tisches, und jeder erzählt, wofür er oder sie am meisten dankbar ist. Die meisten von uns, inklusive der ungehobelten, leidenschaftlichen Jungen an der Grenze zum Mannesalter, haben Tränen in den Augen, wenn sie die Zeugnisse von Gottes Treue und Güte im vergangenen Jahr hören.«[44]

Daddy liest Bunny, Anne und Gigi eine biblische Geschichte vor.

Gigi betonte, wie wichtig für ihre persönliche Glaubensentwicklung die Tatsache war, dass ihre Eltern und Großeltern ihr Christsein ganzheitlich gelebt hätten; dass sie fröhliche Christen gewesen seien, bei denen viel gelacht worden sei. Gigi: »*Sie waren glückliche Christen, die Spaß liebten und meinen Appetit auf das anregten, was sie hatten.*« Das war ja auch der tiefste Herzenswunsch ihrer Mutter, dass Menschen aufgrund ihres Lebens durstig würden nach Gott. Ruth war überzeugt, dass die Freude zum großen Teil das Resultat einer persönlichen Entscheidung sei. Sich zu freuen sei »*eine ernsthafte Angelegenheit*«, meinte sie einmal. Ruth:

»*Genießt du Gott? Der Hauptzweck des Menschen besteht … darin, Gott zu verherrlichen und ihn für immer zu genießen … Dann wird ungeachtet der Umstände Freude die Konsequenz sein. Erfreust du dich am Herrn, wie die Aufforderung in Psalm 37,4 lautet? Ich bevorzuge die Übersetzung aus der Septuaginta: ›Genieße den Herrn mit Freude.‹ Wenn du Gott genießt, wirst du Gebet und Bibelstudium genießen. Und das wird man merken. Du kannst es nicht verbergen. Wenn du das nicht genießt, wird sich auch das zeigen.*«[45]

Für Ruth war ein fröhliches, freundliches Wesen ein Ausdruck der Liebe zu Gott und den Mitmenschen. Ihr hat es geholfen, immer wieder Gott zu danken für seine Treue, für die Verheißungen in seinem Wort, für die Mitmenschen, wie auch für seine erwiesene Liebe im persönlichen Leben. Sie versuchte, alles aus Gottes Perspektive zu betrachten. Sie war überzeugt, dass hinter schwierigen Dingen oft ein verborgener Segen Gottes steckte, den es im Glauben willkommen zu heißen galt. Dankbarkeit hat ihren Kanal zu Gott geöffnet und sie empfänglich für seinen Segen gemacht. Ihre Stabilität, von der ihr Ehemann so viel profitierte, hatte viel mit ihrer einmal getroffenen Entscheidung zu tun, stets eine Haltung der Dankbarkeit zu pflegen, und das gerade auch in schwierigen Situationen. Danken schützt vor Wanken, und Loben zieht nach oben.

Ruth stand hellwach im Leben. »*Sie war ein Temperamentsbündel*«, meinte ein Ladenbesitzer, als ich ihn bat, Ruth Graham zu beschreiben. Ein Restaurantbesitzer äußerte auf ihr kürzlich erfolgtes Ableben bezogen: *»Sie mag die Frau des berühmtesten Evangelisten der Welt gewesen sein, aber für Anwohner und Ladenbesitzer war Ruth Bell Graham wie eine Schwester oder Mutter.«*

Ruth war überall dieselbe Person: Ungekünstelt, natürlich, aber auch warmherzig und einfühlsam; fromm im guten Sinne des Wortes; aber gleichzeitig immer auch zu einem witzigen Spruch aufgelegt, was die Atmosphäre um sie herum auflockerte. Die Leute fühlten sich in ihrer Nähe wohl, weil sie sie selbst sein konnten. Die Tochter von Billys lange Zeit engstem Mitarbeiter T. W. Wilson, Sally Pereira, erlebte Ruth als konstante Ermutigerin: *»Sie liebte Schönheit, Blumen, Bücher und hat mich immer ermutigt.«*[46]

Und Gay Fox, die zusammen mit Ruth aufgewachsen war und sogar im gleichen Gottesdienst wie sie getauft wurde, beschrieb sie folgendermaßen:

»Sie war einer der beständigsten, kreativsten, wirklich liebenswürdigen und lustigsten Menschen, die ich je gekannt habe. In allem, was sie tat, hatte sie Stil, von ihrem Haus bis zu ihrer Kleidung. Sie hatte ein ansteckendes Lachen, und nichts konnte sie aus der Ruhe bringen.« Und dann fügte sie noch hinzu: *»Mit Ruth konnte man Pferde stehlen. Sie nahm die Dinge, wie sie kamen. Sie ertrug ihre Krankheit mit viel Mut. Sie war eine unglaublich starke und sensible Frau. Sie hat ihr Rennen gewonnen.«*

Unglaublich stark und sensibel – welch seltene Kombination! Diese Stärke erwarb sich Ruth in der Gemeinschaft mit ihrem göttlichen Freund und durch das intensive Studium seines Wortes. Nichts machte sie lieber, als in der Bibel zu lesen. Oft saß sie beim Sonnenaufgang unter dem Hausvordach und las in Ruhe ihre Bibel und nippte an ihrem Kaffee. Ruth hat immer wieder betont, dass sie ihre Aufgaben, insbesondere ihre Kindererziehung, nur mit Gottes Hilfe geschafft habe: *»Ich habe meine Kinder auf den Knien erzogen.«* Da sie sehr empfindsam veranlagt war, war sie oft enttäuscht über sich selber und drückte ihre Gefühle des Versagens immer wieder in Gedichten aus. Manchmal empfand sie, dass sie zu oft im Oberflächlichen verweilen würde, anstatt in die Tiefe zu gehen.

Gelegentlich hatte sie auch mit depressiven Gefühlen zu kämpfen. Nach der Geburt von Ned machte sie eine Art postnatale Depression durch.

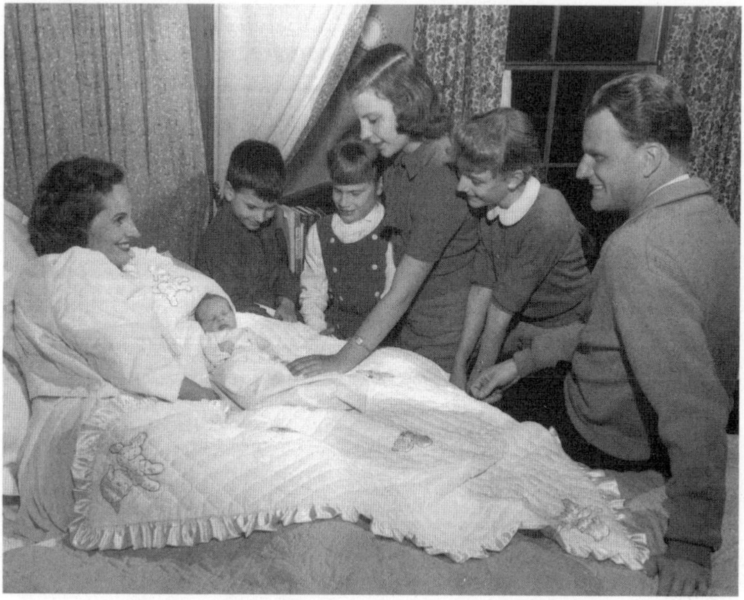

Die ganze Familie begrüßt 1958 den neuen Erdenbürger.
V.l.n.r.: Ruth, Ned, Franklin, Bunny, Gigi, Anne, Billy.

Zeitweise fühlte sie sich schlicht ausgelaugt. In einem Brief an Gigi beklagte sie sich, sie wäre zu faul, um irgendetwas zu tun. Bisweilen fühlte sie sich überfordert von den vielen Herausforderungen, die ihr Leben als Mutter von fünf Kindern an der Seite eines der bekanntesten Männer Amerikas mit sich brachte. Dem »Charlotte Observer« gegenüber erzählte sie von einer Lektion, die sie 1954 während des ersten großen evangelistischen Feldzuges in London gelernt hatte. Sie hatte damals ihren Ehemann in den ersten Wochen der Evangelisation in England begleitet. Neben der Mitarbeit als Seelsorgehelferin und dem Bügeln von Billys Hemden war sie immer wieder mit Angriffen ihnen nicht wohlgesonnener Personen und Medien konfrontiert worden. Sie hätte sich dabei gesagt: »*Bete einfach für ein dickes Fell und ein weiches Herz. Du brauchst das, wenn Menschen dich kalt anstarren und dich einen Gauner nennen. Natürlich gibt es auch viele andere, die denken, wir seien einfach nur größenwahnsinnig.*«[47]

Schon während ihrer Jugendzeit hatte Ruth am Vorbild ihrer Eltern gelernt, dass Gott uns nicht ein einfaches Leben verheißen hat, dass er aber immer bei uns ist. Deshalb gab es für sie keinen Grund, sich zu ängstigen. Schwierigkeiten gehörten nun einmal zum Leben als Zeuge von Jesus dazu. Deshalb hat sich Ruth auch weder über die langen Abwesenheiten ihres Ehemannes beklagt noch über ihre im Alter angeschlagene Gesundheit. Wenn man sie fragte, wie es ihr gehe, sagte sie immer: »*Fine*« (»gut«), auch wenn sie manchmal unter starken Schmerzen litt. Das Einzige, was sie hin und wieder beklagte, war ihre Immobilität, da sie in den letzten Jahren mehrheitlich ans Bett gebunden war. Als Billys Schwager, Leighton Ford, nachhakte und sie fragte, wie es ihr denn nun wirklich gehe, antwortete sie: »*Ich fühle mich etwa so zufrieden wie eine Maus auf einem Leimstreifen.*«[48] Dafür hätte sie nun viel Zeit zum Beten und zum Auswendiglernen von biblischen Texten.

Ruth betete als Kind in China, sie möge einmal als Märtyrerin für Jesus sterben. Wenn ich das Viele betrachte, das Ruth tragen musste, werde ich den Eindruck nicht los, dass Gott Ruths Gebet auf seine Weise irgendwie doch ernst genommen hat.

In China erlebte Ruth, dass Probleme und Verfolgung zum normalen christlichen Leben dazugehören. Ruth:

»Wir Christen im Westen sind es, die unnormal leben. Ich persönlich bin für diese Abnormalität dankbar. Wenn sie aber nicht anhält, sollten wir keine Fragen stellen und uns beschweren oder verbittert sein. Lasst uns stattdessen jeden Tag so akzeptieren, wie der Herr ihn uns sendet, und gehorsam und treu leben; lasst uns nicht fürchten, was kommen könnte; denn wir wissen, dass wir einmal in der Lage sein

könnten, zu unserem Herrn zu sagen: ›Wir hatten die Ehre, unter schwierigen Umständen zu dienen.‹«[49]

Obwohl Ruth selber viel durchgemacht hat, behielt sie doch ein weiches Herz gegenüber den Nöten anderer Menschen. Sie wusste um die Gefahr der Herzensverhärtung und betete immer wieder darum, dass das bei ihr nie geschehen möge. Menschen, die ihr begegneten, erlebten sie, wie auch ihren Ehemann, als völlig authentisch. Sie war nicht gespalten in eine Sonntags- und eine Werktagschristin. Sie lebte ihren Glauben ganzheitlich. Deshalb hatte sie es auch nicht nötig, sich eine Maske überzuziehen. So wie sie sich nach außen gab, so war sie im tiefsten Grunde ihres Wesens.

Nirgendwo kommen die tiefsten Herzensregungen so gut zum Ausdruck wie beim Beten. Das ist übrigens der Grund, warum es kein besseres Rezept für eine gute Ehe gibt, als viel miteinander zu beten, weil man auf diese Weise das Herz des Ehepartners spürt. Und das verbindet wie kaum etwas sonst.

So offen und direkt sie im Umgang mit ihren Mitmenschen sprach, so ehrlich direkt war Ruth im Umgang mit ihrem Vater im Himmel. Um einen Blick ins Herz von Ruth zu werfen und zu spüren, was sie in Bezug auf ihre Mitmenschen zutiefst fühlte, möchte ich dieses Kapitel über Authentizität mit einem Gebet von Ruth abschließen. Es handelt sich um das Gebet, das sie als Abschluss einer Ansprache vor mehreren Tausend amerikanischen Frauen der unterschiedlichsten Herkunft sprach:

»Unser Vater, wir danken dir, dass du hier bist. Du weißt, dass eine Frau hier ist, die eine Last trägt, die zu schwer für sie ist. Da ist eine Frau, für die das Leben unerträglich geworden ist; eine Frau, die versucht, durch Drogen und Alkohol der Wirklichkeit zu entfliehen. Wenn sich der Nebel verzieht, starrt ihr die Wirklichkeit immer noch ins Gesicht. Es ist nun so, Herr, dass sie jedes Mal etwas weniger fähig ist, damit fertigzuwerden.

Und dann ist eine Frau hier, die mit Problemen leben muss, die nicht gelöst werden können, weil es keine Lösung gibt; einige andere sind hier, die von einer Tragödie verfolgt werden, die sie niemals vergessen können; einige, die von einer Sünde versklavt sind, der sie nicht entkommen und die sie nicht kontrollieren können. Manche sind vor Ziellosigkeit gelangweilt und andere vor Plackerei völlig erschöpft. Einige sind hier, die sind müde, entmutigt und bereit, Schluss zu machen. Herr, hilf jeder Einzelnen, sich zu erinnern, dass alles, was du verlangst, darin besteht, dass wir merken, dass wir dich brauchen! Lass uns also so zu dir kommen, wie wir sind – wie es auch zu deiner Zeit die Blinden taten, die Kranken, Unreinen, Verbitterten, Müden, Verwirrten! Bitte vergib uns; mach uns rein und ganz! Nimm uns in deine Familie auf! Wenn wir von hier Abschied nehmen, wissen wir, dass wir niemals wieder einsam oder ungeliebt sein werden, denn du gehst mit uns. Du wirst uns nie verlassen oder im Stich lassen, und nichts kann uns jemals von deiner Liebe trennen. Mach uns zu deinen eifrigen Schülern! Mögen wir deine Worte hören und tun! Wenn wir dies tun, dann wissen wir, dass du uns lieblicher und einfacher im Umgang machen wirst, insbesondere zu Hause. In Jesu Namen: Amen.«[50]

3. Demut – Abhängig leben

»Ich habe genug Prüfungen und Drangsal und Verfolgungen und Schwierigkeiten und Kritik und Krankheiten erlebt, die mich immer vor dem Herrn klein halten. Immer wenn ich denke, ich bin wer, hat der Herr seine Mittel und Wege, um mich unten bei ihm zu halten und zu sagen: Billy Graham, du bist von mir abhängig.«[51]

Billy Graham

»Wenn mich irgendetwas beunruhigt, dann ist es der Gedanke, dass ich am Tag des Gerichts herausfinde, dass ich nicht so treu war wie irgendein anderer Diener, der sich Tag für Tag in den Straßen Harlems mit wenig sichtbaren Erfolgen abmüht.«[52]

Billy Graham

»Ich hatte früher Angst um Billy. Als er anfing, gab es all die Beweihräucherung. Ich hatte Angst, er würde davon aus dem Gleichgewicht gebracht werden. Doch dann traf ich Ruth. Da konnte ich mich entspannen, denn ich wusste, er hatte diese Säule, an die er sich klammern konnte.«[53]

Paul Harvey, Radiomoderator

1986 hatte ich das Vorrecht, zum zweiten Mal an der Konferenz für reisende Evangelisten in Amsterdam dabei zu sein, diesmal als Redaktor unseres Magazins »Christliches Zeugnis heute«. Am Vortag der Konferenz saß ich in einem chinesischen Restaurant und hatte soeben mein Essen bestellt, als Billy und Ruth Graham zusammen mit Cliff Barrows und T. W. Wilson das Restaurant betraten und sich an den Tisch neben mir setzten. Nachdem sie auf ihren Stühlen Platz genommen hatten, redete Billy Graham mit seinen Freunden über seine Gefühle bezüglich der bevorstehenden Konferenz. Ich kann mich nicht mehr an alle Einzelheiten dieses Gespräches erinnern. Was mir jedoch blieb, war, dass ich eine Seite an Billy Graham entdeckte, die ich so nicht erwartet hätte: Er sprach über seine Unwürdigkeit, Evangelisten zu lehren, die in ihren Ländern wegen ihres Glaubens verfolgt werden. Er hatte Menschen getroffen, die wegen ihres Glaubens sogar Narben an ihren Körpern trugen. Billy fühlte, dass diese Menschen ihn lehren sollten, nicht umgekehrt.

Ruth reagierte, indem sie ihre rechte Hand auf Billys linke Schulter legte. Mit fester und gleichzeitig liebevoller Stimme erinnerte sie ihren Mann daran, dass es gar keinen Grund zur Besorgnis gäbe; Gott hätte die ganze Sache im Griff. Bill, wie sie ihren Mann nannte, könne sich beruhigen, er brauche nur das zu geben, was er habe. Das Übrige würde Gott besorgen.

Zuvor hatte ich mehrmals Gott gebeten, er möge mir einmal erlauben, einen Blick hinter die Kulissen der Grahams zu werfen, damit ich den wahren Billy und die wahre Ruth kennenlernen könnte. Und nun war ich doch sehr überrascht, wie ernst Gott mein Gebet genommen hatte. Zurückblickend bereue ich es, dass ich die Grahams damals im chinesischen Restaurant nicht persönlich angesprochen habe. Dann hätte ich wohl eine weitere typische Eigenschaft von ihnen erlebt: ihre Herzlichkeit fremden Menschen gegenüber. Und fremd war ich für sie ganz bestimmt. Bisher hatte ich nur einmal kurz mit Billy Graham gesprochen, und zwar nach der Pressekonferenz der ersten Amsterdamer Evangelistenkonferenz 1983. Damals wechselte ich einige Worte mit ihm und dankte ihm für das Vorbild, welches er mir in meinem Leben und Dienst war. Dabei bemerkte ich

Das Bild täuscht ein bisschen. Mindestens so stark wie sich Ruth an Billy hängte, hängte sich Billy an Ruth. Ruth war für ihren Ehemann ein Pfeiler, an den er sich zeitlebens klammerte.

nicht, dass ich vor lauter Nervosität statt Englisch Deutsch sprach. In seiner gütigen Art bat Billy Graham um Verständnis für seinen Mangel an Deutschkenntnissen. Und auch mein Kollege aus Spanien, der ein gutes Foto schießen sollte, war so aufgeregt, dass die Fotos verwackelt und damit unbrauchbar waren. Meine erste Begegnung mit Billy Graham war also nicht gerade so, wie ich es mir vorgestellt hatte. Umso dankbarer war ich deshalb über das Geschenk dieser zweiten Begegnung, die einen Blick hinter die Kulissen von Ruth und Billy Graham erlaubte.

Amsterdam '83 war übrigens für mich auch in einer anderen Hinsicht eine denkwürdige Erfahrung. In der Schweizer Gruppe äußerte ich mich im Vorfeld sehr negativ über den meines Erachtens unbiblischen Nationalismus des Aufmarsches der nationalen Flaggen. Die Organisatoren wollten, dass von jedem vertretenen Land eine Person mit der Fahne ihres Landes auf die Bühne laufen sollte. Zu allem Unglück bestimmten sie mich, die Schweiz zu vertreten. Also musste ich widerwillig bei diesem »Unsinn« mitmachen. Noch während ich mich zum Einmarsch vorbereitete, überführte mich der Heilige Geist, und ich bat Gott um Vergebung für meine kritische Haltung. Der Zufall

AMSTERDAM 83

DAILY NEWS 2

International Conference for Itinerant Evangelists

Evangelists United In Full Color At Amsterdam 83

By David Wilkerson

In a display of national loyalty and spiritual unity, flagbearers holding high the flags of more than 130 countries criss-crossed the RAI's Zuidhal during last night's opening ceremonies.

It was a fitting opening for the International Conference for Itinerant Evangelists, which according to its convenor Billy Graham "is the first such meeting of traveling evangelists in the history of the church."

"We come from very different backgrounds culturally and socially, and even denominationally and yet we are united in Jesus Christ," Graham said during his opening remarks.

"In God's timing we're finally here."

An international flavor permeated the opening session.

The theme of the meeting, "Do the work of an Evangelist," from II Timothy, was read in their native tongue by persons from 10 different language groups.

Evangelist Billy Graham, who is realizing a life-long vision with this meeting, cited three goals which he believes comprise "God's agenda" for the meeting: that the Evangelists "will be renewed spiritually" in their personal lives, that they will receive practical tools for effective Christian witness, and "that God will give each of us a fresh vision of our task – a world vision."

Time is short, and the needs are urgent, he emphasized.

"We do not know how many tomorrows we may have before God calls us home. But we hear again the command of our Lord Jesus Christ, 'Go into all the world and make disciples'."

Spirits obviously were high during the 90-minutes opening session, despite problems with the public address system and sweltering heat on one of the city's hottest days on record.

Participants applauded frequently. Many had tears on their cheeks as they sang the opening hymn, "All Hail the Power of Jesus' Name."

And, asked by Graham to repeat one word in their native tongue, they stood and shouted four times in unison, "Hallelujah!"

Die erwähnte Titelseite der Konferenzzeitung der Evangelistenkonferenz Amsterdam '83 mit dem Autor (rechts unten), die Schweizer Flagge tragend.

wollte es, dass das Foto von mir als Träger der Schweizer Fahne auf der Titelseite der Konferenzzeitung erschien. Zum Glück sieht man darauf nicht, was in mir kurz zuvor vorgegangen war. Und meine »Bekehrung« war echt. Denn vierzehn Jahre später, anlässlich EXPLO '97 in Basel, baten wir ebenfalls die Vertreter aus aller Welt, mit ihren jeweiligen Nationalflaggen auf die Bühne zu kommen.

Wenn es einen bestimmten Charakterzug gibt, der die Grahams besonders auszeichnet, dann ist es ihre ungespielte Demut. Beide besaßen eine sehr nüchterne Einschätzung dafür, wer sie waren und wer Gott war und in welchem Maße sie täglich auf die Hilfe Gottes angewiesen waren. Eine gute Erklärung des Begriffes Demut liefert Leighton Ford in seinem Buch »Transforming Leadership«:

»In Jesus sehen wir Autorität und Demut wunderbar vereint. In ihm erkennen wir, dass Demut nicht gleichbedeutend ist mit dem Abstreiten der eigenen Gaben; Demut bedeutet, die Quelle dieser Gaben anzuerkennen. Es hätte nichts mit Demut zu tun, wenn der große Redner Billy Graham mit falscher Bescheidenheit von sich sagen würde: ›Ich kann nicht gut reden.‹ Das wäre ja eine Unwahrheit! Demut bedeutet anzuerkennen, dass wir nicht Eigentümer der Gaben, sondern nur Kanäle derselben sind. Demut bedeutet, Gott zu vertrauen; Stolz bedeutet, auf sich selber zu bauen.«[54]

Demut hat mit gesundem Realitätssinn zu tun, weder mit Überschätzung noch Unterschätzung der eigenen Möglichkeiten. Ich vermag alles mit Gottes Segen, aber nichts ohne ihn. Um es mit den Worten von Charles H. Spurgeon auszudrücken: *»Demut bedeutet, das eigene Selbst richtig einzuschätzen.«*

Billy und Ruth Graham bilden den Inbegriff für die biblische Wahrheit, dass Gott den Demütigen erhebt. Ruths Lebensmotto war: *»Fall auf deine Knie und wachse.«* Wenn das Ehepaar mit Königen und Präsidenten verabredet war, zog Ruth es vor, sich mit dem Dienstpersonal zu unterhalten. Wie schon erwähnt hatte sie ein besonderes Herz für die Ausgestoßenen und Benachteiligten. Viele Male hat sie diesen Menschen ihr Haus geöffnet. Für Ruth gab es keine »aus der Gnade gefallenen« Menschen. Das Blut von Jesus, dessen war sie sicher, wurde für alle vergossen, und es ist ausreichend für alle, welche die Notwendigkeit der Vergebung bekennen.

Ruth war sich stets bewusst, dass sie Gottes Gnade ebenso nötig hatte wie die offensichtlicheren Sünder. Die Bibel war ihre tägliche Kraftquelle, ihre Verbindung mit dem Herrn, auf den sie sich in den großen und kleinen Dingen des Alltags verlassen konnte. Um dieser Überzeugung Ausdruck zu verleihen, ließ Ruth in den Balken über ihrem Kamin im Wohnzimmer die Worte Martin Luthers schnitzen: »*Ein feste Burg ist unser Gott*«.

Betty Frist, eine mit Ruth eng bekannte Nachbarin und Freundin, beschreibt sie als eine sehr bodenständige Frau, voller Leben und Energie, nicht abgehoben fromm; Ruth packte die Probleme an, sie war resolut und angriffslustig, ohne jegliche Angst. Ihre Nachbarin beschreibt sie weiter als eine Frau, welche sich völlig von der Hilfe und Weisheit ihres Herrn abhängig machte, wissend, dass nur Jesus die Dinge in Ordnung bringen konnte. Wenn Ruth sich mit Schwierigkeiten konfrontiert sah, bezeichnete sie dies als Gottes Problem. Das galt auch, wenn sie übermäßig kritisiert wurde. Versprach nicht der Herr selbst, dass er sich darum kümmern würde? Betty Frist: *»Ruth begegnet allen ihren Kritikern an einem Ort – auf ihren Knien.«*[55] Sie nahm das Wort von Martin Luther ernst: *»An Gott glauben, bedeutet auf die Knie zu fallen.«*

Diese Eigenschaft erkannte Betty Frist auch in Billy: *»Für Billy ist Beten so lebensnotwendig wie Atmen.«* Seine Tochter Anne beobachtete, dass ihr Vater manchmal zu müde war, um das Frühstück einzunehmen, weil er die ganze Nacht wach im Gebet verbracht hatte.[56]

Im Umfeld von Amsterdam ’83 interviewte ich den bekannten argentinischen Evangelisten Luis Palau. Dieser bezeichnete Billy Graham als sein großes Vorbild, was Demut und Hingabe anbetrifft. Im Buch »Billy Graham – A Tribute from Friends« berichtet Luis Palau von einem Erlebnis mit Billy Graham in einem Hotelzimmer in Essen, das Palau nachhaltig prägte. Gemeinsam beteten sie damals für einen deutschen Evangelisten, den niemand als Redner einladen wollte. Luis Palau beschreibt, wie Billy Graham darauf reagierte:

»Billy Graham teilte ihm seine Gedanken mit, der Deutsche stellte ihm darauf ein paar Fragen, dann knieten wir uns alle nieder und begannen zu beten. Billy schüttete vor Gott sein Herz aus für diesen Evangelisten und bat Gott inständig, ihn zu segnen. Plötzlich wurde Billys Stimme gedämpft, und ich dachte: ›Was tut er da?‹ Als ich meine Augen öffnete, sah ich Billy vor dem deutschen Evangelisten flach am Boden liegen, und zwar nicht auf allen vieren, sondern mit dem Bauch und Gesicht nach unten. Nachdem sich der Deutsche verabschiedet hatte, sagte Billy Graham zu mir: ›Weißt du, Luis, die Bibel spricht davon, dass wir uns unter die mächtige Hand Gottes demütigen sollen [1. Petrus 5,6]. Ich glaube, das Beste für einen Evangelisten ist es, sich jeden Tag zu beugen, auch körperlich. Deshalb bete ich oft flach auf dem Boden mit dem Gesicht nach unten. Und wenn es dann Zeit ist, wird uns Gott aufrichten!‹«[57]

Wo hatte Billy Graham die Wichtigkeit, des sich aktiv Demütigens gelernt? Im von Bill Bright herausgegebenen Sammelband »The Greatest Lesson«[58] gibt Billy Graham darüber Auskunft.

Einige Monate nach der bahnbrechenden Evangelisationsveranstaltung 1949 in Los Angeles führte Billy Graham im Januar 1950 eine Evangelisation in Boston durch. Die Einladung dazu erfolgte durch Dr. Harold John Ockenga, den Pastor der angesehenen Park-Street-Gemeinde. Dr. Ockenga war damals als Präsident der kürzlich ins Leben gerufenen Nationalen Vereinigung der Evangelikalen einer der respektiertesten evangelikalen Leiter in den Vereinigten Staaten. Die Veranstaltungen mit Billy Graham waren sehr erfolgreich, was für das liberale Neuengland erstaunlich war. Billy Graham über die für sein Leben wegweisende Erfahrung:

»Damals dachte ich, Dr. Ockenga wäre von großer Befriedigung und berechtigtem Stolz erfüllt auf das, was durch die Evangelisation und seinen Einsatz in Bewegung geraten war. An einem Tag während meines Einsatzes in Boston besuchte ich Dr. Ockenga in seiner Gemeinde. Seine Sekretärin teilte mir mit, dass Dr. Ockenga in seinem Büro wäre, und ich solle doch eintreten. Als ich das Büro betrat, glaubte ich zuerst,

die Sekretärin habe sich geirrt, denn Dr. Ockenga war nirgends zu sehen. Dann weckte ein gedämpftes Schluchzen meine Aufmerksamkeit – Dr. Ockenga lag ausgestreckt am Boden, seinen Kopf hatte er unter dem Teppich verborgen. Er war so inbrünstig und ernsthaft im Gebet versunken, wie ich es noch nie zuvor bei einem Menschen ge-

Billy Graham war immer bemüht, von erfahreneren Christen zu lernen. Hier sieht man ihn mit Dr. Harold Ockenga, von dem er u. a. lernte, was es heißt, sich aktiv zu demütigen.

sehen hatte. Voller Demut bekannte er seine Unwürdigkeit und vollständige Abhängigkeit vom Heiligen Geist. Er flehte Gott an, durch die Veranstaltungen seinen Segen auf die Menschen von Neuengland auszugießen. Ich fand keine Spur von Stolz oder Selbstzufriedenheit.«

Billy Graham kam zu dem Schluss: Wenn dieser berühmte, von allen respektierte Leiter mit all seinem Ansehen und seiner Bildung die Notwendigkeit verspürte, sich vor Gott flach liegend auf dem Boden zu demütigen und mit gebrochenem Herzen unter Tränen ihn anzuflehen, dann wäre es für ihn noch viel wichtiger, sich vor Gott zu demütigen. Er nahm sich vor, von nun an sich immer wieder aktiv vor Gott und den Menschen zu demütigen. Gott habe in seinem Wort ja nicht gesagt, man solle um Demut bitten, sondern man solle sich aktiv demütigen. Dann würde Gott Gnade geben. Aber wie furchtbar sei es, wenn Gott uns widerstehen müsse, weil wir stolz sind.

Das Niederknien und das sich flach auf den Boden legen sind nur äußerliche Formen. Sicher geht es nicht in erster Linie darum, in welcher Körperhaltung wir beten oder Gott suchen. Es geht darum, was in unseren Herzen geschieht. Und doch bin ich überzeugt, dass viele Christen das Knien vor Gott und seinem Wort zu ihrem Schaden verlernt haben. Sind wir uns bewusst, dass der liebende Vater auch der allmächtige Schöpfer und heilige Richter ist? Sind wir uns bewusst, dass es sich bei der Bibel um Gottes heiliges Wort an uns Menschen handelt? Sind wir uns beim Beten bewusst, zu wem wir beten? Ob wir nun knien, liegen, sitzen, stehen, die Hände falten oder erheben: Entscheidend ist unsere Herzenshaltung. Die Hauptsache ist, dass wir unseren Vater im Himmel an die erste Stelle setzen und uns selber zurückstellen. Es geht um eine bewusste Entscheidung, uns dem Lichte Gottes auszusetzen. Es geht darum, uns bewusst zu werden, dass von uns selber nichts Gutes kommt, sondern nur durch die Bevollmächtigung und Veränderung durch den Heiligen Geist. Wir zeigen so, dass wir die Worte von Jesus ernst nehmen: *»Ich bin der Weinstock; ihr seid die Reben. Wer in mir bleibt und ich in ihm, wird viel Frucht bringen; aber getrennt von mir könnt ihr nichts tun«* (Johannes 15,5).

Dr. Ockenga war nicht nur Pastor, sondern auch Theologe. Billy Graham bezeichnete Harold Ockenga einmal als sein größtes theologisches Vorbild. Deshalb ist es sicher angebracht, einen genaueren Blick auf Ockengas biblische Grundüberzeugungen zu werfen, insbesondere, was das Thema Demut anbetrifft. Was brachte diesen Gelehrten dazu, sich auf eine solch ungewöhnliche Weise zu erniedrigen? In seinem Buch »Die Kraft von Pfingsten« beschreibt Ockenga die theologische Grundlage, die ihn lehrte, sich aktiv vor Gott zu demütigen:

»Das Selbst ist das große Hindernis im geistigen Leben … Es hindert den Heiligen Geist daran, das Leben des Gläubigen mit dem göttlichen Leben Christi zu erfüllen. Auch wenn das Selbst nur teilweise hervortritt, behindert es das Werk des Heiligen Geistes. Es richtet das Auge weg von Christus, es verdirbt das geisterfüllte Leben, und es führt den Menschen dazu, auf sich selber zu vertrauen und dem eigenen Wesen nachzustreben. Deshalb muss das Selbst verleugnet werden … Im Ausmaß, in welchem wir uns selber verleugnen und Christus nachfolgen, nehmen wir das Kreuz auf uns. Die entscheidende Frage liegt darin, ob wir bereit sind, alles für Christus aufzugeben, ihm unser Selbst, unseren Intellekt, unsere Freuden, Wünsche und Neigungen hinzugeben, damit der Heilige Geist uns mit dem Leben Gottes erfüllen kann.«[59]

Ockenga zitiert dann einige Schlüsselverse aus der Bibel:

»Weil Gott so barmherzig ist, fordere ich euch nun auf, liebe Brüder, euch mit eurem ganzen Leben für Gott einzusetzen. Es soll ein lebendiges und heiliges Opfer sein – ein Opfer, an dem Gott Freude hat. Das ist ein Gottesdienst, wie er sein soll« (Römer 12,1).

»Wer sein Leben in dieser Welt liebt, wird es verlieren. Wer sein Leben in dieser Welt gering achtet, wird es zum ewigen Leben bewahren« (Johannes 12,25).

»Wer von euch mir nachfolgen will, muss sich selbst verleugnen und sein Kreuz auf sich nehmen und mir nachfolgen« (Matthäus 16,24).

Er zieht daraus folgenden Schluss: »*Nur wenn Mission, Evangelisation, soziale Dienste und humanitäre Einsätze diese Art der Selbstverleugnung und des Gottesdienstes vorweisen können, wird das christliche Zeugnis kraftvoll.*«

Ein weiterer Grund für Billy Grahams demütige Abhängigkeit von der Hilfe des Herrn bestand in der Tatsache, dass einer der Leiter, zu dem Billy während seiner Zeit als Student am »Florida Bible Institute« in Tampa aufgeschaut hatte, moralischer Verfehlungen bezichtigt wurde. Als Folge davon verließen einige Dozenten und viele Studenten die Bibelschule. In seiner Autobiografie beschreibt Billy Graham diesen Vorfall als eine Erfahrung, die ihn lehrte, selber sehr vorsichtig zu sein.

Der Starmoderator David Frost fragte ihn einmal, ob er sich auch an Momente erinnern könne, in denen »der Teufel an ihm gezerrt« habe. Seine Antwort war deutlich:[60]

»*Ja, absolut. In der Tat glaube ich, David, dass die Leute überrascht wären. Ich spüre diese Macht jeden Tag, weil ich jeden Tag versucht werde, und Versuchung kommt vom Teufel … Der Teufel ist ständig hinter einem Menschen wie mir her … Ich muss in dem Leben, das ich führe, sehr vorsichtig sein, meine Verteidigung durch Gebet und Bibelstudium immer aufrechterhalten, weil die Bibel sagt, dass wir es nicht mit Fleisch und Blut zu tun haben – wir haben es mit Mächten und Gewalten und bösartigen Kräften zu tun.*«

David Frost hakte nach und wollte von Billy Graham wissen, in welchen Bereichen er die Anfechtung am meisten erlebe. Billys Antwort:

»*Der Mensch begegnet drei Versuchungen: der Lust des Fleisches, der Lust der Augen und dem Stolz des Lebens, mit anderen Worten: dem Ego. Satan konfrontiert uns täglich mit allen drei Versuchungen, indem er uns auf tausend verschiedene Arten und Weisen versucht und uns von unterschiedlichen Ansatzpunkten aus angreift.*«

Dann fragte David Frost Billy Graham direkt, ob er auch schon durch Frauen in Versuchung geraten sei. Billy Graham bejahte es, fügte aber hinzu, er habe nie eine Frau in einer falschen Art berührt. Aber in Gedanken sei er nicht immer sauber gewesen. Es habe Zeiten gegeben, wo die Versuchung groß gewesen sei. Vor allem fernab von zu Hause, ganz allein in irgendeinem Hotel, müsse man auf der Hut sein. Noch gefährlicher sei allerdings die Versuchung, stolz zu werden und sich etwas einzubilden.

Der Stolz habe schon Satan zu Fall gebracht. Stolz und Götzendienst würden zusammengehen. Beim Stolz stelle man statt Gott sich selber in den Mittelpunkt.

Billy entschied sich, sehr hart an seinem Charakter zu arbeiten. Immer wieder bat er Gott, er möge ihn verändern, sodass er Christus ähnlicher würde, weil er erkannte, dass ein gesegneter Dienst mit einem völlig hingegebenen Leben zu tun hatte. Nur einem solchen Leben könne der Herr seinen Stempel aufdrücken.

Einer der Männer, die Billy schon kannten, als er in Wheaton studierte, war Walter Smith. Viele Jahre lang leitete dieser die Großevangelisationen Billy Grahams. Danach war er der internationale Leiter der »Billy Graham Evangelistic Association«. Walter Smith lobt seinen Freund Billy Graham:

»Mich begeistert die Tatsache, dass er immer noch so demütig ist wie in Wheaton. Ich kann seine Demut nicht erklären. Ich habe nie gesehen, dass er auf irgendjemanden eifersüchtig war. Er ist ein so ehrlicher Mensch. Er glaubt mit jeder Faser seines Wesens, und wenn er spricht, spricht er mit Autorität – von Gott.«[61]

Russ Busby war der offizielle Fotograf von Billy Graham und hat ihn bei völlig unterschiedlichen Gelegenheiten über all die Jahre begleitet, von Großevangelisationen bis zu Treffen mit Königen und Präsidenten. Er kam zum Schluss, dass der Hauptgrund, warum Gott Billy Graham gebrauchen konnte, darin besteht, dass er wahrhaftig demütig ist, sowohl vor Gott als auch vor Menschen.

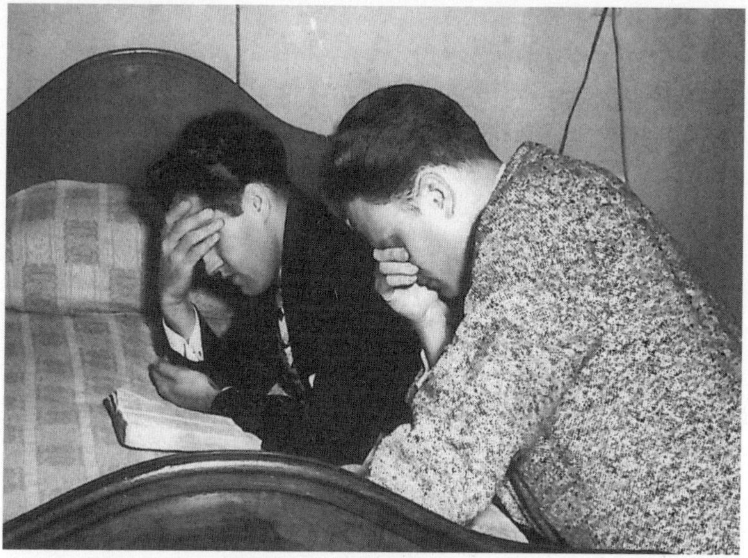

Cliff Barrows und Billy Graham kniend im Gebet versunken,
vor sich die aufgeschlagene Bibel.

Wenige Menschen kennen uns besser als unsere Kinder. Alle Kinder der Grahams schreiben ihrem Vater große Demut zu. Tochter Ruth:

»Wenn ich den vorrangigen Charakterzug benennen sollte, den ich in meinem Vater sehe, dann wäre das Demut. Ich bin mir sicher, dass Daddy dagegen Einspruch erheben würde. Aber ich habe die Demut meines Vaters beständig und auf vielen Ebenen mein ganzes Leben lang beobachtet. Ich bin immer wieder von der bescheidenen Art berührt, mit der er sich ausdrückt. Er ist auch in überraschenden Situationen bescheiden, was zeigt, dass seine Demut echt ist.«[62]

Keine Person kannte Billy besser als seine Ehefrau. Wenn Ruth nach den größten Qualitäten ihres Mannes gefragt wurde, wies sie normalerweise auf seinen starken und unerschütterlichen Glauben hin und auf seine völlige Konzentration auf seine Berufung als Evangelist.

Dass Christen demütig zu sein haben, war ihrer Meinung nach klar. Das war nicht erwähnenswert.

Ruth sorgte mit ihrer unkomplizierten Art dafür, dass Billy immer auf dem Boden blieb. Ihr Lachen war befreiend. Was mag da ihre Aufmerksamkeit in Bann gezogen haben?

Ruth wollte ihren Mann nicht auf ein Podest stellen. Sie konnte sehr unverblümt die Tatsachen ins rechte Licht rücken. Als Billy mit sichtlichem Stolz erwähnte, dass der mexikanische Präsident ihn umarmt hätte, erwiderte sie: *»Der hat auch Fidel Castro umarmt!«* Ruth half ihrem Mann, trotz der Bewunderung, mit der er zuweilen geradezu überschüttet wurde, auf dem Boden zu bleiben. Sie hat ihn spüren lassen, wenn er in Gefahr war, sich zu wichtig zu nehmen. In diesem Zusammenhang hat die älteste Tochter Gigi eine lustige Geschichte zu erzählen. Als ihr Vater wieder einmal jammerte, wie schlecht er sich fühle, und dabei alle seine Krankheiten ausführlich beschrieb, fand ihre Mutter deutliche Worte: *»Hör auf zu jammern, Bill, und stirb wie ein Christ.«* Auch seine Mitarbeiter hielten ihn demütig. Sein enger Mitstreiter Grady Wilson sagte oft: *»Wenn der Herr ihn weiterhin salbt, halte ich ihn weiterhin demütig.«* Grady Wilson, selbst ein begabter Evangelist, war auch ein Mann voller Späße und Witze. Er neckte Billy unaufhörlich. Das Schöne daran war, dass Billy das auf eine gute Weise nehmen konnte und selber dabei mitspielte.

Billy Graham verabscheute jede Arroganz. Nach seiner Überzeugung sollten die nach Wahrheit und Vorbildern suchenden Personen die Christen als bescheidene Menschen erleben, die sich ihrer Fehler bewusst sind und deshalb ganz auf die Gnade Gottes bauen. Er hatte geradezu Angst, dass er Ehre und Lob für etwas erhalten würde, das allein Gott gehörte. In einer Ansprache an 1 200 Missionare und Pastoren in Osaka, Japan, kommt diese Angst, Gott Ehre wegzunehmen, deutlich zum Vorschein:

»Ich möchte euch etwas sagen, das ich niemand anderem auf dieser Weltreise gesagt habe. Ich habe heute Abend das Gefühl, als ob mein Dienst sehr kurz sein wird. Mein Name ist in zu vielen Zeitungen aufgetaucht. Er wurde auf zu viele Plakate gedruckt. Es wurde einem Mann zu viel Ehre gegeben, und die Bibel sagt, dass Gott seine Ehre mit niemandem teilt … Falls es im Himmel irgendwelche Zeitungen geben sollte, wird der Name Billy Graham auf keiner Titelseite sein. Die Schlagzeilen werden irgendeinen unbekannten Missionar aus dem Dschungel präsentieren, der treu gedient hat.«[63]

Gerade weil es Billy Grahams dauerndes Bestreben war, Gott für allen Erfolg die Ehre zu geben und nicht größer zu erscheinen, als er war, konnte ihn Gott erheben. Seine Natürlichkeit und Bescheidenheit machten ihn sympathisch. Auch den Journalisten ist sein bescheidenes Wesen aufgefallen. Nach der Evangelisation 1949 in Los Angeles, bei der mehrere bekannte Persönlichkeiten zum Glauben fanden, gab er gegenüber den Medien folgende Erklärung ab:

»Ich fühlte mich so unwürdig angesichts dessen, was der Heilige Geist getan hat. Was passierte, war ein Werk Gottes, kein Werk eines Menschen. Ich will kein Ansehen, keine Ehre. Ich will, dass dies alles dem Herrn Jesus zukommt.«[64]

Wenn man die Zeitschriften »TIME« und »Newsweek« der letzten 60 Jahre zu Artikeln über Billy Graham durchstöbert, stößt man immer wieder auf die Erwähnung seiner Demut und Bescheidenheit. Einige Ausschnitte sollen zur Illustration dieser Tatsache genügen und gleichzeitig bewusst machen, in welchem Kontext des äußerlichen Erfolges er diese Haltung bewahrte:

»Reverend Billy Graham hat sich den Titel des größten lebenden amerikanischen Evangelisten erworben. Der blonde, gut aussehende 31-jährige Pastor der südlichen Baptisten, der mit einem anderen Billy namens Sunday verglichen worden ist, ist mit altmodischen Erweckungsveranstaltungen von Küste zu Küste durch das Land gezogen … Mr Graham hat im Januar Boston im Sturm erobert … Dennoch will Billy Graham keine besondere Anerkennung für seine Leistung.«[65]

»Noch 1949 war er der amerikanischen Öffentlichkeit weithin unbekannt. Heute, fast fünf Jahre später, hat er vor nahezu acht Millionen Menschen bei gigantischen Massenkundgebungen zwischen beiden amerikanischen Küsten gepredigt … Sein Radio- und Fernsehpublikum beläuft sich auf rund zehn Millionen regelmäßige Zuhörer … Sein Buch ›Friede mit Gott‹ hat sich bisher 125 000-mal verkauft. Und seine Zeitungskolumne ›Meine Antwort‹ erscheint nun in 73 Zeitungen und erreicht damit weitere 15 Millionen Menschen. Dennoch bekennt der

Baptist: ›Ich war noch nie so voll Ehrfurcht und Angst wie jetzt, da ich mich London zuwende.‹«[66]

Nach der Großevangelisation 1954 in England stand in der Zeitschrift »TIME«:

»Pfarrer, die viel im Lande herumkommen, berichten bereits von einer starken Zunahme der Kirchenbesucherzahlen und der Kollekteneinnahmen. Und die englischen Kleriker, die dem Evangelisten Graham zunächst skeptisch gegenüberstanden, sind nun herzlich dankbar ... Die größte Veränderung der Haltung fand in der Presse statt ... Die Zeitungen, die den ›heißen Evangelisten‹ aus den USA verspottet hatten, schreiben nun warmherzige Leitartikel. Selbst der scharfzüngige Kolumnist vom Daily Mirror, ›Cassandra‹ [William Connor], widmete dem Mann, den er die ›Hollywood-Version von Johannes dem Täufer‹ genannt hatte, über eine Seite mit einer Neueinschätzung. ›Ich denke, er ist ein guter Mann‹, schrieb er. ›Ich denke auch, dass er ein einfacher Mann ist. Güte und Einfachheit sind schwierige Kunden. Ich hätte nie gedacht, dass Freundlichkeit eine derart einschneidende Wirkung haben kann. Ich hätte nie gedacht, dass Einfachheit uns so verdammt hart drannehmen kann. Wir leben und lernen.‹«[67]

Wenig später berichtet die gleiche Zeitschrift:

»Billy Graham ist heute – abgesehen vom Papst – der bekannteste und am meisten diskutierte christliche Leiter der Welt. Er hat auf den Stufen des Kapitols in Washington gepredigt und im Schatten des Eisernen Vorhangs, auf koreanischen Schlachtfeldern und in dem Stadion in Berlin, das Hitler bauen ließ. In England, wo Religion seit Langem auf dem absteigenden Ast ist, kamen zwei Millionen bußfertige Menschen ... Seit 1949 hat Billy Graham persönlich zu zwölf Millionen Menschen gepredigt und 200 000 von ihnen haben sich zu verschiedenen Stufen christlichen Engagements verpflichtet. ›Ich bin wahrscheinlich nur eine kleine Notiz auf den hinteren Seiten der Zeitung des Himmels‹, sagt Graham bescheiden, aber auf Erden hat er bereits genug

Während seines evangelistischen Feldzuges 1954 in London predigte Billy Graham vom Lord Nelson Monument aus zu den Menschenmassen auf dem überfüllten Trafalgar Square.

Aufmerksamkeit vonseiten der Presse erhalten, um sowohl Hollywood als auch den ganzen Pressezirkus neidisch zu machen. Industriemagnaten hören ihm respektvoll zu, und grauhaarige Kleriker sitzen zu seinen Füßen … Die Großen suchen ihn auf. Churchill lud ihn in die Downing Street ein, und Eisenhower hat eine von Billys in rotes Leder gebundenen Bibeln neben seinem Bett liegen … Christen der Oberschicht neigen dazu, die unangenehme Aufdringlichkeit der evangelistischen Christenheit häufig mit Heuchelei und immer mit schlechtem Geschmack in Verbindung zu bringen. Doch Billy Graham ist anders … Sogar so angesehene, bedächtige und erhabene Kleriker wie der Erzbischof von Canterbury haben Graham ihren Segen gegeben. Zum Abschiedsessen in London kamen unter anderem 70 Angehörige des Hochadels, und selbst der nüchtern-intellektuelle Manchester Guardian gab zu: ›Er hat eine heilige Einfachheit an sich.‹ Wie macht er das?

Billy würde auf diese Frage direkt und mit tiefer Aufrichtigkeit antworten: mithilfe der Gnade Gottes. ›Wenn Gott seine Hand von meinem Leben abziehen würde‹, sagt Billy, ›würden meine Lippen zu Ton erstarren. Ich bin kein großer Intellektueller, und es gibt Tausende von Männern, die besser predigen als ich. Sie können mich nicht erklären, wenn Sie das Übernatürliche nicht in Betracht ziehen.‹«[68]

Im gleichen Artikel des »TIME«-Magazins wurde über Billy Graham gesagt, dass er sich selbst *»für nichts weiter als ein Werkzeug Gottes hält«*, und dass *»er um Demut kämpft und betet«*, weil *»Stolz die stärkste Waffe des Teufels ist«*.

Im »Newsweek«-Magazin[69], das über die Großveranstaltung 1957 in New York berichtete, nennt Billy Graham Selbstsucht *»die Wurzel aller Sünden«*. Im gleichen Beitrag wird er als *»Mann von Demut«* bezeichnet, ein Mann, der *»offen zugibt, dass er große Bedenken gehabt hat«*. Seine einzige Spezialität sei das Gewinnen von Seelen. Gemäß »Newsweek« sei es Billy Grahams einziges Anliegen, Gottes Wort so einfach und verständlich zu verkündigen, dass es die Menschen verstehen und Jesus Christus als ihrem Erlöser und Herrn ihr Leben anvertrauen.

Billy Graham vertraute nicht auf seine unbestreitbare Redegabe, er vertraute allein auf die Kraft des Wortes Gottes und des Heiligen Geistes, der das Wort Gottes benutzt. Er wollte nicht, dass die Menschen seinen Ideen nachhängen, sondern ihr Leben nach dem ewiggültigen Wort Gottes ausrichten: nicht *»Billy Graham sagt«*, sondern *»die Bibel sagt«*. Ihm ging es darum, Gottes ewige Wahrheiten ohne viele Graham'sche Nebengeräusche zu verkündigen. Er sah sich als Überbringer des biblischen Wortes, mehr nicht. Und dieses biblische Wort sei heute noch so aktuell, wie zu der Zeit, als es unter der Inspiration des Heiligen Geistes geschrieben worden sei. Durch dieses Wort würde Gott heute noch in unser Leben hineinsprechen, wenn wir uns ihm demütig aussetzen.

»Newsweek« schildert in seiner Ausgabe vom 24. August 2006[70], wie Billy Graham noch im hohen Alter dabei ist, den 23. Psalm auswendig zu lernen. Der Beitrag zitiert ihn folgendermaßen:

»Je älter ich werde, umso wichtiger wird mir ganz persönlich das Ewige … Ich kann nicht behaupten, dass ich die Tatsache mag, dass ich nicht mehr alles das tun kann, was ich früher tun konnte. Aber wenn ich die Bibel lese, bete und mit meiner Frau Zeit verbringe, sehe ich wie nie zuvor jeden Tag als Geschenk Gottes an, und wir können dieses Geschenk nicht für eine Selbstverständlichkeit halten.«

Der Artikel bezeichnet Demut als *»verbindendes Thema des neuen Denkens Grahams«*. Demut hat tatsächlich das Denken Billy Grahams geprägt. Nur das Wort »neu« ist nicht angemessen. Der Artikel schließt jedoch mit einer Beschreibung, die Billy Graham gut zusammenfasst: *»Billy Graham – ein Mann, der am Ende der Reise in der Hoffnung und in der Demut Zuflucht gefunden hat.«*

Dieser »Newsweek«-Artikel hat Billy Graham allerdings auch von manchen Christen Kritik eingebracht, weil er auf die Frage, ob auch Juden, Muslime, Buddhisten, Hindus oder weltliche Leute einmal in den Himmel kommen, geantwortet hat, dass dies nur Gott wisse. *»Das sind Entscheidungen, die nur der Herr fällen wird. Es wäre dumm von mir, darüber zu spekulieren, wer dort sein wird und wer nicht.«* Billy Graham war überzeugt, dass Gott gemäß der Erkenntnis, die jemand über den wahren Gott hatte, sein Leben beurteilt.

Man kann ihn dafür kritisieren, dass er hier nicht mit der Bibel geantwortet hat, wie er es früher bei heiklen Fragen zu tun pflegte. Billy Graham hat Jesus zeitlebens als einzigen Weg zum Himmel verkündigt. Er war aber gleichzeitig davon überzeugt, dass sich in Gott Liebe und Gerechtigkeit verbinden. Ein solcher Gott würde niemandem einfach nur darum das Heil und die Vergebung verwehren, weil er einer anderen Kultur oder Religion angehört und somit nie die Chance hatte, Jesus Christus als Erlöser kennenzulernen. Billy Graham wollte sich nicht anmaßen, ein Urteil über den Glauben der Menschen zu fällen bzw. zu urteilen, ob sie gemäß der Erkenntnis lebten, die sie über Gott hatten. Das wollte er Gott überlassen, der allein in das Herz der Menschen sieht. Billy Grahams Demut gewann die Herzen vieler Menschen, auch von Menschen, die gegenüber seiner Botschaft ursprünglich feindlich gesinnt waren. Ein Kolumnist des »New York Daily Worker« meinte einmal, dass Billy Graham mit einer arroganten Demut spreche, die ansteckend sei.

Billy Graham gewann durch sein liebenswürdiges und bescheidenes Auftreten auch viele Kirchenführer für seine Sache. Vor seiner Großevangelisation im Großraum London 1954, die verlängert wurde und sich am Ende als großer Erfolg entpuppen sollte, gaben viele Kirchenführer offen zu, dass sie eine geistliche Kolonialisierung aus Amerika befürchteten. Am Ende des zwölfwöchigen Feldzuges vermochte G. F. Fisher, damals Erzbischof von Canterbury, nur Lobenswertes über Billy Graham zu sagen:

»Obwohl es Amerikanismen gab, waren die Methoden dennoch völlig anders als diejenigen einiger Evangelisten, die uns früher aus Amerika besucht haben … Das ist hauptsächlich der großen Demut und Aufrichtigkeit von Dr. Graham selbst zu verdanken, verbunden mit einer großen persönlichen Anziehungskraft. Er nahm für sich nichts in Anspruch, sondern war ganz klar ein demütiger Mann, der nur versuchte, die Vision der Wahrheit und die Gabe, sie auszudrücken, so gut er nur konnte, zu gebrauchen.«[71]

Der evangelistische Feldzug im Großraum London von 1954 sollte tatsächlich den höchsten Erwartungen standhalten. Es berührt mein Herz immer wieder, wenn ich vor meinem geistigen Auge das Bild betrachte, auf dem man sieht, wie Ruth und Billy Graham auf der Waterloo Station ankommen und sich nur mit einer Bibel bewaffnet den Weg durch die riesige Menschenmasse bahnen hin zu den wartenden Journalisten, die dachten, sie wären eine leichte Beute. *»Gott hat uns hierzu berufen, und daher können wir uns darauf verlassen, dass er uns bis zum Ende durchträgt.«* Mit dieser Überzeugung kamen sie nach London. Diese Überzeugung prägte über all die Jahre ihren Dienst.

Ich habe jetzt vor allem von der bescheidenen, demütigen Art von Billy gesprochen. Bei ihm ist dieser Charakterzug vielleicht auffälliger, weil sich sein Leben mehr in der Öffentlichkeit abspielte und weil er deshalb auch mehr beobachtet wurde. Ruth war jedoch ebenso von

Herzen demütig wie ihr Mann. Aber auch sie musste immer wieder daran erinnert werden, wie schnell das Ego sich selbstständig macht. In einem Brief nahm ein Freund Ruth wegen ihres vertrauten Umgangs mit berühmten Persönlichkeiten hoch. Sie schrieb ihm daraufhin:

»Es macht sich nicht bezahlt, wenn man sich wichtig fühlt. Das einzige Mal, als ich über eine Bühne lief und mir wichtig vorkam, war mein Slip zu sehen. Das fand ich später heraus. Der Herr hat seine Wege, auf denen er uns auf die richtige Größe zurechtschneidet. Ich hoffe allerdings, ihm keine weiteren Gelegenheiten zu geben.«[72]

Ruth wollte es vermeiden, dass der Eindruck entstehen könnte, sie sei eine Superfrau, der alles gelänge. Deshalb war sie auch so nahbar. Die Mitmenschen haben ihr gerne ihr Leben geöffnet und ihr ihre Probleme anvertraut. Sie erhielt viele Briefe von Ratsuchenden und verbrachte oft Stunden damit, diese Briefe zu beantworten. Dabei hat sie ihre eigenen Schwächen nie verschwiegen. Insbesondere, was die Erziehung ihrer Kinder betraf, empfand sie sich oft als Versagerin:

»Das Allerwichtigste in der Kindererziehung besteht darin, die Frau zu sein, die ich in Gottes Augen sein soll, und hinter diesem Ziel bin ich bisher zurückgeblieben ... Ich denke oft daran, wie häufig ich meine Kinder in dieser Hinsicht enttäuscht habe. Ich habe geistlich von ihnen mehr verlangt, als ich selbst zu geben bereit war ... Ich befürchte – und das ist ein Eingeständnis – dass ich zum Schaden der Kinder andere nicht gut disziplinieren kann ... Meistens gebe ich nach, wenn die Kinder eine Sache wirklich wollen. Oder wenn ich tatsächlich aufgebracht bin, bin ich wahrscheinlich zu streng, wenn ich es nicht sein sollte.«[73]

Gigi erlebte als älteste Tochter der Grahams eher die zu strikte Art der Erziehung, während Ned als Nesthäkchen eher verwöhnt wurde, wie das oft in Familien geschieht. Ruth verschwieg auch nie, dass sie vor allem am Anfang der Ehe dann und wann starke Meinungsverschiedenheiten mit Billy hatte, wobei sie diese Auseinandersetzungen nie vor den Augen der Kinder austrugen. Gigi meinte einmal, sie hätte es vorgezogen, wenn die Eltern auch einmal vor den Augen der Kinder gestritten hätten. Das mitzuerleben hätte geholfen, Auseinandersetzungen in der eigenen Ehe besser zu bewältigen. Auf die Frage, ob sie denn nie in Betracht gezogen habe, sich von ihrem Mann scheiden zu lassen, sagte Ruth einmal vor laufender Fernsehkamera, allerdings mit einem Augenzwinkern: *»An Scheidung habe ich nie gedacht; an Mord mehrfach.«*

Kaum verheiratet war sie einmal so frustriert darüber, dass Billy sie bei einem »Men only«-Ausflug nicht in die Stadt (Chicago) mitnahm, wo sie einen Schaufensterbummel machen wollte, dass sie zu Gott betete: *»Herr, wenn du mir vergibst, dass ich diesen Mann geheiratet habe, werde ich dir versprechen, es nie wieder zu tun.«* Offensichtlich hatte sie bei allem Ärger den Humor nicht verloren. Sie konnte von Billy aber auch in den höchsten Tönen schwärmen. So schrieb sie einmal zu Beginn ihrer Beziehung in ihr Tagebuch:

»[Bill] war eine Inspiration. Er kam fast ohne Schlaf aus, war immer ein Gebender, voller Ernst, alle anderen Dinge passten sich der Sehnsucht an, Christus in all seiner rettenden Macht bekannt zu machen. Er war erfüllt mit dem Geist, demütig, umsichtig, bescheiden, zuvorkommend. Seine Haltung veranschaulicht den Vers: ›Ich will mein Leben nicht wichtig nehmen.‹ Er hielt nichts zurück. Er gab alles. Sein einziges Verlangen ist, Gott zu gefallen.«[74]

Jahrzehnte später, bereits über siebzigjährig, meinte Ruth mit einem humorvollen Seitenhieb:

»Ich danke Gott einfach nur für das Privileg, dass er mir gestattet hat, mit dem Mann verheiratet zu sein, der der beste Mann ist, den ich kenne. Es war ein Vorrecht, ihn mit dem Rest der Welt zu teilen.«[75]

Sie betonte, dass es nicht immer einfach gewesen sei, die Ehefrau eines berühmten Mannes zu sein, und sie hätte sich oft gewünscht, er wäre mehr zu Hause. Aber der Herr habe es ja auch nie versprochen, dass das Leben als Christ einfach sei. So oder so habe sie es immer vorgezogen, lieber einen kleinen Teil von Bill zu haben als noch so viel von einem anderen Mann.

Ruth und Billy sahen sich nicht selber als weise an. Sie suchten Gottes Weisheit. So hatten sie es sich zur Gewohnheit gemacht, den Tag damit zu beginnen, dass sie das dem Kalenderdatum entsprechende Kapitel der Sprüche sowie fünf Psalmen lasen. Im Lesen der Sprüche suchten sie Anleitung für den täglichen Alltag und die Beziehung zu ihren Mitmenschen zu erhalten. Durch das tägliche Lesen der Psalmen wollten sie ihre Beziehung zu Gott stärken. Indem sie Gottes Eigenschaften studierten, wollten sie ihre Gedanken auf Gott ausrichten und in eine Haltung der Anbetung kommen. Während die Sprüche für sie ein Leitfaden für den praktischen Alltag waren, bildeten die Psalmen für sie einen Leitfaden zum Gebet. Dank ihrer Gewohnheit haben sie monatlich das Buch der Sprüche und die Psalmen vollständig gelesen.

Ich habe eine gewisse Zeit auch versucht, das dem Kalenderdatum entsprechende Kapitel der Sprüche zu lesen. Eines ist mir dabei klar geworden. Die gelebte Demut und Ehrfurcht der Grahams vor Gott hat nicht zuletzt damit zu tun, dass sie sich jeden Monat neu zu Gemüte führten, wie wichtig eine demütige, von Ehrfurcht geprägte Haltung ist, um Weisheit und Segen zu erlangen. Kann man folgende Bibelverse monatlich lesen, ohne dass man davon berührt wird?

»Die Ehrfurcht vor dem Herrn ist der Anfang der Erkenntnis. Nur Narren verachten Weisheit und Selbstbeherrschung« (Sprüche 1,7).

»Mein Sohn, achte auf meine Worte und behalte meine Gebote im Gedächtnis. Höre auf die Weisheit und versuche, sie mit dem Herzen zu verstehen. Bitte um Verstand und Einsicht, und suche sie, wie du nach Silber suchen oder nach verborgenen Schätzen forschen würdest« (Sprüche 2,1-4).

»Vertraue von ganzem Herzen auf den Herrn und verlass dich nicht auf deinen Verstand. Denke an ihn, was immer du tust, dann wird er dir den richtigen Weg zeigen. Bilde dir nichts auf deine Weisheit ein, sondern fürchte den Herrn und meide das Böse« (Sprüche 3,5-7).

»Vor allem aber behüte dein Herz, denn dein Herz beeinflusst dein ganzes Leben« (Sprüche 4,23).

»Die Ehrfurcht vor dem Herrn lehrt die Menschen Weisheit; der Ehre geht Demut voraus« (Sprüche 15,33).

»Hochmut kommt vor dem Fall; aber der Ehre geht immer Demut voraus« (Sprüche 18,12).

»Demut und Ehrfurcht vor dem Herrn führen zu Reichtum, Ehre und Leben« (Sprüche 22,4).

Ich habe in letzter Zeit neu entdeckt, wie aktuell der Inhalt der Sprüche als Leitlinie für unseren Alltag ist. Unter uns heutigen Christen, auch unter den ernsthaftesten, mangelt es oft an Ehrfurcht vor Gott. Deshalb mangelt es uns auch oft an Gehorsam und geistlichem Wachstum. Die ersten Christen waren geprägt von Heiligkeit und Gottesfurcht, und der Heilige Geist schenkte Wachstum: *»So hatte nun die Gemeinde Frieden in ganz Judäa und Galiläa und Samarien und baute sich auf und lebte in der Furcht des Herrn und mehrte sich unter dem Beistand des Heiligen Geistes«* (Apostelgeschichte 9,31; L).

Ehrfurcht heißt nicht, Angst vor Gott zu haben, sondern zu fürchten, dass wir Gott nicht die gebührende Ehre geben. Gott zu fürchten heißt, in allen Dingen und zu allen Zeiten einen liebenden Respekt vor unserem gewaltigen Gott zu haben. Gott ist uns als liebender Vater sehr nahe; er ist aber gleichzeitig auch unser heiliger Schöpfer und Meister. Beide Seiten von Gott sind für eine gesunde, ausgewogene Sicht von Gott gleich wichtig. Ruth Graham meinte dazu:

»Die Furcht des Herrn rückt alle andere Furcht an den richtigen Platz. Vom 1. Buch Mose bis zur Offenbarung sind Gottesfurcht und Gehorsam gegenüber Gott zwei Schlüsselgebote. Wenn wir an dieser Stelle nachlässig sind, werden wir selbst und unsere Kinder leiden.«[76]

Im Buch der Sprüche erkennen wir mehr die heilige Seite Gottes, in den Psalmen sehen wir neben Gottes Heiligkeit auch stark seine barmherzige, vergebende Seite. Deshalb waren die Psalmen auch das Lieblingsbuch von Ruth. Beide Seiten Gottes kommen hier zum Tragen. Die Psalmen beginnen oft mit der Zerbrochenheit des sündigen Menschen, enden aber gleich oft mit Dank und Lobpreis einem Gott gegenüber, der uns Menschen liebend zugeneigt ist und dessen Spezialität es ist, Probleme zu lösen. Viele der Gedichte von Ruth gleichen dem Aufbau der Psalmen. Sie beginnen mit dem Aufzeigen einer Problemsituation und schließen in Dankbarkeit und mit dem Erleben von Gottes Frieden, nachdem die Augen von den Schwierigkeiten und dem Schmerz weg auf ihn und seine ewige Liebe zu uns gerichtet wurden. Ruth selber beschreibt es in einem ihrer Gedichte so:

> Da lag ich nun, hatte lange schon verzweifelt dagelegen;
> betrat unbeschuht den heiligen Ort,
> an dem Gott mit seinem Schmerz wohnt –
> alleine mit dem Schmerz für den Preis, den er zahlte.
> Er hatte für eine Welt bezahlt, die in die Irre gelaufen war –
> die Welt, die er erschaffen hatte.
> Mein Herz lag da, still,
> es hatte keine Fragen mehr.[77]

Demut heißt zu erkennen, wer wir sind und wer Gott ist. Ein demütiger Mensch ist ein von Gott abhängiger Mensch. Vielleicht müsste man korrekter sagen, ein Mensch, der sich in allen Dingen der Abhängigkeit von Gott bewusst ist. Denn abhängig sind wir alle von Gott und seinem Segen, nur sind wir uns dieser Tatsache nicht immer bewusst. Auf alten Schweizer Häusern steht manchmal der Spruch: *»An Gottes Segen ist alles gelegen.«* Ein hochmütiger Mensch denkt, dass seine Fähigkeiten, seine Erfahrung, seine Ausbildung den Erfolg herbeiführten. Billy Graham machte sich ganz von Gottes Wort und dem Heiligen Geist abhängig. Als Folge davon erfüllte ihn eine tiefe Gewissheit, dass Gott es trotz seiner eigenen Unzulänglichkeiten schaffen würde, das Evangelium in die Herzen der Menschen hineinzuschreiben. Manchen seiner Tagebuchnotizen kann man jedoch entnehmen, dass es oft nicht ohne inneren Kampf abging, bevor Billy sich ganz in die Hände Gottes fallen lassen konnte. Dann erfüllte ihn allerdings ein großes Vertrauen in Gottes Möglichkeiten, auch wenn manche Fragen noch offenblieben. Und auch wenn er kritisiert wurde, konnte er ruhig bleiben. Billy Graham bezeichnete es einmal in einer Tagebuchnotiz als seinen größten Sieg überhaupt, dass Gott ihm die Kraft gegeben habe, sich bei ungerechtfertigter Kritik nicht zu verteidigen, sondern für die Kritiker zu beten. Als Folge davon erlebte er jeweils einen tiefen Frieden Gottes.

Noch mehr als Billy strahlte Ruth eine Ruhe und Sicherheit aus, die in ihrem Glauben begründet war. Sie wusste sich getragen von Gottes Vaterliebe. Sie wusste, wer sie in Jesus Christus war. Und sie vertraute tagaus, tagein auf den Beistand des Heiligen Geistes. Sie lebte in vorbildlicher Weise ein von Gott abhängiges Leben. Ein schönes Zeugnis legt Ned, der jüngste Sohn, für sie ab:

»Bei Mutter habe ich wahre Gerechtigkeit in einem Menschen auf einem Niveau gesehen, das ich vorher nie gesehen hatte. Es gab in dieser Frau absolut keine Unsicherheit. Sie hatte völligen Frieden und Zuversicht im Hinblick darauf, wer sie durch Christus in Gott war. Im Hinblick auf das Wirken des Heiligen Geistes in ihrem Leben war sie von vollständiger Abhängigkeit und Offenheit geprägt. Sie hungerte und dürstete beständig nach Gerechtigkeit. Ich habe nie wieder etwas Vergleichbares gesehen.«[78]

Ein wichtiges Zeichen von Demut ist die Bereitschaft zu lernen. Die Grahams waren zeitlebens lernbereit. Ruth war eine gute Zuhörerin. Auch Billy versuchte bei jeder Begegnung etwas hinzuzulernen. Tochter Ruth beschreibt es so:

»Mein Vater war für mich immer jemand, der aus einem tiefen Verlangen heraus funktioniert hat, sich zu bessern – sei es dadurch, dass er auf dem neusten Stand der Nachrichten blieb (er hatte eine Reihe von Magazinen und Zeitungen abonniert), durch das Lesen von Büchern zu verschiedenen Themen oder durch das Aufsaugen der Weisheit anderer Menschen. Er ist unglaublich neugierig und stellt ständig Fragen. Im steten Bewusstsein seines Bedürfnisses zu wachsen bleibt er in der Haltung des Lernenden – eine Haltung der Demut.«[79]

Billys wichtigster Mentor neben Ruth war sein Schwiegervater, Dr. Nelson Bell, der nach seiner Pensionierung als Missionsarzt sowohl lokal wie national manche geistliche Dienste in der presbyterianischen Kirche ausfüllte. (Die presbyterianische Kirche Amerikas ist vergleichbar mit der evangelisch-reformierten Kirche im deutschsprachigen Europa.) Lange Jahre schrieb er auch regelmäßig die Kolumne »Der Glaube eines Laien« in der Zeitschrift »Christianity Today«, die von ihm und seinem Schwiegersohn gemeinsam ins Leben gerufen wurde. Billy selber schrieb nur sehr selten einen Beitrag, weil er sich nicht imstande fühlte, den Theologen das Wasser zu reichen.

Billy Graham mit seinem Schwiegervater Dr. Nelson Bell, der ein wichtiger väterlicher Mentor für ihn war. Zusammen riefen sie die Zeitschrift »Christianity Today« ins Leben.

Es war ihm ein Anliegen, der evangelikalen Bewegung mit dieser Zeitschrift ein denkerisches Fundament zu geben und aufzuzeigen, dass Glauben und Denken sich nicht ausschließen. Er war im Gegenteil der Ansicht, dass sich beide Seiten befruchten im Sinne von: Wer glaubt, denkt weiter; wer denkt, glaubt tiefer. Dabei blieb die Bibel als geoffenbartes Wort Gottes immer Ausgangs- und Angelpunkt aller denkerischen Reflexion.

Billy hatte schon im Elternhaus eine ganz am Wort Gottes orientierte calvinistische Prägung mitbekommen. Seine Eltern besuchten eine kleine »Associate Reformed Presbyterian Church« in Charlotte. Jedes Kind hatte den Kleinen Genfer Katechismus auswendig zu lernen, der das Herz der Theologie Calvins in 107 prägnanten Fragen zusammenfasste. Billys Mutter hatte im Frühstücksraum einen Bibelkalender aufgehängt. Jeden Tag riss sie ein Blatt ab mit einem Bibelvers, den die Kinder auswendig lernen mussten.

In Montreat besuchten Ruth und die fünf Kinder regelmäßig die Presbyterianische Kirche. Wohlmeinende baptistische Freunde von Billy wollten Ruth oft zu den Baptisten bekehren. Wenn man den Charakter von Ruth kennt, weiß man, dass das ein vergebliches Unterfangen sein musste. Für sie spielte es keine Rolle, zu welcher Kirche man gehört; und in ihrem Heimatort Montreat gab es sowieso keine Baptistengemeinde. Und überhaupt kümmert sich Gott gemäß Ruth nicht um denominationelle Äußerlichkeiten. Er sei überall dort, wo man ihm Raum gebe und sein Wort unverkürzt verkündige. Ruth war der Ansicht, wenn schon, dann müsse Billy die Kirche wechseln. Er sei es, der bei seiner Einsetzung als baptistischer Pastor damals in Florida der Kirche der Eltern nicht treu geblieben sei. Deshalb bezeichnete sie ihn auch schon einmal scherzhaft als abgefallenen Presbyterianer. So schlimm war es allerdings nicht. Wenn Billy wieder einmal an einem Sonntag zu Hause war, besuchte er mit der Familie zusammen die Presbyterianische Gemeinde des Ortes.

In Bezug auf die Theologie hat sich Billy Graham nie vom calvinistisch geprägten Glauben seiner Eltern gelöst. Die enge Verbundenheit zu seinem Schwiegervater Nelson Bell hat sicher viel dazu beigetragen. Viele der theologischen Vorbilder von Billy Graham waren vom

Gedankengut des Genfer Reformators Johannes Calvin geprägt, insbesondere vom zentralen Stellenwert, den Calvin dem Bibelstudium und der Bibellehre für die persönliche Veränderung sowie für die Transformation der Gesellschaft gab.

Wortgebundenheit und demütige Zurücknahme waren zwei zentrale Merkmale der Theologie von Calvin. Und diese Theologie hat sowohl Ruth wie Billy indirekt mehr geprägt, als sie sich vielleicht selber je bewusst geworden sind. Man könnte es so ausdrücken: Von den calvinistisch geprägten Presbyterianern haben sie die zentrale Wichtigkeit des gründlichen Bibelstudiums und die Souveränität Gottes und von den Baptisten die Leidenschaft für Evangelisation geerbt. Wahrhaft keine schlechte Kombination!

Calvins Quelle war allein die Bibel. Seine Schriften sind reine Bibelauslegungen. Nie ging es Calvin um seine Ansicht, sondern um die Ansicht Gottes, so wie sie in der Bibel offenbart ist. Was denkt Gott über eine Sache? Allein das war die Frage. In Institutio 2.8.3. betont Calvin die absolute Unfähigkeit des Menschen und ruft auf, »der eigenen Fähigkeit zu misstrauen«. Was sagt die Bibel? Darum allein geht es.

Johannes Calvin betont, dass wir als Gottes Botschafter das Wort Gottes und nicht unsere eigene, sehr beschränkte Weisheit zu verkündigen haben. Schon Jahrhunderte bevor Billy Graham sein berühmtes *»Die Bibel sagt«* den Menschen zurief, machte dies in ähnlicher Weise der Reformator Johannes Calvin in Schrift und Wort.

Calvins Hauptsorge bestand darin, die von der Schrift gelehrte Wahrheit ohne Abstriche zu lehren und diese auf die verschiedenen Lebensbereiche und Situationen anzuwenden. Dabei dürfte der Mensch nicht durch Stolz und theologischen Dünkel die Ehre Gottes vernebeln:

»Gott kann es nicht ertragen, dass seine Ehre auch nur in geringstem Ausmaß von einem Geschöpf in Beschlag genommen wird, so unerträglich ist für ihn die schändliche Arroganz derjenigen, die durch ihr Eigenlob seine Ehre, so gut sie können, verdunkeln.«[80]

Gemäß J. I. Packer war kein Theologe oder Prediger jemals durchgängiger und ausschließlicher von der Heiligen Schrift abhängig.[81]

Ruth und Billy Graham waren in ihrer demütigen Bibelbezogenheit gute Schüler Calvins. In Matthäus 16,24 verbindet Jesus Nachfolge mit demütiger Selbstverleugnung: »*Wer von euch mir nachfolgen will, muss sich selbst verleugnen und sein Kreuz auf sich nehmen und mir nachfolgen.*«

Viele Theologen, angefangen bei Augustin, haben Demut als die Kardinaltugend für christliche Jüngerschaft bezeichnet. Andrew Murray verdeutlicht auf seine unnachahmliche Weise, warum Demut die Schlüsseltugend für einen geisterfüllten, vollmächtigen Jesusnachfolger ist:

»Bevor wir nicht unsere wichtigste Freude in der Demut in Christus suchen und sie um jeden Preis willkommen heißen, gibt es wenig Hoffnung auf eine Religion, die die Welt überwindet … Die Wahrheit lautet: Der Stolz in dir muss sterben, sonst kann nichts Himmlisches in dir leben. Überlass dich im Namen der Wahrheit dem sanftmütigen und demütigen Geist des heiligen Jesus. Die Saat muss in Demut ausgesät werden, sonst gibt es im Himmel keine Ernte. Sieh Stolz nicht nur als einen unpassenden Charakterzug an oder Demut nur als eine geziemende Tugend. Das eine ist der Tod, das andere das Leben; das eine ist die Hölle, das andere der Himmel.«[82]

Wahrscheinlich hat Gott deshalb Billy und Ruth Graham als seine weltweiten Botschafter so wunderbar gebrauchen können, weil sie sich dauernd befleißigten, ein demütiges, Gott hingegebenes Leben zu leben.

Billy Grahams Mutter, Morrow Graham, brachte es auf den Punkt, als sie in »Man nennt mich Mutter Graham«[83] (»They Call Me Mother Graham«) den Erfolg ihres Sohnes Billy Frank – so nannten sie ihn zu Hause – mit seiner Haltung in Verbindung brachte, allen Erfolg nicht sich selber, sondern allein dem Wirken des Heiligen Geistes zuzuschreiben:

»Ich mag wie eine voreingenommene Mutter klingen, die in ihrem Kind nichts Schlechtes sehen kann, aber ich glaube, dass Gott Billy Frank in all diesen Jahren mit Erfolg geehrt hat, weil er diese Geisteshaltung bewahrt hat.«

Ich möchte dieses Kapitel über die Wichtigkeit einer demütigen Abhängigkeit von Gott beschließen mit der Beurteilung eines Theologen und Evangelisten, der mit Billy Graham seit dessen Zeit als Evangelist bei »Jugend für Christus« Mitte der Vierzigerjahre verbunden war. Stephen F. Olford, Präsident von Encounter Ministries, fasst mit wenigen Worten treffend zusammen, was Billy Graham mehr als alles andere auszeichnete und was uns allen zum Vorbild dienen kann:

»Ich glaube, dass einer der Hauptgründe, warum Gott Billy Graham die ganzen Jahre seines evangelistischen Dienstes hindurch so gut gebrauchen konnte, in dieser Tugend der Demut besteht – sowohl was seine eigene diesbezügliche Anstrengung wie seine Veranlagung betraf. In unserer Zeit wurde niemand stärker gelobt oder stärker kritisiert, und doch hat er sich jenen schönen Geist der Sanftmut und Belehrbarkeit erhalten. Gott hat ihn uns als Beispiel gegeben, dem wir folgen sollen. So wollen wir ihn nachahmen, wie auch er Christus gefolgt ist in Bezug auf die Tugenden der Heiligkeit, der Fröhlichkeit und der Demut.«[84]

4. Intimität – In Gottes Gegenwart leben

»Persönliche Dinge brachte Mutter zu Gott. Sie trug ihre Kämpfe auf den Knien aus; Gott war ihr Sofaplatz. Als Folge davon war und ist ihre Beziehung zu ihm sehr intim. Gott ist wahrhaftig ihr Vertrauter, Freund, Bräutigam und Vater – er ist ihr Ein und Alles.«[85]

Ruth Graham, Tochter

»Ich habe ein starkes Bedürfnis, mit Gott allein zu sein … Ich will viel Zeit mit dem Lesen des Wortes und mit Gebet verbringen. Ich muss zu Füßen des Herrn sitzen und mich von ihm neu erfüllen lassen. Christus selbst hatte das Bedürfnis, alleine wegzugehen, um sich geistlich zu erfrischen. Wenn ich das Evangelium predige, spüre ich einen ständigen Kampf mit dem Teufel.«[86]

Billy Graham

»Ruth kam der Erfüllung des Gebotes … ›ohne Unterlass zu beten‹ so nah wie niemand sonst, den ich kenne. Sie nennt das Gebet ihre ›kontinuierliche Konversation mit Gott‹. Ihre Wirkung auf Billy, die Kinder, Freunde, Verwandte und Tausende weiterer Menschen, denen sie zum Segen wurde, hat in hohem Maße damit zu tun, dass ihr ganzes Leben vom Gebet geprägt ist. Seit ihrer Kindheit hatte sie tägliche Audienzen beim König der Könige und Herrn der Herren, der irdische Throne als seine Fußschemel benutzt.«[87]

Betty Frist, Nachbarin

Während ihres Theologiestudiums in Wheaton galt Ruth Graham nicht nur als eine der hübschesten Studentinnen – gemäß Billy konnte sie sich vor Verabredungen kaum erwehren, so viele waren es – sondern auch als eine der hingegebensten. Sie hatte es sich zur Gewohnheit gemacht, früh aufzustehen und zwei Stunden der Begegnung mit Gott zu widmen, bevor sie die Vorlesungen besuchte. Ihr tiefer Glaube machte sie aber ganz und gar nicht ungenießbar im Sinne von »heiliger als heilig«. Im Gegenteil: Ruth war eine lebenslustige Person, die immer zu einem Streich aufgelegt war. *Ihr Vater bezeichnete sie einmal als »interessante Mischung aus tiefer Geistlichkeit und spitzbübischem Spaß«.*

Wenn das Wort »unkonventionell« auf eine Person passt, dann auf sie. Sie ließ sich in kein Schema pressen, schon gar nicht in ein religiöses. Nichts war ihr verpönter als frommes Getue. Beim Eintreten in den Küchen- und Essbereich ihres Wohnhauses fiel mir sofort der Spruch auf: *»God loves you and I am trying«* (»Gott liebt dich, und ich versuche es«).

Gerade weil Ruth eine so echte Beziehung zu Gott lebte, konnte sie auch so normal sein und musste niemandem etwas vormachen. Bei ihr gab es keine Unterteilung in Sonntags- und Werktagschristentum. Meine Frau Vreni merkte sich einen anderen Spruch, der über dem Spülbecken in der Küche hing. Ruth hatte ihn zum ersten Mal in einer schottischen Küche gesehen: *»Divine service will be conducted here … three times daily«* (»Hier wird Gottesdienst gehalten … dreimal täglich«). Meine Frau hat diesen Spruch nun auch in unserer Küche über dem Spülbecken aufgehängt.

Ruth war wegen der häufigen Abwesenheit ihres Ehemannes viel allein und hatte niemanden, mit dem sie ihre Anliegen besprechen konnte. Auch war sie eine sehr fein empfindende Person. Ihre zwei Schwestern haben sie als die Sensibelste von ihnen bezeichnet. In ihrer Jugend in China hatte sie sogar einmal »ein würdiges Begräbnis« für einen Hund veranstaltet. Die beste Art, ihre Empfindungen zu verarbeiten, war für Ruth, dass sie diese in Gedichten zum Ausdruck brachte. Später wurden viele ihrer Gedichte veröffentlicht, obwohl sie

Über dem Spültrog hängte Ruth Graham einen Spruch auf, der sie daran erinnern sollte, dass auch die alltäglichen Verrichtungen in der richtigen Art getan, Gottesdienst sind. Im Bild die Ehefrau des Autors, Vreni Nüesch.

ursprünglich eigentlich nicht für die Veröffentlichung bestimmt gewesen waren. Es waren ja mehr geschriebene Gebete. Wenn man das

Herz von Ruth Graham verstehen will, dann muss man ihre Gedichte lesen. Ruth hat die Gedichte oft zur persönlichen Verarbeitung geschrieben, damit ihr kein Geschwür wachsen würde, wie sie im Vorwort zum Sammelband »Ruth Bell Graham's Collected Poems« schrieb. In den Gedichten spürt man etwas von den tiefen Auseinandersetzungen in ihrem Innern. Zugleich kommt ihre Sehnsucht nach einer intimen Beziehung zu Gott deutlich zum Ausdruck.

Dazu zwei Beispiele von Kurzgedichten:[88]

»Ich lege meine ›Warums‹ in Anbetung kniend vor dein Kreuz, mein Verstand ist zu benommen zum Denken, mein Herz jenseits aller Gefühle. Anbetend erkenne ich, dass ich, da ich dich kenne, kein ›Warum‹ brauche.«

»Vergrößere mein Herz, um dich mehr zu lieben. Wenn ich auf dem Weg strauchle, beeilt sich nur ein Herz, das zuvor von dir vergrößert worden ist, zu gehorchen.«

Ruths Bezugspunkt war zeitlebens – wie sie es ausdrückte – *»das lebendige Wort und das geschriebene Wort«*. Die Zeiten des Alleinseins waren für Ruth nicht einfach. Ihr Mann hatte als Evangelist wunderbare Erlebnisse mit Gott. Er war in aller Munde. Und sie musste für ihren kleinen Haushalt und die Kinder sorgen, was nicht immer das Höchste der Gefühle war. Was blieb ihr anderes übrig, als selber Erfahrungen mit Gott zu machen? Aufschlussreich ist diesbezüglich Ruths Reaktion, als ihr Mann zum ersten Mal vor großen Menschenmengen das Evangelium verkündigen konnte und sie zu Hause nach den Kindern schauen musste. Lassen wir uns vor Augen führen, was damals geschah.

Im März 1950 brachte das Magazin »LIFE« unter der Überschrift »Billy in Dixie« eine groß aufgezogene Reportage über Billy Grahams Evangelisation in Columbia, South Carolina, mit ganzseitigem Bild ihres Ehemannes, begleitet von folgendem Text:

»Seit den großen Tagen von Billy Sunday vor 27 Jahren hatten die Menschen aus South Carolina nichts Vergleichbares mehr gesehen. Bil-

ly Graham, ein 31 Jahre alter Evangelist, der erst vor sechs Monaten in Los Angeles bekannt wurde, führte einen fesselnden Erweckungsfeldzug in Columbia, S.C., durch … Am Nachmittag überfluteten mehr als 40 000 Zuschauer das Stadion, unter ihnen Gouverneur J. Strom Thurmond und der frühere Außenminister James F. Byrnes.«[89]

Billy Sunday (rechts) war der letzte Evangelist vor Billy Graham, der vor großen Menschenmassen predigte. Die Ansichtskarte von 1910 zeigt das damals noch sehr einfach eingerichtete Büro Billy Sundays.

Sollte Ruth sich darüber freuen oder frustriert sein, dass sie wegen Mutterpflichten nicht dabei sein konnte? Ruth gibt die Antwort selbst, indem sie in ihr Tagebuch schreibt:

»Gott ist nicht auf Columbia begrenzt. Derselbe Gott, der dort so wunderbar wirkt, ist mit mir im Haus. Ich werde meine eigene kleine Erweckung erleben.«[90]

Ruth war sich der Gefahr des Selbstmitleids bewusst und nahm deshalb ihre Rolle als Missionspartnerin an der Seite ihres Ehemannes proaktiv wahr. Einerseits machte sie das, indem sie sich ihren Kindern widmete. Und andererseits beteiligte sie sich aktiv an den Evangelisationen ihres Ehemannes, indem sie ihn bei den täglichen Telefongesprächen mit ihm ermutigte und für ihn und seine evangelistischen Dienste in der Fürbitte einstand. Zum Glück verreiste ihr Gott nie. Ihre Tochter Anne beschrieb es so:[91] *»Ich ging oft spät abends hinunter zum Zimmer meiner Mutter. Wenn ich das Licht unter der Tür sah, ging ich hinein, und sie war auf ihren Knien und betete.«* Anne sieht darin den Grund, warum sie als Tochter nie den Eindruck hatte, ihre Mutter würde etwas vermissen:

»Ich glaube, dass unser himmlischer Vater, unser Retter, meine Mutter vor Einsamkeit bewahrte, weil sie täglich mit dem Herrn Jesus lebte; er war die Liebe ihres Lebens. Ihre Liebe für den Herrn Jesus, mit dem sie jeden Tag lebt – das war es, was in mir den Wunsch wachsen ließ, ihn zu lieben und genauso mit ihm zu leben.«

Annes ältere Schwester Gigi beeindruckte die Tatsache, dass ihre Mutter, obwohl sie viel tragen musste, dies ihre Kindern nie hätte merken lassen. Ruth hatte es sich zur Gewohnheit gemacht, alle Sorgen und Nöte immer neu Gott zu bringen. Sie wollte ihr Leben nicht von den Umständen bestimmen lassen, sondern von den Verheißungen der Bibel. Es war ihr Bestreben, auf der Ebene des Reiches Gottes zu leben und dabei das Ewige über das zeitlich Vergängliche, das Unsichtbare über das Sichtbare zu stellen. Oft hätte Gott sie in herausfordernden Zeiten geradezu zu ihm getrieben, meinte sie einmal. Aber Ruth hat auch aktiv etwas unternommen, um inmitten des Alltags die Beziehung zu Gott aufrechtzuerhalten. Wie hat sie das getan? Gigi erlebte ihre Mutter so:

»All die Jahre bestand ihre unmittelbare Reaktion darin, sich selbst dem Herrn und der Schrift vor die Füße zu werfen. Ich erinnere mich aus Kindertagen, dass sie ihre Bibel an einem markanten Platz offen liegen ließ, sodass sie immer wieder einen Vers lesen konnte. Wir fanden sie oft auf Knien neben ihrem Bett. Sie hatte ihre Bibel überall, wo sie im Haus war, manchmal sogar auf dem Bügelbrett. Da war immer ein Vers, den sie betrachtete und über den sie meditierte.«[92]

Die vielen Zeiten ohne erwachsenen Gesprächspartner wegen der oft mehrere Wochen dauernden Abwesenheiten von Billy haben Ruth in die Arme von Gott getrieben, oder müsste man eher sagen: Sie hat sich in die Arme von Gott treiben lassen? Ein Ersatz für ihren Ehemann waren die Kinder nicht. Alle drei Töchter heirateten vor dem 20. Lebensjahr und zogen von zu Hause weg. Ihr jüngerer Bruder Franklin war in seiner Jugend sehr rebellisch veranlagt und so auch nicht gerade das ideale Gegenüber. So freute sich Ruth, dass sie wenigstens den Jüngsten, Ned, noch für einige Jahre bei sich hatte. Als dieser dann auszog, um eine Internatsschule in England zu besuchen, war sie allein im Hause zurückgeblieben: zwar mit vielen Tieren, aber ohne ein menschliches Gegenüber. Sie beschreibt die Gefühle, nachdem sie sich bewusst wurde, dass nun niemand mehr von den Kindern zu Hause war und sie ganz allein übrig blieb:

»Mir graute davor, zu dem leeren Haus zurückzukehren. Doch als ich durch die Haustür eintrat und in den Eingangsbereich und die Treppen hinauf zu den jetzt leer stehenden Kinderzimmern schaute, war das Haus plötzlich nicht mehr leer. Eine lebendige Gegenwart begrüßte mich, und ich erkannte aufs Neue, wie wahr seine [Jesu] letzten Worte waren: ›Ich bin bei euch alle Tage‹.« (Matthäus 28,20)[93]

Ruth war dankbar, dass sie durch ihre Schulzeit in Nordkorea, weit weg vom Elternhaus, vorbereitet worden war für die langen Zeiten des Alleinseins: *»In Zeiten des Heimwehs in Nordkorea wandte ich mich an die Bibel, um Trost zu bekommen.«*

Seit dieser Zeit pflegte Ruth eine sehr enge Beziehung mit ihrem himmlischen Vater. Sie hatte erlebt, dass ihr Gott in allen Situationen genügte. Und sie erlebte immer wieder, dass er durch sein Wort, die Bibel, ganz direkt zu ihr sprach. Die Bibel empfand sie als Liebesbrief ihres Schöpfers und göttlichen Freundes, ganz persönlich an sie geschrieben. Menschen, die Ruth trafen, waren sehr beeindruckt von ihrer natürlichen Gottesbeziehung.

In ihrem Buch »Special People« beschreibt Julie Nixon Eisenhower eine persönliche Begegnung mit Ruth Graham: *»Ruths Zugang zu ih-*

rer Religion ist ein sehr persönlicher. Sie ist nahe bei Gott, nahe bei der Bibel … Das Gebet schien so natürlich wie unsere Konversation es gewesen war.«[94] Sie habe ihr aus ihrer total zerlesenen und mit Kommentaren versehenen Bibel eine ihrer Lieblingsstellen, Psalm 37,4, vorgelesen, die davon spricht, dass wir uns an Gott erfreuen, ja, ihn geradezu genießen sollen. Ruth habe sie ermutigt, die Bibel ernsthaft zu studieren. Wenn man einmal damit angefangen habe, dann würde man das mehr und mehr genießen.

Die Tochter von Präsident Nixon zeigte sich von der Begegnung mit Ruth Graham sehr beeindruckt:

»Sie [Ruth] erfreute sich zweifellos eines großen inneren Friedens. Sie hatte nicht alle meine Fragen beantwortet, aber das schien dann irgendwie weniger wichtig zu sein. Ich war begierig, mehr über die Bibel zu erfahren und über Ruth selbst.«[95]

Kurze Zeit später berichtete dann die Zeitschrift »Newsweek«, dass Julie Nixon Eisenhower nun regelmäßig Bibelklassen besuchen würde, die von einer Mitarbeiterin von Campus für Christus geleitet würden.[96]

Jemand, der die Gelegenheit hatte, Ruths Gottesbeziehung aus nächster Nähe kennenzulernen, war eine Collegeschülerin, die jeweils, bevor Ruth an der Erwachsenen-Sonntagsschule am Montreat College lehrte, die Anbetungsmusik leitete. Sie berichtete nach dem Ableben von Ruth:

»Sobald ich merkte, dass Mrs Graham früh genug kam, um jede Woche zu beten, fing ich auch an, früher zu kommen, um die Möglichkeit zu haben, mit ihr zu beten, und jeden Moment, den ich konnte, mit ihr zu sprechen. Mrs Graham war stets sehr freundlich und umgänglich. Sie fragte immer, was in meinem Leben gerade los sei, und sagte dann: ›Nun, dann lass uns dafür beten.‹ Ich wusste, dass ich die Gelegenheit hatte, die nur wenige jemals haben würden: zu Füßen von einer der größten Frauen des Glaubens zu sitzen. Mir wurde sehr deutlich, dass Dr. Graham wegen Mrs Graham fähig war, der zu sein, der er war. Ich

staunte über ihre Kenntnis der Schrift, aber mehr als ihr Wissen beeindruckte mich ihre Liebe für die Schrift. Es war ganz klar, dass Jesus ihr bester Freund war. Wenn sie über Jesus sprach, war so etwas wie ein Funkeln in ihren Augen und eine solche Liebe und Leidenschaft in ihrer Stimme, dass man glauben konnte, er stünde direkt neben ihr.«[97]

Johnny Cash und June Carter, im Bild zwischen Ruth und Billy Graham, waren eng befreundet mit den Grahams und zeigten sich insbesondere beeindruckt von deren natürlichen Beziehung zu Gott.

Manchmal verwendet man den Begriff zu schnell; aber bei Ruth Graham stimmte es: Sie war in Jesus verliebt. Auch mir ist es aufgefallen, als ich die wenigen aufgezeichneten Interviews mit Ruth anschaute. Immer wenn sie von der Liebe und Treue Gottes in ihrem Leben sprach, dann flackerte etwas in ihren Augen auf; ähnlich wie man das bei Jungverliebten sieht ... und zum Glück manchmal auch bei Altverliebten. Wäre es nicht schön, wenn man das von allen Christen sagen könnte, wenn sie von ihrem göttlichen Freund sprechen, dass ihre Augen zu funkeln beginnen!

Jemand, der ebenfalls die Gelegenheit hatte, Ruth und ihren Glauben auf persönliche Weise kennenzulernen, war ein Dozent, der während einer gewissen Zeit die Erwachsenen-Sonntagsschule des Montreat College mitleitete. Auch er zeigte sich tief beeindruckt von Ruth:

»Es war wunderbar, ihre Liebe zu Gott und seinem Wort zu sehen … Sie hatte eine authentische Liebe für die Studenten und für alle, mit denen sie in Verbindung stand. Ich entsinne mich, wie sie uns ihren ›Bibelgürtel‹ erklärte. Das war das Band, das sie benutzte, um ihre Bibel und ihr Tagebuch zusammenzubinden. Sie ermutigte uns alle, die Bibel zu lesen und zu studieren und dabei ein Tagebuch bereitzuhaben, sodass wir aufschreiben konnten, was Gott zu uns sagte. Sowohl Dr. Graham als auch Mrs Graham hatten eine einzigartige Art, mit dir zu reden, als ob du in dem Moment der Einzige sein würdest, der etwas bedeutete. Ich bin beeindruckt, dass solche weltbekannten Leute sich ehrlich für das eine Individuum interessieren, das in dem Moment vor ihnen steht. Ruth Graham war das beste Beispiel für Christusähnlichkeit, das sich die Studenten und ich wünschen konnten.«

Die Liebe zu Gott prägte Ruths Leben, seit sie sich erinnern konnte:

»Ich kann mich nicht an eine Zeit erinnern, als ich den Herrn nicht liebte. Meine frühesten Erinnerungen bestehen in tiefer Dankbarkeit gegenüber Gott, der mich so sehr geliebt hat, dass er bereit war, seinen Sohn zu senden, um an meiner Stelle zu sterben.«[98]

Die Kindheit in China hat Ruth sehr geprägt. Ihr Vater, Dr. Nelson Bell, diente dort als Missionsarzt. Von ihren Eltern lernte sie früh die Wichtigkeit von Gebet und Bibelstudium. Die Bells lebten ein fröhliches, entspanntes Christsein. John Pollock beschreibt in seinem Buch über Nelson Bell »A Foreign Devil in China«[99] (»Ein fremder Teufel in China«) die Atmosphäre, die in der Familie Bell geherrscht hat, so:

»Jeder Tag im Hause Bell begann mit Gebeten … Beide Mädchen registrierten mit der zuverlässigen Wahrnehmung der Kindheit, dass ihr

Vater diese täglichen Gebete wirklich genoss; sie erkannten die Wichtigkeit seiner eigenen Stunde der Andacht und der Andachtszeit ihrer Mutter, nachdem sie ihre Haushaltsaufgaben erledigt hatte.«

Ruth und Billy Graham vor dem Haus in China,
in dem Ruth bis zu ihrem 17. Lebensjahr lebte.

Die Bells waren ein großes Vorbild eines fröhlichen Lebens aus der Quelle der Gemeinschaft mit Gott. Auch auf die Enkel machte insbesondere der Großvater einen nachhaltigen Eindruck. Dazu Gigi, als wir einen Abstecher zum Haus machten, wo ihre Großeltern nach ihrer Rückkehr in die USA lebten:

»Mein Großvater war mein großes Vorbild eines fröhlichen und gleichzeitig tiefgläubigen Christen. Er begann jeden Tag auf den Knien und betete auch für uns, seine Enkel. Er sorgte liebevoll für seine Frau, als sie krank und schwach war. Er tat es dabei immer in der Art eines Gentlemans. Er meinte einmal, er empfände es als großes Vorrecht, für seine kranke Frau sorgen zu dürfen. Er versprühte Fröhlichkeit und Dankbarkeit. Im Hause der Bells wurde viel gelacht. Wir waren

bei ihnen immer willkommen, und wir besuchten unsere Großeltern gerne. Mein Großvater war für mich ein großes Vorbild eines fröhlichen Christen, der seinen Glauben lebte. Er hat mich nie enttäuscht.«

Ruth (Mitte) mit ihren Schwestern, Rosa (rechts) und Virginia (links). Im Hause Bell gab es immer viel zu lachen, sodass die drei Schwestern das Lachen auch im Alter nicht verlernten.

Ruth hatte eine sehr enge Beziehung zu ihrem Vater. Von ihm hatte sie ihr weites Interesse geerbt, aber auch die intime Beziehung zu Gott. Auch sie hatte die Angewohnheit, früh aufzustehen und vor allem anderem Gott zu suchen und in seinem Wort zu lesen. Durch die Bibel sprach Gott zu ihr. Im Gebet sprach sie zu Gott. Sie versuchte, auch inmitten der Routinetätigkeiten des Alltags immer wieder ein Wort in der Bibel zu lesen oder ein kurzes Gespräch mit Gott zu führen. So versuchte sie, in ständiger Gemeinschaft mit Gott zu bleiben.

Manchmal bezeichnete Ruth Graham diese Haltung auch als »*Practicing the Presence of God*« (»Gottes Gegenwart praktizieren«), in Anlehnung an den 300 Jahre alten Klassiker von Bruder Lawrence: »The Practice of the Presence of God«. Was ist damit gemeint? Bruder Lawrence erklärte es so:

»Die Augen der Seele müssen auf Gott gerichtet sein, insbesondere, wenn etwas in der Außenwelt getan wird. Obwohl diese Gewohnheit

schwer zu bilden ist, ist sie doch eine Quelle göttlichen Genusses, sobald sie erlernt wurde … Zu Beginn dieser Praxis ist es nicht falsch, kurze Sätze zu sagen, die von Liebe inspiriert sind, wie etwa: ›Herr, ich gehöre ganz dir‹; ›Gott der Liebe, ich liebe dich von ganzem Herzen‹ oder: ›Herr, gebrauche mich nach deinem Willen‹ … Die erste Segnung, die die Seele aus der Kultivierung der Gegenwart Gottes bezieht, besteht darin, dass der Glaube in unserem gesamten Leben lebendiger und aktiver wird. Das gilt insbesondere für schwierige Zeiten, da die Seele die Gnade erlangt, die wir brauchen, um mit Versuchungen fertig zu werden und uns in der Welt zu bewähren … Indem wir Gottes Gegenwart kultivieren und beständig auf ihn schauen, macht sich die Seele immer mehr mit Gott vertraut, bis sie fast ihr ganzes Leben kontinuierlich mit Taten der Liebe, mit Lob, Zuversicht, Dankbarkeit, Opfer und Fürbitte verbringt.«[100]

Bei der Kultivierung der Gegenwart Gottes geht es darum, dass wir inmitten des Alltags in unseren Gedanken mit Gott verbunden bleiben und aus seiner Liebe leben, indem wir uns dieser Liebe dauernd bewusst bleiben.

Ruth Graham sah das Gebet als kontinuierliches Gespräch mit Gott. Was ihr dabei sehr geholfen hat, war die Tatsache, dass sie es sich früh zur Gewohnheit gemacht hatte, regelmäßig Bibelverse auswendig zu lernen. Aus diesem Schatz konnte sie sich dann beim Kochen, Bügeln etc. einzelne Bibelverse in Erinnerung rufen. Ihr Enkel Tullian Tchividjian, Hauptpastor der bekannten Coral Ridge Presbyterian-Gemeinde in Fort Lauderdale/Florida und somit Nachfolger des verstorbenen D. James Kennedy, bezeugt, was für ein Vorbild sie für ihn in Bezug auf gelebte Intimität mit Gott war:

»Meine Großeltern haben seit mehr als 70 Jahren mit Gott gelebt, und sie kennen ihn besser als jeder sonst, den ich kenne. Ihre einfache, aufrichtige Hingabe an ihren Herrn durchtränkt fast alles, was sie sagen und tun. Meine Großmutter lebt mit großen physischen Einschränkungen, aber mit der ihr verbliebenen Energie sucht sie immer noch die Gemeinschaft mit Gott … Jedes Mal, wenn ich ein paar Tage mit ihnen

verbringe, verlasse ich sie mit einer neuen Leidenschaft, Gott so zu kennen wie sie.«[101]

1974 hatte Billy Graham die Einweihungspredigt für die Gemeinde in Fort Lauderdale gehalten, die von D. James Kennedy gegründet und während mehr als 30 Jahren geleitet worden war. Dieser wurde als Begründer von »Evangelisation Explosion« (EE) bekannt. Und nun, 35 Jahre später, wurde die Verantwortung für diese Gemeinde an Billy Grahams Enkel Tullian Tchividjian übertragen. Es bestätigte sich hier wieder einmal, dass Großeltern nicht nur durch ihre Fürbitte, sondern auch durch das gelebte Zeugnis ihrer Gottesbeziehung einen großen Einfluss auf die Enkel haben. Man kann hier zu Recht von einem Vorfahren-Segen sprechen, der auf Kinder und Kindeskinder überging.

Gemäß Gigi stehen alle Kinder und Enkel von Ruth und Billy Graham im Glauben, auch wenn diese wie alle Menschen nicht von Hochs und Tiefs verschont geblieben sind. Besonders schmerzlich ist, dass die Großfamilie Graham auch von Ehescheidungen nicht verschont wurde. Den Glauben ihrer Eltern und Großeltern haben sie jedoch nie verlassen; ganz im Gegenteil scheinen sie die Krisen näher zu Gott gebracht zu haben.

Manchen Gedichten kann man unschwer entnehmen, wie Ruth mit ihren Kindern und Enkeln mitgelitten hat, wenn jemand von ihnen schwere Zeiten durchmachte. Dazu kam, dass sie nach einem schweren Sturz 1974 beim Versuch, eine eben an einem Baum angebrachte Seilbahnvorrichtung für die Enkel zu testen, körperlich sehr angeschlagen war. Das hielt sie jedoch nicht davon ab, Gott mit allen Mitteln zu suchen und sich seiner Gegenwart zu erfreuen.

Noch als sie schon ans Bett gebunden war und kaum mehr sehen konnte, ließ sich Ruth am Bett ein Gestell montieren, auf dem Blätter befestigt wurden mit einzelnen Bibelversen drauf. Ihre persönliche Assistentin hatte die Buchstaben für diesen Zweck stark vergrößert. Ruth liebte es insbesondere, Psalmverse auswendig zu lernen. Die einzelnen Blätter legte sie in einem schwarzen Ordner ab. Die Zeitschrift »Newsweek« berichtete in ihrer Ausgabe vom 14. August 2006, wie

Ruth die Sommermonate benutzte, um den 90. Psalm auswendig zu lernen und zu rezitieren.

»Lehre uns, unsere Zeit zu nutzen, damit wir weise werden … Überschütte uns schon am Morgen mit deiner Gnade, dann werden wir singen und fröhlich sein bis ans Ende unserer Tage … Zeige uns, wie wunderbar du handelst, und lass unsere Kinder deine Herrlichkeit se-

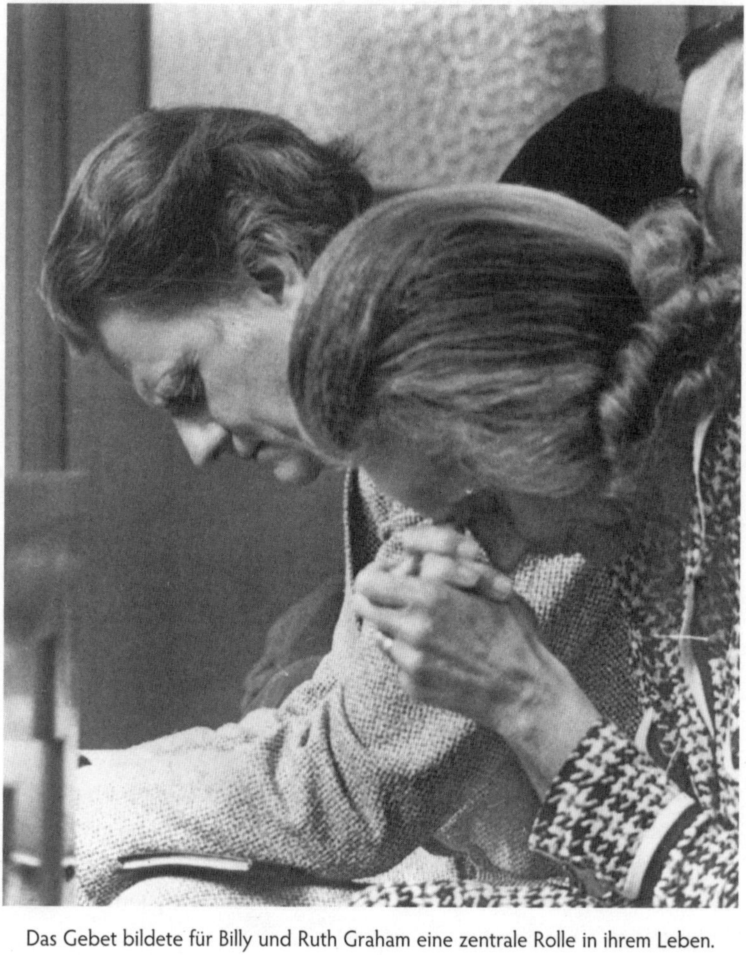

Das Gebet bildete für Billy und Ruth Graham eine zentrale Rolle in ihrem Leben.

hen. Der Herr, unser Gott, schaue freundlich auf uns und lasse unsere Arbeit gelingen. Ja, lass unsere Arbeit gelingen!« (Psalm 90,12.14.16f.)

Auch Billy lernte viele Bibelverse auswendig. Im gleichen »Newsweek«-Beitrag gibt er jedoch seinem Bedauern darüber Ausdruck, dass er sich früher nicht mehr Zeit genommen hat, um ganze Abschnitte der Bibel auswendig zu lernen: *»Ich habe Freunde, die große Teile der Bibel auswendig gelernt haben. Sie können (so vieles) zitieren, und das würde mir heute viel bedeuten.«*[102]

Ähnlich wie Ruth hatte es sich Billy zur Gewohnheit gemacht, während des Tages immer wieder einzelne Bibelverse zu lesen. Auch für ihn war die offene Bibel ein Ausdruck des Wunsches, dauernd mit Gott verbunden zu bleiben. Auf die Frage, wie er die Disziplin des Bibellesens aufrechterhalten würde, antwortete er:

»Wo immer ich mich auf der Welt befinde, ob hier oder daheim oder in einem Hotel oder bei jemandem zu Hause, ich platziere meine offene Bibel an einem Ort, wo ich sie leicht sehe. Wann immer ich sie dann bemerke, halte ich ein und lese einen Vers oder zwei oder ein Kapitel oder zwei oder sogar eine Stunde lang oder zwei. Das mache ich nicht als Vorbereitung für meine Predigt oder für mein Studium. Ich mache das ausschließlich für meine geistliche Ernährung: Die Bibel ist meine tägliche Nahrung.«

Auf die nachfolgende Frage, was er denn tue, wenn er einen oder zwei Tage verpasst habe, die Bibel zu lesen, antwortete er: *»Oh, ich denke nicht, dass mir das jemals passiert ist. Ich sagte Ihnen bereits, dass dies meine geistliche Nahrung ist. Und Mahlzeiten verpasse ich ja auch nicht.«*[103]

Basyle »Boz« Tchividjian, mein erster Kontakt mit der Graham-Familie, machte diesbezüglich eine Erfahrung, die ihn nachhaltig geprägt hat. Er ist Professor für Rechtswissenschaften an der Liberty Universität in Lynchburg/USA und besitzt sowohl einen amerikanischen wie einen Schweizer Pass, da er in der Schweiz geboren wurde. Er berichtet:

»Eine Erfahrung werde ich nie vergessen, weil sie eine solche Ermutigung für mich bedeutete. Es war 1988 während des Nationalen Konvents der Republikaner in New Orleans. Eines Abends wollten mein Freund und ich ein Auto mieten, um in die Stadt zu fahren. Ich war ein 20-jähriger Student und Gott hatte traurigerweise keine Priorität in meinem Leben. Mein einziges Ziel war, in der Stadt ein wenig Spaß zu haben. Der Assistent meines Großvaters hatte ein Auto gemietet, und so wollte ich Daddy Bill fragen, ob wir es benutzen könnten. Wir kamen um 21 Uhr im Hotel an. Ich war überrascht, meinen Großvater dort anzutreffen, im Pyjama. Er hätte an diesem Abend aus zahlreichen Veranstaltungen auswählen können. Als wir eintraten, bemerkte ich, dass eine offene Bibel auf dem Bett lag. In diesem Augenblick überführte mich Gott auf eindrückliche Weise. Das war Billy Graham, ›Amerikas Prediger‹ in New Orleans während eines politischen Konvents, der von vielen einflussreichen und bedeutenden Personen besucht wurde, und er blieb stattdessen in seinem Hotelzimmer, um die Bibel zu lesen und Zeit mit seinem Vater im Himmel zu verbringen. Ich brauche nicht zu sagen, dass ich das Hotelzimmer ohne Schlüssel verließ, dafür mit einer Erfahrung, die mein Leben für immer prägen sollte.«[104]

Boz ergänzte, dass er im Haus der Großeltern immer mindestens eine geöffnete Bibel herumliegen sah. Und jeden Abend seien sie vor dem Zubettgehen gemeinsam auf die Knie gegangen, um Gott zu danken und für die anstehenden Anliegen inklusive die verantwortlichen Politiker zu beten.

Ruth und Billy hatten ihre festen Zeiten mit Gott. Bei Ruth war dies oft frühmorgens, bevor sie sich den Kindern widmen musste. Billy lag häufig nachts längere Zeit wach und nutzte diese Zeit zum Gebet. Vor allem aber machten sie es sich zur Gewohnheit, immer wieder während des Tages »online« mit Gott zu sein. Larry Ross, der während mehr als 20 Jahren als Billy Grahams Medien- und Public-Relations-Direktor wirkte, berichtet, wie er beim ersten Interview, das er für Billy Graham organisierte, Billys persönlichen Assistenten T. W. Wilson darauf hinwies, er hätte bei der NBC einen Raum reserviert, in dem sie vor der nationalen Ausstrahlung zusammen beten könnten. T. W. habe gelächelt und geantwortet:

»Weißt du, Larry, Mr Graham begann zu beten, als er heute Morgen aufstand; er betete, als er frühstückte; er betet auf dem Weg hierher in dem Auto, das sie uns geschickt haben; und er wird wahrscheinlich während des gesamten Interviews beten. Sagen wir es einfach so: Mr Graham mag es, die ganze Zeit über ›im Gebetsmodus‹ zu leben.«[105]

Ich kann mich noch gut an die Antwort von Billy Graham erinnern, als er anlässlich der Evangelistenkonferenz Amsterdam '83 gefragt wurde, wie oft er beten würde, weil sie mich so verblüffte. Er antwortete sinngemäß: *»Ehrlich gestanden versuche ich die biblische Ermahnung ernst zu nehmen und ohne Unterlass mit Gott in Verbindung zu stehen. Ich bete in Gedanken gerade jetzt zu Gott, dass er mir die richtige Antwort schenkt.«*

Zurück von Amsterdam nahm ich mir vor, auch zu lernen, in allen Situationen mit Gott in Verbindung zu bleiben. Aber ich fand sehr schnell heraus, dass das nicht so einfach ist. So freue ich mich eben über die kleinsten Fortschritte, die ich bei mir diesbezüglich über die Jahre entdecke. Eine Mitarbeiterin fragte mich einmal, ob es mir bewusst sei, dass ich in den Büroräumlichkeiten oft *»Lob und Dank«*, *»Halleluja«* oder *»Praise the Lord«* sage. Nein, mir ist das tatsächlich nicht bewusst gewesen. Mich hat es auf jeden Fall ermutigt, weiterhin mitten in der Hektik des Alltags immer wieder in Gedanken Gott zu suchen und z. B. vor einem Telefonat ein Stoßgebet zu sprechen. Die Aufforderung, ohne Unterlass zu beten, stände ja nicht in der Bibel, wenn sie für uns nicht wichtig wäre.

»Freut euch zu jeder Zeit! Betet ohne Unterlass! Dankt für alles; denn das will Gott von euch, die ihr Christus Jesus gehört. Löscht den Geist nicht aus!« (1. Thessalonicher 5,16-19; EÜ).

Interessant ist in diesem Text, wie der Apostel Paulus die Aufforderung zu Freude, Dankbarkeit und Gebet in allen Situationen in Verbindung bringt mit dem Wirken des Heiligen Geistes in unserem Leben.

Vielleicht liegt im Bestreben von Ruth und Billy, dauernd die Verbindung mit Gott aufrechtzuerhalten, das eigentliche Geheimnis des Grahamschen Segens. Man kann das Phänomen Billy Graham nicht verstehen, ohne die intime Gottesbeziehung dieses Ehepaares gebührend zu würdigen. Ihrem göttlichen Freund zu gefallen war ihnen wichtiger, als Menschen zu gefallen. Ihn wollten sie nie enttäuschen. Mit ihm konnten sie alle Anliegen besprechen und auch Siege und Niederlagen verarbeiten. Er bildete die Konstante in ihrem aufregenden, vor aller Öffentlichkeit weit ausgebreiteten Leben.

Sicher haben die Mitarbeiter dabei geholfen, dass Billy bei aller Verehrung, die ihm manchmal zuteilwurde, nie abgehoben ist. Und ganz sicher hat auch Ruth mit ihrer unprätentiösen, bescheidenen Art wesentlich dazu beigetragen, dass Billy Graham zeitlebens der gleiche einfache Verkündiger des Evangeliums von Jesus Christus geblieben ist. Aber noch mehr als alle Menschen es tun konnten, war es seine innige Gottesbeziehung, die Billy auf demütigem, biblischen Kurs hielt. Typisch war seine Antwort, als ich ihn beim Besuch am Krankenbett kurz vor seinem 90. Geburtstag fragte, was Jesus für ihn bedeuten würde. Er überlegte kurz und sagte dann nur ein Wort: *»Everything!«* (»Alles!«).

Ruth wusste von Anfang an, dass sie in seinem Leben immer nur höchstens die zweitwichtigste Person sein würde. Das machte ihr aber nichts aus, weil Jesus auch für sie immer die wichtigste Person war, wichtiger als ihr Ehemann. Sie liebte gerade das an ihrem Mann, dass er ähnlich wie ihr Vater ein Mann Gottes war, ein Mann mit einem starken Glauben, weil er seinen Gott so gut kannte.

Als junge Frau drückte sie in einem Gedicht ihren Wunsch aus nach einem Ehemann, der eine starke in Gott gegründete Persönlichkeit ist; jemand, der weiß, was er will, weil er Gott und dessen Willen für sein Leben kennt:

> Lieber Gott, so betete ich, ohne Umschweife zu machen
> (wie wir es ja zu tun pflegen),

ich brauche keinen schönen Mann,
sondern lass ihn sein wie du.
Ich brauche keinen imposanten und starken Mann,
auch keinen großgewachsenen,
auch kein Genie,
und schon gar nicht einen wohlhabenden, Herr.
Lass ihn aber erhobenen Hauptes sein, lieber Gott,
mit klarem Blick,
mit aufrechtem Gang in jeder Lage!
Wie sein irdischer Wirkungskreis auch einmal aussieht:
Lass sein Gesicht Charakter haben
und seine Seele unerschütterlich sein!
Und lass sein ganzes Leben, lieber Gott,
ein einziges Ziel widerspiegeln.
Wenn er dann kommt
(denn er wird ja kommen)
mit ruhigen und leuchtenden Augen,
werde ich wissen,
dass er der Mann ist,
um den ich vor langer Zeit gebeten habe.[106]

Mit ihrem Ehemann hat Ruth unzweifelhaft einen Mann mit einem starken, in Gott gegründeten Charakter bekommen. Aber auch ihr Bill war nicht perfekt, wie sie es selber auch nicht war.

Die Grahams waren Menschen wie du und ich: mit Hochs und Tiefs, mit Siegen und Enttäuschungen. Auch sie lebten nicht immer gemäß ihren Idealen und versagten hie und da wie alle Menschen. Sie wären die Letzten, die das verschweigen würden. Aber eine Eigenschaft zeichnete sie in besonderer Weise aus: ihre tiefe Liebe zu Gott und seinem Wort. Jesus Christus war viel mehr als ihr Erlöser, Herr, Freund und Ratgeber. Er war ihr Leben, oder wie es Billy Graham eben sagte: ihr Alles. Ihr Leben kann nur richtig eingeordnet werden, wenn man es im Lichte dieser Tatsache sieht. Niemand kann Menschen näher zu Gott führen, als er selber bei Gott ist. Die erste Aufgabe eines christlichen Leiters ist es, Menschen zum Herz Gottes zu führen. Wenn er das nicht tut, bindet er die Menschen an sich selber oder an Konzepte, Strategien und Methoden.

Bevor Jesus Petrus zum Leiter der Gemeinde in Jerusalem berief, führte er mit ihm eine Art Qualifikationsgespräch durch. Wir hätten vielleicht von Petrus wissen wollen, ob wir nun darauf vertrauen könnten, dass er Jesus in Zukunft nicht mehr verraten würde. Wir hätten ihn gefragt, ob zu seiner unbestreitbaren Leidenschaft nun auch die nötige Portion Besonnenheit dazugekommen sei. Wir hätten ihn vielleicht gebeten, die Kernpunkte der Bergpredigt zusammenzufassen: alles unzweifelhaft gute Dinge. Jesus hat Petrus aber etwas ganz anderes gefragt. Er hat ihm eine Frage gestellt, die man nur unter engen Freunden stellen darf:

»Simon, Sohn des Johannes, liebst du mich mehr als die anderen?« (Johannes 21,15).

Jesus fragte ihn die persönlichste Frage, die man überhaupt stellen kann: *»Liebst du mich?«* Jesus stellte diese Frage, weil es darum ging, denjenigen zu berufen, der als Leiter und Hirte die ihm anvertrauten Schafe richtig weiden sollte. Es ging darum, dass durch den Leiter der Gemeinde das richtige Vorbild gesetzt würde. Und Jesus war eine Eigenschaft beim zukünftigen Leiter offensichtlich wichtiger als alle anderen Qualitäten: seine tiefe Verbundenheit zu ihm. Wenn ein Leiter leidenschaftlich mit Jesus verbunden ist, vermag er auch die ihm anvertrauten Menschen in diese Verbundenheit zu leiten. Jemandem, der bei allen Fehlern und Unvollkommenheiten Jesus über alles liebt, kann man vertrauen, dass er seine ihm anvertrauten Menschen nicht zu sich selber, sondern zum einzigen Hirten hinführen wird, der in Wahrheit diesen Namen verdient: Jesus Christus.

Gott hat in Ruth und Billy Graham Menschen gefunden, die ihn wie König David im Alten Testament über alles liebten. Er konnte ihnen deshalb, wie es auch bei David war, viele seiner Schafe anvertrauen und sie zu einem weltweiten Botschafterdienst berufen, auch wenn sie keine perfekten Christen waren.

Wie steht es bei uns? Lieben wir Jesus Christus auch über alles? Oder haben wir wie die Christen aus Ephesus (vgl. Offenbarung 2,1ff.) die erste Liebe verloren? Oder sind wir wie die Christen in

Laodizea (vgl. Offenbarung 3,14ff.) in unserer Nachfolge lau geworden? Oft merken wir dies lange nicht, weil wir äußerlich noch perfekt christlich funktionieren. Haben wir Gott unser Leben vorbehaltlos anvertraut? Sitzt er auf dem Thron unseres Lebens?

Bill Bright, der verstorbene Gründer und langjährige Leiter von Campus für Christus, war nicht nur mein beruflicher Vorgesetzter, er war auch so etwas wie mein geistlicher Vater. Neben Billy und Ruth Graham war er, zusammen mit seiner Frau Vonette, für mich das größte Vorbild eines Gott hingegeben Christen. Er prüfte alles am Kriterium, ob es Jesus ehrt und der Erfüllung des Missionsauftrags dient:

»Jesus kam und sagte zu seinen Jüngern: ›Mir ist alle Macht im Himmel und auf der Erde gegeben. Darum geht zu allen Völkern und macht sie zu Jüngern. Tauft sie im Namen des Vaters und des Sohnes und des Heiligen Geistes und lehrt sie, alle Gebote zu halten, die ich euch gegeben habe. Und ich versichere euch: Ich bin immer bei euch bis ans Ende der Zeit‹« (Matthäus 28,18-20).

Das letzte Foto des Autors mit seinem geistlichen Vater, Bill Bright, dem Gründer von Campus für Christus, der bereits von seiner Krankheit gezeichnet war. Links im Bild Vonette Bright.

Bill Bright wollte dem Missionsauftrag Folge leisten, weil er denjenigen, der diesen Auftrag gab, über alles liebte. Ihn wollte er nicht enttäuschen. Wenn wir Bill Bright fragten, was wir für ihn beten sollten, lautete die Antwort immer etwa so: *»Betet, dass ich ein heiliges Leben führe und die erste Liebe nie verliere!«*

Wahrscheinlich gehören diese zwei Eigenschaften zusammen: die erste Liebe zu Gott nicht zu verlieren und ein heiliges Leben zu führen. Denn Liebe ist die größte Motivation dafür, der geliebten Person in allen Dingen gefallen zu wollen. Echte Liebe macht den Gehorsam einfach. Ohne Liebe wird aber der Gehorsam zu einem herzlosen, gesetzlichen Ritual; und das ist das Letzte, was Gott von uns will. Gehorsam ist hingegen ein wichtiger Ausdruck unserer Liebe und bringt als Frucht Freude hervor. Jesus hat die Beziehung zwischen Liebe, Gehorsam und Freude im Weinstockgleichnis so dargestellt:

»Ich habe euch genauso geliebt, wie der Vater mich geliebt hat. Bleibt in meiner Liebe. Wenn ihr mir gehorcht, bleibt ihr in meiner Liebe, genauso wie ich meinem Vater gehorche und in seiner Liebe bleibe. Ich sage euch das, damit meine Freude euch erfüllt. Ja, eure Freude soll vollkommen sein!« (Johannes 15,9-11).

In den Reden über die Endzeit hat Jesus auch die andere Seite aufgezeigt, dass Ungehorsam dazu führt, dass die Liebe erkaltet:

»Viele falsche Propheten werden auftreten und die Menschen täuschen. Die Gesetzlosigkeit wird immer mehr überhandnehmen und die Liebe wird bei vielen erkalten« (Matthäus 24,11-12).

Die Hauptbotschaft von Billy Graham war: *»Gott liebt dich!«*, und noch einmal: *»Gott liebt dich!«*, und noch einmal: *»Gott liebt dich!«*. Die beste Antwort darauf ist es, zu Gott umzukehren und unser Leben unter die Leitung Christi zu stellen, der uns so sehr liebt und nur das Beste für unser Leben will. Es gibt nichts Erfüllenderes, als in liebendem Gehorsam mit unserem Schöpfer und Vater verbunden zu sein, der mit seinem Sohn alles für uns gab. Liebe ist die Sprache Gottes, um uns zu ihm hinzuziehen. Um uns seine Liebe und Vertrauenswürdigkeit zu beweisen, hat er seinen Sohn als Sühnopfer für unsere Sünden einen schlimmen Tod sterben lassen. Er wollte damit zeigen, dass wir nicht nur seine Geschöpfe, sondern seine Freunde sind. »*Die größte Liebe beweist der, der sein Leben für die Freunde hingibt*« (Johannes 15,13).

Liebe ist aber auch die Sprache, wenn es um die geeignete Antwort unsererseits auf Gottes Liebeshandeln geht. Wo Gott gegenwärtig ist, regiert die Liebe.

Wenn Gott seinen Kindern geistliche Gaben und Vollmacht gibt, dann darum, um den Menschen seine Liebe und Fürsorge zu offenbaren. Wenn Gott Zeichen und Wunder schenkt, dann macht er das nicht als Machtdemonstration, sondern um uns seine Liebe zu zeigen und uns an sein Herz zu ziehen. Die Geistesgaben sollen vor allem auf seine Liebe hinweisen. Die Liebe ist gemäß Galater 5,22 die erste Frucht des Wirkens des Heiligen Geistes. Laut dem Apostel Paulus ist die Liebe Gottes in unsere Herzen gegossen durch den Heiligen Geist (Römer 5,5).

Die Liebe ist deshalb das wichtigste Zeichen dafür, dass Gott in uns lebt. Und je länger und je mehr wir mit Gott leben, desto mehr wird diese Liebe zunehmen. Die Liebe zu unseren Mitmenschen ist das Thermometer unseres geistlichen Lebens.

Jesus bezeichnet die Liebe zu unseren geistlichen Geschwistern als das wichtigste Zeichen, dass wir seine Jünger sind: »*Eure Liebe zueinander wird der Welt zeigen, dass ihr meine Jünger seid*« (Johannes 13,35). Die Liebe zu Gott und zu unseren Mitmenschen hat die gleiche Quelle. Wenn wir gelernt haben, aus dieser Quelle täglich zu trinken, dann hat das einen heilenden Einfluss auf alle übrigen Bereiche unseres Lebens und Dienstes.

Die Beziehung von Ruth und Billy Graham zum dreieinigen Gott war keine Zweckgemeinschaft, sondern eine Herzensbeziehung. Sie wussten, dass Gott nicht so sehr an ihren Gaben oder ihrem Dienst interessiert war, sondern an ihnen selber. Eines der ersten Gedichte von Ruth, das sie mit 14 Jahren in China schrieb, zeigt, wie gut Ruth ihren Gott schon in jungen Jahren kannte:

Nicht Gold oder Silber,
nicht deine großen oder kleinen Talente,
nicht deine Stimme, deine Malbegabung,
und schon gar nicht deine Bekannten;
nicht dein Freund oder dein Zeitvertreib,
nicht dein Aussehen oder deine bunte Kleidung,
nicht dein Haus oder deine Familie,
nicht einmal die Dinge, die du sagst,
nicht die Wahl deiner Vergnügungen,
nicht das Leben, das du führst,
nicht das, was du am meisten schätzt,
nicht die Bücher, die du liebst.
Nein, es sind nicht die Dinge, die du besitzt,
und nicht die Dinge, die du gerne tust.
Der Herr sucht tiefer …
Er sucht nicht das Deinige, sondern dich.
Jesus sehnt sich nach deinem Herzen,
dass dein Wille auch seiner ist,
mit dem Ego für immer am Kreuz
und Jesus allein auf den Thron.[107]

Die intime Beziehung von Ruth und Billy Graham zu Gott hat viel zu ihrer ungeheuchelten Bescheidenheit und Demut beigetragen und zur Tatsache, dass sie bis ans Ende ihres Lebens ihrem Herrn und Freund treu geblieben sind, durch alle Hochs und Tiefs hindurch. Beten war für sie ein Ausdruck der demütigen Abhängigkeit und gleichzeitig ihres kindlichen Glaubens in Gottes Allmacht. Vor allem aber war es ein Ausdruck ihrer intimen Beziehung zu ihrem göttlichen Freund, dem sie in allen Dingen gefallen wollten.

Lassen wir abschließend nochmals Billy Graham selbst zum Thema Gebet und Intimität zu Wort kommen:

»Ein Christ wächst, wenn er betet … Die Person, die mit Beten wartet, bis ihr danach zumute ist, wird niemals beten. Dafür wird der Teufel sorgen. Die Bibel sagt, dass du ohne Unterlass beten sollst. Das bedeu-

tet, dass du in einem Geist des Gebets sein kannst, während du Auto fährst, die Straße entlanggehst, im Büro arbeitest, wo du auch sein magst. Jeder Christ sollte jeden Tag eine Zeit der Stille alleine mit Gott haben. Ohne eine solche Zeit wird dein geistliches Leben nichts Besonderes sein. Die Gebete sollten vom Lob Gottes erfüllt sein, von Dankbarkeit für all die wunderbaren Dinge, die er getan hat. Selbstprüfung sollte Teil deiner Gebete sein, das Bekenntnis von Unzulänglichkeiten. Gott ist daran interessiert, deine persönlichen Bitten zu hören, wie klein sie auch sein mögen. Im Gebet solltest du Leitung suchen. Es ist wichtig, sich daran zu erinnern, dass du beten solltest, dass Gottes Wille geschieht, nicht dein Wille. Menschen machen Fehler. Gott nicht … Lerne das Geheimnis des Gebets. Das Gebetsleben von Jesus war eines der erstaunlichsten und beeindruckendsten Merkmale seines irdischen Dienstes. Er betete mit seinen Jüngern. Er betete im Geheimen. Manchmal verbrachte er die ganze Nacht im Gebet. Wenn er, der sündlose Sohn Gottes, sein irdisches Leben nicht ohne ständige Gemeinschaft mit Gott führen konnte, kannst du es dann?«[108]

5. Fokus – Diszipliniert leben

»Billy Graham ist mir seit über einem halben Jahrhundert eine große Inspiration. Niemand hat eine größere Wirkung auf die Weltevangelisation und auf mehr Menschen gehabt. Niemand hat einen derart ausschließlichen Fokus auf das Evangelium unseres Herrn Jesus Christus aufrechterhalten wie Billy.«[109]

Bill Bright, Gründer von Campus für Christus

»Meine Mutter ist äußerst temperamentvoll, und ob er [Billy Graham] sie nach ihrer Meinung fragte oder nicht: Sie sagte sie ihm, das kannst du mir glauben … Heute würde er sie nicht nur nach ihrer Meinung fragen, er würde diese respektieren, hochachten und auf sie hören. Sie hat einen reichen Vorrat an Weisheit … Sie ließ ihn keinen Moment auf Abwege geraten, und sie hat ihm geholfen, fokussiert zu bleiben.«[110]

Anne Graham Lotz, Tochter

»Wollte man einen einzelnen Faktor benennen, der Grahams Durchhaltevermögen und Beständigkeit und die stetige Ausbreitung seines globalen Dienstes erklärt, dann müsste man seine Entschlossenheit nennen, die Speerspitze des Evangeliums scharf zu halten.«[111]

David Poling, Pastor

T. W. Wilson war viele Jahre Billy Grahams engster Mitarbeiter, der immer das Hotelzimmer neben ihm bezog. Wenn Billy Graham im Dienst war, dann war auch T. W. Wilson im Dienst. Er war persönlicher Assistent, Berater und faktisch auch Bodyguard von Billy Graham. *»Ich habe mich in praktischen Dingen mehr auf ihn als auf alle anderen verlassen«,*[112] schreibt Billy Graham in seiner Autobiografie. Niemand hatte einen besseren Einblick in das Leben und die Arbeitsweise von Billy Graham, wenn er für Gottes Sache im Einsatz war. Und dieser T. W. Wilson bezeichnete Billy Graham als *»den diszipliniertesten Menschen, den ich je kannte«.*[113]

T. W. Wilson, halb verdeckt, war als persönlicher Assistent von Billy Graham für die Einhaltung des Zeitplans zuständig. Die Fotografie wurde vom Autor anlässlich der Konferenz Amsterdam '83 geschossen und ist kennzeichnend für den Dienst von T. W. Wilson im Hintergrund.

Billys Tagesablauf war klar strukturiert. Das betraf insbesondere auch die Zeiten, in denen Billy die abendlichen Botschaften vorbereitete und betete. Während dieser Zeit ab drei Uhr nachmittags wollte er niemanden bei sich haben, oft nicht einmal Ruth.

Auch Ruth war eine überdurchschnittlich disziplinierte Person, vor allem, wenn es um ihre Stunden mit Gott oder die Vorbereitung von persönlichen Diensten ging, wie die Leitung einer Bibelandacht oder der Erwachsenensonntagsschule.

Jemand, der Ruth sehr gut kannte, war Cliff Barrows. Über 60 Jahre diente er als Chorleiter bei Evangelisationen und hin und wieder auch als Moderator bei Konferenzen. Zudem produzierte er im Hause der Grahams die wöchentlichen Radiosendungen »Hour of Decision« (»Stunde der Entscheidung«), die Billy Graham landesweit bekannt machten. Später leitete er zudem die Fernsehabteilung der BGEA »World Wide Pictures«. Die Barrows waren nicht nur enge Mitarbeiter der Grahams, sondern auch persönliche Freunde. Sie kannten zudem die Eltern von Ruth gut. Deshalb hat das, was Cliff Barrows über Ruth Grahams Disziplin sagt, großes Gewicht:

»Sie war eine sehr fröhliche Frau. Sie war auch eine sehr disziplinierte Frau. Sie disziplinierte sich in der Erkenntnis des Wortes. Diese Liebe hatte sie von ihrem Vater und ihrer Mutter sowie durch ihre Ausbildung in China erhalten.«

Man kann Ruths Charakterstärke, Entschlossenheit und Furchtlosigkeit nur richtig verstehen, wenn man sie in Bezug setzt zum Umfeld, in dem sie aufgewachsen ist. Die Zeit in China und Nordkorea bildete die Grundlage und Voraussetzung dafür, dass Ruth die mannigfaltigen Herausforderungen eines Lebens an der Seite ihres weltberühmten Ehemannes meistern konnte und ihrem Ehemann die Stütze wurde, die er brauchte. Wie sah Ruths Jugend in China aus?

Die Eltern von Ruth, Dr. Nelson und Virginia Bell, waren nach ihrer Eheschließung 1916 nach China umgezogen, wo Ruths Vater bis zum Ausbruch des Zweiten Weltkriegs als Missionsarzt wirkte. Nachdem 1912 das langjährige Mandschu-Regime mit dem Kaiser abgedankt hatte, übernahmen 1916 chinesische Warlords die Regierungskontrolle. 1919 favorisierte der Friedensvertrag von Versailles die Japaner auf Kosten der Chinesen. Und da waren ja auch noch die von der kommunistischen Revolution in Russland inspirierten Kommunisten. Banditen aller Art nutzten das entstandene Machtvakuum aus. Fortan kämpfte jeder gegen jeden. In solch eine Umgebung hinein wurde Ruth als zweites von vier Kindern 1920 geboren. Mit ihren drei Geschwistern zusammen erlebte sie alle Schrecknisse eines aus den Fugen geratenen Landes. Ruth und ihre ältere Schwester Rosa erzählten einmal, sie hätten sich an keinen Tag erinnern können, an dem sie nicht Schüsse gehört hätten. Von ihren Eltern hätten sie gelernt, Ruhe zu bewahren und Gott zu vertrauen, dass er inmitten der tobenden Kämpfe immer alles unter Kontrolle hat. Ruth meinte, dass es diese Zeit in China gewesen sei, in der sie die Angst ein für alle Mal verlernt hätte. Furchtlosigkeit wurde fortan ein Markenzeichen von ihr.

Während der Jugendzeit in China lernten die Bell-Kinder aber auch den Wert des disziplinierten Suchens nach Gott. Sie waren täglich darauf angewiesen, dass Gott sie beschützte und durchtrug, waren doch die Ausländer aufgrund der jahrzehntelangen Ausbeutung des Landes sehr verhasst.

Ruth erlebte eine harte Jugendzeit und wurde früh mit dem Elend der Welt und den Folgen der Gottlosigkeit konfrontiert. Auch erlebte sie in Pjöngjang, der Hauptstadt des heutigen Nordkorea, wohin sie ihre Eltern zur Ausbildung schickten, lange Zeiten der Einsamkeit. Sie sei dort auf *»lebenslang wiederkehrendes Abschiednehmen«* vorbereitet worden, wie sie es einmal bezeichnete. Vor allem aber lernte sie sowohl in Nordkorea wie in China den Wert eines geordneten und disziplinierten Lebensstils. In China sah sie täglich, wohin es führt, wenn klare Leitplanken und die ordnende Hand fehlen. Sie sah aber auch, wie Gott das Leben von Menschen von Grund auf neu machte und eine heilsame Ordnung und ein Ziel hineinbrachte. Ihre Eltern waren nämlich nicht nur Ärzte, sondern auch Evangelisten. Ihr Leben strahlte die Liebe und Fürsorge eines Vatergottes aus, der sich um jeden einzelnen Menschen kümmert. Die Bells wollten, dass nicht nur der Körper, sondern der ganze Mensch Heilung findet. Ruth erlebte so mit, wie durch die Kraft Gottes aus total verwahrlosten Personen strahlende Zeugen Christi wurden, in deren Leben Sinn und Ordnung gekommen war.

Besonders beeindruckt war sie von der totalen Umwandlung einer Chinesin, die zuvor Kinder raubte und sie zwecks Prostitution verkaufte, und die nun, während sie Kranke pflegte, Loblieder auf ihren Gott sang.

Trotz des schwierigen, klare Leitlinien erfordernden Umfeldes erlebte Ruth eine fröhliche Jugend, die von Liebe und geistgewirkter Freude geprägt war. Es wurde viel gelacht im Hause Bell. Die positive Atmosphäre hatte nicht zuletzt mit dem starken Glauben ihrer Eltern zu tun. Ruth konnte sich an keinen Morgen erinnern, an dem ihr Vater nicht auf den Knien für die Familie und die Patienten betete und in der Bibel las. Zeiten des gemeinsamen Bibellesens gehörten so natürlich zum Leben der Familie wie die Essenszeiten und die fröhlichen Spielrunden. Ruths Mutter Virginia Bell verstand es, die verschiedensten Aufgaben unter einen Hut zu bringen und trotzdem gelassen zu bleiben. Neben der Führung des Haushalts und der Erziehung von vier lebhaften Kindern wirkte sie als Krankenschwester in der Frauenklinik. Sie hinterließ jedoch nie den Eindruck einer gestressten Person, da sie sich an die Devise des Chinamissionars Hudson Taylor hielt:

»Er [Christus] kann seinen Willen ausführen, und sein Wille ist auch der meine. Es kommt nicht darauf an, auf welchen Platz er mich stellt und wie er das tut. Das ist seine Sache und nicht mehr meine. Denn er muss mir für die einfachsten Aufgaben seine Gnade schenken, und auch für die schwierigsten reicht seine Gnade aus.«[114]

Dank ihrer Eltern genoss Ruth inmitten von tobenden Machtkämpfen und kriegsbedingt schwierigen, ja zum Teil schrecklichen Erlebnissen eine liebevolle und von Glaubensstärke und Geborgenheit geprägte Jugendzeit.

In späteren Jahren konnte Ruth nichts so leicht aus der Ruhe bringen. Sie hatte eine Festigkeit und Stärke, die alle, die sie näher kannten, verblüfften. Ihr Glaube war unerschütterlich, ihre Gelassenheit sprichwörtlich, und das, obwohl sie äußerst fein empfindend war. Sie war überzeugt: Wenn Gott einen Auftrag für etwas gibt, dann gibt er auch die nötige Kraft dazu, sonst ist es nicht sein Auftrag. Aber wir müssen mit all unserer zur Verfügung stehenden Kraft an unserer persönlichen Berufung dranbleiben. Das nimmt uns Gott nicht ab. Ruth war es immer ein großes Anliegen, Wichtiges von weniger Wichtigem zu unterscheiden. Dazu müsse man lernen, immer wieder Nein zu allem zu sagen, was nicht hilft, unseren göttlichen Auftrag zu erfüllen.

Ruth lebte verheißungsorientiert und nicht problemorientiert. Wenn Gott etwas nicht bekümmerte, dann musste es sie auch nicht bekümmern. Und doch sei sie leider immer wieder schwach geworden und habe es zugelassen, sich unnötig zu kümmern. Als es wieder einmal so weit war, habe Gott deutlich zu ihr gesprochen, nicht hörbar und trotzdem unmissverständlich, dass sie die Angelegenheit Gott überlassen sollte. Wunder seien sein Department. Sie sollte sich auf das Mögliche konzentrieren und das Unmögliche, wie die Bekehrung ihrer beiden Söhne, Gott überlassen.

In harten Zeiten musste sie die Lektion lernen, dass Gott souverän ist. Deshalb gab es für sie keinen Grund, sich selber allzu wichtig zu nehmen. Und Ruth hatte ihre Art, Menschen auf den Boden zurückzuholen, die Gefahr liefen, sich zu wichtig zu nehmen. Das musste auch ihr Ehemann immer wieder erleben. Der langjährige Mitarbeiter Gerald Beavan beschreibt es so:

»Ruth war in einem Großteil seines Lebens das Steuer, das ihn auf Kurs hielt. Sie war eine sehr treue Gebetsunterstützung. Sie sagt die Dinge sehr direkt, und wenn Billy etwas Lächerliches tun wollte, sagte sie: ›Oh, come on, Bill‹ [›Oh, ich bitte dich, Bill‹], und dann tat er es nicht.«[115]

Niemand half Billy mehr als seine Ehefrau, zeitlebens seinem evangelistischen Auftrag treu zu bleiben und selbst manche Anfragen von US-Präsidenten bezüglich einer Aufgabe als Botschafter oder als Kabinettsmitglied abzulehnen. Politiker gab es ihrer Meinung nach

Wenn man dieses Bild anschaut, begreift man, dass Billy dann und wann Filmangebote bekam. »Come on, Bill!«, wird Ruth darauf gesagt haben, und die Sache war erledigt.

schon genug. Billys Aufgabe sei es, Botschafter Gottes zu sein und das Evangelium allen Menschen unverkürzt und verständlich weiterzugeben, unabhängig vom kulturellen Hintergrund und von der politischen Überzeugung dieser Menschen. *»Halt dich aus der Politik raus!«*, war eine Ermahnung, die Billy immer wieder von Ruth entgegennehmen musste. *»Deine Aufgabe ist es, geistliche und moralische Hilfe zu geben und nicht politische Ratschläge.«* Später betonte Billy, es wäre weise gewesen, sich konsequenter an diesen Rat von Ruth zu halten. Bei der Eröffnungsansprache anlässlich des »International Congress on World Evangelization« 1974 in Lausanne deutete das Billy Graham zumindest an:

»Es ist ein Fehler, das Evangelium mit irgendeinem bestimmten politischen Programm oder mit einer Kultur zu identifizieren. Auch ich stand in dieser Gefahr. Wenn ich das Evangelium verkündige, tue ich das als Botschafter für das Königreich Gottes, nicht für Amerika. Das Evangelium an irgendein politisches System, säkulares Programm oder an irgendeine Gesellschaft zu binden, ist eine gefährliche Sache, die nur zur Verbiegung des Evangeliums führt.«[116]

Billy Graham hatte seine Lehren aus dem Watergate-Skandal gezogen. Präsident Nixon wurde dem Vertrauen, das Billy Graham in ihn gesetzt hatte, nicht gerecht. Billy Graham empfand es im Nachhinein als großen Fehler, dass er im Präsidentschaftswahlkampf indirekt Stellung für Richard Nixon bezogen hatte, indem er ihn einlud, bei einem Evangelisationsfeldzug ein Grußwort zu halten. Die Grahams kannten die Nixons schon viele Jahre, bevor dieser Präsident der Vereinigten Staaten wurde. Insbesondere schätzten sie Nixons Mutter hoch, die eine tiefgläubige Frau war. Wegen der langjährigen Freundschaft mit den Nixons kann man Billy Grahams Haltung nachvollziehen. Trotzdem war es falsch und hat dem Ansehen Billy Grahams als Seelsorger für alle Amerikaner geschadet. Man muss ihm zugutehalten, dass er in späteren Jahren in seinem Urteil um einiges vorsichtiger war als in jüngeren Jahren. Und trotzdem erhielt er auch später immer wieder Kritik wegen seiner zuweilen »naiven« oder zumindest »idealistischen« Sicht der Dinge. So empfanden manche, er hätte sich von den Russen vor den ideologischen Karren spannen lassen, indem er ihre Einladung annahm, noch während der Zeit des Kalten Krieges bei einer Abrüstungskonferenz eine Ansprache zu halten. Auch sonst erhielt er immer wieder von allen Seiten harsche Kritik, er würde sich von den Kommunisten gängeln lassen. Sein Anliegen war jedoch allein, Menschen mit dem Evangelium Jesu Christi bekannt zu machen. Und auch KGB-Leute brauchen das Evangelium.

Die holländische Gebetsleiterin Helene Bos berichtete mir von einer Begegnung mit Billy Graham, die sie nachhaltig prägte. Im Herbst 1982 nahm sie an einer internationalen Zusammenkunft von Fürbittern in North Carolina teil. Eines Abends hätten sich Ruth und Billy Graham zu ihnen gesellt. Gegenüber den etwa 70 anwesenden Fürbittern schüttete Billy sein Herz aus. Die harte Kritik, die er im Umfeld seines Russlandeinsatzes gerade auch von geistlichen Geschwistern erhalten hatte, schmerzte ihn sehr, umso mehr bei den Predigten in Moskau mehrere KGB-Leute Jesus ihr Herz geöffnet hatten. Billy Graham: *»Wer erzählt ihnen das Evangelium, wenn alle vor Angst ihren Mund halten? Müssen sie das Evangelium nicht auch hören?«* Als er das sagte, konnte er die Tränen nicht mehr zurückhalten aus Bewegung über der Tatsache, dass Menschen, ohne den Herrn zu kennen, verloren gehen. Helene Bos' Fazit: *»Ich habe die Tränen gesehen. Ich habe sein echtes Mitgefühl für verlorene Menschen gesehen. Was auch immer Menschen Schlechtes über Billy Grahams naive Einsätze hinter dem Eisernen Vorhang sagen, kümmert mich wenig.«*

David Epstein, Hauptpastor der Calvary Baptist Church und Mitarbeiter bei seiner letzten Evangelisation 2005 in New York, verteidigt Billy Graham in ähnlicher Weise:

»Es gab Leute, die sich mit ihm über sekundäre Dinge gestritten haben, z. B. darüber, warum er mit einer bestimmten Person auf dem Podium stand oder warum er in Russland ein Statement abgegeben hatte, das man als politisch naiv ansah. Ich würde sagen: Lasst den Mann in Ruhe! Billy Graham wurde von Gott zum Evangelisten berufen, um das Evangelium zu verkündigen. Lasst uns einen Diener des Herrn

ehren, der das Evangelium verkündigt hat. Er hat das nicht konfrontativ oder polemisch getan, sondern dadurch, dass er Christus erhoben hat. Er hat Christus niemals wegen finanzieller, moralischer oder anderer trüber Skandale entehrt. Wir sollten ihm also Anerkennung zuteilwerden lassen, etwas Freiraum geben; er ist treu gewesen. Wer darauf besteht, kritisch zu bleiben, dem sage ich: ›Okay, was ich aber noch hinzufügen möchte: Alle Frauen in meinem Leben – meine Mutter, meine Frau, meine Schwestern – sind durch Billy Graham zum Glauben an Christus gekommen.‹«[117]

Vom Naturell her ist Billy Graham ein ausgesprochen freundlicher Gentleman, der niemanden brüskieren und schon gar nicht jemandem wehtun will. Deshalb fiel ihm Konfrontation im Gegensatz zu Ruth immer sehr schwer. Tochter Gigi fragte ihn einmal, warum er bei einer Veranstaltung der Zeitschrift »TIME« zu Ehren aller, die je auf der Titelseite erschienen sind, so nett zu seinem Tischnachbarn Bill Clinton gewesen sei. Ihr Vater begründete sein Verhalten damit, dass es seine Aufgabe sei, Menschen mit Gottes Liebe zu begegnen, und dass es die Aufgabe des Heiligen Geistes sei, Menschen von ihren Sünden zu überführen.

Immer war es Billy Grahams vordringliches Bestreben, Gottes Liebe und die Heilstat Christi in den Mittelpunkt zu stellen. Dabei stützte er sich auf die Bibel als geoffenbartes Wort Gottes. Ruth hat ihm dabei sehr geholfen. Als er sich bei der ersten Predigt des Feldzuges in Los Angeles 1949 vor allem auf die berühmte Predigt *»Sünder in der Hand eines zornigen Gottes«* von Jonathan Edwards verließ und mehr diese Predigt als die Bibel zitierte, hielt Ruth mit ihrer Meinung nicht zurück: *»Du musst dich an die Bibel halten. Sie ist deine Kraftquelle.«* [118] Und das war beileibe nicht das letzte Mal, dass Ruth ihn erinnerte, dass er nicht seine eigenen Gedanken oder die Gedanken eines anderen Menschen, sondern primär das Wort Gottes weiterzugeben habe. Es war nicht so, dass er nicht auch davon überzeugt war. Aber er musste es immer wieder hören, um seiner Überzeugung treu zu bleiben. Während der erwähnten Evangelisation in Los Angeles lernte er, selber im Wort Gottes zu forschen. Weil die Evangelisation um Wochen verlängert wurde, gingen ihm die Predigten aus, bis er gezwungenerweise selber tief im Wort Gottes graben musste und dabei entdeckte, dass Gott ihm täglich eine neue Botschaft aufs Herz legte. Diese war nun frisch aus dem Herzen Gottes in sein Herz gelangt und kam deshalb auch mächtig bei den Zuhörern an. Je mehr er das Wort Gottes sprechen ließ, desto mehr Menschen fällten eine Entscheidung für Jesus Christus. Er war beinahe geneigt, nur noch die Bibel zu zitieren. Je länger, je deutlicher wurde ihm bewusst, dass ein Botschafter Gottes nicht seine eigenen Gedanken, sondern die Gedanken Gottes auszurichten hat. Und diese Gedanken wollte er unverkürzt und unverdünnt weitergeben.

Billy Graham wollte sich gleichzeitig abheben von manchen Verkündigern der Vergangenheit, die stark, für ihn allzu stark, an die Gefühle der Zuhörenden appellierten, sodass diese am Schluss nicht mehr genau wussten, worüber sie jetzt eigentlich so begeistert waren. Er hatte Angst, dass solche gefühlsbedingten Entscheidungen den Test des Alltags nicht bestehen würden. Trotzdem wurde er vor allem in Ländern, die keine Tradition von Großevangelisationen hatten, immer wieder für seinen allzu leidenschaftlichen, emotionalen Vortragsstil kritisiert. Es wurde dann aber auch mit Dankbarkeit konstatiert, dass er zumindest bestrebt war, den emotionalen Grundteppich einer Massenveranstaltung nicht auszunutzen und nicht mit den Gefühlen der Zuhörenden zu spielen. So schreibt die »Schweizer Illustrierte Zeitung« in ihrer Ausgabe vom 20. Juni 1955 anlässlich seiner Evangelisation im Zürcher Hardturmstadion unter der Überschrift »Billy Graham überzeugt«:

»Entgegen gelegentlicher Kritik an Grahams Vortragsstil sprach der Evangelist sehr einfach und klar, appellierte auch weniger an das Gefühl der Zuhörer als an ihren Verstand.«[119]

Und das »St. Galler Tagblatt« berichtete:

»Obschon diese Worte nichts Neues waren, wurden sie doch in einer Weise dargeboten, dass sie sich mit der Macht, die einer tiefen, leben-

Billy Graham
spricht in Zürich zu 60 000 Zuhörern

Nach den überwältigenden Erfolgen, die der amerikanische Evangelist Billy Graham nicht nur in seiner Heimat, sondern auch in England und Deutschland verzeichnen konnte, erwies sich am Samstag mit aller Deutlichkeit, daß die moderne Propagandatechnik, die Graham anwendet, auch in der Schweiz wirksam ist. Vierzigtausend Menschen hatten sich im Hardturm-Stadion eingefunden, um Grahams Predigt zu hören, und weitere Tausende mußten auf dem benachbarten Förrlibuck-Sportplatz mit einer Radioübertragung seiner Ansprache vorlieb nehmen. Die Veranstaltung verlief würdig und ruhig, und wenn sich Graham bei der Formulierung seiner Gedanken auch höchst unkonventioneller Vergleiche bediente, war seine Predigt schlicht und eindrucksvoll.

Nach der Ansprache im Hardturm-Stadion begab sich Graham noch auf den Förrlibuck-Sportplatz, um sich auch dort vorzustellen. Tausende hatten hier mit der Radioübertragung vorlieb nehmen müssen und freuten sich nun, Graham doch noch zu sehen. (Aufnahmen: Joe Boog, Zürich)

Billy Graham überzeugt …

Entgegen gelegentlicher Kritik an Grahams Vortragsstil, sprach der Evangelist sehr einfach und klar, appellierte auch weniger an das Gefühl seiner Zuhörer als an ihren Verstand

Als der amerikanische Evangelist Billy Graham am Samstagnachmittag im Zürcher Hardturm-Stadion erschien, warteten schon vierzigtausend Zuhörer auf seine Predigt. Ungeachtet d ungewohnten Propagandamethoden, die nicht dem sonstigen kirchlichen Stil entsprechen, hatte sich Kirchenrat Pfarrer Schmid zur Verfügung gestellt, um Billy Graham dort zu begrüße

52

1955 predigte Billy Graham im Zürcher Hardturmstadion. Die evangelistische Ansprache wurde gleichzeitig auf den Sportplatz Förrlibuck übertragen. Viele mussten mit der Radioübertragung vorliebnehmen.

digen Überzeugung innewohnt, den Anwesenden in Herz und Gewissen hineinsenkten.«[120]

Die »Berner Tagwacht« fasste es gleichentags so zusammen:

»Ob jemand der Aufforderung Billy Grahams Folge geleistet hat, öffentlich und vor 40 000 Zuschauern sich zu Christus und der Bibel zu bekennen, meldete die Depeschenagentur leider nicht. Das äußerliche Drum und Dran, das amerikanisch Gigantische der Aufmachung und die dazugehörige Verkehrsregelung sind wohl aber nicht das Entscheidende an dieser Riesenveranstaltung.«[121]

Für Billy Graham war immer entscheidend, dass der Inhalt der biblischen Botschaft im Zentrum bleibt. Dabei spielte für ihn keine Rolle, ob er nun vor 40 000 Menschen sprach oder unter vier Augen. In seiner Autobiografie schreibt er:

»Ich treffe niemals wichtige Menschen – oder sonst jemanden –, ohne mir zutiefst bewusst zu sein, dass ich – zuerst und hauptsächlich – ein Botschafter des Königs der Könige und des Herrn der Herren bin. Wenn ich einen Raum betrete, dann denke ich darüber nach, wie ich das Gespräch auf das Evangelium lenken kann. Es kann sein, dass wir zunächst ein Dutzend nebensächliche Dinge diskutieren, aber ich denke immer über Wege nach, auf denen ich meinen Gesprächspartnern Anteil an Christus und seiner Botschaft der Hoffnung geben kann. Ich bemühe mich sehr, ihre Position und Ansicht mit Einfühlungsvermögen wahrzunehmen, aber ich verlasse ein Treffen selten ohne den Versuch, die Bedeutung des Evangeliums zu erklären, es sei denn, Gott zeigt mir klar und deutlich, dass es nicht die richtige Zeit für diese Person ist. Bisher hat mich noch niemand zurückgewiesen oder sich geweigert, mir zuzuhören.«[122]

Auch Ruth war es ein großes Anliegen, nicht bei noch so gut gemeinten menschlichen Ratschlägen stecken zu bleiben, sondern auf den hinzuweisen, der allein wirklich helfen kann: Jesus Christus. Dabei verstand sie es, die Menschen dort abzuholen, wo sie gerade waren. Als gute Zuhörerin mit einem feinen Gespür dafür, wo die eigentliche Not lag, verstand sie es, den Ratsuchenden das Empfinden zu vermitteln, dass sie sie verstand. Sie blieb jedoch nie dort stehen, sondern führte ihr Gegenüber immer zu den Wahrheiten der Bibel. Dabei machte sie es in der Weise, dass die Anwesenden es mehr als Zuspruch denn als Anspruch empfanden. So tat sie, wie schon erwähnt, einen besonders effektiven Dienst an Menschen mit einem angeschlagenen Selbstwertgefühl oder mit einer Lebensgeschichte, die von Versagen und Zerbruch gekennzeichnet war. Da sie selber offen zu ihren Fehlern und ihrem Versagen stand, waren ihre Gesprächspartner ihr gegenüber auch offen. Unzähligen konnte sie so die unverdiente Gnade Gottes groß machen und in ihnen die Bereitschaft wecken, Gott an ihrem Herzen wirken zu lassen.

Ich habe selber solche Leute getroffen, die in ihrem Leben schon viel zu viele Botschaften des Anspruchs erlebt hatten, denen sie nicht genügen konnten. Diese hätten sich deshalb kaum von einer traditionellen Evangelisationsveranstaltung ansprechen lassen, konnten aber durch Ruth für ein Leben aus der Gnade Christi gewonnen werden. Die Gabe von Ruth war es, nicht nur Mitgefühl zu zeigen, sondern andere durch das Aufzeigen der wunderbaren Liebe des Erlösers wieder aufzurichten. Immer ging es ihr letztlich um Jesus, was er für uns Menschen durch seinen Kreuzestod getan hat. Immer ging es ihr um das neue Leben, das man im Vertrauen auf Jesus ergreifen darf. Selbstmitleid hatte bei Ruth keinen Platz. Diese Wahrheit lebte sie selber in Zeiten der Einsamkeit und des körperlichen Leidens nach ihrem Unfall. Selbstmitleid billigte sie auch ihrem Gegenüber nicht zu. Da war sie hart. Da gab es für sie kein Pardon, denn Selbstmitleid hindert uns, Gottes Hilfe und ganzheitliche Heilung zu erfahren. Für Ruth war es wichtig, dass wir das Evangelium zwar hörerfreundlich verpacken, nicht aber gleichzeitig auch noch dessen Inhalt hörerfreundlich anpassen. Das Ärgernis des Kreuzes sollte nicht schöngeredet werden. Auf die Frage einer Schauspielerin in London, wie man die Kreuzigung Christi den Kindern erklären sollte, antwortete ihr Ruth:

»Genau so, wie es die Bibel tut. Gott starb für meine Sünden. Was du auch immer tust: Du darfst nie die schreckliche Seite des herrlichen Geschehens abschwächen.«[123]

Als ihre Kinder noch zu Hause waren, hat sie ihnen oft Geschichten von christlichen Märtyrern erzählt, um aufzuzeigen, was es heißen kann, das Kreuz Christi auf sich zu nehmen, aber um ihnen auch deutlich zu machen, welche Kraft im Glauben an Christus liegt.

Ruth blieb zeitlebens in ihrem Herzen eine Evangelistin. Twila Knaack, eine Mitarbeiterin der BGEA, beobachtete einmal, wie anlässlich einer Evangelisation in Las Vegas unvermittelt ein seltsam gekleideter Hippie ins Büro kam, der voller Fragen war. Während die anderen Mitarbeiter ihren Kaffee tranken und miteinander plauderten, habe sich Ruth Graham mit dem Besucher in eine ruhige Ecke gesetzt.

Anhand ihrer zerlesenen Bibel, die voller unterstrichener Verse und Randbemerkungen war, habe sie ihm dann liebevoll die Fragen beantwortet und ihm von der Liebe Christi erzählt. Als der Mann dann verstanden habe, was Christus für ihn auf Golgatha getan hat, hätten sich die zwei zum Gebet niedergekniet, während der Mann seine Sünden bekannte.[124]

Ruth und Billy Graham machten es den Menschen einfach, zu Jesus zu kommen. Während Ruth im persönlichen Umfeld das Evangelium weitergab, tat dies Billy Graham meistens vom Podium aus. Billy Grahams lebenslanges Bestreben war es, das Evangelium der Heilstat Christi einer verlorenen Welt so einfach und verständlich wie möglich zu erklären.

»Meine einzige Mission lautet: Für die, deren Seele krank ist, die ohne Hoffnung, aber bußbereit sind, ein Leuchtfeuer hochzuhalten, damit sie ihren Weg zurück in den Trost Christi finden.«[125]

Sieben Jahre später, vor der viel beachteten und sehr gesegneten Evangelisation in New York, drückte er es in der Zeitschrift »Newsweek« noch deutlicher aus:

»Meine einzige Spezialität ist das Gewinnen von Seelen. Ich bin kein großer Philosoph, kein Theologe, kein Intellektueller – Gott hat mir die Gabe gegeben, Seelen zu gewinnen. Mein Ziel in New York lautet: Seelen zu gewinnen.«[126]

Ich habe Ansprachen von Billy Graham in frühen Jahren seines Dienstes mit späteren Ansprachen verglichen. Dabei habe ich herausgefunden, dass er mit fortschreitendem Alter die Liebe Gottes immer mehr betont hat, interessanterweise aber auch die Kosten der Nachfolge. Das Zentrum der Botschaft veränderte sich jedoch nie: die Heilstat Christi am Kreuz und die Notwendigkeit der persönlichen Umkehr. Diesen Fokus hat er zeitlebens behalten. Wie ist es dazu gekommen? Er erklärt das detaillierter in seiner Autobiografie:

»Am 23. Juni [1954] ging es weiter nach Deutschland. Wir wurden von dem Industriellen John Bolton begleitet, der in Deutschland geboren war. Er hatte sein Leben während unserer Versammlungen in Boston 1950 Christus neu hingegeben. Genau ein Jahr vor unseren Versammlungen in Deutschland war etwas geschehen, das die Botschaft, die ich predigte, neu fokussierte. John war Teil dieser Veränderung. 1953 war er während einer Reihe von evangelistischen Versammlungen im Dallas Cotton Bowl dabei. Eines Abends schien meine Predigt keine geistliche Tiefe oder Kraft zu haben, obwohl einige Menschen der Einladung folgten und nach vorne kamen. Nach der Versammlung machten John und ich einen Spaziergang, und er konfrontierte mich: ›Billy, du hast nicht über das Kreuz gesprochen. Wie kann irgendjemand bekehrt werden, ohne zumindest einen einzigen Blick auf das Kreuz zu werfen, an dem der Herr für uns starb? Du musst über das Kreuz predigen, Billy. Du musst über das Blut sprechen, dass dort für uns vergossen wurde. Es gibt nichts in der Bibel, in dem größere Kraft steckt als im Kreuz, wenn wir darüber reden oder predigen.‹ Zunächst widerstand ich seiner Ermahnung. Das Kreuz und seine Bedeutung waren mehrheitlich Teil meiner Predigten. Aber in jener Nacht konnte ich nicht schlafen, und noch vor dem nächsten Morgen wusste ich, dass er recht hatte. Ich fasste den Entschluss, niemals mehr zu predigen, ohne sicher-

zustellen, dass das Evangelium so vollständig und klar wie möglich gemacht wurde, und dass dabei Christi Opfertod für unsere Sünden und seine Auferstehung von den Toten ins Zentrum gerückt wurden.«[127]

Billy Graham sah sich nicht als Vermittler eigener Gedanken, sondern als Botschafter Gottes, der das biblische Wort unverkürzt und möglichst verständlich weiterzugeben hat.

Über 50 Jahre lang hielt sich Billy Graham an diesen Entschluss, bis zu seiner letzten öffentlichen Evangelisation 2005 in New York.

Der Schweizer Theologe Karl Barth hat einmal gesagt, dass er es liebe, wenn Billy Graham die Bibel hochhalte und in die Menge rufe »*The Bible says*« (»Die Bibel sagt«). In anderen Bereichen hatten sie jedoch sehr unterschiedliche Überzeugungen. Nachdem Karl Barth 1955 eine Evangelisation von Billy Graham in Basel besucht hatte, in der Graham, wie das oft der Fall war, über das Wort von Jesus an Nikodemus predigte: »*Du musst von Neuem geboren werden*«, fand er zwar manche lobenden Worte, aber er empfand das Wort »*musst*« als zu stark. Schließlich war gemäß Barth doch Gott bei der Rettung der Menschen der Hauptakteur. Karl Barth war der Ansicht, die Bekehrung sei schon auf Golgatha geschehen. Vor allem in späteren Jahren äußerte er sich trotzdem positiv über Grahams Aufruf, als Zeichen der Entscheidung für Jesus Christus nach vorne zur Bühne zu kommen und ein Hingabegebet zu sprechen.

»Mr Graham, lassen Sie sich von niemandem kritisieren, es habe keine nachhaltige Wirkung, denn für einen flüchtigen Moment im Leben stand diese Person vor Gott. Das wird für diese Person bis zu ihrem Tod immer in Erinnerung bleiben; sie wird diesen einen Moment nie vergessen, in dem sie vor Gott stand.«[128]

Der andere bekannte Schweizer Theologe, Emil Brunner, ermutigte Billy Graham explizit, am Ruf zur Entscheidung festzuhalten. Bei allen theologischen Differenzen, die ihn von Karl Barth trennten, war Billy Graham jedoch mit ihm einig, dass es keine wichtigere Aufgabe für die christliche Kirche gibt, als das Evangelium der Erlösungstat von Jesus zu verkündigen. Karl Barth:

»Die Kirche wird sterben und versteinern, wenn sie nicht die Gute Nachricht verkündigt. Den Christen ist gesagt worden: ›Geht hinaus und predigt das Evangelium!‹ Der Befehl lautet nicht: ›Geht und haltet Gottesdienste! Geht und erbaut euch selbst an der Predigt! Geht und feiert die Sakramente! Geht und präsentiert euch in einer Liturgie!‹ …

Billy Graham schätzte Karl Barth, obwohl er manche seiner theologischen Ansichten nicht teilte.

Wichtiger als alles andere muss sein: ›Verkündigt das Evangelium jeder Kreatur!‹ … Jede Kirche muss sich fragen, ob sie diesem Auftrag dient, oder ob sie zum Selbstzweck geworden ist.«[129]

Zu solch klaren Worten konnte Billy Graham von Herzen sein Amen geben.

Billy Graham und seine Mitarbeiter wollten sich durch nichts und niemanden von ihrem Ziel abbringen lassen, das Evangelium zu verkündigen und Menschen zur Entscheidung zu rufen. Sie waren sich bewusst, dass der Feind Gottes alles versuchen würde, um ihren Rettungsdienst zu verhindern.

Am Kongress für Weltevangelisation 1974 in Lausanne rief Billy Graham die versammelten Teilnehmer aus aller Welt auf, trotz eventueller theologischer Differenzen in nicht heilsentscheidenden Fragen sich immer ihres Hauptauftrages bewusst zu bleiben, die Erlösungstat von Jesus zu verkündigen und sich durch nichts von ihrem missionarischen Auftrag abbringen zu lassen:

»Es gibt unter uns mit Sicherheit einige Unterschiede in der Lehre, auch einige kulturelle und politische Unterschiede. Aber wir sind eins im Geist.

Wir rufen mit einer Stimme: ›Allein Jesus rettet!‹ Wir haben eine Aufgabe – die Botschaft der Rettung in Jesus zu verkündigen. In reichen und in armen Ländern, unter Gebildeten und unter Ungebildeten, in Freiheit oder Unterdrückung: Wir sind entschlossen, Jesus Christus in der Kraft des Heiligen Geistes zu verkündigen, sodass Menschen ihr Vertrauen auf ihn als Retter setzen, ihm gehorsam folgen und ihm in der Gemeinschaft der Kirche dienen, deren alleiniger König und Herr er ist.«

Billy Graham schloss mit einem Appell an die Teilnehmer:

»Meine lieben Evangelisten und Missionare, wenn Menschen verloren sind, wie es Jesus klar lehrt, dann gibt es für uns keine höhere Priorität, als einen rettenden Christus vor ihnen zu erheben.«[130]

Robert O. Ferm schreibt in »Cooperative Evangelism«, dass Billy Graham immer wieder einmal dafür kritisiert wurde, mit wem er alles bei seinen Evangelisationen zusammenarbeitete. Tatsächlich habe er dabei aber nie theologische Kompromisse und Abstriche an seiner Botschaft gemacht. Das Fazit seiner Untersuchungen spricht für Billy Grahams kompromisslose Verkündung der biblischen Botschaft:

»Sowohl seine Unterstützer als auch seine Gegner stimmen darin überein, dass Billy Graham die Botschaft der Bibel niemals zurechtgestutzt oder verwässert hat.«[131]

Auch bei Billy Graham hilft es, einen Blick in seine Kindheit zu werfen, in der die Grundlagen für seinen zielorientierten, disziplinierten Charakter gelegt wurden.

Billy Graham wurde 1918 in Charlotte, North Carolina, als Sohn eines Milchbauern und als ältestes von vier Geschwistern geboren. Schon früh musste er beim Melken der 75 Kühe mithelfen. Die Zeiten zum Melken wurden von den Kühen vorgegeben. So musste er zusammen mit seinem Bruder Melvin schon vor Tagesanbruch aufstehen. Wenn er nachmittags von der Schule kam, musste er oft nochmals eine Melkrunde einlegen. Mutter Morrow Graham betont, dass sie auch trotz Müdigkeit vom langen Arbeitstag nie auf den abendlichen Familienaltar, wie sie es bezeichnete, verzichteten:

»Ich freute mich auf unsere gemeinsamen Familienabende. Alle trafen sich im Familienzimmer. Diese Zeit des Lesens der Bibel und des Betens war das Wichtigste in unserem Leben. Ich weiß, dass sich Billy Frank an jene Lehrabende erinnert und dass er sie zu den wichtigsten seines Lebens zählt. Sie halfen ihm dabei, von der Bibel durchtränkt zu werden … Unsere Kinder waren uns dafür dankbar und haben uns erzählt, dass diese gemeinsamen Zeiten sie etwas gelehrt haben, was sie auf sich selbst gestellt nicht gelernt hätten.«[132]

Auch Billys Vater war es wichtig, dass die Prioritäten stimmten und dass diszipliniert daran festgehalten wurde. Zuerst kamen bei ihm

Gott und sein Wort und dann erst alles andere. Wenn die Mutter die belegten Brötchen zum Mitnehmen zubereitete, half Vater Graham den Kindern beim Auswendiglernen eines Bibelverses, der sie durch den Tag begleiten sollte. Auch der sonntägliche Gang in die Kirche war ein Muss für die ganze Familie. Der Kirchgang war für Billy nicht gerade ein Highlight der Woche, da er lieber Baseball spielte oder mit alten Autos umherkurvte, um dabei jungen Frauen zu imponieren. Aber er nahm zur Kenntnis, dass das Auswendiglernen von Bibelversen und der sonntägliche Kirchgang zu einem normalen amerikanischen Leben offensichtlich dazugehören.

Schaden konnte es ja nicht. Schließlich waren seine Eltern fröhliche Menschen. Nach seiner persönlichen Hinwendung zu Christus als Teenager anlässlich einer Evangelisation von Mordecai Ham in seiner Heimatstadt Charlotte erhielten dann diese geistlichen Disziplinen für ihn einen tieferen Wert, sodass er sie auch als Erwachsener beibehalten wollte.

Ruth und Billy Graham mit dessen Mutter Morrow. Billys Eltern hatten es sich zur Gewohnheit gemacht, sich jeden Tag nach dem Mittagessen zurückzuziehen, um für ihn und seine Geschwister zu beten.

So pflegte er sich während seiner Bibelschulzeit in Florida regelmäßig an einen nur ihm bekannten Ort zurückzuziehen, um einen eigenen Gebetsaltar aufzubauen. Lassen wir ihn selber berichten:

»Als ich auf der Bibelschule in Florida war, hatte ich einen kleinen geheimen Platz, von dem niemand etwas wusste. Dort verbrachte ich oft zwei, drei oder vier Stunden allein. Dabei habe ich Problem für Problem mit dem Herrn durchgearbeitet. Ich sagte z. B.: ›Herr, ich weiß, dass ich nicht gerettet worden bin, damit ich die Beherrschung verliere und diesen Typ anschnauze.‹ Und der Herr antwortete: ›Du musst mit dem Mann reden.‹ So musste ich manchmal wieder von vorne anfangen. Manchmal war das Wachstum schnell, manchmal war es langsam, aber es vollzog sich immer in der Gnade und dem Wissen Christi.«[133]

In seinen Büchern und Ansprachen, insbesondere an die Jugendlichen, hat Billy Graham deshalb den Wert der Disziplin in allen Bereichen des Lebens sehr betont:

»In einer Welt voller technischer Spielereien, mit der ungeheuren Betonung auf Sex, mit viel Freizeit, viel Geld sowie Unsicherheit und komplexen Herausforderungen sehen sich die heutigen Teenager mit echten Problemen konfrontiert ... Eine Schlüssellektion, die wir auf der Highschool lernen müssen, ist die Selbstdisziplin ... Verlier die Schlacht mit dem Sex – und du verlierst die Schlacht des Lebens! ... Wenn du die Bibel nicht systematisch liest und studierst, beraubst du deine Anstrengungen für Christus eines Großteils ihrer Effektivität ... Ich würde so viel Bibelunterricht nehmen, wie ich kriegen könnte, ganz egal, auf welches Berufsfeld ich mich vorbereite. – Abraham Lincoln sagte einst: ›Ich werde mich vorbereiten, und eines Tages werde ich meine Chance bekommen.‹«[134]

Billy Graham geht auf die Notwendigkeit eines disziplinierten, zielorientierten Lebensstils im Buch »Die Kraft des Heiligen Geistes empfangen«[135] (»The Holy Spirit«) vertieft ein:

»Wenn wir Christen erkennen würden, dass Gott selbst in der Person des Heiligen Geistes in unseren Körpern wohnt, wären wir viel vorsichtiger im Hinblick auf das, was wir essen, trinken, anschauen oder lesen. Kein Wunder, dass Paulus sagt: ›Ich bezwinge meinen Leib und zähme ihn, damit ich nicht andern predige und selbst verwerflich werde‹ (1. Korinther 9,27; L). *Paulus disziplinierte seinen Körper aus Furcht vor Gottes Missfallen. Diese Tatsache sollte uns zum Schuldbekenntnis auf die Knie zwingen.«*[136]

Billy Graham war es sehr bewusst, dass dies auch für ihn selber galt. Gleichzeitig warnte er davor, Disziplin falsch zu verstehen und damit ein falsches Bild von Gott zu zeichnen: *»Gott diszipliniert uns nicht, um uns zu unterwerfen, sondern um uns für ein brauchbares und gesegnetes Leben fit zu machen.«*[137]

In der gleichen zielorientierten Art, wie er den persönlichen Umgang mit Gott pflegte und an seinen Charakterschwächen arbeitete, arbeitete Billy Graham während seiner Bibelschulzeit in Florida auch an seiner Redebegabung:

»Ich wusste, dass ich ein Prediger sein wollte, ein Erweckungsprediger. Ich übte stundenlang Predigten und predigte direkt aus der Bibel. Jeder alte Baumstumpf am Fluss war eine gute Kanzel, selbst wenn mir niemand zuhörte.«[138]

Viele Menschen mit großen Gaben haben nie viel erreicht, weil sie undiszipliniert waren. Andererseits kennen wir alle Menschen, die durchschnittlich begabt waren, aber mit Disziplin und stetem Schaffen an sich selber später Hervorragendes leisteten; Dinge, die man ihnen kaum zugetraut hätte. Wichtiger als die begabungsmäßigen Voraussetzungen ist deshalb, dass wir ein klares Ziel haben und dieses Ziel mit ganzer Kraft und Disziplin anstreben. In einer Zeit, die von wachsender Fülle und Komplexität, aber gleichzeitig von Oberflächlichkeit gekennzeichnet ist, ist die Gefahr groß, dass wir uns von allem Möglichen ablenken lassen. Schon Jesus hat auf die Gefahr hingewiesen, dass Alltagssorgen und Vergnügungssucht die Frucht ersticken können: *»Der von Dornen bewachsene Boden meint Menschen, die Gottes Wort zwar hören und annehmen, sich aber durch die Verpflichtungen, den Reichtum und die Zerstreuungen des Lebens schon bald wieder davon ablenken lassen«* (Lukas 8,14).

Wenn wir nicht lernen, diszipliniert auszuwählen, was wir uns zu Gemüte führen, dann werden wir vom herrschenden Zeitgeist eingeschläfert. Billy Graham brachte es auf den Punkt:

»Viele Menschen werden heute von der Unterhaltung – vom Fernsehen, von Filmen etc. – sanft in den Schlaf gewiegt – in den geistlichen Schlaf. Viele nehmen die Gnade Gottes und den Mangel an christlicher Disziplin gar nicht wahr. Wir brauchen mehr Disziplin in unserem Leben; wir müssen selber nachdenken. Alles wird uns vorgekaut. Man braucht echte Selbstdisziplin, um den Fernseher auszuschalten und eine Bibel in die Hand zu nehmen.«[139]

Inmitten all unserer noch so guten christlichen Aktivitäten ist es möglich, unsere wichtigste christliche Aufgabe zu vergessen: die Gemeinschaft mit Gott zu pflegen.

Heute, 50 Jahre nachdem sie ausgesprochen wurde, hat die Ermahnung Billy Grahams an geistliche Leitungspersonen in Deutschland an Aktualität nichts eingebüßt:

»Wir sind alle betriebsam wie eine Maschine. Wenn der Durchschnittsevangelische zu all den offiziellen Sitzungen ginge, die man ihm zumutet, würde er gar nicht mehr imstande sein zum Dienst am Evangelium. Er wäre nicht mehr fähig zu beten, er hätte überhaupt keine Zeit mehr für den stillen Umgang mit Gott. Einladungen kommen auf unsere Schreibtische zu dieser Sitzung, zu jener Sitzung und noch einer anderen Sitzung. Wenn wir nur die Hälfte davon annähmen, wären wir den ganzen Tag lang in Komiteesitzungen – bis Gott selber zu Tode »komiteet und organisiert« wäre. Ich bete zu Gott, dass wir irgendwie weniger Vorstandssitzungen und weniger Organisation und mehr Gebetsversammlungen und mehr von Gott haben möchten. Das ist die große Not, die wir heute haben.«[140]

Billy Graham war es immer ein vordringliches Anliegen, genug Zeit für das Bibelstudium und für die Lektüre von guten Büchern zu haben.

Ohne klares Ziel, ohne klaren Fokus ist es schwierig, nicht von zweitrangigen Dingen absorbiert zu werden. Nur wenn wir ein klares Ziel vor Augen haben, können wir den Ablenkungsmanövern des Feindes widerstehen und auf dem Weg bleiben.

Das Leben als Christ ist kein Hundertmeterlauf, sondern ein Marathon. Und bei jedem Marathon gibt es Krisen. Dann ist es wichtig, sich das Ziel vor Augen zu führen. Manchmal ist es hilfreich, Etappenziele festzulegen. Wir dürfen nicht enttäuscht sein, wenn unser Wachstum nicht immer gleich schnell vonstattengeht, solange es nur vorwärtsgeht. Auch Billy und Ruth Graham haben immer wieder versagt und mussten lernen, aus der Gnade und Vergebung Gottes zu leben. Der Unterschied zwischen einem Sieger und einem Verlierer ist, dass der Sieger immer wieder aufsteht, nachdem er zu Fall gekommen ist. Wir müssen lernen, aus der täglichen Vergebung zu leben. So wie wir beim Atmen regelmäßig die verbrauchte Luft ausatmen und die reine einatmen, so geht es in der Nachfolge Christi darum, immer wieder unsere Sünden zu bekennen und die Lasten bei Gott abzulegen, um dann die Vergebung Christi und die Kraft des Heiligen Geistes neu zu beanspruchen. Der Apostel Paulus nimmt die griechische Olympiade als Beispiel, um den Wert von Zielorientierung und Disziplin vor Augen zu führen:

»Denkt daran, dass alle wie in einem Wettrennen laufen, aber nur einer den Siegespreis bekommt. Lauft so, dass ihr ihn gewinnt! Jeder Athlet übt strenge Selbstdisziplin. Er tut das allerdings, um einen Preis zu erringen, dessen Wert verblassen wird – wir aber tun es für einen ewigen Preis. So halte ich mir stets das Ziel vor Augen und laufe mit jedem Schritt darauf zu. Ich kämpfe wie ein Boxer, aber nicht wie einer, der ins Leere schlägt. Mit der eisernen Disziplin eines Athleten bezwinge ich meinen Körper, damit er mir gehorcht. Sonst müsste ich befürchten, dass ich zwar anderen gepredigt habe, mich danach aber womöglich selbst disqualifiziere« (1. Korinther 9,24-27).

Disziplin hat mit dem Setzen von Prioritäten zu tun und dem Wert, den wir einer Sache geben.

Der Grund der mangelnden Disziplin liegt oft darin, dass wir den Wert einer Sache zu wenig hoch veranschlagen. Ich hätte dieses Buch nie fertiggestellt, wenn ich nicht davon überzeugt gewesen wäre, dass die Lektionen, die ich aus dem Studium der Grahams lernte, auch für andere eine Hilfe sein könnten.

Der Apostel Paulus hat sich nicht gescheut, als er seinem Jünger Timotheus den Wert von zielorientierter Disziplin beibringen wollte, das Militär und den Krieg als Vergleich herbeizuziehen:

»Sei bereit, als ein treuer Kämpfer für Christus Jesus zu leiden. Und keiner, der in den Krieg zieht, verstrickt sich in die Angelegenheiten des täglichen Lebens, um dem zu gefallen, der ihn in seine Armee aufgenommen hat« (2. Timotheus 2,3f.).

Billy Graham sah sich immer im Kriege gegen die zerstörerische Macht der Sünde. In den früheren Jahren seines Dienstes nach dem Zweiten Weltkrieg, als nun auch die Russen in Besitz der Atombombe waren und in China Mao Tse-tung an die Macht gekommen war, sah er, wie die meisten seiner Zeitgenossen, im Kommunismus eine große Gefahr, die es zu bekämpfen galt. Er sah seinen Beitrag darin, durch die Verkündigung des Evangeliums die Menschen zu Gott zu rufen und bei einer umfassenden moralischen und geistlichen Erneuerung des amerikanischen Volkes mitzuhelfen; denn schließlich war es ja Gott, der über Krieg und Frieden bestimmte.

Uns Christen sollte Disziplin eigentlich nicht fremd sein, ist doch der Wortstamm von Disziplin und *Disciple* (engl.: Jünger) der gleiche. Ein guter Schüler achtet genau auf die Anweisungen seiner Lehrer. Der Heilige Geist ist unser Lehrer, oder wie es der Jünger Johannes bezeichnet, unser *Paraklet*; also jemand, der gerufen wurde (*kletos*), um uns zur Seite (*para*) zu stehen und uns den Weg zu weisen.

Wir können nur den Fokus behalten, wenn wir gelernt haben, auf die feine Stimme des Heiligen Geistes zu hören. Es ist gefährlich, ohne Gottes Auftrag in den Kampf zu ziehen. Es geht nicht nur darum, dass wir uns vom Heiligen Geist als dritter Person der göttlichen Dreieinigkeit bevollmächtigen lassen, sondern dass wir uns auch von ihm leiten bzw. coachen lassen. Erst so werden wir fähig, auch andere auf Gottes Ziele hin zu coachen. Der Apostel Paulus drückte dies im Brief an die Galater so aus:

»Wenn wir aus dem Geist leben, dann wollen wir auch im Gleichschritt mit dem Geiste vorwärtsschreiten« (Galater 5,25; wörtlich aus dem Griechischen übersetzt).

Billy Graham war sich stets sehr bewusst, dass Gott selber den Startschuss zu einer Sache geben musste, und dass es gefährlich wäre, Gott vorauszurennen. So hat er wiederholt Druck von außen widerstanden, von Menschen, die meinten, er müsse dies oder jenes tun. Er musste oft aus Dutzenden von Einladungen auswählen. Er war erst bereit, eine Evangelisation in New York durchzuführen, nachdem er ein klares Ja von Gott dafür bekommen hatte. Ohne den göttlichen Begleiter wollte er nie in den Kampf ziehen. Seine engen Mitarbeiter bezeugen, dass Billy Graham immer wieder die Frage in den Raum stellte: *»Was sagt Gott, das wir tun sollen?«* Myra und Shelley betrachten es in ihrem Buch »Gelebte Leiterschaft – die Führungsprinzipien Billy Grahams« (»The Leadership Secrets of Billy Graham«) als ein Geheimnis seiner erfolgreichen Leiterschaft, dass er nie etwas in eigener Regie unternehmen wollte, sondern immer auf das »Go!« Gottes wartete. Seine Mitarbeiter konnten ihm vertrauen, dass er nur Dinge in die Hand nahm, die er gründlich vor Gott geprüft hatte:

»Dieses Feingefühl für den Geist wurde für Billys Entscheidungsprozesse im Verlaufe der Jahrzehnte zu einem typischen Merkmal. Durch seinen ganzen Dienst hindurch war Billy folgsam. Er war ein äußerst effektiver Leiter mit klaren Absichten, weil er entschlossen darauf achtete, dass nichts im Wege stand, um auf die Impulse des Heiligen Geistes zu reagieren. Angesichts ambivalenter Umstände und widersprüchlicher Stimmen zwangen ihn die Komplexitäten zu langen Stunden der Reflexion, des Gebetes und des Suchens nach der passenden biblischen Weisheit.«[141]

Der Biograf William Martin formuliert die gleiche Tatsache noch prägnanter: *»Billy Graham … war seit seinen mittleren Teenagerjahren wild entschlossen, den Willen Gottes zu erkennen und auszuführen.«*[142]

Auch Ruth ist zeitlebens ihrer Berufung an der Seite von Billy Graham und als Mutter von fünf Kindern und Großmutter von 22 Enkelkindern treu geblieben. In einem Referat ermutigte sie die versammelten amerikanischen Frauen, ihren Ehemännern die Hilfe zu sein, die sie benötigten:

»Wisst ihr, Gott hat uns erschaffen, um unseren Ehemännern eine Gehilfin zu sein; mit anderen Worten, eine Hilfe, die seinen Bedürfnissen, Wünschen und Sehnsüchten entspricht – maßgeschneidert, sozusagen, mit einigen Änderungen hie und da. Mein Rat an alle jungen Frauen,

die noch nicht verheiratet sind, ist folgender: Heiratet einen Mann, für den ihr euch gerne maßschneidern lasst! Gott schneidert die Frauen so, dass sie zu den Ehemännern passen, nicht umgekehrt.«

Ruth empfahl den anwesenden Frauen, von ihren Männern nichts Unmögliches zu erwarten: »*Einige Frauen erwarten von ihren Ehemännern, das für sie zu sein, was nur Jesus Christus selbst sein kann. Denk daran: Du hast einen Mann geheiratet, keinen Gott.«*

Sie ermutigte die Frauen zu versuchen, in die Haut ihrer Ehemänner zu schlüpfen. Diese wünschten sich doch nichts mehr als eine Ehefrau, die liebevoll und wertschätzend sei. Ruth verdeutlichte dann diese Wahrheit in ihrer humorvollen Art mit einem Erlebnis aus dem Alltag:

»Vor einiger Zeit sah ich in Las Vegas eine Tankstelle mit einem Schild, auf dem stand: ›Aspirin und Sympathie kostenlos‹. Wollen wir etwa zulassen, dass uns eine Tankstelle auf unserem eigenen Spielfeld schlägt?«

Wiederholt betonte Ruth, dass es nicht die Aufgabe der Ehefrau sei, ihren Ehemann gut zu machen, sondern glücklich: »*Sehen Sie, nur Gott kann ihn gut machen. Wir müssen uns um das Mögliche kümmern und im Hinblick auf das Unmögliche Gott vertrauen.«*[143]

Man könnte nun den Eindruck gewinnen, dass Ruth die Ehefrauen in einer ausschließlich sich fügenden Rolle sah, und dass es bei ihr immer die Frau gewesen wäre, die zurückstecken musste. Dann würde man sie aber schlecht kennen.

Ihren drei Töchtern gab sie den Ratschlag mit auf den Weg, manchmal gäbe es Zeiten, wo es angebracht sei, sich nicht einfach gedankenlos der Meinung des Ehemannes zu fügen, sondern etwas Besseres entgegenzusetzen. Ruth benutzte dabei ein Wortspiel: Sie stellte »submit« (sich fügen) »outwit« (durch Weisheit austricksen) gegenüber. Anhand dieses Ratschlages an ihre Töchter ist leicht zu erkennen, dass Ruth das biblische Konzept der Unterordnung nicht mit Unterwürfigkeit gleichsetzte. Sie selber äußerte immer ihre Meinung, oft deutlicher, als es Billy lieb war. Aber ihr Verstand sagte ihr, dass letztlich jemand entscheiden musste. Wo es um dienstliche Angelegenheiten ging, tat das Billy. Zu Hause hatte allerdings sie das Sagen. Sie erledigte auch alle praktischen Dinge, denn Billy war nicht nur oft nicht zu Hause, sondern auch handwerklich weniger begabt als Ruth. Und Ruth sorgte dafür, dass die Familie ein angenehmes Zuhause bekam.

Ruth Graham mit ihren drei Töchtern auf der chinesischen Mauer.
V.l.n.r.: Ruth »Bunny«, Anne, Ruth, Gigi.

Ruth liebte Kamine über alles. Billy dachte jedoch, zwei wären genug. Als er wieder einmal auf Reisen war, wies sie die Bauleute an, schnellstmöglich so viele Kamine einzubauen wie möglich. Als Billy vom Einsatz zurückkam, fand er fünf Kamine vor. Und diese machen sich gut im Hause Graham. Meine Frau und ich fühlten uns sofort wohl. Das Haus verströmt eine rustikale, heimelige Atmosphäre. Es ist im Stil eines Blockhauses ganz von Ruth entworfen worden, aus Holzbalken von Abbruchhütten aus der Umgebung. Die Bauleute führten aus, was Ruth wollte. Am Schluss empfanden alle trotz anfänglicher Zweifel das Endprodukt als gelungen. Und Ruth konnte sich zu Recht als Koarchitektin fühlen. Sie hatte ihr Ziel erreicht, und die Familie hatte ein gemütliches Heim auf dem Berg, in das sie sich zurückziehen konnte.

Auf dem Balken über dem Kamin im Wohnzimmer haben die Grahams den Liedvers von Martin Luther »Eine feste Burg ist unser Gott« eingeschnitzt.

Nach dem Heimgang von Ruth im Juni 2007 fasste das »Wheaton College Alumni Magazine« Ruths Beitrag an der Seite ihres Ehemannes zusammen:

»Sie wusste, was sie wollte, und bei jedem Projekt hatte sie eine klare Meinung dazu, wie es ausgeführt werden sollte … Ruth war das Paradebeispiel einer Frau, deren Berufung darin bestand, eine lebenslange Partnerin in der Arbeit ihres Mannes zu sein. Während er Entscheidungen traf, die sich auf viele Menschen auswirkten, war sie eine sichtbare Verlängerung seiner Persönlichkeit – dazu gehörten auch ihre Anmut und ihr Charme.«[144]

Ruth und Billy wurden vor allem in späteren Jahren oft für ihre altmodische Dienstaufteilung kritisiert, in der sich die Frau einseitig für die Karriere des Mannes aufopfert und ihre eigene berufliche Karriere zurückstellt. Ruth hätte ihre unbestritten großen Begabungen mehr entwickeln und ausleben können. Sie hätte selber Karriere machen können. Vor allem aus feministischen Kreisen kamen Ruth und Billy immer wieder unter starken Beschuss.

Ihre Antwort war stets dieselbe: dass es eine Befreiung der Frauen bedeute, wenn diese frei entscheiden könnten und sich nicht dem Diktat der Umwelt unterwerfen müssten. Dieses besage, dass die Frau neben der Familie einer beruflichen Karriere nachgehen müsse. Falls die Frau nicht eine Berufung als Ehefrau und Mutter habe oder aus ökonomischen Gründen neben der Betreuung der Familie arbeiten müsse, sei das eine andere Sache. Im letzteren Fall würde Gott für die Familie sorgen.

Ruth sah sich an der Seite ihres Ehemannes als vollwertige Partnerin in seinem Dienst. Sie empfand sich nicht als zurückgestellt. Für sie war ihre Rolle als Mutter und Ehefrau ein großes Vorrecht. Sie konnte sich voll mit dem Auftrag ihres Ehemannes identifizieren. Zusammen versuchten sie diesem Auftrag gerecht zu werden. Auf die Frage, was das Geheimnis ihrer Ehe sei, antwortete sie: *»Das Zentrum unserer Ehe war immer unser beider Liebe zu Jesus und die Hingabe an ihn.«*[145]

Schon bevor sie Billy heiratete, hatte sich Ruth entschieden, Billy in seinen Diensten von Herzen zu unterstützen. Aufschlussreich ist ein Brief, den sie an ihre Eltern schrieb:

»Mit Billy in dieser Art von Dienst zusammen zu sein wird bestimmt nicht einfach. Wir werden finanziell wenig abgesichert sein, vielen Hindernissen und Kritik begegnen, auch werden wir auf Erden keinen Ruhm ernten. Aber irgendwie brauche ich Bill. Ich weiß nicht, was ich tun sollte, wenn er, weshalb auch immer, aus meinem Leben verschwinden würde. Und Bill braucht jemanden, der ihn versteht, jemand, der bereit ist, den stillen Platz der Fürbitte für ihn einzunehmen … Ich wusste, dass ich keinen Frieden finden würde, bis ich mich dem Willen Gottes hingegeben hatte und mich dafür entschied, Bill zu

heiraten. Ich muss eingestehen, dass ich echten Frieden fand, als ich dies dann tat.«

In diesem Brief kommt Ruths Bereitschaft zum Ausdruck, ihre eigenen Ambitionen zurückzustellen und für Billy eine Stütze zu sein, auf die er sich verlassen konnte. In späteren Jahren betonte sie, dass ihre Unterschiedlichkeit für beide eine große Bereicherung sei.

»Oft genug ist die Ehe in jungen Jahren auf Träumen aufgebaut. Die Liebe vertieft sich, wenn man einander besser versteht. Unterschiedliche Ansichten erweitern unseren Horizont und fordern uns heraus. Sehr viele Dinge verbessern sich mit wachsendem Alter. In einer Werbung hieß es kürzlich: ›Dinge von wahrer Qualität brauchen die Jahre nicht zu fürchten – sie verbessern sie nur.‹ Genauso ist es mit der Ehe.«[146]

Bei ihrer Eheschließung gab jemand Ruth folgenden Gedanken auf den Weg: »*Wenn zwei in allem übereinstimmen, ist einer unnötig.*« Voraussetzung für fruchtbare Meinungsverschiedenheiten sei allerdings, dass beide Ehepartner eine gemeinsame Ausrichtung in ihrem Leben hätten, die sie zusammenhalte.

Viele Jahre später fasste sie ihre Erkenntnisse aus langjähriger Eheerfahrung in Form von praktischen Ratschlägen zusammen:

»Wichtig ist es zu wissen, wann man seine Meinung sagen soll. Man soll nie widersprechen, wenn man müde ist oder mit anderem beschäftigt oder schläfrig. Das lässt uns nicht mehr viele Möglichkeiten … [Gelächter] Man soll so freundlich dreinschauen wie möglich. Der Ton in der Stimme ist sehr wichtig. Es ist auch wichtig, grundlegende Höflichkeitsregeln zu beachten. Ich stamme aus einer langen Linie von Menschen mit starken Überzeugungen und mit einem dicken Schädel. Es gibt definitiv flexiblere, mildere Personen. Es gab Zeiten … aber wir feiern ja diesen August unseren 50. Hochzeitstag.«[147]

Gemäß Gigi hätte ihre Mutter selbst zu Hause darauf geachtet, äußerlich immer gepflegt zu sein. Die Besucher und ihr Mann hätten das verdient. Manchmal war sie für Billy fast zu gepflegt. So gab ihr Ehemann zu bedenken, ob es wirklich nötig sei, die konservativen Engländer mit dem Einsatz eines Lippenstiftes zu verunsichern. Ruth entgegnete, Gott sei ein Gott der Schönheit. Deshalb sei es angebracht, sich zur Freude der Mitmenschen so schön wie möglich zu präsentieren.

Ruth kleidete sich immer sehr gepflegt, selbst zu Hause.
Das sei sie ihrem Schöpfer schuldig. In der Mitte Gigi.

Ruth befürchtete, dass sich ihr Mann durch zweitrangige Dinge ablenken lassen würde. Sie wollte alles dafür tun, dass ihr Bill nie von seinem gottgegebenen Auftrag abweichen und dass seine Botschaft auf das biblische Zentrum fokussiert bleiben würde, und sie hatte dabei Erfolg. J. Lee Grady beschreibt im »Charisma Magazine«, wie erstaunlich diese Tatsache ist angesichts der vielfältigen Versuchungen, denen die Grahams zeitlebens ausgesetzt waren:

»Mich erstaunt, dass sich Grahams Botschaft in den 60 Jahren seines Dienstes nicht geändert hat. Selbst nachdem er begann, seine evangelistischen Feldzüge im Fernsehen zu übertragen und tägliche Zeitungskolumnen zu schreiben, modifizierte er die Bedingungen für die Umkehr nicht. Auch als Freund amerikanischer Präsidenten kompromittierte er seine Moralvorstellungen nicht, kapitulierte er nicht vor bestimmten Interessen und schlug aus seiner Berühmtheit kein Kapital. Und als die zunehmend säkulare Kultur anfing, die Vorstellung zu verkaufen, dass alle Religionen gleich seien, hielt Graham die Bibel hoch – und hielt daran fest, dass Rettung nur durch Jesus kommt.«[148]

Ruth und Billy haben zeitlebens die biblischen Wahrheiten unverkürzt und trotzdem einfühlsam weitergegeben. In einer Zeit, wo auch viele christliche Leiterpersonen den Menschen mehr und mehr nach dem Mund reden und damit ihre prophetische Kraft verlieren, gilt es, Gottes Wort ohne Abstriche zu verkünden und die Botschaft nicht der vorherrschenden Meinung und Kultur anzupassen. Sonst verliert es die Schärfe und heilende Wirkung. Toleranz ist heute die Devise; Wahrheiten, nicht Wahrheit. Absolutheitsansprüche jeglicher Art sind verpönt. Der Anspruch von Jesus, der Weg, die Wahrheit und das Leben zu sein, und seine Aussage, dass niemand zu Gott komme, außer durch ihn (vgl. Johannes 14,6), passt so gar nicht in unsere Zeit des wachsenden Relativismus und Individualismus. Für uns Christen wird es eine große Herausforderung sein, trotzdem zur biblischen Wahrheit des alleinigen Heils in Jesus zu stehen (vgl. Apostelgeschichte 4,12). Denn nur so können Menschen zur Erkenntnis der Wahrheit gelangen und gerettet werden. Unsere Mitmenschen sind darauf angewiesen, dass wir klar und deutlich auf den hinweisen, der allein helfen kann: Jesus Christus, Gottes Sohn und Erlöser. *»Wenn der Trompeter kein klares Signal bläst, woher sollen die Soldaten dann wissen, dass sie sich auf die Schlacht vorbereiten sollen?«* (1. Korinther 14,8). In Zukunft werden auch warnende Stimmen nötig sein, denn Gott möchte gerade auch inmitten von Problemen und Schwierigkeiten zu uns Menschen sprechen.

In Zeiten zunehmender Krisen ist es eine Gratwanderung, keinen direkten Kausalzusammenhang herzustellen mit möglichen Sünden der direkt betroffenen Personen und trotzdem deutlich darauf hinzuweisen, dass Gott gerade Krisen und Katastrophen benutzt, um uns Menschen zur Umkehr zu rufen. Jesus nahm Bezug auf einen den Jüngern bekannten Vorfall, um diese Wahrheit zu illustrieren:

»Und was ist mit den achtzehn Männern, die starben, als der Turm von Siloah auf sie herabstürzte? Waren sie etwa die größten Sünder in Jerusalem? Nein. Ich sage euch noch einmal: Wenn ihr nicht Reue zeigt und auf eurem Weg umkehrt, werdet ihr genauso umkommen« (Lukas 13,4-5).

Wie sollte man als Christ auf die schrecklichen Terroranschläge vom 11. September 2001 antworten, als viele die Frage stellten, ob ein Gott der Liebe so etwas Schreckliches zulassen kann? Die Tochter von Ruth und Billy Graham, Anne Graham Lotz, hat meines Erachtens sehr weise geantwortet, indem sie Betroffenheit mit biblischer Klarheit verknüpfte. Anne ist Autorin mehrerer Bücher und eine hervorragende Bibellehrerin. Gemäß ihrem Vater ist Anne die beste Predigerin in der Familie. Sie besitzt die besondere Fähigkeit, das Gespräch auf geschickte Art immer wieder auf das Zentrum des christlichen Glaubens zu lenken, ohne dabei unfreundlich zu sein. Ich möchte zum Abschluss dieses Kapitels über die Wichtigkeit, bei allem echten Mitgefühl unter allen Umständen den biblischen Fokus zu behalten, deshalb Anne zu Wort kommen lassen. Zwei Tage nach dem schrecklichen Terrorangriff auf die Twin Towers in New York vom 11. September 2001 wurde sie in der CBS »Early Show« um eine Stellungnahme dazu gebeten.[149]

Eingangs brachte Anne ihr tiefes Mitgefühl für die betroffenen Familien zum Ausdruck. Sie und auch ihr Vater würden den Gott allen Friedens und des Trostes bitten, auf besondere Art in das Leben der betroffenen Familien zu kommen und sich um ihre Bedürfnisse zu kümmern.

Auf die Frage der CBS-Interviewerin: *»Wenn Gott gut ist, wie kann er das zulassen?«*, antwortete Anne:

»Ich sage, Gott ist auch zornig, wenn er so etwas sieht. Allerdings trifft es auch zu, dass Amerikaner seit einigen Jahren ihre Fäuste gegen Gott geballt und gesagt haben: ›Gott, wir wollen dich aus unseren Schulen, unserer Regierung, unserer Geschäftswelt ausschließen, wir wollen dich nicht in unserer Gesellschaft.‹ Und Gott, ganz Gentleman, hat sich still aus unserem nationalen und politischen Leben zurückgezogen, aus unserem öffentlichen Leben. Er hat seine segnende und schützende Hand abgezogen. Als Allererstes müssen wir uns Gott zuwenden und sagen: ›Gott, es tut uns leid, dass wir dich auf diese Weise behandelt haben. Wir laden dich jetzt ein, in unser nationales Leben zu kommen. Wir setzen unser Vertrauen in dich.‹ Wir haben das Vertrauen zu Gott auf unseren Münzen [In God We Trust], wir müssen es auch praktizieren.«

Abschließend wurde Anne um ein Wort an die Nation gebeten angesichts des Ereignisses, das gemäß der Interviewerin alle für immer verändert habe. Anne antwortete einmal mehr auf sehr weise Art. Sie versuchte, sich in die Situation der Menschen hineinzuversetzen. Gleichzeitig blieb sie ihrem evangelistischen Auftrag treu und behielt den Fokus, Menschen in eine engere Beziehung zu Gott zu rufen:

»Nun, ich bete, dass Gott dieses Ereignis dazu benutzt, uns für immer auf eine positive Weise zu verändern. Das wird unseren Glauben an ihn stärken. Ich habe an all die Menschen gedacht, die bei dieser Tragödie starben. Es spielt jetzt keine Rolle, wo sie politisch standen, welcher Denomination oder Religion sie angehörten, welche Hautfarbe oder welchen Aktienbestand sie hatten. Von Bedeutung ist allein ihre Beziehung zu Gott. Ich möchte sehen, dass Amerikaner anfangen, sich auf die erstrangigen Dinge zu konzentrieren, auf Dinge, die wichtiger, sind als sagen wir Unterhaltung, Vergnügen und mehr Geld zu verdienen.«

Die Grahams waren Öffentlichkeitspersonen. Die Zeitungen liebten es, über sie zu berichten und baten Billy um Stellungnahmen zu allen möglichen Themen.

Billy Graham zierte während einer gewissen Zeit mehr Titelseiten von säkularen Magazinen als irgendeine andere Person.

6. Integrität – Verantwortlich leben

»Billy Graham war all diese Jahre so ausgerichtet und hat alle um ihn herum so ausgerichtet, dass er niemals in ernsthafte Skandale verwickelt wurde, die einen Widerspruch zu der Botschaft nahelegen würden, die er verkündigt.«[150]

Fr. Richard Neuhaus,
Gründer des »Institute on Religion and Public Life«

»Wir sollten uns nicht um das Lob – oder gar um die unverdiente Kritik – von Menschen kümmern, sondern lasst vor allem den Willen und die Anerkennung Gottes unsere Sorge sein.«[151]

Billy Graham

»Graham ist kein Angsthase. Er vertritt starke Überzeugungen und Ansichten zu verschiedenen Themen. Gleichzeitig demonstriert er auch den innigen Wunsch, unter der Autorität derjenigen Menschen zu dienen, die ihn vor dem finanziellen Fall bewahren.«[152]

Bill Pollard, BGEA-Vorstandsmitglied

Kurz nach dem Zweiten Weltkrieg war Billy Graham im Rahmen von »Jugend für Christus« zum ersten Mal in Europa, zuerst in Großbritannien und dann auf dem europäischen Kontinent. Sein Empfang in Paris war sehr speziell. Zusammen mit dem Koevangelisten Charles »Chuck« Templeton war er zwei Tage vor dem Rest des Teams in Paris. Die Hauptstadt Frankreichs war damals ein beliebter Ort für Angehörige der Alliierten Truppen, die dort auf Urlaub waren. Neben Militärangehörigen sah man auf den Straßen außerdem unzählige Prostituierte, die auf Männerfang waren. Junge Männer in Zivilkleidern wie Billy und Chuck waren eine Seltenheit und deshalb eine besonders begehrte Beute.

Chuck erzählte,[153] wie er und Billy am helllichten Tag auf ihrem Spaziergang vom Arc de Triomphe die Champs Elysées hinunter zum Hotel mindestens fünfzigmal von Frauen auf Kundenfang angesprochen worden seien. Diese seien dabei recht aggressiv aufgetreten. Sie stellten sich den Männern in den Weg oder hängten sich bei ihnen ein und versuchten Billy und Chuck zu begrabschen. Chuck berichtete, wie eine der aufdringlichen Frauen sogar offen ihre körperlichen Vorzüge präsentierte, indem sie ihren Mantel öffnete, unter dem sie keine Kleider trug.

Billy drängte mit grimmigem Gesicht: »*Chuck, wir müssen machen, dass wir hier wegkommen.*« Sie legten an Tempo zu und schaufelten die Frauen buchstäblich beiseite. Im Hotel angekommen waren sie sprachlos über die Zustände in Paris. Allerdings war der Abwehrkampf noch lange nicht ausgestanden. Abends besuchten sie ein typisch französisches Restaurant. Während sie noch das Menü auswählten, setzten sich zwei junge Damen zu ihnen und bestellten Drinks. Sie konnten kein Englisch, sodass sich ein eher schwieriges Gespräch ergab. Als Chuck und Billy nach dem Essen bezahlten und ins Hotel zurückkehren wollten, machten die jungen Frauen absolut keine Anstalten, die Männer ziehen zu lassen. Sie hängten sich bei ihnen fest ein. Vor allem die von Billy meinte es sehr ernst und ließ ihn nicht mehr los. Billy schaute Charles mit einem ziemlich verzweifelten Blick an. Was sollte er machen? Schließlich hatten sie doch gelernt, man sollte sich dem anderen Geschlecht gegenüber als Gentleman verhalten. Chuck verzog sein Gesicht: *»Sieht so aus, als ob wir sie nach Hause bringen müssten.«* Zum Glück schien seine Dame im Haus gegenüber dem Restaurant zu wohnen. Im Haus realisierte Chuck dann aber sehr bald, dass er in eine Falle gelockt worden war, da er eine Männerstimme hörte. Er flüchtete in eine Toilette und versteckte dort seinen Geldbeutel. Er floh dann nach einer gewissen Zeit aus dem Haus und sah, wie die junge Frau sich wieder auf den Weg ins Restaurant machte, wo sie sich begegnet waren. Nachdem er in der Toilette noch seinen dort versteckten Geldbeutel geholt hatte, ging er zurück ins Hotel.

Dort angekommen war aber weit und breit kein Billy zu finden. Nach zweistündigem Warten begann Chuck sich Sorgen zu machen. Er überlegte, die Polizei zu rufen, aber was sollte er ihnen schon sagen? Er hatte ja keinen Anhaltspunkt, wo Billy sein könnte. Endlich kam Billy kurz vor Mitternacht stark schwitzend hereingestürmt. Was war passiert? Billy wollte die junge Frau wenigstens bis zu ihrem Haus begleiten. Diese rief aber nach einem Taxi und sie fuhren, fuhren, fuhren, bis sie irgendwo am Rande von Paris waren. Billy wollte zahlen und zog seinen Geldbeutel heraus. Der Taxifahrer nahm jedoch nicht nur das Geld, sondern den ganzen Geldbeutel an sich. Lassen wir Billy in eigenen Worten erzählen, was damals geschah:

»Das Mädchen fasste mich am Arm und führte mich zu diesem Ort, an dem sie wohnte. Es war ein Dreckloch. Wir gingen hinein und sie schloss die Tür. Ich versuchte mir etwas auszudenken, was ich sagen oder tun konnte, um ihr zu signalisieren, dass ich dabei war zu gehen. Sie ging zum Bett, knöpfte wortlos ihr Kleid auf, schmiss es beiseite und warf sich rücklings aufs Bett. Sie war völlig nackt! Ich drehte mich um, öffnete die Tür und haute ab. Auf der Straße fing ich an zu rennen. Ich weiß nicht, wie weit ich lief, vielleicht eine oder zwei Meilen. Als ich endlich anhielt, sah ich mich um. Ich hatte keine Ahnung, wo ich war. Ich wollte gerade ein Taxi anhalten, als mir einfiel, dass ich kein Geld hatte. Ich fragte einige Leute nach dem Weg in die Innenstadt, aber sie schauten mich nur an oder brabbelten auf Französisch weiter. Also ging ich weiter. Ich ging und ging und ging, bis ich von Weitem den Eiffelturm sah. Da wusste ich, wo ich war.«

Noch lange Jahre wurde Billy Graham von Charles Templeton, wenn sie sich wieder einmal trafen, auf dieses mitternächtliche Erlebnis angesprochen: »*Hallo Bill. Wie geht es dem Mitternachtsläufer?*«

Diese wenig bekannte Geschichte aus der ersten Zeit seines evangelistischen Dienstes illustriert auf schöne Weise Billy Grahams Bestreben, mit aller Kraft der Sünde zu widerstehen und ein Leben der moralischen Integrität zu leben. Ähnlich wie Josef in Ägypten wurde auch er in Paris geprüft, ob er es mit der moralischen Reinheit ernst meinte. Und ähnlich wie bei Josef, als Potifars Frau ihn verführen wollte, hätte es auch bei Billy niemand gemerkt, wenn er der sexuellen Versuchung nachgegeben hätte. Aber sowohl Josef wie Billy lebten ihr Leben vor Gott. Nur auf diesem Boden wächst wahrhafte Integrität. Die Pariser Erfahrung hat Billy Graham sicher sehr geprägt und zusätzlich beigetragen, dass er zeitlebens sehr vorsichtig war im Umgang mit dem anderen Geschlecht. Da er die Gewohnheit hatte, jeden Morgen ein Kapitel aus den Sprüchen Salomos zu lesen, wurde er immer wieder an seinen speziellen Empfang auf dem europäischen Festland und seine damalige Naivität im Umgang mit gewissen Frauen erinnert:

»*Die Lippen einer fremden Frau sind süß wie Honig, ihr Mund ist sanfter als Öl. Doch am Ende ist sie bitter wie Gift und scharf wie ein zweischneidiges Schwert. Ihre Füße führen in den Tod, ihre Schritte geradewegs ins Grab. Damit du den Weg des Lebens nicht erkennst, sind ihre Wege verschlungen und haltlos, und du merkst es nicht. Deshalb, meine Söhne, hört auf mich und nehmt euch zu Herzen, was ich euch sage: Halte dich fern von ihr und geh nicht einmal in die Nähe ihrer Haustür! Wenn du es doch tust, wirst du deine Ehre verlieren, und grausame Menschen werden dein Leben zugrunde richten*« (Sprüche 5,3-9).

Jede Versuchung, die man mit Gottes Hilfe überwindet, gibt Kraft, der nächsten ähnlichen Versuchung zu widerstehen. Allerdings ist es eine große Hilfe, wenn man auf die Unterstützung eines Freundes zählen kann.

Die Geschichte, die Billy Graham und Charles Templeton in Paris erlebt hatten, ist gar nicht so untypisch für Personen, die viel im Ausland auf Reisen sind. In gewissen Ländern sind die »Masseusen« so aufdringlich, dass man ihnen direkt aus dem Weg gehen bzw. das Telefon auflegen muss. Einmal war ich in unfreundlicher, trister Umgebung zuerst sehr dankbar, dass die vermeintlichen Hotelgäste auf meiner Etage so freundlich waren, nur um zu merken, dass sie es auf mich als Kunden abgesehen hatten.

Diese deutlichen Avancen vonseiten der Prostituierten sind jedoch die kleinere Gefahr für Personen auf Reisen, weil die Versuchung offensichtlich ist. Viel gefährlicher sind die vielen kleinen charmanteren Versuchungen, die einem unterwegs begegnen können. Als ich zum ersten Mal als Evangelist nach Sibirien flog, machte ich zusammen mit meinen Mitarbeitern einen Zwischenhalt in Jekaterinburg im Ural. Wir nahmen in einem Restaurant das Abendessen ein. Eine hübsche Frau im Minirock forderte mich anschließend zum Tanz auf. Ich war gewarnt vor den draufgängerischen Russinnen und äußerte ein deutliches Nein. Am folgenden Tag an unserem Zielort in Schadrinsk angekommen aßen wir nochmals etwas in einem Restaurant. Und wieder spielte man zum Tanz auf. Nur waren hier die Frauen noch attraktiver. Eine Lehrerin erzählte uns später, Schadrinsk würde wegen seiner schönen Frauen als Paris Russlands bezeichnet. Mein ukrainischer Übersetzer machte mir Mut, doch ein Tänzchen mit einer Russin zu wagen. Da sei doch nichts dabei. Als ich noch darüber nachdachte, meinte ich Gott zu hören: *»Wofür habe ich dich nach Russland gesandt?«* Da war die Sache für mich klar.

Es trieb mich dann allerdings recht um, als mir nachher bewusst wurde, dass ich als glücklich verheirateter Mann, mit dem Auftrag das Evangelium der Rettung zu verkünden, immer noch so weltliche Wünsche hatte, wie mit attraktiven russischen Frauen zu tanzen. Oder bin ich doch zu engstirnig, wenn ich mich so prüde benehme und die Gelegenheit zu einem Tänzchen ausschlage? Die russischen Frauen meinen es ja gar nicht schlimm. Sie haben doch einfach Freude an uns westlichen Männern und zeigen dies auf die charmante russische Art. Und überhaupt weiß ich doch Grenzen zu setzen. Mit solchen und ähnlichen Gedanken kämpfte ich. Gleichzeitig war ich traurig, dass ich im evangelistischen Einsatz überhaupt noch solche Gedanken hatte. War ich in meinem Heiligungsprozess immer noch nicht weitergekommen?

Ich erzählte das alles meinem damaligen Assistenten. Er hatte ähnliche Probleme wie ich. Gemeinsam beteten wir um Kraft zu widerstehen und stellten die Frauen, mit denen wir in Kontakt kamen, unter Gottes Segen. Wir baten darum, dass wir noch vielen von ihnen den Weg zum Heil in Christus zeigen würden. Anschließend marschierten wir als Team auf das örtliche Postamt, wo ich dann nach einiger Zeit des Wartens eine Verbindung in die Schweiz bekam. Am anderen Ende erzählte mir meine Frau, wie sie mit den vier Kindern täglich für uns und die Evangelisation im Fußballstadion beten würde. Wie gut ist es, eine betende Familie hinter sich zu wissen!

Wir müssen nicht nach Paris oder Sibirien gehen, um moralische Kompromisse zu machen. Die Frage ist: Sind wir bereit, ein vor Gott aufgedecktes Leben zu führen? Sind wir bereit, wenn wir in irgendeinem Bereich versagt haben, Gott unverzüglich und von Herzen um Vergebung zu bitten und uns neu vom Heiligen Geist erfüllen zu lassen? Wollen wir ein Leben leben, das Gott ehrt; nicht ein sündloses Leben, sondern ein Leben im Angesichte Gottes? Nehmen wir die Hilfe unserer Geschwister in Anspruch? Sind wir bereit, ihnen gegenüber Rechenschaft abzulegen?

Billy Graham war es zeitlebens ein großes Anliegen, ein in allen Belangen integres Leben zu führen: ein Leben ohne Tadel; ein Leben, das Gott Ehre bringt und Gottes heiligen Namen nicht in den Schmutz zieht. Wenn man ihn fragte, wie er einst in Erinnerung bleiben wolle, dann sagte er oft, er wolle in Erinnerung bleiben als ein Mann der Integrität, der zeitlebens seiner Berufung treu geblieben ist: *»Integrität! Dafür habe ich mein ganzes Leben lang gearbeitet.«*[154] Integrität ist tatsächlich eine Qualität, an der man ein Leben lang mit aller Kraft arbeiten muss. Henry Blackaby und sein Sohn Richard schreiben in »Spiritual Leadership«: *»Integrität kommt nicht automatisch. Sie ist ein Charakterzug, den Leiter in ihrem Leben bewusst kultivieren.«*[155]

In einer persönlichen Begegnung betonte Henry Blackaby, Autor des Bestsellers »Experiencing God«, dass die große Wirksamkeit Billy Grahams damit zu tun hätte, dass er immer sorgfältig darauf geachtet hätte, ein Leben zu führen, das Gottes Maßstäben standhält. Er sei deshalb nie zu Fall gekommen wie viele andere Verkündiger des Evangeliums, weil er früh in seinem Dienst spezifische Sicherungen eingebaut und klare Regeln für sich und sein Kernteam festgelegt hätte:

»Er baute sich auch ein Team von Freunden auf, die beobachteten, ob er seinen Standard hielt. Während einige diese Sicherung für exzessiv halten mögen, bewahrte sie ihn mehr als ein halbes Jahrhundert lang in seinem profilierten Dienst vor jeglichem Skandal.«[156]

Wie wichtig es für Billy Graham und sein Team war, etwas gegen den miserablen Ruf der Evangelisten zu tun, zeigt die Tatsache, dass man zu jener Zeit jeden evangelistischen Verkündiger unmittelbar mit Elmer Gantry verglich.

1927 veröffentlichte Sinclair Lewis, der später den Nobelpreis für Literatur erhielt, den satirischen Roman »Elmer Gantry«. Der Roman beschreibt einen jungen selbstverliebten Mann, der sich auf der Suche nach Macht, Geld und Bewunderung entschließt, Evangelist zu werden. Er heuchelt einen Glauben vor und genießt den Erfolg bei seinen gutgläubigen Zuhörern. Seine Taten stehen in totalem Widerspruch zu dem, was er predigt. Elmer Gantry liebt nicht Gott, sondern das Geld, den Alkohol und die Bewunderung der Frauen, die mit seinem Evangelistendasein einhergehen: ein Scharlatan erster Güte.

Der Roman stieß auf riesiges Echo und wurde heftig debattiert. Viele fanden, Sinclair Lewis habe zwar mit seinem Roman ein bisschen überzeichnet, liege jedoch gar nicht so falsch. Es gäbe leider nur allzu viele christliche Verkündiger, die Elmer Gantry in vielem stark ähnelten. Fortan war »Elmer Gantry« ein Synonym für christliche Heuchelei und Scharlatanerie. 1928 wurde der Roman zu einem Drama verarbeitet und auf dem Broadway in New York aufgeführt. Später wurde er verfilmt mit Burt Lancaster in der Hauptrolle des Elmer

Gantry, der dafür einen Oskar erhielt. Das Thema des christlichen Scharlatans ist bis heute so aktuell, dass noch im November 2007 in Nashville eine Oper unter demselben Titel aufgeführt wurde.

Auch Billy Graham kam vor allem in den ersten Jahren seiner Bekanntheit nicht umhin, immer wieder mit Elmer Gantry verglichen zu werden. Fast immer fiel der Vergleich allerdings zugunsten von Billy Graham aus, dem auch die größten Kritiker attestierten, dass er aufrichtig das glaubte, was er predigte. Auch Geld- und Frauengeschichten konnte man um Billy Graham herum keine finden. Das Einzige, was Kritiker ihm immer wieder vorwarfen, waren seine in ihren Augen zu einfache Botschaft und seine die Zuhörer einnehmende Art der Verkündigung. Dass man ihm nichts Substanzielleres im Sinne von Elmer Gantry vorwerfen konnte, hatte seinen Grund: das Manifest von Modesto. Bevor ich darauf eingehe, möchte ich auf Billys persönliche Erfahrung mit einem Evangelisten eingehen, die sein Leben von Grund auf verändern sollte.

Schon als Jugendlicher hegte Billy eine Abneigung gegen theatralische Prediger, denen man nicht glauben konnte, dass sie sich selber an das hielten, was sie predigten. Das fand Billy scheußlich. Deshalb wollte er als Sechzehnjähriger auch nicht die mehrwöchige Evangelisation von Mordecai Ham in seiner Heimatstadt Charlotte besuchen, obwohl ihn die Eltern immer wieder dazu ermutigten. Billys Vater war Teil einer Gruppe von christlichen Geschäftsleuten, die eine Frucht einer früheren Evangelisation von Billy Sunday in Charlotte war. Diese Geschäftsleute hatten den Evangelisten Mordecai Ham nach Charlotte eingeladen. Einmal betete der Leiter dieser Gruppe auf dem Anwesen der Grahams, Gott möge durch diese Evangelisation jemanden zum Glauben erwecken, der anschließend das Evangelium in die ganze Welt hinaustragen würde.

Hams mehrwöchige Evangelisation wurde dann in ganz Charlotte heftig debattiert. Eines machte dem jugendlichen Billy allerdings Eindruck: Mordecai Ham war mutig und nannte die Dinge schonungslos beim Namen. Billy liebte Kämpfertypen. Er liebte die Comics, die von Tarzan handelten, der in den Dschungel geflüchtet war, weil er das heuchlerische Leben als Sohn eines englischen Lords satthatte. Mordecai Ham schien, wenn man den Kritikern glauben mochte, etwas von Tarzan an sich zu haben, der sich ungeachtet aller Unbill von Baum zu Baum hangelte. Billy Graham war neugierig geworden und entschloss sich, ihn in Augenschein zu nehmen und die Zeltveranstaltungen zu besuchen. Lassen wir Billy Graham selber erzählen, wie er die Veranstaltung mit Mordecai Ham erlebte[157]:

»Seine Worte und sein Umgang mit Worten ergriffen meinen Verstand und erreichten mein Herz. Mich erstaunte, dass derselbe Prediger, der uns so dramatisch vor dem entsetzlichen Schicksal der Verlorenen im ewigen Feuersee warnte, gleichzeitig einen ausgeprägten Sinn für Humor hatte und fast so gut wie mein Vater Geschichten erzählen konnte. Ich wurde zutiefst von meiner Sündhaftigkeit und Rebellion überführt. Das verwirrte mich. Wie konnte es sein, dass dieser Evangelist ausgerechnet von mir redete? Ich war als Baby nach allen Regeln der Kunst des Kleinen Katechismus getauft worden und war in der Associate Reformed Presbyterian Church mit dem vollen Einverständnis des Pastors und der Ältesten konfirmiert worden … Warum nur zeigte der Evangelist seinen knochigen Finger immer auf mich? … Auf beinah peinliche Weise beschrieb er Sünden und Verfehlungen und verlangte mit dem Hinweis auf das göttliche Gericht, dass wir unser Verhalten änderten. Eines Abends war ich mir so sicher, dass er es auf mich abgesehen hatte, dass ich mich hinter der großen weißen Hutkrempe der vor mir sitzenden Frau versteckte. Doch wie unangenehm es mir auch war, ich konnte einfach nicht wegbleiben.«

Billy wurde es zunehmend bewusst, dass er trotz der guten christlichen Erziehung keine persönliche Beziehung zu Jesus Christus hatte.

»Und dann passierte es irgendwann um meinen sechzehnten Geburtstag herum. An jenem Abend beendete Dr. Ham seine Predigt und sprach die Einladung aus, Christus anzunehmen. Nach all seinen Tiraden gegen die Sünde erinnerte er uns freundlich: ›Gott dagegen beweist uns seine große Liebe dadurch, dass er Christus sandte, damit dieser für uns sterben sollte, als wir noch Sünder waren‹ (Römer 5,8).

Mr. Ramsey, sein Musikleiter, führte uns vier Strophen durch das Lied ›Just as I am‹ [›So wie ich bin‹]. Dann begannen wir mit einem weiteren Lied: ›Beinahe überzeugt, glaube ich nun‹. Bei der letzten Strophe jenes zweiten Liedes reagierte ich. Ich ging nach vorne … Als ich vor der Bühne stand, trat ein Schneider namens J. D. Prevatt weinend neben mich. Er war ein Freund der Familie mit einer großen Liebe für Seelen. Er legte seinen Arm um mich und bat mich eindringlich, meine Entscheidung zu fällen. Damals erklärte er mir mit seinem schweren europäischen Akzent Gottes Plan für meine Errettung auf ganz einfache Weise … Er betete für mich und leitete mich an zu beten … In mir begannen keine Glocken zu läuten. Keine Zeichen huschten über die Decke des Zeltes … Ich fühlte mich einfach im Frieden. Still, nicht im Freudentaumel. Glücklich und voller Frieden. Mein Vater kam nach vorne, legte seinen Arm auf meine Schulter und sagte mir, wie dankbar er sei. Danach, zu Hause, gingen wir in die Küche, meine Mutter umarmte mich und sagte: ›Billy Frank, ich bin so glücklich über die Position, die du heute Abend bezogen hast.‹ Das war alles. Ich ging nach oben auf mein Zimmer … Dann ging ich zu meinem Bett und fiel zum ersten Mal in meinem Leben auf die Knie, ohne dass es mir jemand befohlen hatte. Ich wollte wirklich mit Gott sprechen. ›Herr, ich weiß nicht, was heute Abend mit mir geschehen ist‹, betete ich, ›aber du weißt es. Ich danke dir für das Vorrecht, das ich heute Abend hatte.‹«

Trotz der positiven Erfahrung mit diesem feurigen Prediger der alten Schule war sich Billy Graham der Gefahren, die im evangelistischen Verkündigungsdienst liegen, sehr bewusst. Wie schnell konnte man als Evangelist Anlass zu berechtigter Kritik geben!

Er wollte alle Vorkehrungen treffen, damit man ihm und seinem Team einst nicht ähnliche Dinge vorwerfen konnte, wie sie die Figur von Elmer Gantry verkörperte. Billy hatte große Angst, sie könnten durch Fehler oder Unachtsamkeiten Gottes Ehre beschmutzen. Besonders die Zeit unmittelbar nach Ende des Zweiten Weltkrieges hatte alle Arten von Predigern auf den Plan gerufen, welche keine reinen Motive für ihr Tun hatten. Der Soziologe William Martin schreibt über diese Zeit:

»Evangelisten fühlten sich wie Händler auf einem boomenden Viehmarkt. Doch wie auf anderen Gebieten zog der Boom einige an, deren Motive nicht ganz so heilig waren, die den Versuchungen erlagen, die in der Schrift als ›des Fleisches Lust und der Augen Lust und hoffärtiges Leben‹ beschrieben werden [1. Johannes 2,16; L], besser bekannt unter den Begriffen der Straße: Sex, Geld und Macht. Trotz guter Absichten und guten Benehmens sahen sich Graham und seine Mitstreiter immer wieder den Verdächtigungen und der Geringschätzung sowohl von Pastoren als auch von Laien ausgesetzt ... Sie lernten, dass Elmer Gantry ... ein tief verwurzeltes kulturelles Stereotyp war.«[158]

Das Manifest von Modesto

Billy Graham sah sich veranlasst, 1948 anlässlich einer Evangelisation in Modesto/Kalifornien sein Kernteam zusammenzurufen. Er bat Grady Wilson, Cliff Barrows und Bev Shea, sich für eine Stunde zurückzuziehen und aufzuschreiben, warum die sogenannte Massenevangelisation und die von Ort zu Ort reisenden Evangelisten so einen schlechten Ruf beim Volk haben und was man dagegen tun könnte. Wie könnten sie sich in positiver Weise abheben vom fiktiven Charakter eines Elmer Gantry? Was warf man den Evangelisten oft zu Recht vor, und welche Vorkehrungen könnten sie als Team praktisch treffen, um nicht die gleichen Fehler zu machen? Als sie sich anschließend austauschten, hatten alle erstaunlicherweise die gleichen Dinge aufgeschrieben. Sie waren sich einig, dass sie in Zukunft alles Menschenmögliche tun wollten, damit sie nicht in die gleichen Fallen treten und Gott Unehre bringen würden. Gemeinsam entschlossen sie sich, vor Gott und einander eine Vereinbarung zu treffen, die ihnen helfen würde, in Zukunft in vier kritischen Bereichen integer zu leben und keinen Anlass zu Kritik zu geben. Diese Vereinbarung wurde später als Manifest von Modesto bekannt. Billy Graham sagt:

»Wir gingen eine Reihe von Resolutionen oder Verpflichtungen ein, die uns in unserer zukünftigen evangelistischen Arbeit leiten würden«.[159] Er

sah diese private Vereinbarung als »*miteinander geteilte Verpflichtung, alles zu tun, was wir konnten, um den biblischen Standard absoluter Integrität und Reinheit für Evangelisten aufrechtzuerhalten.*«[160] Und an anderer Stelle erklärt er den Stellenwert des Manifests von Modesto folgendermaßen: »*In Wirklichkeit war das für uns keine radikale Wende; wir hatten uns immer an diese Prinzipien gehalten. Das Manifest schrieb jedoch ein für alle Mal in unseren Herzen und Köpfen die Entschlossenheit fest, dass Integrität das entscheidende Kennzeichen unseres Lebens und Dienstes sein sollte.*«[161]

Das Kernteam, ergänzt durch den Pianisten Tedd Smith, das 1948 die Leitlinien für den Dienst verabschiedete, die nachträglich als »Manifest von Modesto« bekannt wurden. V.l.n.r.: Tedd Smith, Cliff Barrows, Billy Graham, George Beverly Shea, Grady Wilson. Das Foto wurde 1975 anlässlich des Mississippi-Feldzuges aufgenommen.

Welche vier Punkte beinhaltete die Vereinbarung? Welche vier Entschlüsse hatte das Kernteam um Billy Graham im November 1948 in Modesto gefasst, um einen in der Öffentlichkeit untadeligen Dienst für Christus ausüben zu können?

1. *Wir werden niemals andere Pastoren, Kirchen oder christliche Mitarbeiter verurteilen oder hinter ihrem Rücken schlecht über sie sprechen. Wir wollen den Gemeinden am Ort mit großer Wertschätzung begegnen und zu ihrem Wachstum beitragen.*
2. *Wir werden Rechenschaft ablegen in Bezug auf unsere Finanzen. Wir wollen dies gemäß den höchsten Wirtschaftsstandards tun und auf absolute Integrität achten.*
3. *Wir werden die Wahrheit sagen und durch und durch ehrlich sein, insbesondere bei der Wiedergabe von Statistiken.*
4. *Wir werden insbesondere gegenüber dem anderen Geschlecht moralisch vorbildlich leben – klar, sauber, sorgfältig darauf bedacht, schon den Anschein unangemessenen Verhaltens zu vermeiden.*

1. Wertschätzung der Mitchristen statt Verurteilung

Billy Graham und sein Team waren überzeugt, dass es nicht die Aufgabe von uns Christen ist, unsere Schwestern und Brüder zu kritisieren. Zu oft hatten sie erlebt, dass gerade evangelistische Verkündiger sich abfällig über Pastoren geäußert hatten. Dadurch entstand eine Kluft zwischen ihnen und den Gemeindeleitern, die für eine fruchtbare, gesegnete Zusammenarbeit mit den örtlichen Kirchen hinderlich war und auch die weitere Betreuung der gläubig Gewordenen erschwerte. Billy Graham:

»Wir waren überzeugt, dass das nicht nur kontraproduktiv war, sondern auch aus der Sicht der Bibel falsch. Wir waren entschlossen, mit allen zusammenzuarbeiten, die bereit waren, mit uns in der öffentlichen Verkündigung des Evangeliums zusammenzuarbeiten. Wir waren entschlossen, jegliche antikirchliche oder antiklerikale Haltung zu vermeiden.«[162]

Cliff Barrows betonte später, dass gerade diese Entscheidung, andere Mitchristen nicht zu kritisieren, sehr nötig und wichtig gewesen sei. Wie oft höre man dieses und jenes, was im Leben eines Bruders vorgefallen sei, und man laufe dann Gefahr, schlecht über ihn zu reden und ihn privat oder öffentlich zu verurteilen.

Die Entscheidung, andere nicht zu kritisieren und zu verurteilen, hat sicher wesentlich zum positiven Urteil weiter Kreise über Billy Graham und die »Billy Graham Evangelistic Association« beigetragen. Jesus Christus betonte in der Bergpredigt, dass wir so (hart) beurteilt werden, wie wir andere beurteilen:

»Hört auf, andere zu verurteilen, dann werdet auch ihr nicht verurteilt. Denn andere werden euch so behandeln, wie ihr sie behandelt. Der Maßstab, nach dem ihr andere beurteilt, wird auch an euch angelegt werden, wenn man euch beurteilt. Warum regst du dich über einen Splitter im Auge deines Nächsten auf, wenn du selbst einen Balken im Auge hast? Mit welchem Recht sagst du: ›Mein Freund, komm, ich helfe dir, den Splitter aus deinem Auge zu ziehen‹, wenn du doch nicht über den Balken in deinem eigenen Auge hinaussehen kannst? Du Heuchler! Zieh erst den Balken aus deinem eigenen Auge; dann siehst du vielleicht genug, um dich mit dem Splitter im Auge deines Freundes zu befassen« (Matthäus 7,1-5).

Es handelt sich hier um ein geistliches Grundprinzip. Wenn wir unbarmherzig urteilen, werden wir selber auch unbarmherzig beurteilt werden; wenn wir barmherzig mit andern umgehen, dann werden wir selber auch Barmherzigkeit erfahren.

Sind wir nicht alle auf die Barmherzigkeit von Gott und unseren Mitmenschen angewiesen? Billy und Ruth Graham sind zeitlebens barmherzig mit ihren Mitmenschen umgegangen und haben diese Kultur auch an das ganze Mitarbeiterteam weitergegeben. Die Kritik sei Gottes Sache, nicht die ihre.

Sie weigerten sich aber nicht nur, andere zu kritisieren, sondern sie verteidigten sich auch nicht, wenn sie selber kritisiert wurden. Sie wollten mit allen Mitteln an ihrem gottgegebenen Auftrag dranbleiben und sich durch nichts davon ablenken lassen.

Billy Graham bemerkte einmal, er wäre gar nicht mehr zum Evangelisieren gekommen, wenn er sich gegen alle Kritik hätte verteidigen müssen. Wenn schon, dann müsste Gott ihn verteidigen. Tagebuchnotizen Billy Grahams kann man entnehmen, dass dies allerdings nicht immer ohne großen inneren Kampf vonstattenging. Es ist offensichtlich, dass die Weigerung, sich bei Kritik zu verteidigen wesentlich dazu beigetragen hat, nicht unnötig Kräfte zu absorbieren, sodass sie ihren weltumspannenden Dienst ungehindert weiterverfolgen konnten.

Einmal allerdings fühlte Billy Graham sich gedrängt, zu einem in der Zeitschrift »TIME« erschienenen Beitrag[163] öffentlich Stellung zu beziehen. Es war während der Präsidentschaftskandidatur des Katholiken John F. Kennedy. Aus einem früher erschienenen Beitrag in der gleichen Zeitschrift hätte man schließen können, Billy Graham sei der Meinung, Protestanten hätten guten Grund, gegen die Kandidatur des Katholiken Kennedy eingestellt zu sein. In einem Leserbrief, den er während der Evangelisation 1960 in Basel schrieb, stellte Graham klar, dass seine Aussagen im Kontext, in dem sie gegeben wurden, eine ganz andere Bedeutung hatten. Der Leserbrief schließt mit den Worten: »*Ich möchte hinzufügen, dass ich alle Formen von religiöser Bigotterie verabscheue.*«[164] Für dieses eine Mal fand es Billy Graham angebracht, Stellung zu nehmen, weil es hier nicht primär um seinen Ruf und seine Ehre ging, sondern weil die Protestanten Amerikas generell betroffen waren.

Der Entschluss von Billy Graham und seinem Team, selber nicht zu kritisieren und sich bei erhaltener Kritik nicht zu verteidigen, ist vorbildlich. Allerdings gilt es hier zu ergänzen, dass Billy Graham aufbauend gemeinte Kritik immer sehr ernst nahm, vor allem, wenn es um die nachhaltige Frucht seines Dienstes ging. Zusammen mit Ruth oder seinen engsten Mitarbeitern legte er solche Art Kritik vor Gott. Gemeinsam fragten sie ihn um Rat, was sie daraus lernen könnten.

Wenn es etwas zu lernen gab, wollten sie diese Art kostenloser Beratung dankbar annehmen und entsprechende Maßnahmen ergreifen, um die Fruchtbarkeit des Dienstes zu erhöhen. Sie haben sich bemüht, alles vom Wort Gottes her zu beurteilen. Aber andere richten, nein, das wollten sie Gott überlassen, der allein dazu befugt ist. Sie wollten die vielen Worte von Jesus, andere nicht zu richten, ernst nehmen.

2. Rechenschaft – speziell im Bereich der Finanzen

Immer wieder kamen Verkündiger zu Fall, weil sie im Umgang mit Finanzen unvorsichtig waren, oder weil sie zumindest den Eindruck machten, sie täten ihren Dienst, um sich auf Kosten ihrer Bewunderer zu bereichern. Als Billy Graham seinen Dienst als Evangelist von »Jugend für Christus« begann, war es eine weitverbreitete Sitte, zumindest einmal während einer Evangelisation ein sogenanntes Liebesopfer zu erheben, das dann vollumfänglich an den Evangelisten ging. Manche von Ort zu Ort ziehenden Prediger verwendeten dann all ihre Motivationskünste darauf, dass das Liebesopfer möglichst groß ausfiel. Diese Unsitte rief Argwohn und Misstrauen hervor, sodass immer mehr sogar ursprünglich wohlmeinende Personen begannen, die Redlichkeit der Evangelisten zu hinterfragen. Billy Graham und dem Team war es ein großes Anliegen, durch eine saubere Handhabung der Finanzen nicht einmal den Anschein zu erwecken, sie würden sich auf Kosten der Besucher bereichern. Deshalb entschlossen sie sich, auf spezielle Liebesopfer zu verzichten und ein festes Gehalt zu beziehen. Es wurde vereinbart, dass Billy in Zukunft das Gehalt eines Pfarrers einer größeren Gemeinde erhalten würde und dass sie, was das Finanzielle anbetrifft, volle Transparenz walten lassen würden.

Es zeigte sich später, wie wichtig dieser Entschluss war. Die Finanzen waren bei den evangelistischen Großprojekten regelmäßig ein Thema in der Öffentlichkeit. Anhand der Medien war man immer auf dem neuesten Stand, wie hoch das Gehalt von Billy Graham gerade war. Zwei Jahre nach der Formulierung des Manifests von Modesto wurde dann 1950 die »Billy Graham Evangelistic Association« (BGEA) gegründet, nicht zuletzt um die Finanzen zu verwalten und um Rechenschaft abzulegen über die finanzielle Seite des Dienstes. Auch wurde entschieden, dass die Finanzen für die evangelistischen Kampagnen in die Verantwortung von lokalen Komitees gehörten. Diese erstellten ein Budget, sammelten die nötigen finanziellen Mittel und waren auch dafür verantwortlich, dass am Schluss ordentlich abgerechnet wurde. Personen, welche die evangelistischen Werke später unter die Lupe nahmen, bezeugten, dass *»die Integrität und Gesundheit der Finanzen der BGEA über allen Verdacht erhaben sind«*.[165]

Die BGEA stellt ihren Jahresbericht jedem zur Verfügung, der danach fragt. In Bezug auf die Offenlegung der Finanzen geht die BGEA sogar weiter als viele andere wohltätige Organisationen. Dan Busby, Vizepräsident des »Rates für finanzielle Verantwortlichkeit«, lobt die Rechnungslegung der BGEA: *»Die BGEA ist weiterhin führend in Sachen Rechenschaft. Die Buchhaltung der letzten Jahrzehnte spricht für sich selber.«*[166]

Und die »Tribune Business News« schreibt:

»Nach mehr als 50 Jahren im Dienst ist der gute Ruf, den der aus North Carolina stammende Prediger Billy Graham bezüglich finanzieller Integrität genießt, unter Christen wie Nichtchristen bekannt ... Anders als einige Evangelisten hat Billy Graham die Kritiker zufriedengestellt, indem er die internationalen Richtlinien für öffentliche Einnahmen bei Weitem übertraf. Dies gelang ihm, indem er einen aktiven und unabhängigen Verwaltungsrat ins Leben rief; weiter sammelte er kein Geld bei lokalen Missionsauftritten und ließ einen jährlichen Finanzbericht veröffentlichen.«[167]

Nicht zuletzt dank der Entscheidung in Modesto, die Finanzen offenzulegen, haben Billy Graham und die BGEA, was das Finanzielle anbetrifft, den Test bestanden.

3. Wahrhaftigkeit – insbesondere bei den »Erfolgszahlen«

Die Tendenz mancher Verkündiger zur Übertreibung, wenn es um die Zahlen der Besucher bzw. Bekehrten geht, brachte die Erweckungsprediger in Verruf und den evangelistischen Dienst allgemein in Misskredit. Mit möglichst großen Zahlen erhofften sich die Evangelisten mehr Anerkennung – was für ein gesegneter Verkündiger! – und in der Folge auch mehr finanzielle Unterstützung. In Modesto entschied das Kernteam, dass man ihnen nie vorwerfen können sollte, sie hätten die Zahlen geschönt. Sie beschlossen deshalb, immer die offiziellen, von unabhängigen Personen bestätigten Zahlen zu übernehmen. Wenn mehrere Zahlen auf dem Tisch lagen, dann wollten sie im Normalfall die kleinste Zahl übernehmen, außer es gab einen offensichtlicher Fehler. Es kam deshalb immer wieder vor, dass Journalisten klarstellten, dass die offiziellen Zahlen der BGEA noch lange nicht die ganze Wirkung der Botschaften Billy Grahams zum Ausdruck brachten.

Die Zurückhaltung in Bezug auf Erfolgszahlen hat maßgeblich dazu beigetragen, dass Billy Graham vor allem in den Vereinigten Staaten eine für christliche Verkündiger überdurchschnittlich gute Presse hatte. Weil er in Bezug auf Erfolgszahlen wahrhaftig war, hat man ihm auch abgenommen, in anderen Bereichen die Wahrheit zu sagen. Das andere gilt auch: Wenn jemand in einem Bereich nicht die Wahrheit sagt oder zumindest die Wahrheit zu beschönigen sucht, dann glaubt man dieser Person auch in anderen Bereichen nicht. Der Aufbau von Vertrauen braucht eine gewisse Zeit, der Verlust an Vertrauen kann über Nacht geschehen. Deshalb war es dem Kernteam um Billy Graham herum auch so wichtig, das gewonnene Vertrauen nicht leichtfertig aufs Spiel zu setzen. Die Folge wäre auch Misstrauen gegenüber seiner Botschaft gewesen und vielleicht sogar gegenüber Gott selber, als dessen Vertreter sie sich verstanden. Gerade wenn es um Zahlen ging, war besondere Vorsicht geboten, betraf dies nun die Finanzen oder die Frucht ihres Dienstes. Billy Graham und seinem Team war es ein großes Anliegen, nie Anlass zu diesbezüglicher Kritik zu geben.

4. Moralische Reinheit – insbesondere in Bezug auf das andere Geschlecht

Billy Graham machte während seiner Bibelschulzeit in Florida eine niederschmetternde Erfahrung. Der damalige Schulleiter, den Billy Graham zu seinen geistlichen Vätern zählte, *»wurde dabei ertappt, Ehebruch zumindest zu planen«.*[168] Einige Studenten hatten das beobachtet und die ganze Geschichte öffentlich gemacht. In der Folge verließen mehrere Lehrer und etwa ein Viertel der Studenten die Schule. Billy Graham konnte das Vorgefallene zuerst kaum glauben. Mit der Zeit wurde ihm bewusst, dass Gott ihn dadurch lehren wollte, nicht auf noch so vorbildlich scheinende Menschen zu bauen, sondern allein auf Gott und seine Verheißungen. Ihm war mit aller Deutlichkeit klar geworden, dass auch die gläubigsten Menschen anfällig für Sünden aller Art sind und man deshalb selber immer auf der Hut sein muss. Bis zum Lebensende ist niemand vor Versagen gefeit. Billy Graham: »*Das war in mehrfacher Hinsicht eine große Lernerfahrung für mich, und es lehrte mich, selbst äußerst vorsichtig zu sein.*«[169]

Sicher war der Vorfall in Florida Billy Graham noch in bester Erinnerung, als das Kernteam in Modesto beschloss, Richtlinien aufzustellen, die ihnen helfen würden, ein moralisch einwandfreies Leben zu führen. Kurz zuvor hatten sie von mehreren Evangelisten gehört, die der Unmoral bezichtigt wurden. Deshalb wollten sie auf diesem Bereich besonders vorsichtig sein. So fällten sie gemeinsam die Entscheidung, sich nie mit einer Person des anderen Geschlechts allein in einem Raum aufzuhalten, ihre Ehefrauen natürlich ausgenommen. So würden sie nicht in Versuchung geraten und gleichzeitig auch nie einen falschen Anschein erwecken. Sie waren überzeugt, dass selbst ein durch Unachtsamkeit in die Welt gesetztes Gerücht dem Dienst nachhaltigen Schaden zufügen könnte. Billy Graham:

»*Seit jenem Tag bin ich niemals alleine mit einer anderen als meiner eigenen Frau gereist, habe mich niemals mit einer anderen Frau alleine getroffen oder mit einer anderen Frau alleine gegessen. Wir beschlossen, den Rat des Paulus an den jungen Pastor Timotheus zu unserem eigenen zu machen: ›Halte dich fern von allem, was die jugendlichen Leidenschaften weckt‹ [2. Timotheus 2,22].*«[170]

Als ihn Jahrzehnte später Hillary Clinton um ein persönliches Gespräch bat, hat Billy Graham nur unter der Bedingung zugesagt, dass sie sich mitten in einem Restaurant treffen würden, wo sie alle sehen konnten. Dass diese strikten Vorsichtsmaßnahmen berechtigt sind, zeigen zwei Vorfälle. Einmal berichtete eine Zeitung süffisant, Billy Graham wäre auf den Straßen New Yorks in Begleitung einer hübschen Blondine gesehen worden. Billy Graham war tatsächlich mit seiner Tochter Ruth auf Shoppingtour. Zumindest war es ein Kompliment für seine Tochter. Ein anderes Mal hat eine bekannte Sängerin nach ihrer Scheidung von ihrem ebenso berühmten Mann in der

Billy Graham mit Ruth und Sohn Ned vor ihrem Wohnhaus in Montreat. Dem Team um Billy Graham war es ein großes Anliegen, Ehe und Familie heilig zu halten.

Öffentlichkeit ihre spezielle Sympathie für Billy Graham zum Ausdruck gebracht. Der Eindruck konnte entstehen, dass sie einen besonders »heißen Draht« zum Evangelisten hätte. Wahrscheinlich hatte diese Frau wirklich nur gute Motive und wollte mit ihren Gesangskünsten ihren Beitrag zu den Evangelisationen von Billy Graham leisten. Für die Medien war das allerdings eine Story, die Billy Graham in ein schlechtes Licht rücken könnte. Mit der Aussage der Frau konfrontiert antwortete Billy Graham, er wüsste nichts davon, dass die erwähnte Dame sein Team ergänzen würde. Sie sei jedoch herzlich eingeladen, die Evangelisation als Privatperson zu besuchen.[171]

Billy Graham und sein Team haben das Menschenmögliche in die Wege geleitet, um kompromittierende Situationen gar nicht erst möglich zu machen. So hat T. W. Wilson vor dem Bezug der Hotelzimmer diese jeweils auf auflauernde Frauen inspiziert. Diese Angst war absolut berechtigt, weil es immer Personen gibt, die Christen, die in der Öffentlichkeit wirken, in Verruf bringen wollen. Ein geistlicher Leiter in einem für christliche Mission geschlossenen Land, mit dem wir seit

Langem eng zusammenarbeiten, hat mir einmal erzählt, dass er seit Jahren nicht mehr allein das Haus verlassen könne, weil er sonst Gefahr liefe, dass eine Frau sich ihm an den Hals werfen würde. Das entsprechende Foto würde dann, wie schon andere es erlebt hätten, an die Regierungsstellen weitergeleitet, die nur auf einen Grund warteten, ihn zu diskreditieren.

Billy Graham und sein Kernteam empfingen für ihren strikten Moralkodex dem anderen Geschlecht gegenüber nicht nur Lob, sondern auch manche Kritik. So wurden Stimmen laut, die ihnen vorwarfen, sie würden das weibliche Geschlecht dämonisieren. Überhaupt sei eine solche Haltung nicht lebbar, ohne lieblos zu sein. Wie hat es eine mit Ruth und Billy Graham eng befreundete Person erlebt? Millie Dienert berichtet:

»Ich habe es von einem moralischen Standpunkt aus immer geschätzt, wie rein die Männer in ihrer Haltung gegenüber den Sekretärinnen waren. Die Türen stehen immer offen. Das Fehlen jeglicher Art von Privatheit zwischen einem Chef und seiner Sekretärin steht in hohem Ansehen. Zeitweise dachte ich, sie würden ein bisschen weit gehen, dass solch strikte Maßnahmen nicht nötig seien, aber ich bin froh, dass sie es so handhabten, besonders in einer Zeit wie der heutigen. Sie sind in allem untadelig geblieben. Wenn Sie eine lange Zeit mit derselben Person arbeiten, ständig in Hotels, die Ehefrau abwesend, die Sekretärin anwesend, dann ist das eine hochgradig explosive Situation. Man muss Vorsichtsmaßnahmen ergreifen. Ich habe die Art, wie sie das taten, immer respektiert. Es wurde auf eine sehr schöne Art getan.«[172]

T.W. Wilson stellt in seinem letzten TV-Interview seinem Freund Billy Graham ein untadeliges Zeugnis aus:

»Billy ist nicht nur mir, sondern den gesamten Teammitgliedern eine große Ermutigung gewesen. Das ist meiner Meinung nach der Grund, warum Leute aus allen Bereichen des Teams so lange bei ihm geblieben sind. Wir glauben an ihn. Wir wissen, dass er ein integrer Mann ist. Ich habe oft gedacht und so manchem auch gesagt: Glaubt nicht, Billy

könnte mich hinters Licht führen. Selbst wenn er es versuchen würde, hätte ich ihn in den Hotels gesehen. Ich hätte ihn gesehen, egal, wohin er geht, denn er geht nirgendwo alleine hin. Das ist schon an sich eine sehr gute Sache, denn wenn irgendjemand die Wahrheit falsch darstellt und Billy irgendwelcher Dinge beschuldigt, ist da immer schon jemand, der bei ihm war.« T. W. Wilson folgert: »*Wenn er nicht echt ist, dann ist niemand echt, den ich kenne.*«[173]

Bev Shea, der die Ansprachen Billy Grahams jeweils mit einem Lied einleitete und Anfang 2009 seinen 100. Geburtstag bei erstaunlich guter Gesundheit feiern konnte, betonte, dass er über all die Jahre des gemeinsamen Dienstes nie von Billy Graham enttäuscht worden sei. Auch Cliff Barrows bekräftigte, dass er den Entscheid, Billy Graham zeitlebens zur Seite zu stehen, nie bereut habe. Weil die Mitglieder des Kernteams sich gegenseitig vertrauten, konnten sie einander auch offen sagen, wenn ihrer Meinung nach etwas nicht rund lief oder sie etwas Negatives beim anderen entdeckten. Diese gegenseitige Verantwortlichkeit hat maßgebend dazu beigetragen, dass sie mögliche Fehler oder Versäumnisse frühzeitig erkannten und die entsprechenden Korrekturen vornehmen konnten.

Die größte Hilfe für Billy, um ein moralisch einwandfreies Leben zu leben und nicht vom Weg abzukommen, war seine Ehefrau.

Ruth und Billy waren oft verschiedener Meinung. Billy war es von seiner Erziehung her nicht gewohnt, dass Frauen ihre Meinung so deutlich äußerten, wie es Ruth und auch die drei Töchter taten. Aber er konnte Ruth nicht ändern. Und Ruth wollte sich nicht ändern, denn sie war überzeugt, dass ihr Bill ein starkes Gegenüber brauchte; jemanden, der ihm ehrlich den Spiegel vorhielt. Nach ein paar verbalen Zusammenstößen begann Ruth um Weisheit und um das Erkennen des richtigen Zeitpunktes zu beten, wann sie Billy ihre Meinung sagen sollte. Billy schenkte ihrer Meinung plötzlich viel mehr Beachtung, und Ruth fühlte sich nun von ihrem Mann besser verstanden und ernst genommen. Und wenn es dann doch hin und wieder heftigere Auseinandersetzungen zwischen den beiden gab, dann wurden diese nie vor den Augen der Kinder ausgetragen. Auf das Geheimnis einer guten Ehe angesprochen, erwiderten sie, die Ehe müsste als »*Verbindung von zwei Menschen gelebt werden, die gut vergeben können*«. Bei aller »*fröhlichen Inkompatibilität*«, wie sie ihre Beziehung einmal, auf ihre Unterschiedlichkeit hinweisend, bezeichnete, empfand Ruth die Zeit mit Billy zu Hause als die in jeder Hinsicht befriedigendste. Mit Billy im Dienst sei es hingegen wie an der Seite eines Generals im Krieg, und mit ihm in den Ferien sei es wie an der Seite eines Rennfahrers, der möglichst wenig Boxenstopps macht, und wenn es schon sein muss, dann möglichst kurze. Ruth: »*Ich kann mit dem Mann nicht mithalten.*« Sie musste deshalb das für sie geeignete Lebenstempo und ihren eigenen Arbeitsrhythmus finden.

Im Alter war Billy bedeutend mehr zu Hause als in den Jahren seines weltumspannenden evangelistischen Dienstes. So hatten sie viel mehr Zeit miteinander, die sie auch genossen. Besucher haben immer wieder bemerkt, wie die Augen von Billy zu leuchten begannen, wenn Ruth in den Raum trat oder wenn er von Ruth sprach. Beide bezeugten übereinstimmend, dass noch im hohen Alter zwischen ihnen eine neue Romanze entstanden sei. Oft habe Billy sich zu Ruth im Rollstuhl niedergebeugt und ihr zärtlich einen Kuss auf die Stirn gedrückt. Nach Ruths Heimgang im Juni 2007 vermisste Billy sie sehr. In seinem Schlafzimmer hat er eine große Fotografie von ihr aufgestellt, die ihn an sie erinnert.

Dass die Beziehung zwischen Ruth und Billy über all die Jahre gehalten hat, ja, sogar mit der Zeit noch besser wurde, ist sicher mit auf Billys Entschluss in Modesto zurückzuführen, ein moralisch einwandfreies Leben zu leben. Mindestens so wichtig war jedoch, dass sie zeitlebens an ihrer Beziehung gearbeitet haben. Weil er in Ruth eine Freundin und Partnerin hatte, die ihn liebte und von Herzen unterstützte, und weil sie die Romantik v.a. im fortgeschrittenen Alter bewusst pflegten, musste Billy kein Defizit bei anderen Frauen kompensieren. Für Ruth galt das Gleiche. Mit fortschreitender Ehe erlebte sie einen immer taktvolleren und einfühlsameren Ehemann, der dafür sorgte, dass ihrer Person Rechnung getragen wurde. Ruth betonte, wie wichtig es sei, die Gefühle des Partners nicht zu verletzen. Einmal habe eine »außergewöhnlich schöne Frau« auf die Frage, wie sie es mit ihrem »außergewöhnlich hässlichen Mann« all die Jahre ausgehalten habe, geantwortet: *»Er hat meine Gefühle zeitlebens nie verletzt.«*[174]

Billy Graham und die lokalen Gemeinden

Integrität bedeutet, in allen Bereichen verantwortlich zu leben, sowohl im privaten wie im öffentlichen Leben. Die einzelnen Lebens- und Dienstbereiche müssen miteinander harmonieren und ein Ganzes bilden. Auch müssen Worte und Taten übereinstimmen. Nicht eingehaltene Versprechen zerstören das Vertrauen. Integrität bedeutet auch, alle Karten offen auf den Tisch zu legen und keine versteckten egoistischen Motivationen zu haben. Ein besonders heikles Gebiet ist die Beziehung zwischen übergemeindlichen missionarischen Bewegungen und den lokalen Kirchen. Auf diesem Bereich geschahen schon viele Fehler zum Schaden der Bewegungen wie der Gemeinden. Deshalb war es Billy Graham und seinem Team auch so wichtig, diesbezüglich früh hilfreiche Leitlinien festzulegen.

Im Folgenden möchte ich deshalb auf diesen Bereich etwas ausführlicher eingehen:

Gemäß Billy Graham und seinem Kernteam waren die Gemeinden die Hauptakteure bei einem evangelistischen Feldzug. Sie sahen sich als Diener der Christen vor Ort. Sie waren überzeugt, dass es dem jahrelangen treuen Dienst der lokalen Gemeinden zu verdanken ist, wenn die Evangelisationen Frucht bringen.

Umfragen bestätigen es, dass die allermeisten Gemeinden es im Nachhinein nicht bereut haben, dass sie sich an einer Großevangelisation mit Billy Graham beteiligt hatten. Für einen reisenden Evangelisten erhielt er erstaunlich wenig Kritik in Bezug auf seine Beziehung zu den lokalen Kirchen. Als ihm in einem Interview der Zeitschrift »LOOK« vom Februar 1956 vorgeworfen wurde, dass sein evangelistischer Dienst zu wenig mit den lokalen christlichen Gemeinden verlinkt sei, meinte er, dass ihn die Kritik schon überrasche. Er bekäme Hunderte von Briefen von Pastoren, die ihm nach einer

Evangelisation für seinen Einsatz dankten und ihm mitteilten, was für positive Früchte daraus in ihren Gemeinden entstanden seien. Er gehe auch nie in eine Stadt, ohne von den Gemeinden eingeladen zu sein. Ihr Dienst sei völlig im Leben der Lokalgemeinde integriert. Dann legte Graham ein Bekenntnis zur christlichen Gemeinde ab:

»Wir glauben, dass die Kirche mit allen ihren Fehlern Christi Organisation auf Erden ist. Wir werden weiterhin alles tun, was wir können, um seine Kirche auf Erden zu fördern und zu bauen. Alle Menschen, die sich Christus in unseren Versammlungen anvertrauen, werden an die Kirchen verwiesen, um Lehre, Orientierung, Gemeinschaft und Anbetung zu lernen.«[175]

Trotz seiner in Modesto gefällten Entscheidung, anderen Christen Wertschätzung entgegenzubringen und sie nicht zu kritisieren, kam Graham nicht umhin, sich ein Urteil zu bilden und zu prüfen, was biblischen Maßstäben standhält und was nicht.

Wie löste Billy Graham das Problem, vom Wort Gottes her ein Urteil über eine Sache fällen zu müssen, ohne gleichzeitig verurteilend zu sein?

Anlässlich der Pressekonferenz von Amsterdam '86 stellte ich Billy Graham die Frage, was der Grund sei, dass die europäische Kirche geistlich so schwach sei, und was wir europäischen Christen dagegen tun könnten. Billy Graham wollte offensichtlich eine zu harte Kritik an den europäischen Kirchen vermeiden, und trotzdem war seine Antwort deutlich:

»Ich denke, in Europa – ich möchte die Kirche in Europa nicht kritisieren – also, um es anders auszudrücken: in Amerika und Europa ist es besonders nötig, die biblische Predigt und Lehre voranzutreiben. Wir haben die Überzeugung verloren, dass die Bibel das autoritative Wort Gottes ist.«

Er deutete dann zumindest an, dass bei dieser Entwicklung Europa und speziell Deutschland eine Rolle gespielt haben könnten:

»Irgendwann in der zweiten Hälfte des vergangenen Jahrhunderts und zu Beginn dieses Jahrhunderts eigneten wir uns eine neue Theologie an, die anfänglich vielleicht aus Deutschland kam; und damit begannen sich die Dinge zu verändern.«

Für Billy Graham und sein Team war es wichtig, dass sie – im Gegensatz zu vielen anderen Evangelisten – bei aller Notwendigkeit, sich vom Wort Gottes her eine Meinung bilden zu müssen, nicht verurteilend wahrgenommen wurden, sondern als demütige Christen, die mit ihrer spezifischen Gabe der Evangelisation die Dienste der lokalen Kirchen unterstützen und ergänzen. Billy Graham hegte eine große Hochachtung für den treuen Dienst der lokalen Gemeinden. Er sah seinen evangelistischen Dienst als Hilfe für die lokalen Gemeinden. Er war überzeugt, dass die Christen vor Ort den mit Abstand wichtigsten Beitrag zum Gelingen einer Großevangelisation leisten würden.

Vielleicht am deutlichsten hat sein persönlicher Assistent, T. W. Wilson, selber ein begabter Evangelist, die Bedeutung der lokalen Gemeinde für eine nachhaltig wirkende Evangelisation im Sammelband »Evangelism in the Twenty-first Century« beschrieben:[176]

»Wenn Großevangelisationen ein Faktor beim Gewinnen von Menschen für Christus im kommenden Jahrhundert sein sollen, dann müssen die lokalen Gemeinden involviert sein. Billy Graham braucht nicht nur die Einladung von lokalen Gemeinden, bevor er in eine Stadt kommt. Er will auch sicher sein, dass die Gemeinden aktiv und als integraler Bestandteil in die Großevangelisation involviert sind. Die lokale Kirche ist kein Werkzeug, das von der Großevangelisation benutzt wird; die Großevangelisation ist ein evangelistisches Werkzeug für die lokale Kirche. Viel zu viele Großevangelisationen ziehen heute durch die Städte, verzeichnen Entscheidungen und ziehen weiter, ohne Menschen zu Jüngern zu machen. Ich kenne keine andere Institution auf Erden, die besser geeignet ist, Menschen zu Jüngern zu machen, als die lokale Kirche. Großevangelisationen sollten der Kirche dienen, nicht die Kirche den Großevangelisationen.«

T. W. Wilson erklärt im gleichen Beitrag auch, warum die lokale Gemeinde so zentral wichtig ist bei der Durchführung von Großevangelisationen. Die langfristige Frucht habe direkt mit der Intensität des vorausgehenden Gebets in den Gemeinden zu tun. Alles hänge von der Vorbereitung und der Nacharbeit ab.

»Eine Großevangelisation ist ein Prozess mit einem ›Vorher‹, einem ›Währenddessen‹ und einem ›Nachher‹.« In der Vorbereitung müssten den Mitarbeitenden u. a. Prinzipien der persönlichen Evangelisation vermittelt werden:

»Ohne von Gebet begleiteten persönlichen Zeugnisdienst hätte eine Billy-Graham-Großevangelisation nur geringe Auswirkungen in dem Gebiet, in dem sie stattfindet … Vielleicht besteht die wirkungsvollste Teilhabe der lokalen Gemeinden darin, dass jeder Christ erkennt, dass sie oder er berufen ist, evangelistisch tätig zu sein. Sicherlich haben manche Gläubige die Gabe des Evangelisten. Das bedeutet jedoch nicht, dass die anderen nicht evangelisieren sollen! Man kann die Gabe des Gebens oder Dienens haben, aber alle Christen sollten geben und dienen. Effektive persönliche Evangelisation ist letztlich der Schlüssel zu effektiver Großevangelisation. Eine der größten Segnungen, die eine Großevangelisation einer Gruppe von lokalen Gemeinden schenken kann, besteht in der klaren Kommunikation des Befehles an alle Christen, Jesus zu bezeugen und zu evangelisieren. Jeder Evangelist, Sonntagsschullehrer, Pastor, Ältester, Diakon und jedes Gemeindemitglied sollte ein persönlicher ›Seelengewinner‹ sein.«

Dann betont T. W. Wilson die zentrale Bedeutung der weiteren Betreuung der gläubig Gewordenen, damit sie zu echten Jüngern Jesu würden:

»Der Missionsbefehl (Matthäus 28,19-20) gebietet Nachfolgern von Jesus, Menschen zu Jüngern zu machen; er gebietet nicht einfach nur, Menschen Entscheidungen zu entlocken. Diejenigen, die an Großevangelisationen beteiligt sind, müssen in gleicher Weise dem Befehl unseres Retters gehorchen. Es ist daher unerlässlich, dass an Großevangelisatio-

Die beiden Fotografien zeigen, wie eine Frau mittleren Alters und ein junger Mann, noch mit dem Motorrad-Helm an, nach ihrer Entscheidung für Jesus Christus von Seelsorgehelfern kontaktiert werden. Diese zeigen die nächsten Schritte im Glauben auf und weisen in eine Gemeinde, in der Gottes Wort verkündigt wird. Die Fotos wurden 2009 in Tallinn/Estland aufgenommen.

nen beteiligte Personen alles daran setzen, Menschen zu Jüngern zu machen. Als Graham-Organisation haben wir – obwohl wir dabei Fehler gemacht haben – mit unserem Dienst die Jüngerschaft in der örtlichen Gemeinde immer stärker betont. Wir glauben, dass für die Nacharbeit und die Bewahrung [der Frucht] nicht weniger Einsatz geleistet werden sollte als für das Planen und Ernten. Zu viele Großevangelisationen haben kurzfristige Entscheidungen betont, um dann die zukünftige Jüngerschaft der Bekehrten in den örtlichen Gemeinden zu vernachlässigen … Wenn Großevangelisationen weiterhin ein Faktor im Reich Gottes im 21. Jahrhundert bleiben sollten, dann wird das ein Resultat der Gewinnung von Jüngern sein, nicht des Erreichens kurzfristiger Entscheidungen.«

Weil bei Großevangelisationen zum Glück das Bewusstsein gewachsen ist, dass das Vorher und Nachher der wichtigste Teil ist, zieht T. W. Wilson eine positive Schlussfolgerung:

»Die Zukunft der Großevangelisation sieht gut aus. Und der Grund für diesen Optimismus liegt darin, dass viele Anbieter von Großevangelisationen die Betonung auf das Gewinnen von Jüngern durch die örtlichen Gemeinden legen. Und das Gewinnen von Jüngern geschieht durch Gebet und harte Arbeit.«

Billy Graham und seinem Team ging es nie um den schnellen Erfolg. Zeitlebens bemühten sie sich um bleibende geistliche Frucht, die nur als Folge eines integren Lebens und Dienstes möglich ist. Sie hätten ihren langjährigen segensreichen Dienst niemals tun können, wenn sie nicht auf Integrität in allen Bereichen geachtet hätten, in ihrem persönlichen Leben wie in ihrem Dienst. Wenn wir das Vertrauen von Christen wie Nichtchristen gewinnen und über viele Jahre bewahren wollen, dann müssen wir mit aller Energie nach Integrität in allen Bereichen trachten. Klare Richtlinien wie das Manifest von Modesto können uns dabei eine große Hilfe sein. Wir müssen dann nicht jedes Mal neu entscheiden, sondern brauchen bloß an den einmal getroffenen Vereinbarungen festzuhalten.

Die bewusste Bereitschaft von Billy Graham, verantwortlich zu leben und über alle Bereiche des Lebens Rechenschaft abzulegen, hat wesentlich dazu beigetragen, dass er nicht zu Fall gekommen ist. Jay Dennis fasst diese Tatsache in »Leading with Billy Graham« zusammen:

»Ohne Rechenschaft sind wir verletzlicher. Diejenigen, welche in ihrem Dienst moralische Fehlschläge erlitten, befanden sich meistens nicht in einem Rechenschaftssystem. Billy Graham blieb unbescholten, weil er entschieden hatte, an erster Stelle Gott Rechenschaft abzulegen. Außerdem unterstellte er sich einem Verwaltungsrat und dem Mann, der ihn in der ganzen Welt begleitete: T. W. Wilson.«[177]

Um verantwortlich zu leben ist es nötig, dass wir eine Gruppe von Freunden haben, die mit uns durch dick und dünn gehen; die sich mit uns über die Erfolge freuen und mit uns leiden, wenn es uns schlecht geht; denen wir absolut nichts vormachen müssen.

Ein solcher Freund für Billy Graham war T. W. Wilsons jüngerer Bruder, Grady, der als zweiter Evangelist im Team von Billy Graham mitwirkte. Grady Wilson war ein leidenschaftlicher Mann, voll Eifer für die Sache Gottes, aber auch voll Lebensfreude und immer zu einem Spaß aufgelegt. Keiner konnte etwas so mitreißend beschreiben wie er. Grady stand mit beiden Füßen auf dem Boden. Er war für eine gelöste Atmosphäre, gleichzeitig aber auch dafür, dass man nicht fromm abhob und Probleme vergeistlichte. Mit seinem Realitätssinn trug er wesentlich zur Integrität Billy Grahams und seines Dienstes bei. Ich möchte deshalb dieses Kapitel über Integrität abschließen mit einem Auszug aus dem Vorwort seines Buches »Count It All Joy«, in dem er über seinen Chef und Freund Billy Graham Folgendes schreibt:[178]

»Aufgrund unserer engen Beziehung verletzt alles, was Billy verletzt, auch die anderen Teammitglieder und mich. Das sollte eigentlich für jedes Zusammenspiel unter Christen gelten. Wenn Billy geschlagen wird, bluten wir auch. Billy ist aus unterschiedlichen Gründen ange-

griffen worden – manchmal aus Eifersucht, manchmal mit ehrlichen Motiven. Vor Jahren wurde er missverstanden, weil er an die Integration der Rassen glaubte; er wurde missverstanden, weil er Mitgefühl mit den Armen hatte; und er wird heute missverstanden, weil er in der aufgeheizten nuklearen Aufrüstung den Frieden betont. Manchmal wurde er wegen seiner Verbindungen zu Präsidenten, Königshäusern oder anderen weltweiten Koryphäen angegriffen. Aber Billy Graham ist auch der Freund des ›durchschnittlichen Bürgers‹, des ›gemeinen Volkes‹, wozu die meisten von uns gehören. Arroganz und Stolz gehen ihm vollkommen ab …

Wir sind alle entsetzlich menschlich. Das ist die Grundvoraussetzung des Evangeliums, das wir predigen. Wir sind alle Sünder. Wir haben Fehler, Nachteile und Mängel. Billy ist sich seines Menschseins schmerzlich bewusst, er bleibt durch geistliche Disziplin und Gebet nahe bei seinem Herrn … Wenn ich einen Sohn hätte – ich habe keinen –, würde ich mir wünschen, dass er vor allem Christus ähnlich ist; danach würde ich mir wünschen, er wäre wie Billy Graham. Glauben Sie mir, ich habe von Zeit zu Zeit versucht, Fehler zu finden. Fast alle Freunde kritisieren sich gegenseitig. Ich habe gesucht, vielleicht nicht mit einem zynischen Auge, aber ich habe gesucht. Ich habe Tausende Gott wohlgefällige Männer und Frauen während meines Dienstes kennengelernt. Ihre Liste liest sich wie die einer christlichen ›Hall of Fame‹ (Halle des Ruhmes), aber Billy Graham ist der beste, am meisten hingegebene Christ, den ich je gekannt habe!

Vor vielen Jahren hat uns ein Teammitglied verlassen. Er versuchte verzweifelt, Billy schlecht aussehen zu lassen, aber es hat schlicht nicht funktioniert. Ja, Billy hat Marotten. Haben wir nicht alle welche? Er hat Schwächen, und er ist der Erste, der sie zugeben wird. Ich habe Billy einige Male verstört oder aufgebracht gesehen, aber nur nach einer glatten Lüge oder versteckten Anspielung über den Dienst in den Medien. Und ich habe niemals ein unflätiges Wort über seine Lippen kommen hören. Es wird oft gesagt, ein Mensch ohne jedes Temperament sei nicht viel wert. Billy hat Temperament, aber er hat es unter Kontrolle …

Wenn ich über mein Leben und all die Jahre mit meinem Freund Billy Graham und der Billy Graham Evangelistic Association nach-

denke – die Gemeinschaft, das gegenseitige Anteilnehmen, das gemeinsame Predigen und Zeugnisgeben – dann muss ich ausrufen: Oh Herr, mein Gott, wie groß bist du!«

7. Glaube – Verheißungsorientiert leben

»Der Glaube war der Herzschlag des Lebens in Little Piney Cove. Wir begannen und beendeten jeden Tag als Familie auf den Knien im Gebet … Doch während mein Vater wegen seines vollen Terminkalenders seinen Glauben für uns nur aus der Ferne auslebte – und er liebte uns sehr –, lebte Mutter ihren Glauben tagein, tagaus direkt vor unseren Augen aus.«[179]

Ruth Graham, Tochter

»Wenn der Herr Billy die Gabe der Evangelisation geschenkt hat, dann wurde Ruth die Gabe des Glaubens geschenkt. Wie ein ruhiger Strom fließt ihr Glaube bedächtig und sehr tief. Er ist das Zentrum ihres Lebens. Er berührt das Leben aller Menschen, die ihren Weg kreuzen.«[180]

Julie Nixon Eisenhower, Tochter von Präsident Nixon

»Herr, viele Dinge in diesem Buch verstehe ich nicht. Aber du hast gesagt: ›Die Gerechten sollen aus Glauben leben.‹ Alles, was ich von dir empfangen habe, habe ich im Glauben angenommen. Hier und jetzt nehme ich die Bibel als dein Wort an. Ich nehme sie ganz. Ich nehme sie ohne Vorbehalte. Wo es Dinge gibt, die ich nicht verstehen kann, halte ich mein Urteil zurück, bis ich mehr Licht empfange. Wenn dir das gefällt, dann gib mir Vollmacht, wenn ich dein Wort verkündige.«[181]

Billy Graham

Ein wichtiges Merkmal von Billy Graham ist sein kindlicher Glaube. Er ist überzeugt, dass für Gott nichts unmöglich ist. Schon in jungen Jahren, noch als Mitarbeiter von »Jugend für Christus«, reiste er kurz nach Ende des Zweiten Weltkrieges nach Großbritannien, um eine geistliche Erweckung entfachen zu helfen.

Mel Larson beschrieb die damals herrschende Aufbruchszeit bei »Jugend für Christus«:

»Das Feuer breitet sich unaufhaltsam aus. Das Feuer kann nicht erlöschen, denn Gott heizt es an. Menschliche Hände können es nicht ersticken, menschliche Schwächen können seine Glut nicht verringern. Brenne weiter, Jugend für Christus, brenne weiter! Mögen Millionen durch die Glut deiner Flamme bis in die Ewigkeit scheinen. Und mögen sich deine Flammen schnell ausbreiten … und in eine weltweite Erweckung ausbrechen!«[182]

Billy Graham war als erster hauptamtlicher Mitarbeiter an vorderster Front mit dabei. Einige Jahre später, in der Zwischenzeit ein weltbekannter Evangelist, kehrte er 1954 wieder nach England zurück. Seine einzige Waffe war die Bibel.

Auf vielen Fotos, beileibe nicht nur als Prediger in den Stadien, sieht man ihn mit der Bibel in der Hand. Sein Glaube an den Gott der Bibel war unbeschränkt.

Für seinen Gott war nichts unmöglich. Sein Gott war sogar groß genug, um New York zu verändern:

»Ich persönlich bin der Überzeugung, dass wir uns manchmal zu sehr von günstigen Umständen, künstlichen Methoden und menschlichem Know-how abhängig machen – und zu selten dem vertrauen, der gesagt hat: ›Bei Menschen ist das unmöglich; aber bei Gott sind alle Dinge möglich.‹ Dass wir nach New York gehen, ist sicher keine Demonstration unseres Glaubens an unsere eigenen Methoden, denn wir wissen, dass New York einer bloß menschlichen Anstrengung gegenüber immun ist. Wir wagen es, dorthin zu gehen, weil ›bei Gott alle Dinge möglich sind‹.«

Einen mindestens so starken Glauben besaß Ruth. Sie erlebte in ihrer Kindheit, wie Gott sie und ihre Familie inmitten des Bürgerkrieges und umgeben von Banditen in China beschützte. Fernab ihrer Eltern musste sie in ihrer Mittelschulzeit im von Japanern besetzten Pjöngjang im heutigen Nordkorea ihre Stütze bei Gott finden. Sie hörte sowohl in China wie in Nordkorea von vielen Missionaren, wie diese Gottes Macht in extremen Situationen erlebt hatten. Ruth beobachtete, wie ihre Eltern dank ihres starken Glaubens inmitten von Kanonenkugeln die Ruhe bewahrten, weil sie sich von Gott getragen wussten. Ihr Vertrauen auf Gott hatte die Prüfungen des Alltags bestanden.

In China und Nordkorea lernte Ruth, alle Probleme ohne Umschweife Gott zu bringen und ihm zu vertrauen, dass er sich der Probleme annehmen würde. Eine biblische Verheißung, auf die sie sich stützte, war Sprüche 14,26: »*Wer den Herrn achtet, lebt in Sicherheit; er wird auch seinen Kindern eine sichere Zuflucht sein.*«

In einem Beitrag in »Christianity Today« schreibt sie dazu: »*Wir leben in einer von Furcht und Ängsten verdorbenen Welt ... Aber Gott ruft seiner Kirche in der Offenbarung zu: ›Fürchtet keines der Dinge, die geschehen werden.‹ Wir müssen nur den Herrn fürchten. Die Furcht des Herrn rückt alle anderen Ängste in die richtige Perspektive.*«[183]

Ruth kannte keine Angst, da sie schon früh erlebt hatte, dass sie sich auf den Gott der Bibel absolut verlassen konnte. Er hatte alles unter seiner Kontrolle. Auf ihren Gott war Verlass. Auf seine Verheißungen war Verlass. Sie dachte verheißungsorientiert, sie redete verheißungsorientiert, und sie lebte verheißungsorientiert. Ruth liebte es, die absolute Vertrauenswürdigkeit Gottes und seiner biblischen Verheißungen herauszustreichen und stärkte damit den Glauben der Menschen, die mit ihr in Kontakt kamen. Ruth: »*Das in meinem Leben Herausragende, das alles andere übersteigt, ist dies: dass ich es erlebt habe, wie die Verheißungen Gottes sich erfüllen.*«

Dabei ermutigte sie Menschen mit kleinem Glauben, ihren Glauben an den Verheißungen Gottes festzumachen und mutig zu beten. Sie könnten ja nichts verlieren, höchstens ihre Probleme: »*Gott liebt es, an seine Verheißungen erinnert zu werden. Er wird uns niemals dafür tadeln, dass wir zu viel erbitten.«*[184]

Allerdings müsse man sich dabei immer bewusst bleiben, dass Gott allein wisse, was das Beste bei einer bestimmten Sache sei. *»Ich habe Gott oft mit ernsthaftem Flehen, sogar von der Schrift untermauert, um etwas gebeten, nur um ihn ›Nein‹ sagen zu hören, weil er etwas Besseres bereithielt.«* Die härtesten Zeiten seien für sie die gesegnetesten gewesen, weil sie in diesen Zeiten Jesus Christus am deutlichsten erlebt habe, als den absolut Vertrauenswürdigen. Wenn Leute ihr Probleme anvertrauten, und das war häufig der Fall, dann konnte sie oft unvermittelt sagen: *»Lass es uns dem Herrn vor die Füße legen.«*

»Es gibt bis heute Dinge, um die ich mich immer noch sorge und für die ich immer noch bete, und die noch nicht endgültig gelöst sind; aber weil er in der Vergangenheit nie versagt hat, weiß ich, dass er jetzt nicht plötzlich anfängt zu versagen«, meinte sie in einem Interview 1993, um dann noch hinzuzufügen: »Ich bete darum, dass ich ihn nicht enttäusche.«[185]

In einem Interview, das sie einige Jahre zuvor der deutschen Zeitschrift »Lydia« gab, betonte sie die Wichtigkeit, bei Problemen in einer glaubenden Haltung zu bleiben und das Gespräch mit Gott zu suchen:

»Ich denke, es ist wichtig, auf Gott zu schauen, der uns hilft, unsere Lasten zu tragen. Wenn Stresssituationen auftreten, versuche ich in der Kraft des Gebetes zu bleiben. Wenn wir den Rat des Apostel Paulus befolgen, ›ohne Unterlass‹ zu beten, müssen wir das während unseres Tageslaufs tun. Ich bete ohnehin sehr viel ganz spontan, wenn mir jemand einfällt; oder wenn ich jemandem verspreche, für ihn zu beten, dann halte ich sofort inne und bete.«[186]

Ruths Glaube war über die Jahre gewachsen. Sie kannte ihren Gott und wusste deshalb, dass er sich um sie, ihre Kinder und die vielen Menschen, die ihr auf dem Herzen lagen, kümmern würde, denn er wüsste, was das Beste für sie sei. Ruth glaubte an die Macht des Gebets, weil sie an einen allmächtigen Gott glaubte, der über allen Umständen thront:

»Ich kann die Macht des Gebetes nicht hoch genug ansetzen. Wenn mich irgendetwas aufregt, sagt unser Sohn Ned liebend gerne: ›Mutter, Gott ist nicht nur ein klein wenig souverän.‹ Wir wissen, dass wir in der Welt des Teufels leben, aber Gott ist immer noch allmächtig. Er ist souverän.«[187]

Ruth wünschte sich, dass im Dachstock der Kapelle des Freizeitzentrums »The Cove« ein Gebetsraum eingerichtet wurde, den sie nach ihren Vorstellungen gestaltete. In der Mitte platzierte sie eine Weltkugel, und an den Wänden ließ sie zwei ihrer Lieblingsverse anbringen:

»Durch die mächtige Kraft, die in uns wirkt, kann Gott unendlich viel mehr tun, als wir je bitten oder auch nur hoffen würden. Ihm gehört alle Ehre in der Gemeinde und durch Christus Jesus für alle Zeit und Ewigkeit. Amen« (Epheser 3,20f.).

»Sorgt euch um nichts, sondern betet um alles. Sagt Gott, was ihr braucht, und dankt ihm. Ihr werdet Gottes Frieden erfahren, der größer ist, als unser menschlicher Verstand es je begreifen kann. Sein Friede wird eure Herzen und Gedanken im Glauben an Jesus Christus bewahren« (Philipper 4,6f.).

Ruths Glaube war wirklich unerschütterlich. Hatte ihr Gott nicht alles im Griff?

Bei Franklin und Ned wurde Ruths Glaube jedoch auf eine harte Probe gestellt. Lange Jahre sorgte sie sich um ihre beiden Söhne, die sich vom Glauben des Elternhauses entfernt hatten und in schlechte Gesellschaft geraten waren. Ruth hatte ihretwegen großen Kummer. Hier empfand sie zu stark als liebende und sorgende Mutter. Sie beklagte sich, dass sie immer wieder in Gefahr war zu vergessen, dass sich Gott noch mehr um ihre Söhne kümmerte als sie selber. In diesen sehr schwierigen Jahren waren ihr der Glaube und die Beharrlichkeit von Monika, der Mutter des späteren Kirchenvaters Augustinus, ein großer Ansporn.

Monika hielt am glaubenden Gebet für ihren auf Abwege geratenen Sohn fest und erwartete, dass Gott zu seiner Zeit liebevoll eingreifen würde. Wie Ruth hatte Monika um ihren Sohn gekämpft und geweint.

In dieser schwierigen Zeit gab der Bischof von Karthago Monika ein Segenswort auf den Weg, an dem sie sich fortan festklammerte und welches Frieden in ihr verwirrtes Herz brachte: »*Gehe deines Weges und sei von Gott gesegnet, denn es ist unmöglich, dass der Sohn dieser Tränen zugrunde geht.*« Auch Ruth nahm dieses Wort als Ermutigung Gottes für ihre Situation mit ihren verlorenen Söhnen in Anspruch. Und wie Monikas Sohn Augustinus fanden auch Ruths ruhelose Söhne schließlich ihre Bestimmung in Gott und wurden in der Folge Werkzeuge der Versöhnung für viele andere.

Das oft zitierte Wort von Augustinus bewahrheitete sich auch im Leben von Franklin und Ned Graham: »*Du hast uns für dich selbst geschaffen, und unruhig ist unser Herz, bis es ruht, oh Gott, in dir.*«

Nie hörte man Ruth klagen, obwohl sie im Alter zunehmend unter starken Schmerzen litt. Sie wusste sich in der Liebe Gottes getragen. Alles Schwere musste zuerst bei Gott vorbei und hatte deshalb einen tieferen Sinn:

»Vielleicht besteht unser Geheimnis der ›Gnade unter Druck‹ in dem Akzeptieren, dass Druck vom Herrn kommt. Zumindest von ihm zugelassen wird … Satan musste Gottes Erlaubnis bekommen, bevor er Hiobs Besitz, geschweige denn Hiob selbst antasten konnte. Als Hiob alles verlor, betete er an und sagte: ›Der Herr hat gegeben, der Herr (nicht Satan) hat genommen; gelobt sei der Name des Herrn‹ … Dies ist das Wissen, das uns befähigt, das Inakzeptable zu akzeptieren. Wir können alles, was kommt, als aus seiner Hand kommend nehmen, uns dem unterwerfen und von ihm alles lernen, was er uns durch solche Umstände beizubringen versucht.«[188]

Ruth zeigte sich tief beeindruckt von Dan und Mel Piatt, einem Mitarbeiterpaar, das bei einem Autounfall seinen Sohn, seine Schwiegertochter und seinen kleinen Enkel verlor. Die Familie wurde am 28. Hochzeitstag der Piatts beerdigt, und die Eltern konnten bei der Beerdigung nicht einmal dabei sein, da sie in Australien waren, um eine Evangelisation vorzubereiten. Als Ruth Dan Piatt einige Monate später traf, fand sie keinen verbitterten Menschen vor, sondern einen Mann des Glaubens an Gottes Güte und Treue auch in schwierigen Situationen. Dan Piatt erzählte:

»Ruth, dies ist die größte, die gewaltigste Erfahrung, die wir je durchgemacht haben. Unser Glaube an die Güte und Weisheit Gottes ist kein einziges Mal ins Wanken gekommen. Am schlimmsten ist es nachts, wenn wir nicht schlafen können. Dann kommen uns die Bibelverse, die wir über die Jahre auswendig gelernt haben, zu Hilfe und stärken uns. Alles, was wir von Gott erbitten, ist, dass er uns alles lehrt, was er uns durch diese Erfahrung beibringen will.«[189]

Ruth musste aber auch miterleben, wie ein Sohn eines Freundes, der während des Theologiestudiums seinen kindlichen Glauben an Gott verloren hatte, als Folge des Unfalltods seines Bruders und seiner Schwägerin in eine psychiatrische Klinik eingeliefert werden musste. Auch Ruth selber musste manch Schweres durchmachen. Aber sie zweifelte dabei nie an Gottes Treue. Während Billy seinen Zuhörern »Gott liebt dich« zurief, sprach Ruth vor allem von Gottes Treue. Ihr Gott hatte sie auch in den dunkelsten Stunden nie im Stich gelassen. Er hatte sich in unzähligen Situationen als vertrauenswürdig erwiesen. Wenn man Ruth für irgendetwas lobte, dann antwortete sie meist, indem sie auf Gottes Treue hinwies.

Aber auch Ruth war diese Glaubenshaltung nicht einfach so in die Wiege gelegt worden.

Im Buch »The Greatest Lesson« von Vonette Bright ist ein Erlebnis von Ruth Graham wiedergegeben, das ihr eine neue Dimension glaubenvollen Gebets aufschloss.[190] Ruth lernte, welche verändernde Kraft in einer Haltung liegt, die ganz auf Gott und seine Verheißungen ausgerichtet ist. Hören wir, wie Ruth die Kraft entdeckte, die in einer Haltung der Dankbarkeit in allen Umständen liegt:

Wieder einmal machte Ruth sich große Sorgen um einen ihrer Söhne, der vor Gott davonlief. An Schlaf war nicht mehr zu denken: *»Wenn es dunkel ist und die Fantasie mit uns durchgeht, dann entstehen Ängste, die nur eine Mutter verstehen kann. Plötzlich sagte der Herr zu mir: ›Hör auf, die Probleme zu studieren, und fang an, die Verheißungen zu studieren.‹ Nun, Gott hat nie hörbar mit mir gesprochen, aber es kann einem nicht entgehen, wenn er spricht. Also zündete ich das Licht an, schlug meine Bibel auf und der erste Vers, der mir einfiel, war Philipper 4,6: ›Sorgt euch um nichts, sondern betet um alles. Sagt Gott, was ihr braucht, und dankt ihm.‹ Und Vers 7: ›Ihr werdet Gottes Frieden erfahren, der größer ist, als unser menschlicher Verstand es je begreifen kann. Sein Friede wird eure Herzen und Gedanken im Glauben an Jesus Christus bewahren.‹ … Plötzlich erkannte ich, dass die Zutat, die meinen Gebeten fehlte, das ›und dankt ihm‹ gewesen war. Also legte ich meine Bibel aus der Hand und verbrachte eine Zeit damit, ihn dafür anzubeten, wer er ist und was er ist … Ich fing an, Gott dafür zu danken, dass er mir diesen Menschen gegeben hatte, den ich so sehr liebe. Ich dankte ihm sogar für die schwierigen Seiten der Person, die mich so viel lehren. Und weißt du, was passierte? Es war, als würde jemand plötzlich die Lichter in meinem Kopf und Herzen anmachen, und die kleinen Ängste und Sorgen, die wie Mäuse und Küchenschaben in der Dunkelheit an mir genagt hatten, gingen auf einmal in Deckung. Damals lernte ich, dass Anbetung und Sorgen nicht in demselben Herzen wohnen können, sie schließen sich gegenseitig aus.«* Um sich daran zu erinnern, dass das Lob Gottes immer an den Anfang gestellt werden soll, hängte sie in ihrem Haus den Spruch auf: *»Praise, Pray and Peg away!«* (»Lobe, bete und leg los!«).

Von ihrem Naturell her war Ruth sehr tiefgründig. Im Gegensatz zu Billy reflektierte sie alles. Sie war fähig, aus alltäglichen Ereignissen eine geistliche Lektion zu ziehen. Als überaus empfindsame Person hatte sie auch eine melancholische Seite. Ihr war es jedoch wichtig, alles aus Gottes Perspektive zu betrachten und sich nicht von den Problemen blockieren zu lassen. Lässt Gott nicht denen, die ihn lieben, alles zum Guten gereichen (vgl. Römer 8,28), gerade auch das Schwierige? Haben wir da nicht allen Grund, unser Augenmerk auf das Positive zu richten? Ihr Motto war »*Mach das Beste aus dem, was kommt, und vergiss das, was war.*« Ihre Tochter Ruth erlebte es so: »*Mutter hielt uns immer dazu an, mehr das Positive als das Negative zu betonen … Mutter lebte, was sie uns lehrte: Sie zählte nur die hellen Stunden und arbeitete hart daran, für meine Geschwister und mich ein Modell für eine optimistische, positive Grundhaltung zu sein.*«[191]

Sämtliche Kinder bezeugen, dass ihre Mutter als Folge ihrer tiefen Glaubenshaltung eine große Ermutigung gewesen sei. Wenn sie den Raum betreten habe, sei es gewesen, als wenn mit ihr ein unerklärlicher Friede hereingekommen sei. Der Friede Gottes war ein Resultat ihres unerschütterlichen Vertrauens auf die Güte Gottes, der als guter Hirte für uns sorgt.

Der Erste, der durch diesen Glauben etwas dazugewann, war Billy selber. Oft zweifelte er an sich und brauchte Ermutigung. Sie habe immer das rechte biblische Wort passend zur Situation bereit, schrieb er einmal in sein Tagebuch. Sie sei für ihn wie eine dauernd fließende Quelle der Ermutigung und Inspiration. In einem Brief, den er ihr 1963 kurz vor ihrem 20. Hochzeitstag schrieb, fasste Billy seine Dankbarkeit Ruth gegenüber in Worte:

»*Deine Liebe und Geduld mit mir in allen meinen Höhen und Tiefen … haben mir mehr bedeutet als Du Dir jemals vorstellen kannst. Deine Ratschläge, Tipps, Ermutigung und Gebete waren meine tragende Säule. Zeitweise habe ich mich in meiner Schwachheit, in manischen Stunden, in Stunden voller Schwierigkeiten, fast an Dir festgeklammert … Einer der Gründe, warum ich trotz meiner mangelhaften Spiritualität, Disziplin und Hingabe das Wohlwollen des Herrn gefunden habe, bist Du.*«[192]

Billys Glaube entsprach mehr einem »Glauben obwohl …«. Seine Kinder bezeugen, dass ihm immer zuerst die möglichen Probleme und Schwierigkeiten in den Sinn gekommen seien. Sie nannten ihn deshalb oft spaßeshalber »Puddleglum«. Puddleglum ist ein Charakter in

Billy Graham applaudiert seiner Ehefrau Ruth anlässlich der Feierlichkeiten zu seinem 65. Geburtstag in Los Angeles.

der Fantasy-Serie »Die Chroniken von Narnia« von C.S. Lewis. Als geborener Pessimist betrachtet Puddleglum alles von der düsteren Seite. Wie Puddleglum tendierte auch Billy dazu, das Glas eher als halb leer statt halb voll zu bezeichnen. Wenn Billy dann aber einmal im Einsatz an der geistlichen Front sei, dann sei er ein anderer

Mensch, meinte Ruth. Dann sei er voller Glauben, dann könne ihn nichts vom Ziel abbringen, das Evangelium unter allen Umständen zu verkünden.

Billy war fest davon überzeugt: Wenn Gott uns einen Auftrag gibt, dann gibt er uns gleichzeitig auch alles Nötige, was wir für die Ausführung des Auftrags brauchen. Auch hatte er nie Angst um seine Sicherheit, obwohl Morddrohungen keine Seltenheit waren. Leute, die sich Sorgen um seine Sicherheit machten, beschwichtigte er, man brauche sich keine Sorgen um ihn zu machen, Gott würde ihn bewahren, bis er seinen Auftrag erfüllt habe.

Seine Mitarbeiter und engsten Freunde erlebten Billy als einen Mann des Glaubens; als jemand, der seinen Blick immer nach oben gerichtet hatte, oder wie es Tochter Gigi einmal ausdrückte, der alles immer von Gottes Warte her zu betrachten versuchte. Mit dieser Glaubenshaltung hat er die Menschen um ihn herum aufgebaut und in ihrem Glauben gestärkt. Grady Wilson drückte diese Tatsache so aus:

»Jeder seiner Mitarbeiter, jeder enge Freund müsste zugeben, dass Billy eine Inspiration für andere ist. Wer mit ihm zusammen ist, erlebt, dass er aufgerichtet wird. Es gibt Menschen, die dich abwerten. Sie ziehen dich runter. Du fühlst dich in ihrer Gegenwart niedergedrückt und depressiv. Billy ist genau das Gegenteil. Der Glanz Christi stahlt von dieser Person aus, und es ist ein Segen, in seiner Gegenwart zu sein.«[193]
Grady Wilson fügte dann noch an, dass es zugegebenerweise bei Billy Graham wie bei allen Menschen Zeiten gäbe, in denen es ratsam sei, ihn in Ruhe zu lassen.

Besonders zu Hause war Billy nicht immer ein Glaubensheld. Er war froh, dass er sich an die positive Grundhaltung und die Fähigkeiten von Ruth anlehnen konnte, was die praktischen Dinge des Lebens betraf. Neben seinem Glauben an Gott war Ruth die zweite Konstante in seinem Leben. Sie war sein Anker, der ihm die nötige Stabilität gab. Ruth *besaß* nicht nur einen starken Glauben; ihr Glauben machte ihr Leben geradezu aus, oder wie es ihre Enkelin Berdjette Tchividjian

Barker einmal zutreffend ausdrückte: *»Ich denke nicht, dass ihr Leben ihren Glauben widerspiegelt; ich denke, dass ihr Leben ihr Glaube ist.«*[194]

Ruths Glaube war alltagsbezogen und sehr praktisch. Der langjährige Pfarrer ihrer Heimatgemeinde, Calvin Thielman, hat sie einmal als »Religion in Schuhleder« beschrieben. Damit wollte er sagen, dass ihr Glaube sich vor allem in den praktischen Dingen des Alltags niederschlug.

Ihr Glaube zeigte sich in kleinen, aber wichtigen Taten der Nächstenliebe. Er schickte sie zu den Menschen, die Hilfe benötigten. Es war ein zupackender Glaube. Es war aber auch ein heiterer, befreiter Glaube; befreit von allem gesetzlichen »tun müssen«; befreit auch vom »glauben müssen«. Ruth war jegliches frömmlerische Getue zutiefst zuwider. Sie liebte es, Gott ohne große Umschweife anzusprechen und ihm ihr Herz auszuschütten. Ihr Glaube war frisch, fröhlich, frei und manchmal auch geradezu frech. Ich bin überzeugt, Gott liebte Ruths direkte, freche Art, weil sie ein Zeichen ihres tiefen Vertrauens in ihren göttlichen Freund war.

Ruth machte zeitlebens weder Gott noch den Mitmenschen etwas vor. Ihre Gedichte, die oft mehr geschriebene Gebete waren, zeigen, dass sie mit Gott wie mit einem vertrauten Freund sprach. Sie sah ihren göttlichen Freund nicht primär als Erfüllungsgehilfe ihrer Pläne. Ihr tägliches Bestreben war es, eine möglichst gute Assistentin für Gott zu sein und aktiv mitzuhelfen, seine Pläne zu erfüllen. Oft startete sie den Tag mit dem Gebet: *»Herr, womit kann ich dir heute behilflich sein?«*

Ruth hatte ein so großes Vertrauen in Gottes Liebe und Zuneigung zu ihr, dass sie ihm gegenüber wie die Psalmisten im Alten Testament auch einmal ihren Unmut äußern konnte, wenn seine Antwort auf sich warten ließ. Eines ihrer kürzesten Gedichte resp. Gebete lautet so:

Man sagt uns, wir sollen auf dich warten.
Aber Herr, die Zeit dazu fehlt.
Mein Herz fleht dich auf Knien an:
Beeil dich! … Bitte.[195]

Es gab aber auch Zeiten, wo es Ruth zu schnell ging. Dann konnte es so klingen:

> Ein bisschen mehr Zeit, Herr,
> nur ein bisschen mehr Zeit.
> Es gibt so viel zu tun,
> so vieles ist liegen geblieben.
> Wenn es dir nichts ausmacht,
> dann halte bitte die Sonne an, Herr.
> Eine Ewigkeit liegt vor mir,
> eine Ewigkeit mit dir;
> nur ein bisschen mehr Zeit,
> denn es gibt so viel zu tun.[196]

Einige der in Gedichtform geschriebenen Gebete zeigen, wie Ruth, oft nach einer Zeit des Ringens mit Gott, Ruhe fand im Vertrauen, dass Gott nicht nach ihren Vorstellungen, sondern auf seine Weise Licht in eine Sache bringen würde. Ein Kurzgedicht lautet so:

> Als ich Tag und Nacht betete,
> Nacht und Tag,
> sagte Gott still:
> »Es werde Licht« – Mein Weg.[197]

Als sehr aktive Person, die die Tendenz hatte, jede Not als einen persönlichen Auftrag zu sehen, fiel es Ruth nicht immer leicht, ruhig dazusitzen und die Sache Gott zu überlassen. Ihr Gott war Spezialist für unmögliche Dinge. Aber das ihr Mögliche, das wollte sie auf jeden Fall tun. Sie sagte sich: *»Kümmere dich um das Mögliche und vertraue Gott im Hinblick auf das Unmögliche.«* Als sie einmal von einer Frau sprach, deren Vertrauen in Gottes Möglichkeiten ihrer Meinung nach zu klein war, kommentierte sie dies in ihrer treffend prägnanten Weise so: *»Diese arme Frau versuchte Gottes Werk für ihn zu tun.«*

Einmal rief Billy Ruth von einer Evangelisation in Tokio an, als sich Ruth bei ihrer Tochter Gigi in Paris aufhielt. Er war sehr aufgeregt. Franklin hatte sich eben, noch nicht einmal zwanzigjährig, in Nome, Alaska, mit einer jungen Frau verlobt. Er hatte damals noch keine klare Glaubensentscheidung für Christus gefällt. Das Gleiche galt für seine Verlobte. Billy war verzweifelt. Er in Tokio, Ruth in Paris, und ihr Sohn verlobte sich mitten unter den Inuit hoch im Norden Alaskas. Gigi hörte dann, wie ihre Mutter ihren Vater ermutigte, die Sache Gott hinzulegen und ihm zu vertrauen: *»Ach Schatz, mach dir keine Sorgen, der Herr wird's schon richten. Er hat immer noch alles unter Kontrolle. Ich liebe dich auch. Tschüss!«*[198]

Anschließend an das Gespräch waren Gäste eingeladen. Niemand bemerkte, dass auch an Ruth die Nachricht von Franklins unerwarteter Verlobung sicher nicht spurlos vorübergegangen war. Sie war voll für ihre Gäste da und ließ mit keinem Wort etwas über ihre Probleme verlauten. Einige Wochen später bedankten sich diese Gäste für den wunderbaren Abend. Das, was sie am meisten beeindruckt habe, sei der Friede gewesen, den Ruth ausgestrahlt habe. Was für ein wunderbares Zeugnis einer Person, die in Gott und seiner Liebe und Fürsorge ruhte und deshalb diesen Frieden und diese Geborgenheit auch an andere Menschen weitergeben kann!

Als Billy Graham 2007 bei der Einweihung des Billy-Graham-Museums in Charlotte im Beisein aller drei lebenden amerikanischen Ex-Präsidenten für seinen unerschütterlichen Glauben über all die Jahre geehrt wurde, gab er das Lob an seine Ehefrau weiter:

»Ich vermisse hier meine Frau Ruth so sehr. Ich möchte sie ehren und möchte Ihnen sagen, wie sehr ich sie liebe, was für eine wundervolle Frau sie ist. Sie verdient es mehr als ich, heute hier zu sein.«

Nach dem Heimgang von Ruth beschrieb Billy die Rolle von Ruth in seinem Leben und Dienst so:

»Meine Frau Ruth war die unglaublichste Frau, die ich je kannte. Immer wenn ich nach dem besten Christen gefragt wurde, dem ich je begegnet sei, antwortete ich: meine Frau Ruth. Sie war ein geistlicher Gigant, dessen unvergleichliches Bibelwissen und dessen Hingabe im

Obwohl sie im Alter unter Krankheiten und Schmerzen litt, hat Ruth sich nie beklagt, sondern das Gute aus der zunehmenden Immobilität genommen: Sie hatte nun viel Zeit für Gott und die Menschen, die sie auch vom Krankenbett aus ermutigte.

Gebet eine Herausforderung und Inspiration für jeden darstellte, der sie kannte … Es verging keine Nacht, in der wir uns nicht bei der Hand nahmen und beteten, bevor wir einschliefen. Ruth war auch eine wundervolle Mutter. Ihre Aufgabe war nicht leicht, da ich so oft von zu Hause fort war. Aber sie erzog unsere Kinder mit viel Liebe und weiser Disziplin. Sie empfand das als ihre Berufung, und ohne ihre Bereitschaft, die Hauptverantwortung bei der Erziehung unserer Kinder zu tragen, wäre meine Arbeit schlicht nicht möglich gewesen. Sie verbrachte jede Woche Stunden damit, den Kindern die Bibel zu vermitteln und mit jedem Kind zu beten. Sie steckte auch voller Späße und war immer bereit, jemandem einen Streich zu spielen. Alle unsere Kinder wussten, dass es mit Ruth in der Nähe niemals langweilig würde! ... Immer, wenn sie von jemandem in unserer Nähe hörte, der in Not war, half sie mit Essen oder Blumen oder auf andere Weise. Viele Menschen holten sich bei ihr Rat oder kamen, nur um mit ihr zu beten ... Sie war ein sanfter, lächelnder und freundlicher Mensch, dessen erstes Ziel darin bestand, für Christus zu leben und seine Liebe widerzuspiegeln. In ihren letzten Tagen redete sie wiederholt vom Himmel, und obwohl ich sie mehr vermisse, als ich es auszudrücken vermag, freue ich mich, dass wir eines nicht weit entfernten Tages in der Gegenwart des Herrn, den sie liebte und dem sie so treu diente, wieder vereint sein werden.«[199]

Billys Glaube war ähnlich wie bei Ruth gegründet in der Vertrauenswürdigkeit des Wortes Gottes. Wenn die Bibel etwas sagt, dann sagt Gott etwas; und wenn Gott etwas sagt, dann können wir hundertprozentig darauf bauen.

Während der Zeit als Evangelist bei »Jugend für Christus« führte Billy oft Diskussionen mit seinem Evangelisten-Partner Chuck Templeton. Chuck war zunehmend der Überzeugung, dass die Bibel nicht in allen Dingen vertrauenswürdig sei. Nachdem sie 1946 einen gemeinsamen Evangelisationsfeldzug von »Jugend für Christus« in Europa abgeschlossen hatten, entschied Chuck, sich beim theologisch liberal ausgerichteten »Princeton Theological Seminary« einzuschreiben, und forderte Billy auf, das Gleiche zu tun. So würde auch er eine »richtige« theologische Ausbildung genießen. Im Wheaton College hatte Billy nur einen Bachelor-Abschluss erworben und erst noch in Anthropologie und nicht in Theologie. Und die Ausbildung auf der Bibelschule in Tampa, Florida, genügte den offiziellen akademischen Ansprüchen nicht.

Da Billy immer eine hohe Achtung vor Chucks Meinung hatte und sich ihm intellektuell unterlegen fühlte, nahm er dessen Argumente ernst und kam aufrichtig ins Fragen. Sollte er an einer renommierten Universität das Theologiestudium nachholen? Dazu kam, dass er sich vom früheren Amtsinhaber kurz vor dessen Tode hatte überreden lassen, das nebenamtliche Präsidium der »Northwestern Schools« in

Minneapolis zu übernehmen. Und da machte es sich auch nicht gerade gut, dass er als Präsident eines Colleges nur einen Bachelor-Abschluss nachweisen konnte. Billy fragte mehrere Universitäten, was es brauche, um einen höheren akademischen Abschluss zu erlangen. Aber die Antworten waren nicht gerade ermutigend, zumal er zuvor noch die dazu nötigen Fremdsprachen hätte erlernen müssen. Allein das hätte nach Ansicht von Billy eine Ewigkeit gedauert.

Charles »Chuck« Templeton und Billy Graham, als sie zusammen als Evangelisten bei »Jugend für Christus« dienten.

Mehr noch als die Frage nach einer ordentlichen Ausbildung beschäftigte ihn zunehmend die Frage, ob die Bibel vertrauenswürdig sei und als Autorität für Leben und Glauben dienen könne. Ist sie tatsächlich vom Heiligen Geist inspiriert? Ist sie Wort Gottes, oder enthält sie nur Worte Gottes, wie manche Theologen es formulierten. Hatte sein

Freund Chuck nicht recht, wenn er sagte, man könne doch nicht den gesunden Menschenverstand opfern, nur um den Glauben zu bewahren? Billy fühlte sich hin- und hergerissen zwischen dem Glauben seiner Kindheit, der sich bisher in den unterschiedlichsten Situationen bewährt hatte, und den aufgeklärten Ansichten seines Freundes. Er beschreibt seine Gefühlslage in seiner Autobiografie:

»Mein Respekt und meine Zuneigung gegenüber Chuck waren so groß, dass alles, was ihm Kopfschmerzen bereitete, auch mir Kopfschmerzen bereitete. Ich hatte ähnliche Fragen, die durch meine eigenen erweiterten Lesegewohnheiten entstanden waren. Ich wollte mit dem theologischen Denken in der Mitte des Jahrhunderts Schritt halten, aber brillante Autoren wie Karl Barth und Reinhold Niebuhr ließen mich wirklich mit Konzepten ringen, die seit meiner Kindheit in mir tief verwurzelt waren. Sie waren die Pioniere dessen, was später Neoorthodoxie genannt wurde. Obwohl sie den alten Liberalismus zurückwiesen, verwirrten mich die neuen Bedeutungen, die sie alten theologischen Begriffen gaben, ungemein. Ich zweifelte niemals am Evangelium als solchem oder an der Gottheit Christi, auf die ich angewiesen war, aber andere zentrale Dinge wurden infrage gestellt. Ein konkretes intellektuelles Problem, mit dem ich erstmals seit meiner Bekehrung als Teenager rang, war die Inspiration der Schrift. Scheinbare Widersprüche und Probleme der Auslegung widerstanden intellektuellen Lösungen – so dachte ich wenigstens. War die Bibel vollständig vertrauenswürdig?«[200]

Billy fragte sich zunehmend, ob er als Evangelist überhaupt noch eine Botschaft weiterzugeben hätte, wenn man sich nicht auf die Bibel verlassen konnte. Und wie verhielt es sich mit dem Wort des Apostels Paulus an seinen Jünger Timotheus, dass das Wort Gottes, das damalige Alte Testament, vom Heiligen Geist inspiriert sei? Paulus hatte doch die allerbeste Ausbildung seiner Zeit genossen. Hatte außerdem nicht der Apostel Petrus gesagt, dass Gottes Propheten nicht ihre eigenen Worte weitergeben, sondern vom Heiligen Geist bewegt gesprochen haben (vgl. 2. Petrus 1,21)? Und hatte nicht Jesus gesagt, dass Himmel und Erde vergehen, seine Worte aber ewig gültig sind (Matthäus 24,35)? Jesus selber hatte ja das Alte Testament als völlig vertrauenswürdiges Wort Gottes oft zitiert. Mindestens gemäß dem internen Zeugnis war also die Bibel von Gott inspiriert und deshalb als Autorität vertrauenswürdig.

Während sich Billy mit solchen Fragen auseinandersetzte, wurde er in das Tagungszentrum »Forest Home Resort« in der Nähe von Los Angeles als Redner neben Größen wie dem Rektor des Wheaton College Dr. Louis Evans und dem »Erweckungsexperten« Dr. J. Edwin Orr eingeladen. Letzterer hatte eben seinen Doktortitel von der Universität Oxford erhalten. Billy fühlte sich als Redner nicht genügend qualifiziert:

»Ich fühlte mich von derart klugen und begabten Leitern eingeschüchtert, was meine allgemeine niedergedrückte Stimmung damals noch verstärkte. Ich wäre lieber auf Forest Lawn gewesen, dem berühmten Friedhof in Los Angeles, als in Forest Home.«

In diesen Tagen schüttete er sein Herz Henrietta Mears aus, der Leiterin des Tagungszentrums und Bibellehrerin an der Presbyterianischen Kirche in Hollywood. Diese Frau hatte im Leben von vielen späteren Leitern einen wesentlichen Einfluss. Bill Bright hat einmal gesagt, dass – seine Familie ausgenommen – keine Person einen größeren Einfluss auf sein Leben und seinen Dienst gehabt habe als Henrietta Mears. Sie unterrichtete ihre »Boys«, wie sie die jungen Männer nannte, im Wort Gottes und hatte mit ihnen zusammen die »Fellowship of the Burning Hearts« (»Gemeinschaft der brennenden Herzen«) gegründet, um sie für einen weltverändernden Dienst vorzubereiten. Henrietta Mears zeichnete ein unerschütterlicher Glaube aus, der auf die Vertrauenswürdigkeit der Bibel gegründet war. Mit diesem Glauben steckte sie alle an, wenn sie ihnen das Wort Gottes auslegte. Ihr Gott war der Gott der Bibel. Für diesen Gott gab es keine Grenzen. Henrietta Mears: »*Es liegt keine Kraft in kleinen Plänen. Wenn ich meinen Dienst betrachte, dann denke ich an die Welt. Was weniger ist als das, ehrt weder Christus noch seinen Willen für mein*

Leben.« Zu dieser Frau fasste Billy Vertrauen: *»Ich hatte selten so eine christliche Liebe und so ein Mitgefühl für die Studenten gesehen wie bei ihr. Sie glaubte an die ganze Schrift und verstand sowohl etwas von der Wahrheit der Bibel als auch von der modernen Wissenschaft. Ich suchte verzweifelt nach jeder Einsicht, die sie mir geben konnte.«*[201]

Gleichzeitig nahm ihn aber auch sein Freund Chuck in die Mangel: *»Billy, du hinkst der Entwicklung 50 Jahre hinterher. Man akzeptiert heute die Inspiration der Bibel nicht mehr so, wie du sie verstehst. Dein Glaube ist zu einfach.«*[202] Wem sollte er nun Vertrauen schenken: Henrietta Mears oder seinem Freund Chuck?

Tief verunsichert begab sich Billy auf eine Wanderung. Auf einen spontanen Impuls hin kniete er sich nieder. Ein Baumstrunk diente als Podest für die Bibel, wie das auch oft der Fall war während seiner Ausbildung am »Florida Bible Institute«. Er öffnete die Bibel irgendwo. Statt jedoch zu predigen, begann er zu beten. Er schüttete Gott sein Herz aus. Vieles in der Bibel verstehe er nicht, vieles mache für ihn auch keinen Sinn. Auf viele Fragen habe er keine Antwort. Einiges darin scheine sich zu widersprechen. Einiges scheine im Widerspruch zur wissenschaftlichen Erkenntnis zu stehen. Auf die gescheiten Fragen von Chuck habe er bisher keine befriedigende Antwort gefunden. Billy erzählte später, wie ihn in dieser Situation der Heilige Geist bewegte, ein Gebet zu sprechen, das seinen zukünftigen Dienst mehr prägen sollte, als er es damals ahnen konnte. Er nahm die Bibel und betete unter Tränen sinngemäß:

»Vater, ich werde dies als dein Wort akzeptieren – im Glauben. Ich werde dem Glauben erlauben, über meine intellektuellen Fragen und Zweifel hinauszugehen, und ich werde glauben, dass dies dein inspiriertes Wort ist.«[203]

Anschließend erlebte Billy Gottes Gegenwart und Kraft in einem außergewöhnlichen Maße. Seine Fragen waren zwar immer noch nicht beantwortet, aber er wusste, dass in seinem Herzen und Verstand ein geistlicher Kampf mit einem Sieg geendet hatte. Sein Entschluss stand fest. Er hatte sich entschieden, im Glauben die Bibel als Gottes inspiriertes Wort und Autorität zu verkündigen und die Ergebnisse Gott zu überlassen. *»Die Bibel sagt«* (*»The Bible says«*), wurde fortan zu seinem Markenzeichen. Und Gott stellte sich dazu und bestätigte das biblische Wort.

»Die Bibel sagt« war das Markenzeichen des Dienstes von Billy Graham. Er hatte ein absolutes Vertrauen in die Kraft und Autorität des Wortes Gottes.

Als Folge von Billy Grahams Verkündigung überführte der Heilige Geist in den kommenden Jahren und Jahrzehnten Menschen aller Altersstufen und aus völlig unterschiedlichen ethnischen Hintergründen ihrer Sündhaftigkeit und Bedürftigkeit und stellte ihnen gleichzeitig Jesus Christus als Erlöser und Helfer vor. Unzählige Menschen konnten im Glauben an die Erlösungstat von Jesus die Vergebung ihrer Schuld in Anspruch nehmen und erhielten ein neues, geistgewirktes Leben, geprägt von der bedingungslosen Vaterliebe Gottes.

Interessant ist es, das Geschehen aus der Sicht Chuck Templetons zu betrachten. In einem 1996 publizierten biografischen Rückblick auf sein Leben, der den bezeichnenden Titel trägt: »Farewell to God – My Reasons for Rejecting the Christian Faith« (»Abschied von Gott – Meine Gründe, warum ich den christlichen Glauben ablehne«), schreibt Templeton, dass er trotz aller grundlegenden Meinungsverschiedenheiten seinen langjährigen Freund Billy immer noch für seine Aufrichtigkeit schätze:[204]

»Es gibt bei Billy Graham keine Heuchelei: Er glaubt, was er glaubt, mit einer unerschütterlichen Treuherzigkeit. Er ist der einzige Massenevangelist, dem ich trauen würde. Und ich vermisse ihn.« Gleichzeitig würde es ihm aber leidtun, dass Billy in seinem kindlichen Glauben stecken geblieben sei.

»Vierzig Jahre nach unserer Zusammenarbeit sagt er dieselben Dinge, gebraucht dieselben Phrasen, folgt demselben Schema.« Heute sei es aber angesichts der wissenschaftlichen Erkenntnisse nicht mehr möglich, an die Schöpfungsgeschichte zu glauben, wie sie in der Bibel steht.

Für Chuck kam ein solcher blinder Glaube intellektuellem Selbstmord gleich, wie er es bezeichnete. Für Billy war eine solche Haltung Ausdruck seines Glaubens an den Gott der Bibel und an die Vertrauenswürdigkeit seines Wortes. Billy meinte, der Glaube an Gott sei nicht antiintellektuell, sondern eine Konsequenz des Bewusstseins, dass wir mit unseren fünf Sinnen Gott nie werden begreifen können.

Deshalb sei Glaube der einzige Weg, um zu erfahren, ob es Gott gebe und die Bibel vertrauenswürdig sei. Ein wahrer Glaube muss nach Ansicht von Billy Graham auf der Bibel gegründet sein: *»Das christliche Leben ist vom Glauben abhängig. Wir stehen auf dem Glauben; wir leben durch den Glauben. Nichts besteht ohne Glauben.«*[205] Allein im Wort Gottes liege die Kraft. *»Die Bibel ist das Einzige, was im Kampf gegen den Teufel taugt. Zitier die Schrift, und der Teufel nimmt Reißaus … Gebrauche die Schrift wie ein Schwert, und du schlägst Versuchungen in die Flucht.«*[206]

Billy Graham verließ sich in seinem persönlichen Leben wie bei seinem evangelistischen Dienst voll auf die Kraft des Wortes Gottes. Immer wieder betonte er, wenn er zu christlichen Leitern sprach, dass keine Verheißung auf unseren menschlichen Worten liege, sondern allein auf Gottes Wort.

Die Bibel sei gemäß der Beschreibung der geistlichen Waffenrüstung im Epheserbrief das Schwert, das der Heilige Geist benutze, um Menschen zum wahren Arzt der Seelen, Jesus Christus, zu führen. Grahams Glaube an die Kraft des Wortes Gottes war grenzenlos. Daraus folgte seine starke Überzeugung, dass es bei der Evangelisation darum gehe, das Wort Gottes unverkürzt zu verkündigen, um so seine ganze Macht entfalten zu können.

»Ich bin der Überzeugung, dass die Bibel mit ihrer unterscheidenden, durchdringenden, flammenden Botschaft die Grundlage unserer Predigt werden muss, wenn die Predigt des Evangeliums autoritativ sein soll, wenn sie von Sünde überführen soll, wenn sie Männer und Frauen herausfordern soll, ein neues Leben zu leben, wenn sie von der Kraft des Geistes begleitet sein soll.«[207]

Laut Billy Graham ist nur ein Glaube, der auf dem unerschütterlichen Fundament der Bibel beruht, ein wirklicher Glaube, und nur eine Evangelisation, die das Wort Gottes verkündigt, eine wirkliche Evangelisation.

In seinem Eingangsreferat beim Kongress für Weltevangelisation in Lausanne 1974 betonte Billy Graham, dass unser Glaube auf dem Wort Gottes gegründet sein muss.[208] Der Glaube müsse sich auf die absolute Vertrauenswürdigkeit der Bibel als autoritatives Wort des lebendigen Gottes stützen können. Wenn unser Dienst Frucht bringen solle, dann müssten unser Leben und unsere Verkündigung auf dem ewig gültigen Wort Gottes fußen. Billy Graham sagte zu den versammelten Kirchenleitern aus aller Welt:

»Fehlende Gottesfurcht, Verlust absoluter moralischer Werte, akzeptierte und verherrlichte Sünde, der Zusammenbruch der Familie, Missachtung von Autorität, Gesetzlosigkeit, Angst, Hass und Verzweiflung – das sind Zeichen einer verfallenden Kultur. Im Westen sind wir Zeugen einer traumatisierten Kultur, erschüttert vom Krieg, von Skandalen, von Inflation, vom Materialismus übersättigt und gelangweilt, eine Kultur, die, von einer leblosen Religion abgestoßen, sich dem Okkulten zuwendet.«

Dann beschreibt er Missionsbewegungen der Vergangenheit und dass die Evangelisation immer *»das Lebenselixier der Gemeinde Christi«* gewesen sei.

»Die missionarischen und evangelistischen Bewegungen des letzten Jahrhunderts gründeten auf der Schrift als dem Wort Gottes. Weil die Leute damals biblisch ausgerichtet waren, hatten sie eine eindeutige Auffassung von der Errettung. Sie nahmen ernst, was die Bibel zur Verlorenheit des Menschen und zu seiner Erlösungsbedürftigkeit sagt. Sie glaubten auch stark an ›Bekehrung‹ und waren überzeugt, dass Menschen durch die erneuernde Kraft des Heiligen Geistes Vergebung erlangen und verändert werden könnten. Sie glaubten, dass Evangelisation nicht nur eine Option sei, sondern eine unerlässliche Notwendigkeit. Sie waren überzeugt, dass der primäre Auftrag der Kirche in der Verkündigung der Guten Nachricht von Jesus Christus bestehe ... Der Grund, warum die großen missionarischen Bewegungen des 19. Jahrhunderts in der Lage waren, bleibende Auswirkungen in der Welt zu haben, lag darin, dass sie von innen heraus stark waren. Sie wussten, was sie glaubten, und sie waren entschlossen, es der Welt zu verkündigen.«

Billy Graham folgerte daraus: *»Wenn es eine Sache gibt, die uns die Kirchengeschichte lehren sollte, dann ist es die Wichtigkeit einer aus der Schrift abgeleiteten Theologie der Evangelisation ... Biblisch gesehen kann Evangelisation nichts anderes bedeuten als die Verkündigung von Jesus Christus durch seine Präsenz, durch sein Wort und durch das Vertrauen auf den Heiligen Geist, er möge die Schrift gebrauchen, um Menschen zu überzeugen, seine Jünger und verantwortliche Gemeindeglieder zu werden.«*

Abschließend rief Billy Graham die christlichen Leiter aus aller Welt dazu auf, der Bibel als inspiriertes, ewig gültiges Wort Gottes ohne Vorbehalt Vertrauen zu schenken und wieder mit neuer Ernsthaftigkeit die biblische Botschaft der rettenden Gnade Christi zu verkündigen. Mit einer Geschichte unterstrich er nochmals die unvergleichliche Bedeutung des Glaubens an Jesus Christus und die Wichtigkeit, allen Menschen vom Rettungshandeln Gottes und dem Angebot der Vergebung zu erzählen:

»Vor vielen Jahren wurde in England ein Mann auf dem Weg zum Galgen von einem anglikanischen Geistlichen vor dem ›kommenden Zorn‹ gewarnt, wenn er nicht Buße tun würde. Er wandte sich dem Geistlichen zu und sagte: ›Wenn ich so glauben könnte wie Sie, dann würde ich auf Scherben durch ganz England kriechen, um die Menschen zu warnen.‹ Ihr Lieben, die ihr mit mir Evangelisten und Missionare seid: Wenn Menschen verloren sind, und Jesus lehrte deutlich, dass sie es sind, dann gibt es für uns keine höhere Priorität, als vor ihnen den rettenden Christus aufzurichten.«

8. Weltverantwortung – Engagiert leben

»Mein Lebensmotto lautet: ›*Die Welt in dieser Generation evangelisieren, damit jeder Mensch das Evangelium wenigstens einmal hört, bevor es die anderen zweimal hören.*‹«[209]

Billy Graham

»*Ich glaube, Gott berief meine Mutter genauso deutlich wie er meinen Vater berief – er berief sie zur Weltevangelisation, aber sie verlieh dieser Berufung dadurch Ausdruck, dass sie zu Hause blieb und sich um uns kümmerte. Dadurch setzte sie meinen Vater frei, dieselbe Berufung anzunehmen: er jedoch, indem er das Haus verließ und der Evangelist wurde, den die Welt kannte. Ich glaube, dass Gott die beiden gemeinsam berief. Sie drückten ihren Gehorsam gegenüber dieser Berufung unterschiedlich aus und bildeten ein vollständiges Paket.*«[210]

Anne Graham Lotz, Tochter

»*Billy Grahams Platz in der Geschichte ist nicht nur durch die Bedeutung seiner evangelistischen Feldzüge gesichert, sondern auch dadurch, dass Gott ihn benutzte, die Horizonte von Menschen zu erweitern und die Hingabe von Menschen zu vertiefen, die bereits eigenständige christliche Führungspersonen waren.*«[211]

John Pollock, offizieller Biograf

Melvin L. Cheatham, M.D., Professor für klinische Hirnchirurgie, schreibt in seinem Buch »Make a Difference«[212] von einer Erfahrung, die er in Begleitung von Billy Graham, und einer, die er in Begleitung von dessen Sohn Franklin machte. Zuerst berichtete er, wie er und seine Frau Billy Graham via Checkpoint Charlie nach Ostberlin begleitet haben, wo sie im Vorfeld der Evangelisation auf den Stufen des historischen Reichtags tausend oder mehr kirchliche Leiter trafen. In der lutherischen Gethsemanekirche angekommen hätten sich die geistlichen Leiter von ihren Sitzen erhoben und Billy Graham applaudiert. Dieser sagte dann sinngemäß:

»Ich danke Ihnen. Ich fühle mich zutiefst geehrt und gesegnet, heute Abend hier bei Ihnen in der Gethsemanekirche in Ostberlin zu sein. Ich weiß, dass viele von Ihnen während der vergangenen langen Jahre viel gelitten haben, zum Teil wegen ihres Glaubens an Gott. Hier vor Ihnen zu stehen ist eine sehr demütigende Erfahrung für mich. Ich möchte Sie einladen, in diesem Moment mit mir den Kopf zu neigen und zu beten. Ich fühle mich vor dem allmächtigen Gott gedemütigt und möchte ihm gerade jetzt mein Leben neu übereignen. Wenn Sie ihm ebenfalls mit mir Ihr Leben neu übereignen wollen, da wir nun unsere Herzen im Gebet öffnen, dann lade ich Sie ein, Ihre Hand zu heben.«

Überall in der Kirche sind Hände nach oben gegangen und Leute, die jahrelang unter dem kommunistischen Regime gelitten haben, folgten dem Beispiel Billy Grahams und weihten ihr Leben neu Jesus Christus und der Erfüllung des Missionsauftrags. Am folgenden Nachmittag predigte dann Billy Graham auf den Stufen des Reichtags das Evangelium von Jesus Christus; am gleichen Ort, wo einst Adolf Hitler den Beginn des Tausendjährigen Reiches ausgerufen hatte. Was Adolf Hitler ankündigte, dauerte nicht viel mehr als zwölf Jahre; was Billy Graham verkündigte, nämlich den Opfertod von Jesus am Kreuz, hat die ganze Welt bis heute verändert. Unter der Überschrift »Wie der Vater, so der Sohn« (»Like Father, Like Son«) schreibt Dr. Cheatham dann auch über seine Erfahrungen rund um die evangelistische Kampagne von Franklin Graham 1997 in Johannesburg, Südafrika. Er

Billy Graham predigte 1982 in einer Kirche in Görlitz in der damaligen DDR das Evangelium.

kannte Franklin bereits gut, da er in verschiedenen Projekten der von Franklin geleiteten Hilfsorganisation »Samaritan's Purse« mitgewirkt hatte. Dabei hatte er miterlebt, wie vielfältige praktische Not gelindert wurde; Not, die als Folge von Hungersnöten, Krankheitsepidemien, Kriegen oder Naturkatastrophen entstanden war. Als Arzt arbeitete er im Dienstzweig »World Medical Mission« mit. Mel Cheatman hatte dabei in vielen Ländern gesehen, wie Franklin »anderen half, die hungrig, durstig, krank oder anderweitig bedürftig waren«. Franklin meinte einmal: »Mein Vater und ich arbeiten am gleichen Auftrag, die Welt mit der Liebe Gottes zu verändern. Aber er sieht nach oben,

Billy Graham verkündigte am 10. März 1990 auf den Stufen des Deutschen Reichtags in Berlin Jesus Christus als Erlöser und Herrn der Welt und wird dabei von Wilfried Reuter übersetzt.

ich wende mich den Problemen unten zu.« Er würde die Gossen aufsuchen, um die Menschen zu erreichen.

Eine Person, die Franklins Weg zu Jesus und seinen Dienst bei »Samaritan's Purse« maßgeblich geprägt hat, war Bob Pierce, der Gründer von »World Vision«. Franklin war beeindruckt von diesem Mann, von seinem Pioniergeist, seinem Mut, aber auch von seiner Leidenschaft für die Menschen. Bob Pierce war jemand, der sich bis aufs Letzte einsetzte für die Menschen in Not: »Lass mein Herz zerbrochen werden mit den Dingen, die das Herz Gottes brechen!« Bob Pierce war es ein Anliegen, immer die praktische Hilfe mit der Verkündigung des Evangeliums zu verbinden. Nicht zuletzt von ihm lernte Franklin Graham, nicht nur praktisch zu helfen, sondern auch das Wort Gottes zu verkündigen und die Menschen zur Umkehr zu rufen.

Nun erlebte Dr. Cheatham, wie Franklin in Johannesburg in die Fußstapfen seines Vaters trat und in einem Fußballstadion 45 000 Menschen das Evangelium verkündigte. Lassen wir Dr. Cheatham selber erzählen, wie er den Dienst von Franklin Graham und seinen Teammitgliedern erlebte:

»Als Franklin an jenem Abend seine Botschaft zu verkündigen begann, ging ich in Gedanken zurück in die Zeit, in der er geglaubt hatte, seine Berufung beschränke sich darauf, medizinische Hilfe zu Menschen zu bringen, die in einer Welt voller Schmerzen leiden. Er hatte keinerlei Absichten, wie sein Vater zu predigen. Ich lächelte erstaunt, als ich beobachtete und zuhörte, wie der Evangelist Franklin Graham Tausenden von Menschen eine kraftvolle Evangeliumsbotschaft vermittelte.«[213]

Franklin Graham mit seinem Vater im März 2006 in New Orleans, wo sie den Flutopfern des Hurrikans Katrina Mut zusprachen und ihnen durch den Dienst von »Samaritan's Purse« auch praktische Hilfe zukommen ließen.

Anlässlich einer dreitägigen Evangelisation von Franklin Graham Anfang Juni 2009 in Tallinn, Estland, konnte ich feststellen, dass seine Predigten an Klarheit und Schnörkellosigkeit kaum zu übertreffen sind. Franklin benennt die heiklen Themen wie Sexualität, Drogen, fremde Religionen sehr direkt. Darauf angesprochen meinte er, dass er sich bemühe, das Evangelium so einfach und praktisch wie möglich darzulegen. Es gehe nicht um unsere Botschaft, sondern um Gottes Botschaft an die Menschen, und die müsse verständlich und ohne Kompromisse weitergegeben werden. Auch bei Samaritan's Purse würden sie nie nur praktische Not zu lindern versuchen, sondern stets auch das Evangelium weitergeben. Das sei nicht immer einfach. Aber er liebe einen guten Kampf um die Seelen von Männern und Frauen. Andererseits sei es ihm ein großes Anliegen, niemanden durch unsensible Äußerungen, welche die lokalen Sitten nicht berücksichtigen, vor den Kopf zu stoßen. Wenn man Franklin sprechen hört, dann erkennt man unschwer sowohl Wesenszüge seines Vaters als auch seiner Mutter.

Meine Frau und ich hatten die Gelegenheit, in Tallinn auch mit dem Seelsorger von Franklin Graham und seinem Team, Dr. Ross Rhoads und dessen Frau Carol, zu sprechen. Ross Rhoads hält bei Evangelisationen von Franklin Graham jeden Morgen eine biblische Andacht für die Mitarbeiter. Anschließend, so Rhoads, würden alle ohne Ausnahme auf die Knie gehen, um füreinander und für die Evangelisation zu beten. Franklin betone immer wieder, dass diese gemeinsame Zeit des Hörens auf Gottes Wort und des gemeinsamen Gebets die wichtigste Zeit am Tag sei, von der alles andere abhänge.

Ich habe diese Erlebnisse rund um den Dienst von Billy Graham und seinen Sohn Franklin an den Anfang des Kapitels gestellt, um deutlich zu machen, dass Billy, und noch in verstärktem Maße sein Sohn Franklin ihre Mission an den Menschen ganzheitlich verstehen. Ihnen geht es darum, die Liebe Christi in alle Situationen hineinzutragen. Insbesondere Franklin hat von der Mutter eine starke soziale Ader geerbt, dazu noch eine gehörige Portion Organisationstalent und Unternehmergeist. Neben seiner Leiterschaft bei der BGEA und bei »Samaritan's Purse« möchte er mindestens zehn Prozent seiner

Nach dem Aufruf von Franklin Graham im Juni 2009 in Tallinn, Estland, die Sünden zu bekennen und das Leben fortan unter die Leitung von Jesus Christus zu stellen, strömten Hunderte von Menschen nach vorne zum Podium; und das in einem der säkularsten Länder der Welt.

Zeit auch als Evangelist im Rahmen von »Franklin-Graham-Festivals« tätig sein und evangelistischen Frontdienst leisten.

Und dieser selbe Franklin war viele Jahre Rebell und wollte vom Glauben der Eltern gar nichts wissen. In seinem Buch »Wenn man einen berühmten Vater hat« (»Rebel With a Cause«[214]) schreibt er ausführlich darüber. An Franklins Ordinationsfeier zum Pastor nahm seine Mutter darauf Bezug:

»Weil ich weiß, wie lang und hart Gott an diesem speziellen Diener von ihm gearbeitet hat, musste ich hierher kommen und wie Moses beim brennenden Busch auf die Seite stehen und mir diese großartige Sicht ansehen. Falls es irgendwo eine Mutter geben sollte, die sich um einen Sohn kümmert, der vom Herrn entfernt lebt, dann lasst es mich sagen: Es gibt keinen hoffnungslosen Fall. Ich meine es: keinen.«[215]

Billy Graham betet 1982 in Tempe, Arizona, bei der Ordination von Franklin, für ihn und seine Frau Carol.

Ruths Gebete waren offensichtlich in Erhörung gegangen. Ruth selber war zwar nur selten an der missionarischen Front tätig, aber sie war Missionarin zu Hause, indem sie beides auf vorbildliche Weise verband: das Wortzeugnis und das Tatzeugnis. Sie lebte ganzheitliche Mission. Sie lebte Weltverantwortung. Wichtig dabei war die positive Haltung von Ruth bei den vielen Zeiten der Abwesenheit ihres Ehemannes. Sie hat sich nie darüber beklagt. Sie hat die Kinder in den Auftrag ihres Vaters mit einbezogen, indem sie als ganze Familie für ihn gebetet haben und gemeinsam sonntags seine Radioansprachen »Stunde der Entscheidung« hörten. Kurz vor der Geburt ihres ersten Kindes, Gigi, schrieb Ruth in ihr Tagebuch:

»Meine Interessen sind so weitreichend wie seine, mit dem Unterschied, dass ich sie von der Seitenlinie aus verfolge, während er mittendrin steckt. Ich bin so stolz auf ihn – so glücklich, seine Frau zu sein. Und ich möchte ihn gerne wissen lassen, dass er eine Familie hat, für die er die wichtigste Person der ganzen Welt ist. Eine kleine Familie, die ihn

liebt und für ihn betet, die immer an ihn denkt und die Tage zählt, bis er nach Hause kommt.«[216]

Ruth sah ihren Auftrag darin, für die Familie zu sorgen und ihrem Ehemann die Gewissheit zu geben, dass sie als ganze Familie hinter ihm und seinem weltumspannenden Dienst stehen. Das Foto wurde 1960 in der Gegend von Montreux in der Schweiz aufgenommen.

Ruth war ihrem Ehemann auch dadurch eine große Stütze, weil sie sich sehr dafür interessierte, was in der Welt vor sich ging. So konnte sie ihn regelmäßig auf Bücher und Beiträge in Zeitschriften und Zeitungen hinweisen, die seinen Horizont erweiterten. Ruth verband Weltoffenheit mit einer Herzensoffenheit für die Nöte der Menschen. In späteren Jahren, als die fünf Kinder ausgeflogen waren, begleitete sie Billy vermehrt auf seinen Einsätzen, v. a. im Ausland. Dabei konnte er von ihrem breiten Wissensspektrum über die jeweiligen Länder und ihre Sitten profitieren. Ein Schotte meinte einmal, Ruth wüsste mehr über Schottland als er selber. Ruth wollte alles über die Lebensumstände der Menschen wissen, damit sie ihnen so gut wie möglich dienen konnten.

Ruth und Billy waren zeitlebens am Wohl des ganzen Menschen interessiert. Als Billy 1956 im Umfeld einer Evangelisation in Mumbai die Not der indischen Kinder sah, schrieb er in sein Tagebuch:

»Viele der kleinen Kinder haben Krankheiten, viele von ihnen haben dicke Bäuche wegen Unterernährung. Ich empfand tiefen Schmerz, als ich realisierte, dass eine kleine Schüssel Reis für diese Kinder alles bedeutet. Sie haben nicht genug zu essen. Sie haben keine Ärzte, die zu ihnen kommen und ihnen helfen würden, wenn sie krank sind. Sie können sich keine Medizin leisten. Ich denke an meine Kinder zu Hause, wie viel sie haben im Vergleich zu diesen Kindern in Indien. Mein Herz ist bereits zu diesen Kindern hinausgegangen. Ich wünsche mir, dass wir etwas für sie tun können.«[217]

Ruth stand mit weit offenen Augen in dieser Welt und half oft mit kleinen Handreichungen, Not zu lindern. Leute in Montreat und Umgebung lernten sie als eine Christin der Tat kennen, mit einem Engagement, das oft an die Grenzen ihrer Kräfte ging. Ruth und Billy haben ihr mitfühlendes Herz ihren Kindern vermacht, sodass allen fünf Kindern ohne Ausnahme Menschen in Not ein wichtiges Anliegen sind. Für alle Grahams trifft die Bezeichnung »engagiert« zu. Aber ganz besonders trifft sie auf Billy Graham selber zu. Bei niemandem nahm das Engagement globalere Ausmaße an.

Schon als Teenager war Billy Graham sehr interessiert am Weltgeschehen. Er las nicht nur Tarzanhefte, sondern auch unzählige Geschichtsbücher. Sein jüngerer Bruder Melvin, von Beruf Landwirt, war überzeugt, dass Billy mehr Bücher gelesen hat als alle, die er später jemals traf. Seine Mutter Morrow suchte für ihren Sohn regelmäßig in einem Secondhandladen Bücher, die ihn interessieren könnten. Bevor er 14 Jahre alt war, hatte er bereits Gibbons Klassiker »Verfall und Untergang des römischen Imperiums« gelesen.

Dieser Eifer griff aber nicht in gleicher Weise auf die Schule über. Billy war ein eher mäßiger Schüler, sodass er einmal von einer Lehrperson hören musste, aus ihm werde nie etwas Rechtes werden. Dafür wusste er umso besser Bescheid über den amerikanischen Sezessionskrieg und den Bürgerkrieg und kannte die Namen der amerikanischen Präsidenten. Für ihn gab es Wichtigeres im Leben als einen guten Schulabschluss, zum Beispiel eine Karriere als Baseballspieler. Nachdem er der Baseballikone Babe Ruth auf Vermittlung seines Vaters einmal die Hand schütteln durfte, wusch er die Hände tagelang nicht mehr. Das Heroische zog ihn früh an. Schon in jungen Jahren hatte er es sich zum Ziel gesetzt, einmal für eine lohnenswerte Sache zu kämpfen. Damals hätte niemand gedacht, dass dieser Billy Frank, wie sie ihn zu Hause nannten, der frühmorgens aufstand, um die Kühe seines Vaters zu melken, während seines 60-jährigen weltweiten Dienstes wahrscheinlich einmal mehr politische Staatsoberhäupter persönlich kennenlernen sollte als irgendeine andere Person des 20. Jahrhunderts.

Während seiner Bibelschulzeit in Florida betete er, dass aus ihm einmal nicht unbedingt ein großer Prediger, aber dafür ein großer Seelengewinner werden möge. Er kann sich noch gut daran erinnern, dass bei der Abschlussfeier der Bibelschule die Studentin in ihrer Festansprache betonte, es wäre wieder Zeit für einen Erweckungsprediger wie Wesley, Finney oder Moody. Warum sollte er nicht diese Person sein? Am College in Wheaton bei Chicago lernte er die Person kennen, die sein missionarisches Herz mit ihm teilte und die ihn in der Verfolgung dieses Zieles als Ehefrau während 64 Jahren unterstützen sollte. Er sah seinen Beitrag zur Veränderung der Welt darin, dass er Menschen zum Glauben an Jesus Christus als ihrem persönlichen Herrn und Erlöser führte und als Folge davon in ein neues, vom Heiligen Geist verwandeltes Leben. Sein Credo: Durch das Erlebnis der geistlichen Neugeburt werden Menschen fähig, nicht nur Gott, sondern auch andere Menschen zu lieben, ja, selbst ihre Feinde. Die wachsende Liebe zu ihren Mitmenschen bewegt sie in der Folge zu allerlei Taten der Nächstenliebe. Je nach Begabung und Auftrag unterstützen diese Menschen dann soziale Initiativen für die gesellschaftlich Benachteiligten und sind behilflich beim Aufbau von gerechten, den Menschen dienenden Gesellschaftsstrukturen. Gesellschaftliche Transformation ist gemäß Billy Graham immer das Resultat von persönlicher Transformation durch den Heiligen Geist.

Veränderung geschieht immer von innen nach außen. Das war zeitlebens seine tiefe Überzeugung. Für diese Haltung wurde er gelobt, aber auch kritisiert.

Anlässlich der Pressekonferenz seiner allerletzten Evangelisation 2005 in New York wurde er gefragt, worin er das größte Problem der Welt sehen würde. Er bezeichnete Armut als das größte Problem, um hinzuzufügen: »*Und ich glaube, dass das Evangelium von Christus die Antwort ist. Nicht Teil der Antwort, sondern die ganze Antwort. Wir haben keine andere Möglichkeit, unsere heutigen Probleme zu lösen, als durch Jesus.*« Letztlich liege das Grundproblem in der Sünde, weil Sünde zu Lieblosigkeit und egoistischem Verhalten führe, was dann negative Auswirkungen auf alle Bereiche der Gesellschaft habe.

Billy Graham hat sich zeitlebens stark für die Probleme der Gesellschaft interessiert. Als ich ihm bei unserem Besuch bei ihm zu Hause einen Film über den 2004 stattgefundenen Schweizer Christustag zeigte, an dem im Basler St.-Jakob-Fußballstadion Fahnenträger aus allen 2 800 politischen Gemeinden der Schweiz sich verpflichteten, fortan regelmäßig für ihre politischen Gemeinden und die Behörden zu beten, war seine spontane Reaktion: »*Könnt ihr eine solche Veranstaltung nicht baldmöglichst in Georgien durchführen? Die hätten es im Moment so nötig.*« Er hatte gerade zuvor in den Nachrichten von den kriegerischen Unruhen in Georgien gehört.

Billy Graham las täglich mehrere Zeitungen, um auf dem neuesten Stand zu bleiben. Wenn dies zeitlich nicht möglich war, dann bat er Ruth, das für ihn zu tun. Er bat sie, wichtige Artikel anzustreichen, damit er diese auch lesen konnte.

Billy, aber auch Ruth waren eine interessante Mischung von tiefem Gottesglauben und Weltoffenheit. Ihre Haltung war: In der einen Hand die Zeitung, in der anderen Hand die Bibel. Sie scheuten sich nicht vor der Auseinandersetzung mit dem kritischen Denken unserer Zeit. Ihre in der Bibel gegründeten Überzeugungen waren zu erprobt, als dass sie Angst gehabt hätten, ihren Glauben zu verlieren. Im Gegenteil wollten sie alles lernen, was nötig war, um das Denken und die Zweifel und Ängste der Menschen zu verstehen und darauf eine im Wort Gottes gegründete Antwort geben zu können.

Als eine Studentin des Montreat Colleges sich einmal bei Ruth beklagte, sie müsse so viel unnötiges weltliches Zeug lernen, stellte Ruth ihr eine Frage: *»Wer waren die beiden Personen, die in der Bibel am meisten von Gott gebraucht wurden?«*, um dann die Frage gleich selbst zu beantworten: *»Im Alten Testament war es Mose, und im Neuen Testament war es Paulus.«* Ruth erklärte dann, dass Mose die damals beste Ausbildung bei den Gelehrten in Ägypten genossen hatte und Paulus selber ein Gelehrter von einem Gelehrten gewesen war, ausgerüstet mit der besten Ausbildung der damaligen Zeit. Das habe ihnen erst ermöglicht, eine solch gewichtige geistliche Führungsfunktion in ihrer Zeit auszuüben.[218]

Wie lebte Billy Graham Weltverantwortung angesichts der drängenden Nöte der Zeit? Wie sah er das Verhältnis zwischen Evangelisation und sozialer Verantwortung? Wie definierte er die christliche Mission vom Wort Gottes her?

Die Evangelisation 1949 in Los Angeles bildete für Billy Graham den Durchbruch zu nationaler und internationaler Bekanntheit, nicht zuletzt wegen der Aufforderung des Medienmagnaten William Randolph Hearst an seine Journalisten: *»Puff Graham!«*, zu deutsch: *»Bauscht Graham auf!«*. Sogar in den Schweizer Medien konnte man von diesem neuen Evangelisten lesen, der in die Fußstapfen von Dwight L. Moody und Billy Sunday getreten war. So unbekannt war Billy Graham aber bis zu diesem Zeitpunkt auch wieder nicht. Als Evangelist von »Jugend für Christus« hatte er in den USA, aber auch auf den Britischen Inseln bereits beachtliche Erfolge zu verzeichnen. Im August 1948, also ein gutes Jahr vor der Evangelisationskampagne in Los Angeles, fand in Beatenberg im Berner Oberland ein von »Jugend für Christus« organisierter Kongress für Weltevangelisation statt, den der Kirchenhistoriker Garth M. Rosell als *»das wichtigste Treffen von evangelikalen Jugendleitern in der Mitte des Jahrhunderts«* bezeichnete.[219]

Billy Graham traf bei diesem Kongress mit einem interessanten Mann zusammen, mit dem Pastor und Theologen Harold John Ockenga. Der Soziologieprofessor und Biograf Billy Grahams, William Martin, beschreibt Ockenga als einen *»gelehrten Mann und die*

Die Teilnehmer der wegweisenden Konferenz von »Jugend für Christus« im schweizerischen Beatenberg. Zwei Plätze links von Billy Graham sitzt der Gründer von »Jugend für Christus«, Torrey Johnson, der Billy Graham in frühen Jahren seines Dienstes sehr förderte.

wahrscheinlich einflussreichste Figur in evangelikalen Kreisen jener Zeit«.[220] Wir haben bereits von Ockenga gehört, wie er anlässlich der von ihm präsidierten Evangelisation in Boston 1950 als demütiger Beter bei dem noch jungen Evangelisten Billy Graham einen nachhaltigen Eindruck hinterließ. Ockengas Einfluss auf Billys Leben und Dienst ging jedoch weit darüber hinaus. Die Bekanntschaft mit diesem gelehrten und weitvernetzten Mann hat Billys Horizont beträchtlich ausgeweitet und seinen späteren globalen Beitrag als Stimme Gottes in der zweiten Hälfte des 20. Jahrhunderts erst möglich gemacht. Neben Ruth und ihrem Vater Nelson Bell hat niemand so viel dazu beigetragen, dass aus dem Baptistenprediger aus dem amerikanischen Süden mit eingeschränktem Horizont ein weltgewandter Botschafter Gottes wurde. Aus Anlass von Harold John Ockengas Ableben 1985 schrieb Billy Graham über seinen langjährigen Freund und geistlichen Mentor:

»Er war ein Gigant unter Giganten. Außerhalb meiner Familie beeinflusste mich niemand so stark wie er. Ich traf niemals eine wichtige Entscheidung, ohne zuerst ihn anzurufen und ihn um seinen Rat zu bitten.«

Man kann Billy Graham nur verstehen, wenn man auch das Denken seiner engsten Förderer wie Ockenga mit einbezieht.

Armut sei das größte Problem der Menschheit, meinte Graham. Mit dieser Überzeugung lief er voll in den Fußstapfen von Ockenga, der die Armut als noch größeres Problem als die Rassenfrage einstufte; nicht zuletzt, weil Armut die Ursache vieler weiterer gesellschaftlicher Probleme sei. Sowohl Graham wie Ockenga hatten die schrecklichen Auswirkungen der großen Wirtschaftsdepression von 1929 bis 1933 miterlebt. Ockenga sah, wie in Chicago Menschen in langen Schlangen für Arbeit und Brot anstanden. Er bekam mit, wie die Menschenwürde mit Füßen getreten wurde, wie die wirtschaftliche Misere auch zu einer gesellschaftlichen Misere wurde; wie jeder versuchte, sein Scherflein ins Trockene zu bringen und die Schuld für die Misere den anderen zuzuschieben. Er schrieb seine Doktorarbeit über Armut als Problem für die Regierenden. Er kam zum Schluss, dass ein ungebremster Kapitalismus sich schließlich selber zerstören würde, und dass deshalb Wirtschaftskrisen nicht zu vermeiden seien.

Immer mehr Experten würden heute Ockenga zustimmen. Die Lösung, die er dann skizzierte, hatte mit seinem tiefen Glauben an Gott und seine heilsamen Ordnungen zu tun: Menschen müssten die Erfahrung des lebendigen Christus am Kreuz machen, der sie von ihrem Hass, ihren Antipathien, ihrem Stolz und ihrer Rebellion befreie. Das hätte einen heilenden Einfluss auf die Beziehung zwischen Arbeitgeber und Arbeitnehmer, auf die soziale Gerechtigkeit und auf die ethnischen Konflikte. Unterdrückung und Ausbeutung würden durch Liebe und Solidarität zwischen den Menschen verdrängt werden, wie bei den ersten Christen, die alles miteinander teilten. Nur wenn zuerst die vertikale Beziehung zu Gott geklärt sei, könnten auch die horizontalen Beziehungen von Mensch zu Mensch wieder heilen und damit auch der alles zerstörende Egoismus überwunden werden. Auch der

Umkehrschluss sei wahr: »*Was wir Menschen antun, das tun wir Gott an.*« Gott werde uns einmal für unsere Taten zur Verantwortung ziehen. »*Das Christentum ist das praktischste Element im Leben. Umarme Christus, und der Knackpunkt der sozialen Frage ist beseitigt.*« Freiheit, Gleichheit und Brüderlichkeit seien anstrebbar. Sie setzen gemäß Ockenga aber unbedingt das verwandelnde Wirken des Heiligen Geistes beim einzelnen Menschen am Fuße des Kreuzes Christi voraus. Die Lösung aller sozialen Fragen könne im Wort Gottes gefunden werden. »*Gott hat uns nicht orientierungslos gelassen.*«[221]

Die Freundschaft mit einem Mann wie Ockenga, der eine tiefe Frömmigkeit mit einer umfassenden Gelehrtheit und einem großen Engagement für die Nöte der Welt verband, hat Billy Graham sehr geprägt. Er entdeckte: Evangelistischer Eifer, gründliches theologisches Schaffen und soziale Verantwortung müssen sich nicht gegenseitig ausschließen, sondern befruchten sich gegenseitig. Die Transformation des Herzens führt zu einer Transformation der Beziehungen und schließlich zu einer zunehmenden gesellschaftlichen Transformation. Leute wie Ockenga betonten, dass jede nachhaltige Verwandlung in Bereichen der Familie und Gesellschaft das Ergebnis der Verwandlung durch den Heiligen Geist bei einzelnen Menschen sei. Soziales Engagement und evangelistischer Eifer müssen Hand in Hand gehen, sonst bleibt es entweder bei toter Orthodoxie oder bei reinem Humanismus.

Um Billy Grahams Haltung gegenüber grundlegenden gesellschaftlichen Problemen darzulegen, möchte ich auf seine Radioansprache vom 17. Juli 1955 im Rahmen der Genfer Gipfelkonferenz »Geneva Summit« der »Big Four« (USA, Russland, Großbritannien, Frankreich) eingehen. Sie ist ein ausgezeichnetes Beispiel dafür, in welcher Richtung er die Lösung eines gesellschaftlichen Problems ortete. In diesem Fall betraf es das friedliche Zusammenleben unter den Nationen. Bei der Genfer Gipfelkonferenz handelte es sich um das erste Treffen, bei dem alle vier Siegermächte des Zweiten Weltkrieges mit Vertretern ihrer Regierung anwesend waren. Das offizielle Ziel dieser Konferenz war es, die internationalen Spannungen zu reduzieren. Der Weltkrieg war schon mehr als zehn Jahre Geschichte. An die

Stelle der Auseinandersetzung mit Waffen war nun aber ein Kalter Krieg getreten. Billy Graham beschäftigte diese Weltsituation sehr. Deshalb sah er es als seinen Auftrag, zu diesem Zweck nochmals nach Genf zu fliegen. Bereits zwei Monate zuvor war er schon einmal dort für eine eintägige Evangelisationsveranstaltung. Billy fühlte sich gedrängt, auf den einzigen wahren Friedenstifter, Jesus Christus, hinzuweisen.

Wie Präsident Eisenhower und dessen Stab hatte auch er am Vortag der Gipfelkonferenz noch den Gottesdienst in der American Episcopal Church in Genf besucht. Alle Anwesenden gingen nach der Predigt auf die Knie, um Gottes Segen für die Friedensgespräche zu erbeten. Am folgenden Tag wandte sich Billy Graham in einer Radioansprache, die von 800 Radiostationen übertragen wurde, an die Bevölkerung sowie die involvierten Politiker:

»Hier in Genf liegen hohe Erwartungen in der Luft. Über 1 500 Zeitungsreporter aus aller Welt sind in der Stadt, um über dieses Ereignis zu berichten. Diese Konferenz wird unter all den historischen Konferenzen, die in dieser wunderschönen Schweizer Stadt abgehalten wurden, als die bedeutendste eingestuft. Die ›Großen Vier‹ werden mit Problemen ringen, die von Sir Winston Churchill als zu groß für den menschlichen Verstand eingestuft wurden …

Der einzige Ruf in Genf ist der nach Frieden. Einige Leute sind bereit, ihre Seele und ihr Gewissen auch nur für einen zeitlich begrenzten Frieden zu verkaufen. Ich habe viele Leute hier gefragt: ›Wie könnt ihr ein Gipfeltreffen ansetzen und auf Frieden hoffen ohne den Friedefürsten?‹ In all den Treffen in Vorbereitung der Genfer Konferenz habe ich kaum gehört, dass Gott erwähnt wurde. Alles wird auf einer humanistischen Ebene abgetan. Christus wird vergessen. Es gibt kaum Zeit für Gott. Es hat in der Geschichte andere Friedenskonferenzen gegeben, bei denen Gott vergessen und Christus herausgehalten wurde und die dann in Krieg und Desaster endeten …

Wenn die ›Großen Vier‹ in Genf nur erkennen könnten, dass alle ihre Probleme auf ein einziges Problem zurückgehen, das in der Sünde der menschlichen Natur besteht. Die Probleme der Welt sind nicht

Billy Graham verband mit Präsident Eisenhower eine warme Freundschaft. Kurz vor seinem Ableben bat Präsident Eisenhower Billy Graham, ihm noch einmal den Weg zum ewigen Leben zu erklären und mit ihm zu beten.

wirtschaftlicher oder politischer Natur; es sind geistliche Probleme. Wir kämpfen mit den Problemen menschlicher Ungerechtigkeit und menschlichen Versagens. Nationen haben Vereinbarungen getroffen, nur um sie immer wieder zu brechen. Warum? Weil sie ihre Hoffnun-

gen und Übereinkünfte auf die rissigen Fundamente der menschlichen Natur gebaut haben. Seit Tausenden von Jahren hat man versäumt, den menschlichen Faktor in die Rechnung einzubeziehen. Diese sogenannten Friedensabkommen sind nicht stärker als die menschliche Natur …

Das einzige Rezept gegen die Sünde liegt zu Füßen jenes Kreuzes. Nur am Fuße des Kreuzes werden die Menschen verändert, dass sie lieben statt hassen, Ehrlichkeit statt Betrug praktizieren und ihre Übereinkünfte mit Integrität einhalten. Der Grund, warum wir keinen Frieden in der Welt haben, besteht darin, dass wir keinen Frieden in unserer Seele haben. Es kann keinen Frieden im Herzen eines Menschen geben ohne eine Versöhnung mit Gott. Alle Menschen, die den Preis der Umkehr bezahlen und Christus im Glauben annehmen, bekommen ein neues Wesen und ein neues Herz. Wir können niemals eine bessere Welt schaffen ohne bessere Menschen, und der einzige Weg, auf dem Menschen zu besseren Menschen werden können, ist der Weg der verwandelnden und erneuernden Kraft Christi.«[222]

In seinen Botschaften betonte Billy Graham wiederholt, dass Pazifismus nicht zu wahrem Frieden führe, *»denn der Pazifist handelt so, als ob die Menschen innerlich erneuert seien, und als ob es genügen würde, an ihre Überzeugungen und ihren guten Willen zu appellieren«*. Und das genüge eben nicht. Man könne ebenso wenig Frieden aus unserer eigenen Kraft schaffen, wie ein Zimmermann ein Haus bauen könne ohne einen Hammer, oder ein Künstler ein Bild malen könne ohne einen Pinsel. Man brauche dazu die richtige Ausrüstung. Man könne nur die noble Berufung eines Friedensstifters ausüben, wenn man Jesus Christus, den wahren Friedensstifter kenne. Um Frieden auf Erden zu schaffen, sei es Voraussetzung, dass man den persönlich kenne, der unser Friede sei.

Billy Graham pflegte eine freundschaftliche Beziehung zu dem Bürgerrechtler Dr. Martin Luther King jr., die von gegenseitiger Achtung geprägt war. Er nannte ihn auf dessen Wunsch Mike. Für Billy war Mike ein Prophet Gottes. Billy lud ihn 1957 bei seiner per Fernsehen in den ganzen Vereinigten Staaten ausgestrahlten Evangelisa-

Billy Graham und der Bürgerrechtler Martin Luther King jr. schätzten sich sehr und sahen den Dienst des anderen als Ergänzung des eigenen Dienstes. An dem landesweit übertragenen Feldzug von Billy Graham 1957 in New York sprach Martin Luther King ein Eröffnungsgebet. Das Foto wurde 1962 aufgenommen.

tion in New York ein, das Gebet zu sprechen. Damit brachte er zum Ausdruck, dass er hinter Kings Anliegen stand. Billy Graham betonte wiederholt, dass die von Martin Luther King initiierten Friedensmärsche zugunsten der Bürgerrechte der schwarzen Bevölkerung Amerikas ihre Berechtigung hätten. Er war mit King übereingekommen, eine Aufgabenteilung vorzunehmen. Martin Luther King kämpfte durch Aktionen wie Friedensmärsche für die Gleichberechtigung der Rassen. Dafür führte Billy Graham keine nach Hautfarben getrennten Evangelisationen durch und betonte bei seinen Evangelisationen noch mehr als bisher, dass es vor Gott weder Schwarze noch Weiße noch Gelbe gebe.

So hörte man dann Billy Graham in die versammelte Menge rufen: *»Lasst euch von niemandem sagen, es gehe um schwarz oder weiß. Christus gehört allen Menschen.«* Jesse Jackson betonte im Rückblick, dass neben King auch Graham einen Beitrag für die Gleichstellung der Rassen geleistet hätte. Während King die Leute aus der Sklaverei Ägyptens in die Freiheit geführt habe, habe Graham den Menschen vom Wort Gottes her gezeigt, wie ein Leben in dieser Freiheit aussieht.[223]

Billy war die Trennung nach Hautfarben seit seiner Jugend zutiefst zuwider. Auf dem Bauernhof seines Vaters gab es einen schwarzen Mitarbeiter, den er sehr mochte. Auch kannte Billy in seiner Jugend in Charlotte einen älteren dunkelhäutigen Mann, dem er vertraute und mit dem er gerne seine Probleme besprach. Nachdem Billy eine Familie gegründet hatte, war es wiederum eine dunkelhäutige Hausangestellte, die seiner Frau Ruth half, damit ihr die verschiedenen Verantwortungen nicht über den Kopf wuchsen. Und diese Bea, wie sie alle nannten, wurde von der ganzen Familie innig geliebt und als Christin, die ihren Glauben im Alltag lebte, hoch geschätzt.

Schon früh in seinem Dienst hatte Billy Graham entschieden, keine nach der Hautfarbe getrennten Sitzplätze mehr zu erlauben, auch wenn es die Veranstalter ausdrücklich wünschten. Billy nahm keine Einladung nach Südafrika an, solange dort noch das Apartheidregime regierte. 1953 entfernte er bei einer Evangelisation in Chattanooga, Tennessee, als die Leute bereits in die Halle strömten, eigenhändig die Seile, die die Weißen von den Schwarzen hätten trennen sollen. Als Reaktion darauf quittierte der Leiter der Saalordner auf der Stelle seinen Dienst.

Bea, die dunkelhäutige Hausangestellte, wurde von der ganzen Familie Graham heiß geliebt. Sie hätte von allen den tiefsten Glauben gehabt.

Vielen anderen ging er mit seiner positiven Haltung den afroamerikanischen Menschen gegenüber bereits viel zu weit. Darunter waren, für uns heute kaum mehr nachvollziehbar, auch etliche konservative Christen. Schon vor der »Supreme Court School Decision« von 1954, die nach Rassen getrennte Schulen als verfassungswidrig deklarierte, und noch bevor das Wort Integration in aller Munde war, war Billy Graham vom Wort Gottes her zur Überzeugung gelangt, dass jegliche Aufteilung nach Hautfarbe nicht Gottes Willen entsprechen könne. Billy Graham: »*Wir sind vom selben Blut. Vor dem Kreuz Christi stehen alle auf derselben Stufe. Vor Gott gibt es keine Bürger zweiter Klasse.*« Er berief sich auf die Bibel, die deutlich sagt, dass vor

Christus alle Menschen gleich sind: »*Nun gibt es nicht mehr Juden oder Nichtjuden, Sklaven oder Freie, Männer oder Frauen. Denn ihr seid alle gleich – ihr seid eins in Jesus Christus*« (Galater 3,28).

Wahrscheinlich am ausführlichsten hat Billy Graham seine Position zur Rassenfrage 1956 in einem längeren Beitrag im amerikanischen »LIFE«-Magazin dargelegt.[224] Er blieb dabei nicht bei der aktuellen Rassenproblematik stehen, sondern versuchte auch die Wurzeln des Problems aufzuzeigen. Seine Ausführungen sind auch heute noch, insbesondere im Hinblick auf den weltweit zunehmenden Fremdenhass, hochaktuell. Ein paar Auszüge sollen dies verdeutlichen:

Billy Graham beleuchtet zuerst einige geschichtliche Wurzeln des Rassenproblems:

»*Die Wurzeln des Problems liegen tief in der Geschichte unseres Landes, und sind von geistlicher Bedeutung. Die Wirtschaft Neuenglands florierte, als die Gewinne aus der Schifffahrt dank des Sklavenhandels anwuchsen. Der Norden und der Süden haben beide Anteil an der Schuld der Sklaverei und tragen Verantwortung für die Konsequenzen, die aus ihr entstanden. Wir sollten nicht von den Schwierigkeiten überrascht sein, denen wir begegnen, denn die Bibel lehrt uns: ›Was man sät, das wird man ernten.‹ Wir haben empörende menschliche Ungerechtigkeit gesät und die Ernte des Rassenkampfes eingefahren. Die Schuld und die Probleme sind auf keinen Fall auf Amerika begrenzt … Ich habe fast in jedem Land, das ich besucht habe, Diskriminierung beobachtet. Wo immer eine Minderheit anders handelt, anders aussieht, einen anderen Akzent hat oder auch nur andere Kleidung trägt, werden die Menschen dieser Minderheit als Außenseiter angesehen und erhalten nicht die gleichen Möglichkeiten wie die Mehrheit.*«

Billy Graham fährt fort, indem er die Sicht der Bibel zum Thema aufzeigt:

»*Als Christus starb, zerriss der Vorhang, der die Menschen von Gott getrennt hatte, von oben bis unten durch und der Zugang zu Gott war für alle Menschen wieder offen. Dies ist der vertikale Aspekt des Evan-*

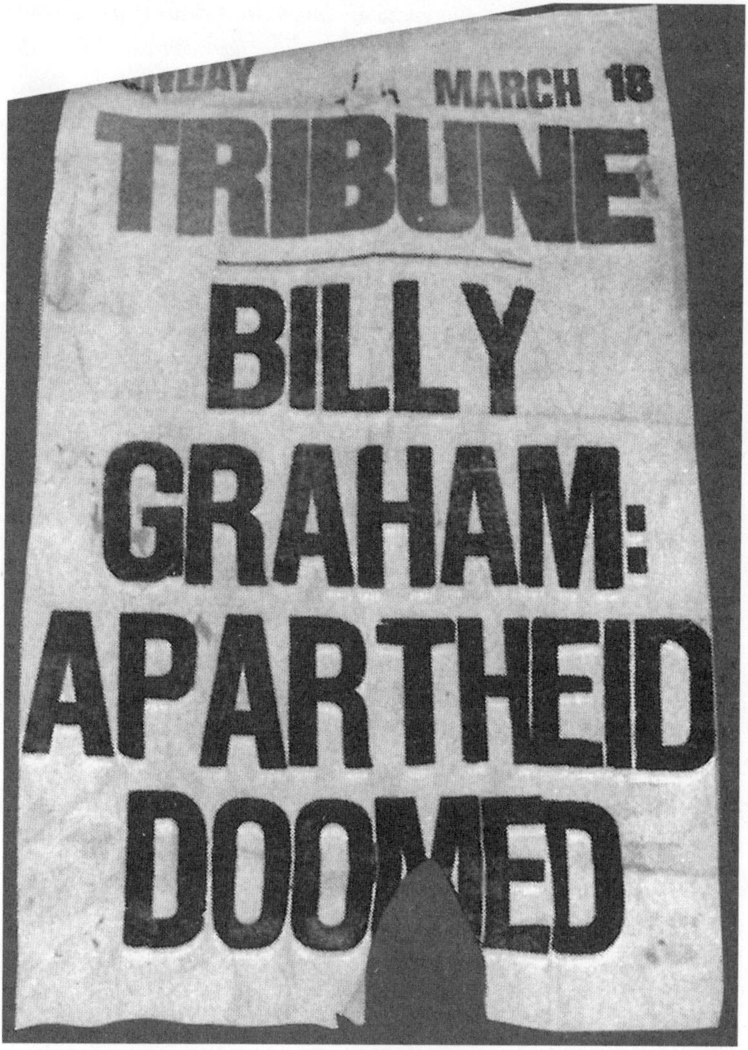

»Apartheid dem Untergang geweiht.« Billy Graham setzte sich schon früh in seinem Dienst sehr für die Aufhebung der Rassentrennung ein, da alle Menschen vor dem Kreuz Christi gleich seien. Bei seinen Evangelisationen erlaubte er keine nach Rassen getrennten Sitzplätze.

geliums, aber das ist nicht das ganze Evangelium. Paulus sagt: ›Denn er ist unser Friede, der aus beiden eines gemacht hat und den Zaun abgebrochen hat, der dazwischen war‹ [Epheser 2,14; L]. Die horizontale Trennung zwischen den Menschen wurde gleichzeitig mit der vertikalen eingerissen. Jesus versah die goldene Regel (dass wir den anderen so behandeln sollen, wie wir auch behandelt werden wollen) nicht mit einer Farbschranke.«

Billy Graham versucht nun von der Bibel her eine Antwort zu geben, wie das Rassenproblem überwunden werden kann:

»Wir müssen es wagen, dem Liebesgebot zu gehorchen, und die Konsequenzen in seine Hand legen. Die ganze Nation braucht eine Taufe mit christlicher Liebe, Toleranz und Verständnis. Meiner Meinung nach wird nur dies unsere Probleme lösen und unsere Spannungen abbauen.«

Schließlich betont er, dass das Gebot der Nächstenliebe weit mehr umfasse als die Überwindung der Rassengrenze. Der Christ müsse seine Stimme generell gegen die sozialen Schieflagen der Gesellschaft erheben, dabei aber darauf achten, dass er im Sinne der biblischen Propheten und Apostel spreche. Insbesondere, wo es um das praktische Handeln gehe, müsse darauf hingewiesen werden, dass die Kraft dazu von Gott stamme. Gleichzeitig dürfe man nie vergessen, dass ein Glaube ohne Werke tot sei.

Der ehemalige Theologieprofessor an der Harvard University und Autor des Bestsellers »The Secular City« (»Stadt ohne Gott«) Harvey Cox fasste kürzlich Billy Grahams Beitrag zur sozialen Frage so zusammen:

»Er war Pionier in Bezug auf das soziale Denken der neuen progressiven Evangelikalen in einer Zeit, als das sehr schwierig war. Graham war sicher ein »New Testament evangelist« [ein Evangelist gemäß dem Neuen Testament]. Aber er war auch so etwas wie ein »Old Testament prophet« [ein Prophet gemäß dem Alten Testament] … Falls wir jetzt in Amerika die Rückkehr eines ökumenischen, prophetischen, friedens-

stiftenden Evangelikalismus erleben, dann muss Billy Graham zu dessen geistigen Vätern gezählt werden.«[225]

In der Mitte des 20. Jahrhunderts hat keine Frage die Christen mehr bewegt als diejenige nach dem Verhältnis der Evangelisation zur sozialen Verantwortung.

Nach dem Zweiten Weltkrieg haben viele Theologen das Evangelium auf soziales Engagement zugunsten der Benachteiligten dieser Welt und zugunsten der Errichtung von gerechten, den Menschen dienenden Strukturen reduziert. Sie haben die gesellschaftliche Verantwortung der Christen auch deshalb so betont, weil viele engagierte Christen zu einseitig die Betonung auf das individuelle Seelenheil gelegt haben – auf Kosten der Weltverantwortung. Jesus Christus hat uns jedoch ein zweifaches Gebot gegeben: Wir sollen Gott von ganzem Herzen lieben und unsere Mitmenschen wie uns selbst.

Bei aller Betonung der praktizierten Nächstenliebe gingen immer mehr christliche Verantwortungsträger zu weit und vergaßen, dass die Nächstenliebe ihre Kraft aus der Gottesbeziehung erhält, und dass ohne diese göttliche Quelle unser noch so gutes Tun letztlich keine bleibenden Früchte trägt. Sie hatten die Nächstenliebe selber zum Evangelium gemacht und sie an die Stelle des göttlichen Heilshandels gestellt. Das Streben nach dem Wohl der Menschen hatte die Botschaft vom Heil in Jesus Christus verdrängt und wurde selber zum Evangelium.

Diejenigen, die einseitig die horizontale Dimension des christlichen Glaubens emporhoben, verträten ein »social gospel« (Soziales Evangelium), wurde von evangelikaler Seite argumentiert. Damit wollte man ausdrücken, dass sie das soziale Engagement zu ihrem Evangelium gemacht hätten. Dabei sollte es doch nur eine Auswirkung des Evangeliums sein und nicht das Evangelium selber. Insbesondere der Weltkirchenrat würde mehr und mehr von Personen unterwandert, die solch ein einseitiges »social gospel« vertreten, war zu hören. Sogar Theologen, die in manchen Bereichen nicht mit der evangelikalen Bibelauslegung einiggingen, beklagten den zunehmenden theologischen Liberalismus, der das Evangelium von Jesus Christus seiner Substanz beraube und wirkungslos mache. H. Richard Niebuhr, Professor an der »Yale Divinity School« und Bruder des noch bekannteren Theologen Reinhold Niebuhr, also jemand, dem man nicht vorwerfen kann, er stehe den Evangelikalen besonders nahe, beschrieb die Doktrin des theologischen Liberalismus einmal so:

> Ein Gott ohne Zorn
> brachte Menschen ohne Sünde
> in ein Königreich ohne Gericht
> durch die Dienste eines Christus ohne Kreuz.

Der theologische Liberalismus schien mehr und mehr die Hauptrichtung der aus der Reformation entstammenden Kirchen zu werden. Damit verloren auch Evangelisation und Mission an Gewicht oder wurden neu definiert, bzw. zu rein zwischenmenschlicher Aktion degradiert. Das war nicht immer so.

Von Edinburgh 1910 bis Kapstadt 2010

Ich möchte nachfolgend versuchen einen Überblick zu geben über die Entwicklung des Missionsverständnisses im 20. Jahrhundert und dabei die zentrale Rolle aufzeigen, die Billy Graham und die von ihm einberufenen Konferenzen dabei hatten.

1910 hatte John Mott unter dem Slogan »Die Evangelisierung der Welt in dieser Generation« zum ersten Mal in der Kirchengeschichte Missionare und Theologen verschiedener Nationen und christlicher Bekenntnisse im schottischen Edinburgh zu einer internationalen Missionskonferenz vereinigt. John Mott war unter der Verkündigung von Dwight L. Moody zum Glauben gekommen und engagierte sich als methodistischer Laie aktiv im CVJM. Er war führend in der 1886 gegründeten Bewegung »Student Volunteer Movement for Foreign Missions« tätig.

Ziel der Versammlung in Edinburgh war es, die Vertreter verschiedener Kirchen und Missionswerke aufzurufen, Hand in Hand den

Missionsauftrag von Jesus zu erfüllen. Die Konferenz postulierte, dass Einheit und Mission zusammengehörten. John Mott war der Überzeugung, dass nichts stärker zur Einheit der verschiedenen Kirchen beitragen würde als praktizierte Weltevangelisation, dass gleichzeitig aber das wirksamste Zeugnis der Christen unsere gelebte Liebe und Einheit sei. Es sei höchste Zeit, sich zur Erfüllung des Missionsauftrages zu verbinden und gemeinsam die Hoffnung in Christus zu verkünden, sonst würde das Christentum als Ganzes unglaubwürdig. John Mott:

»Christus betonte, das mächtigste Argument, um die nicht christliche Welt von seinem göttlichen Charakter und seinen Ansprüchen zu überzeugen, sei die Einheit seiner Jünger. Die Erfahrung hat bereits gezeigt, dass der bei Weitem hoffnungsvollste Weg, die Realisierung der wahren und triumphalen christlichen Einheit zu beschleunigen, in dem Unternehmen besteht, das Evangelium in die nicht christliche Welt zu tragen … Die christliche Kirche steht in einer entscheidenden Stunde. Wenn sie es vernachlässigt, der gegenwärtigen Weltkrise dadurch erfolgreich zu begegnen, dass sie es versäumt, ihre Verantwortung für die ganze Welt wahrzunehmen, dann wird sie sowohl zu Hause als auch auf dem Missionsfeld ihre Kraft verlieren und sie wird in ihrer Mission für die nächste Generation ernsthaft behindert sein … Es hat in der Tat die entscheidende Stunde der christlichen Mission geschlagen. Jetzt ist die Zeit aller Zeiten, dass Christen jeglicher Couleur sich vereinen und mit wiederbelebter Loyalität und Vertrauen auf den lebendigen Gott versuchen, Christus allen Menschen bekannt zu machen, damit seine Macht ihre Wirkung auf alle Nationen ausübt.«[226]

Edinburgh 1910 beeinflusste eine ganze Generation von jungen Leuten, welche als Missionare in die ganze Welt hinausströmten, um die Botschaft der Versöhnung in Christus zu verkündigen. »*The Evangelization of the World in this Generation*« (»die Evangelisation der Welt in dieser Generation«) wurde in weiten Kreisen zum missionarischen Slogan, viele Jahre später auch bei Campus für Christus. Edinburgh 1910 kann im Nachhinein als Start der modernen protestantischen Missionsbewegung gesehen werden. 1946 erhielt John Mott den Friedensnobelpreis für seine Anstrengungen, Gräben des Missverständnisses zu überbrücken und alle Menschen in eine liebende Gemeinschaft zu bringen. Auf die Frage, wie er einmal in Erinnerung bleiben wolle, antwortete er: *»Als Evangelist.«* Leider aber war es ihm nicht wirklich gelungen, die Mehrheit der evangelischen Christen unter dem gemeinsamen Missionsauftrag zu vereinen; zu unterschiedlich war die Haltung zur Inspiration und Autorität der Bibel, und zu unterschiedlich war das Missionsverständnis. Trotz aller Unterschiedlichkeit war das Bedürfnis aber offensichtlich, dass missionarisch gesinnte Christen sich treffen, um den christlichen Auftrag miteinander zu bewegen.

Nach der Weltmissionskonferenz 1910 in Edinburgh gingen zwei Weltkriege über die Bühne, die aufzeigten, welche schrecklichen Folgen Streit und Feindschaft mit sich bringen können. Unter Kirchenvertretern entstand ein wachsender Konsens, dass die Kirchen einen Gegenpol der Einheit und des Miteinanders setzen müssten. 1948 war es dann so weit, dass in Amsterdam der Weltkirchenrat aus der Taufe gehoben wurde. Als erster Generalsekretär diente der Holländer Willem Visser 't Hooft. Billy Graham war als Vertreter von »Jugend für Christus« anwesend. Visser 't Hooft, der Graham sehr freundlich gesinnt war, hatte diesen eingeladen, als Beobachter an der Konferenz teilzunehmen. Ein Hauptanliegen des neu gegründeten Weltkirchenrates war es, zur Erhörung des im 17. Kapitel des Johannesevangeliums wiedergegebenen Gebets von Jesus um Einheit seiner Jünger beizutragen und die gemeinsame christliche Mission zu fördern. Der Ökumenische Rat der Kirchen oder kurz: Ökumenischer Rat, wie er fortan auch genannt wurde, verstand sich als *»eine weltweite christliche Institution, die Kirchen in Einheit, Mission und Dienst verbinden will«*. Es war Visser 't Hoofts tiefe Überzeugung, dass wahre christliche Einheit nur unter dem Kreuz Christi möglich sei, und dass Jesus Christus und sein Heilshandeln die Mitte aller Bemühungen bleiben müssten, wenn sie von Erfolg gekrönt sein sollen. Auch dürfe die Suche nach Einheit nie zum Selbstzweck werden, sondern müsse immer der christlichen Mission dienen.

Billy Graham 1955 im Gespräch mit Willem Visser t' Hooft, dem holländischen Gründer des Weltkirchenrates, an dessen Hauptsitz in Bossey bei Genf.

Hätte man nur diese mahnenden Worte ernster genommen! In den Jahren nach der Gründung des Weltkirchenrates wurde eine wachsende Fehlentwicklung sichtbar: Mehr und mehr waren nicht mehr die Erlösungstat von Jesus und der Auftrag der Weltevangelisation das, was die verschiedenen Kirchen zusammenhielt, sondern eine organisierte Einheit um ein immer diffuseres Missionsverständnis. Man wollte Christen und Kirchen nicht vor den Kopf stoßen, die dem Auftrag der Weltevangelisation kritisch gegenüberstanden. Der Einsatz für soziale Gerechtigkeit wurde immer wichtiger und verdrängte die Verkündigung von Jesus Christus als Gottes Sohn und Erlöser der Menschen immer mehr. Jesus von Nazareth wurde zum Vorbild für faires, gerechtes Handeln und so zum Sozialrevolutionär reduziert. Ein Regierungsvertreter in Kuba sagte mir einmal: *»Ich teile viele Überzeugungen von Ihnen. War nicht Jesus der erste sozialistische Revolutionär?«* Das war Jesus vielleicht auch, aber er war eben noch viel mehr als das.

Die Kirchengeschichte zeigt, dass, wenn man nicht aufpasst, die horizontale Dimension des Evangeliums immer die Tendenz hat, die vertikale Dimension zu verdrängen. Und so war es nach Ansicht vieler auch mit dem Weltkirchenrat, dessen Verlautbarungen von Mal zu Mal mehr in Richtung soziales Evangelium tendierten. Es ging immer einseitiger darum, Gesellschaften zur Umkehr zu rufen, statt einzelne Menschen. Die Verkündigung des Heilshandelns von Jesus wurde ersetzt durch den Einsatz für Frieden, Gerechtigkeit und Bewahrung der Schöpfung. Dabei wurde zu einseitig die Betonung auf die Bildung von gerechten Strukturen gelegt. Der Hauptauftrag der Christen besteht dann darin, die grassierende Armut und Ungerechtigkeit durch sozialpolitisches Engagement zu bekämpfen.

Die christliche Mission umfasst unbestreitbar sowohl die Verkündigung der Heilstat von Jesus mit dem Ruf zur Umkehr als auch das Engagement zur Linderung der praktischen Nöte durch Taten der Nächstenliebe und Engagement für Gerechtigkeit. Evangelisation und soziale Verantwortung gehören vom Wort Gottes her untrennbar zusammen. Was aber im Umfeld des Weltkirchenrates mehr und mehr geschah, war nicht eine notwendige Ergänzung der Wortverkündigung durch praktisches Engagement, sondern ein Ersatz der Evangelisation durch Sozialethik und Sozialpolitik, wobei nicht wenige den Einsatz für eine bessere Welt dann auch noch als Evangelisation bezeichneten.

In seiner Autobiografie beschreibt Billy Graham, wie ihn diese Umdeutung der Evangelisation zunehmend umgetrieben hat und schließlich maßgeblich dazu beitrug, dass er christliche Leiter aus aller Welt zum Thema Weltevangelisation zusammenrief:

»Ich kam zu der Einsicht, dass viele Kirchen und Führungspersönlichkeiten die Priorität der Evangelisation aus den Augen verloren hatten; einige ignorierten Evangelisation sogar vollständig. Das war nicht schon immer der Fall gewesen. Im 19. Jahrhundert war Evangelisation ein zentrales Anliegen der Kirche gewesen, mit Tausenden von Missionaren, die zu den Enden der Erde gingen und das Christentum zu einer wahrhaft globalen Bewegung machten. Diese Explosion der Evangelisation – die größte in der Geschichte der Kirche – war vom Aufbau von

Schulen, Krankenhäusern, Alphabetisierungsprogrammen sowie einheimischen Kirchen und Denominationen begleitet.«[227]

Als Erstes rief Billy Graham 1960 33 christliche Leiter aus 12 Nationen nach Montreux in die Schweiz, darunter den Rektor der bekannten anglikanischen »All Souls«-Gemeinde in London, John Stott, um im informellen Rahmen unter dem Thema »Gottes Strategie in der Mission und Evangelisation« Probleme und Chancen der Evangelisation in einer zunehmend säkularen Welt zu erörtern.

»In der schönen Umgebung des Sees spürten wir alle einen tiefer gehenden Geist der Einheit zwischen uns und eine frische Hingabe, das zu tun, was wir tun konnten, um die Sache der Evangelisation voranzubringen. Gleichzeitig entstand kein formelles Dokument während dieses Treffens, auch gab es keine bestimmten Pläne für irgendwelche weiteren Treffen.«[228]

Es brauchte dann noch einen starken Impuls von einem befreundeten presbyterianischen Pfarrer, der vier Jahre nach Montreux anlässlich einer Evangelisation in Kanada Billy Graham herausforderte, seinen Dienst nicht nur in eigenen evangelistischen Veranstaltungen zu sehen, sondern auch andere zu inspirieren, Ähnliches zu tun. *»Billy, wenn du von einer Großveranstaltung zur nächsten um die ganze Welt hüpfst, wirst du nie erreichen, was du erreichen könntest und solltest. Du musst diese Arbeit nicht nur selbst tun, sondern du musst deine Wirkung multiplizieren. Du musst auch andere zurüsten, effektive evangelistische Arbeit zu tun.«*[229]

Die Würfel waren gefallen. Nach Rücksprache mit seinem Mitarbeiterteam entschied sich Billy Graham, dem Missionsauftrag verpflichtete protestantische Leiter in Berlin zu versammeln, das angesichts der damals bestehenden Mauer als ein Symbol für Trennung stand. War das nicht der geeignete Ort, um Christus als universal gültige Antwort zu erheben in einer Welt, die nach Hoffnung und Frieden schrie?

Billy Graham konnte Dr. Carl Henry, den Chefredakteur von

»Christianity Today«, als Vorsitzenden der Konferenz gewinnen. Das war eine weise Entscheidung, war doch »Christianity Today« unter Carl Henry als Herausgeber zu einem weltweit anerkannten Sprachrohr für evangelikale Theologie geworden. Und Carl Henry selber war als Theologe in evangelikalen Kreisen hoch angesehen. Dr. Erhard Berneburg, Oberkirchenrat und Generalsekretär der Arbeitsgemeinschaft Missionarischer Dienste der evangelischen Kirche in Deutschland, bezeichnet Carl Henry als *»den führenden Theologen der neuen evangelikalen Bewegung«* und *»Pionier für ein neues Nachdenken über die soziale Verantwortung in der evangelikalen Theologie.«* Carl Henry war ein Theologe und Gelehrter, der gründliches Nachdenken mit einer demütigen Haltung dem geoffenbarten Wort Gottes gegenüber verband und sich deshalb immer der Notwendigkeit der Erleuchtung durch den Heiligen Geist beim theologischen Schaffen bewusst blieb:

»Falls wir Menschen irgendetwas Authentisches über Gott aussagen, dann können wir das nur auf der Grundlage göttlicher Selbstoffenbarung; jede andere Rede von Gott ist nur eine mutmaßliche.«[230]

Als Sohn deutscher Einwanderer hatte Carl Henry von seinen Eltern die Liebe zu gründlichem, systematischem Denken geerbt; als Freund und Mitarbeiter von Billy Graham war ihm Evangelisation ein großes Anliegen. Diese Kombination von Theorie und Praxis, von theologischem Sachverstand und evangelistischem Feuer war es, die Billy Graham beim Vorsitzenden einer solchen Konferenz brauchte. Neben der Beziehung zu Harold Ockenga und John Stott war es sicher die Freundschaft und Zusammenarbeit mit Carl Henry, die Billy Graham zu diesem christlichen »Staatsmann« machte, der einen ebenso guten Umgang mit Evangelisten pflegte wie mit Kirchenführern und Theologen. Ohne die Zusammenarbeit mit Theologen vom Kaliber von Ockenga, Stott und Henry wären die Kongresse für Weltevangelisation in Berlin 1966 und Lausanne 1974 nie so bedeutungsvoll geworden.

Beim Einladen der Teilnehmer kam die Frage auf, ob auch die wachsende charismatische Bewegung und pfingstliche Gruppen, die nicht Teil der Hauptströmung der Evangelikalen waren, eingeladen werden sollten. Oral Roberts war einer der führenden Vertreter dieser Gruppe. Billy Graham:

»Ich war der Ansicht, dass mein langjähriger Freund Oral Roberts, weltweit anerkannt für seinen Predigt- und Heilungsdienst und auch für die Entwicklung der Universität in Tulsa, Oklahoma, die seinen Namen trägt, zu den Delegierten gehören sollte … Ich war überzeugt, dass seine Anwesenheit den Beginn einer neuen Ära der Kooperation unter den Evangelikalen markieren würde.«[231]

Oral Roberts betonte anschließend an die Konferenz, dass es *»mehr echte christliche Liebe als auf irgendeinem vergleichbaren Treffen gegeben habe, an dem er je beteiligt war«.*[232] In dieser Einschätzung wurde er von Bob Pierce, dem Gründer von »World Vision«, bestätigt, der die Konferenz als *»die warmherzigste Darstellung brüderlicher Zuneigung, die ich in meinen 25 Jahren Verbindung zu Evangelikalen erfahren habe«*, bezeichnete. Die Konferenz in Berlin stand unter dem Thema »One Race – One Gospel – One Task« (»Eine Rasse – Ein Evangelium – Eine Aufgabe«). 1 200 Teilnehmer aus 104 Nationen waren anwesend. Um auf die Dringlichkeit der Weltevangelisation hinzudeuten, zeigte eine Uhr inmitten des Konferenzgeländes das weltweite Bevölkerungswachstum während der Zeit der Versammlung an. Am Ende der Konferenz war die Weltbevölkerung um über 1,7 Millionen gewachsen. Allen diesen Menschen musste man das Evangelium bringen. Neben Grundsatzreferaten und Bibelauslegungen – eine wurde von Corrie ten Boom geleitet – gab es viele Workshops und Podiumsgespräche, in denen die verschiedenen Facetten der Evangelisation beleuchtet wurden.

Die Weltmissionskonferenz in Berlin löste auch beim Gründer und langjährigen Leiter von Campus für Christus, Bill Bright, viel aus. Billy Graham erwähnt in seiner Autobiografie, Bill Bright habe ihm einmal mitgeteilt, dass der Berliner Kongress ihm die Vision vermittelt habe, dass Campus für Christus sein Einsatzgebiet weltweit ausdehnen sollte.[233] Berlin ’66 hatte auch eine große Auswirkung auf

Billy Graham und sein Team wählten bewusst die geteilte Stadt Berlin, um 1966 die erste Weltmissionskonferenz durchzuführen. Im Hintergrund sieht man die Berliner Kongresshalle, wo die Konferenz stattfand.

Campus für Christus in Europa. Pfarrer Kalevi Lehtinen, finnischer Evangelist und späterer Übersetzer von Billy Graham während dessen Evangelisation 1987 in Helsinki, entschied sich in Berlin für den hauptamtlichen Dienst bei Campus für Christus, nachdem er das Podiumsgespräch zum Thema Studentenevangelisation mit Bill Bright besuchte hatte. Kalevi Lehtinen wurde der erste Mitarbeiter in Europa. Während einer gewissen Zeit war er mein direkter Vorgesetzter.

In der Eröffnungsrede umschrieb Billy Graham die Zielsetzung der Konferenz, indem er es als Hauptaufgabe bezeichnete, Menschen für eine persönliche Beziehung zu Jesus Christus zu gewinnen. »*Evangelisation bedeutet, mit entflammter Seele Zeugnis zu geben. Wir brauchen heute eine geistgesalbte Leidenschaft, die in der tiefen Überzeugung wurzelt, dass der Mensch verloren ist, und in einem Mitgefühl für Menschen, das uns nicht ruhen lässt, bis wir ihnen Christus verkündigt haben.*«[234]

Dann beschrieb er die Dimension des Auftrags:

»*Unser Ziel ist nichts weniger als die Durchdringung der ganzen Welt. Uns ist nicht verheißen, dass die ganze Welt glauben wird. Die Evangelisierung der Welt bedeutet nicht, dass alle Menschen antworten werden, sondern dass allen Menschen die Gelegenheit gegeben wird zu reagieren, wenn sie mit Christus konfrontiert werden. Die meisten Illustrationen des Evangeliums, die Jesus benutzte – Salz, Licht, Brot, Wasser, Sauerteig, Feuer –, verbindet ein gemeinsames Element: Durchdringung. Wir sollen die Welt nicht nur geografisch durchdringen, sondern wir sollen die Welten der Regierung, der Schule, der Arbeit und der Familie durchdringen, die Welt der Unterhaltung, die Welt der Intellektuellen, der Arbeiter, der Ungebildeten. Da uns nicht verheißen ist, dass sich die ganze Welt bekehren wird, ist unser Maßstab nicht der ›Erfolg‹. Wollen wir moralische Reformen? Dann lasst uns evangelisieren!*«

Anschließend kam Billy Graham auf die Beziehung zwischen Evangelisation und der Bekämpfung von sozialen Missständen zu sprechen:

»*Wenn wir soziale Reformen wollen, müssen wir evangelisieren. Die Predigt des Kreuzes und der Auferstehung trug in den letzten 400 Jahren die Hauptverantwortung für die Förderung des humanitären Gedankens und für das soziale Anliegen. Gefängnisreformen, Verbot des*

Sklavenhandels, Abschaffung der Sklaverei, der Feldzug für Menschenwürde, der Kampf gegen Ausbeutung – alle diese Dinge sind die Folge großer religiöser Erweckungen und der Bekehrung von Einzelpersonen. Die Predigt des Kreuzes könnte mehr für das Zustandekommen sozialer Reformen tun als jede andere Methode.«

Dann fuhr Billy Graham fort, indem er betonte, dass Evangelisation nicht zur Vernachlässigung der sozialen Verantwortung führen dürfe. Evangelisation und soziales Engagement müssten Hand in Hand gehen: *»Die sozialen Übel schreien laut in unseren Ohren, und wir müssen tiefes Mitgefühl empfinden.«* Billy Graham war es in der Schlussansprache noch einmal wichtig zu betonen, dass aller Einsatz für Frieden und Gerechtigkeit nicht mit Evangelisation gleichgesetzt werden dürfe. Das soziale Engagement und die Bemühung um gerechte Strukturen seien nur ein Teilbereich der christlichen Mission. Billy Graham:

»Evangelisation bewegt sich gegenwärtig vom Gewinnen einzelner Seelen weg zur Evangelisation der Gesellschaftsstrukturen … Es hat eine Veränderung gegeben: von ›die Kirche hat eine Mission‹ zu ›die Kirche ist eine Mission‹ … Wir können diese Interpretation nicht akzeptieren. Evangelisation hat gesellschaftliche Auswirkungen, aber ihre primäre Stoßrichtung ist das Gewinnen von Menschen für eine persönliche Beziehung zu Jesus Christus.«

Schließlich fasste er nochmals zusammen, worum es ihm bei Berlin '66 unter anderem gehe: *»In vielen Kreisen hat die Kirche heute eine starke Leidenschaft für die Einheit, aber sie hat den Auftrag unseres Herrn mehr oder weniger vergessen: nämlich zu evangelisieren. Einer der Zwecke dieses Weltevangelisationskongresses besteht darin, einen dringlichen Appell an die Weltkirche zu richten, sie möge zu der dynamischen Begeisterung für die Weltevangelisation zurückkehren, die vor 56 Jahren Edinburgh charakterisierte.«*[235]

Der Berliner Kongress hat den Christen, die dem Missionsauftrag von Jesus verpflichtet waren, alle Völker zu seinen Jüngern zu machen, (vgl. Matthäus 28,18-20) ein Gesicht und eine Stimme gegeben. Diese Stimme wurde gerade auch als Gegenpol zu den zunehmend liberalen Tendenzen des Weltkirchenrates in späteren Jahren mehr und mehr wahrgenommen. Erhard Berneburg hat das Vermächtnis von Berlin '66 so zusammengefasst:

»Durch Berlin 1966 erhielt die gesamte internationale evangelikale Bewegung ein neues Gesicht. Ohne die Bedeutsamkeit von Lausanne 1974 zu schmälern, kann man sagen, dass sich in Berlin der ›Evangelikalismus‹ neu definierte und eine neu gewonnene Einheit demonstrierte. Man schuf ein nicht sektiererisches Muster evangelistischer Zusammenarbeit. Die erste Sorge der Evangelikalen sollte die geistliche Umwandlung einzelner Menschen sein und nicht die politische Umstrukturierung der Gesellschaft. In diesem Sinne einigte man sich auf ein gemeinsames Verständnis von Evangelisation und erarbeitete Leitlinien für die künftige Weltevangelisation.«[236]

Berlin '66 stärkte das Bewusstsein, dass Evangelisation der Hauptauftrag der christlichen Kirche ist und bleiben muss, denn die Kirche hat ihre Identität darin, dass sie eine Kirche für die anderen ist, wie es einmal Dietrich Bonhoeffer ausdrückte. Ebenso wichtig ist jedoch die Verwurzelung im Wort Gottes als unbedingte Autorität. Der Weltkirchenrat wurde zunehmend geprägt von Persönlichkeiten, die nicht mehr an die göttliche Inspiration der Bibel glaubten und die ihr Denken über die Autorität der Bibel stellten. Die Bibel als zuverlässige und vertrauenswürdige Offenbarung Gottes an die Menschen wurde mehr und mehr infrage gestellt. Daran konnte auch der langjährige Generalsekretär des Weltkirchenrates, Dr. W. A. Visser 't Hooft, nichts ändern, der mahnte, dass *»unserer Sache die Überzeugungskraft fehlt, solange wir nicht unter Beweis stellen, dass wir unter der Autorität desselben Wortes Gottes leben«.*[237]

Einerseits wuchs die evangelisch-missionarische Bewegung weltweit, andererseits wurden die theologischen Fakultäten gerade auch in Europa immer liberaler und unterminierten in der Folge auch die missionarischen Bestrebungen der Kirche, bzw. deuteten diese einseitig um in Richtung eines Kampfes für eine gerechte Welt und sozialen Frieden. Mit dem Verlust ihrer Ausrichtung auf den Missionsauftrag von Jesus Christus verlor die christliche Kirche auch ihre Identität und Kraft zur Veränderung der Gesellschaft von innen heraus. Die mehrheitlich liberale Universitätstheologie gerade auch im deutschsprachigen Raum, die als Folge der Bibelkritik viele bisher geltenden christlichen Grundüberzeugungen über Bord warf, wie die Göttlichkeit Jesu, sein Sühnopfer und seine leibliche Auferstehung, hatte die Kirche ihrer Kraft – und damit auch ihres verändernden Einflusses – beraubt. Der deutsche Evangelist und Jugendpfarrer Wilhelm Busch brachte es in seiner von ihm herausgegebenen Zeitschrift »Licht und Leben« unter der Überschrift »Die bange Frage« auf den Punkt: *»Ich bin überzeugt, dass der Grundschaden unserer [deutschen] Kirche die Ausbildung der Theologen auf der Universität ist.«*

Die vierte Vollversammlung des Weltkirchenrates 1968 in Uppsala führte dann noch in verstärktem Maße zu einer Polarisierung zwischen denjenigen, die Evangelisation als Verkündigung der göttlichen Heilstat von Jesus Christus in Wort und Tat sahen, und denjenigen, die darunter vordringlich den Auftrag verstanden, mehr Gerechtigkeit und Frieden in dieser Welt zu schaffen. In Uppsala wurde versucht, die »Theologie der Säkularisation«, wie der Weltkirchenrat es nannte, zur maßgeblichen Leitlinie für das Handeln von Kirchen und Missionen zu machen. Billy Graham besuchte die Versammlung des Weltkirchenrates in Uppsala als Beobachter. Seine Beurteilung: *»Uppsala … tendierte dazu, die gute Nachricht des Evangeliums im Sinne der Neustrukturierung der Gesellschaft umzudefinieren, im Unterschied zum Ruf zur Umkehr und zum Glauben an Christus, der sich an Einzelpersonen richtet.«*[238]

Die Krise der theologischen Grundlagen führte zunehmend zu einer Krise der Mission an sich. Bei der Weltmissionskonferenz des Weltkirchenrates in Bangkok vom 29. Dezember 1972 bis 12. Januar 1973, die unter dem Thema »Salvation Today« (»Rettung heute«) stand, wurde von einem Teil der Teilnehmer der Begriff »Heil« umgedeutet. Sie nahmen Abstand vom biblischen Verständnis des Heils als Versöhnung des sündigen Menschen mit seinem Schöpfer aufgrund des Glaubens an das Sühnopfer von Jesus. Sie verbanden Heil vielmehr mit politischen und sozialen Bemühungen um die Veränderung der Gesellschaft und ihrer Strukturen. Das *»Heil«* wurde als *»Befreiung einer unterdrückten Gesellschaft zur Hoffnung«* definiert. Die Überzeugung, dass der persönliche Glaube an Jesus Christus eine unerlässliche Voraussetzung des Heils sei, wurde infrage gestellt. Der Tübinger Missionswissenschaftler Professor Peter Beyerhaus empfand eine *»tief gehende Beunruhigung über einige durchdringende Züge in diesem ökumenischen Geschehnis, die für die Zukunft der Mission, der Christenheit, ja wahrscheinlich der ganzen Menschheit von verhängnisvoller Bedeutung sein könnten«.*[239]

Peter Beyerhaus deutete es zu Recht als eine Grundlagenkrise der Mission. Tatsächlich empfahl die Weltmissionskonferenz in Bangkok eine zeitweilige Einstellung der Entsendung von Missionaren in Form eines Moratoriums. Es ging nicht länger darum, Pioniermissionen in mit dem Evangelium noch nicht erreichten Gebieten zu unterstützen, sondern ein neues Heils- und Missionsverständnis zu fördern bis hin zur Unterstützung von militanten Befreiungsbewegungen in Afrika. Peter Beyerhaus versuchte in einem Diskussionsbeitrag auf die biblische Fragwürdigkeit des Heilsbegriffs des Weltkirchenrates hinzuweisen. Seine Bedenken wurden aber von Philip Potter, dem Generalsekretär des Weltkirchenrates, als ein innerdeutsches Theologengezänk abgetan. Peter Beyerhaus stellte anschließend an die Konferenz in Bangkok lapidar fest: *»Ich sehe der weiteren Entwicklung der ökumenischen Missionsbewegung mit Grauen entgegen.«*[240]

Vierzehn Jahre später, anlässlich Amsterdam '86, nahm Billy Graham auf eine entsprechende Frage von mir bei der Pressekonferenz Bezug auf die kürzliche Begegnung mit dem anglikanischen Erzbischof von Canterbury. Auf Billy Grahams Frage, ob der Weltkirchenrat es geschafft habe, die Balance zwischen dem sozialen Engagement und der Evangelisation zu wahren, habe der Erzbischof geantwortet: *»Wenn Sie das Verändern von Strukturen und die Hilfe für Unterdrückte und Arme Evangelisation nennen, würde ich mit ›Ja‹ antworten; aber wenn Sie unter Evangelisation verstehen, Menschen für Christus zu gewinnen, und ich denke, dass Sie das meinen, dann glaube* *ich, dass dieser Aspekt an Bedeutung verloren hat.«* Der anglikanische Erzbischof habe dann noch hinzugefügt: »*Wir müssen zu einer ausgewogeneren Sichtweise zurückkehren.«*

Unter der Leitung des Generalsekretärs des Weltkirchenrates, Philip Potter (hier im 1972 aufgenommenen Bild mit Billy Graham) wurde die christliche Mission zunehmend auf ein soziales Engagement für Gerechtigkeit und Frieden reduziert, was Billy Graham veranlasste, als Gegenpol dazu 1974 einen Kongress für Weltevangelisation in Lausanne ins Leben zu rufen.

Als Folge der vom Weltkirchenrat verantworteten Weltmissionskonferenz in Bangkok entschloss sich Billy Graham, unterstützt von seinen Mitarbeitern, etwas gegen die zunehmende Aushöhlung des Heils- und Missionsbegriffs zu unternehmen. Vom 16. bis 25. Juli 1974 lud er 2 700 evangelische Leiter/-innen aus 150 Ländern zu einem Kongress für Weltevangelisation im Palais de Beaulieu in Lausanne ein. Lausanne '74 wurde von vielen Teilnehmern und Beobachtern als Antwort auf die Weltmissionskonferenz in Bangkok verstanden, welche durch ihr Moratorium der missionarischen Bemühungen und die Neudefinition von Heil und Evangelisation die Christenheit spaltete.

Der Lausanner Kongress stand unter dem Motto »Alle Welt soll sein Wort hören!« Die Zeitschrift »TIME« bezeichnete die Zusammenkunft als »*möglicherweise das weitreichendste Treffen von Christen, das es je gab*«, und als »*Herausforderung der vorherrschenden Philosophie des Weltkirchenrates mit seinem Hauptquartier nur 30 Meilen entfernt am Genfer See in Genf*«.[241] Über seine Haltung zum Weltkirchenrat befragt antwortete Billy Graham: »*Bei der Gründung [des Weltkirchenrates] 1948 gab es eine fantastische Vision. Aber der Rat entfernte sich mehr und mehr von orthodoxen Bindungen. Die Kluft zwischen ihm und den Evangelikalen hat sich vergrößert. Ich hoffe, dieser Kongress wird den Weltkirchenrat anregen, seine theologische Position neu zu überdenken.*«

Die offizielle Zielvorgabe des Kongresses in Lausanne war, »*die biblische Grundlage der Evangelisation in einer Zeit der theologischen Verwirrung*« darzulegen. Gleichzeitig war es Billy Graham ein Anliegen, bei den Referenten wie bei den Teilnehmern zu berücksichtigen, dass sich die evangelikale Weltkirche in Richtung der Zweidrittelwelt verändert hatte:

»Es wurde Sorge getragen, die Zusammensetzung so repräsentativ wie möglich zu gestalten; die Zeit des weißen, westlichen Paternalismus musste zu Ende gehen. Letztendlich wurde ein Komitee mit 28 Personen aus 16 Nationen berufen; rund die Hälfte kam aus der Dritten Welt.«[242]

Der anglikanische Bischof Jack Dain aus Australien wurde zum Vorsitzenden gewählt. Der englische Theologe John Stott leitete ein fünfköpfiges Team, das die Ergebnisse des Kongresses in der »Lausanner Verpflichtung« zusammenfasste. Billy Graham selber diente als Ehrenvorsitzender. Der Kongress wäre beinahe an den mangelnden Finanzen gescheitert. Es war dann Ruth Graham, die ihren Ehemann und sein Team ermutigte, am ursprünglichen Plan festzuhalten. Sie war überzeugt, dass wahrscheinlich nie mehr eine solche Gelegenheit kommen würde, christliche Leiter aus der ganzen Welt zu versammeln, um gemeinsam an der Erfüllung des Missionsauftrags von Jesus Christus zu arbeiten. Schließlich zahlte die BGEA drei Viertel des Budgets.

In der Eröffnungsansprache kam Billy Graham auf den Niedergang der Evangelisation in vielen der liberalen Kirchen zu sprechen. Er sah den Grund für diese Entwicklung im Verlust der Überzeugung, dass die Bibel absolut vertrauenswürdig ist, sowie im Streben nach einer organisatorischen, künstlichen Einheit statt einer Einheit rund um die gemeinsame Aufgabe der Evangelisation. Um diesen Gefahren zu begegnen, rief er dazu auf, die absolute Autorität der Bibel für Leben und Glauben neu zu bekräftigen und eine Erklärung abzugeben, was die Bibel unter Evangelisation verstehe. Diese Erklärung sollte nicht nur als ein Orientierungspunkt für Evangelikale dienen, sondern auch als Gegenstück zum Missions- und Evangelisationsverständnis des Weltkirchenrates.

In seiner Ansprache betonte er gleichzeitig die Verpflichtung, sich der sozialen Nöte anzunehmen, dies jedoch nicht auf Kosten der Evangelisation. Auch wies er auf die Gefahr hin, das anzustrebende Reich Gottes mit einer spezifischen Kultur oder einem politischen Programm zu verwechseln. Das sei auch immer seine Gefahr gewesen. Dieser weise Rat war besonders angebracht im Umfeld des Vietnamkrieges, der während des Lausanner Kongresses pausenlos in den Medien präsent war und auch die Christenheit zu spalten drohte. War die Botschaft von Jesus als dem einzigen Friedensstifter angesichts der Grausamkeit des Geschehens nicht deplaziert? Konnte man sich als Christ angesichts des Leids nicht nur in Vietnam vor der gesellschaftlichen Verantwortung drücken? Hatte Philipp Potter, der Generalsekretär des Ökumenischen Rates, mit seiner schneidenden Abrechnung mit der westlichen Mission etwa doch recht, als er bei der Bangkoker Eröffnungsansprache die Geschichte der Mission gleichsetzte mit Verstrickung in den Kolonialismus und Imperialismus und mit Versagen gegenüber den wahren Nöten Afrikas und Asiens?

Billy Graham musste darauf eine Antwort geben. Er tat dies, indem er drei mögliche Gefahren beschrieb im Blick auf das soziale Engagement der Christen:

»Die erste Gefahr besteht in der Verleugnung jeglicher sozialer Verantwortung als Christen. Nun, es stimmt, dass dies nicht unsere erste Auf-

gabe ist. Es ist jedoch in gleicher Weise wahr, dass die Schrift uns immer wieder aufruft, alles zu tun, was in unserer Kraft steht, um das menschliche Leid zu lindern und Ungerechtigkeit zu korrigieren.

Eine zweite Gefahr besteht darin, dass wir den sozialen Interessen erlauben, unsere alles in Anspruch nehmende Aufgabe zu werden. Jesus sagt: ›Was nützte es, die ganze Welt zu gewinnen und dabei seine Seele zu verlieren?‹ … Ohne ein persönliches Verhältnis zu Christus ist der Mensch in dieser und in der nächsten Welt verloren.

Eine dritte Gefahr besteht darin, das Evangelium mit irgendeinem besonderen politischen Programm oder einer Kultur zu identifizieren. Dies ist auch meine Gefahr gewesen. Wenn ich hinausgehe, gehe ich als ein Botschafter des Königreiches Gottes, nicht als ein Botschafter Amerikas. Das Evangelium mit irgendeinem politischen System, einem weltlichen Programm oder einer Gesellschaft zu verknüpfen, ist gefährlich und wird nur dazu dienen, vom Evangelium abzulenken. Das Evangelium übertrifft weit die Ziele und Methoden irgendeines politischen Systems oder irgendeiner Gesellschaft, so gut sie auch sein mögen.«[243]

Noch deutlicher wurde der Stellenwert der sozialen Verantwortung als Teil der christlichen Mission in der sogenannten »Lausanner Verpflichtung« beschrieben. Die Lausanner Verpflichtung war von John Stott vorbereitet und von einem fünfköpfigen Team unter seiner Leitung aufgrund der Ergebnisse des Kongresses täglich bis in die späten Abendstunden überarbeitet worden. Billy Graham selber hat jeden einzelnen Punkt selber gründlich mit seinem Schwager, dem kanadischen Theologen Leighton Ford, zusammen im Detail angeschaut. Gemäß Billy Graham hat Leighton Ford einen ebenso großen Beitrag bei der Formulierung der Lausanner Verpflichtung geleistet wie John Stott, der die offizielle Federführung innehatte. Einen kleinen, aber nicht ganz unwesentlichen Beitrag zur Lausanner Erklärung lieferten auch die drei deutschsprachigen Länder Deutschland, Österreich und die Schweiz, die in einem speziellen Treffen den Entwurf der Lausanner Verpflichtung diskutierten und dem Entwurfkomitee mehrere Korrekturen und Ergänzungen vorschlugen, über die sie Einigkeit erlangt hatten. Die Lausanner Verpflichtung ist wahrscheinlich das wichtigste Ergebnis des Lausanner Kongresses.

Erhard Berneburg bezeichnet die Lausanner Verpflichtung als *»gültiger Ausdruck evangelikalen Missionsverständnisses weit über die Lausanner Bewegung hinaus«.*[244] Auf der Website www.lausannerbewegung.de ist die ganze Lausanner Verpflichtung im Wortlaut wiedergegeben.

Der anglikanische Bischof Jack Dain, der den Vorsitz von Lausanne '74 hatte, und Billy Graham unterzeichnen gemeinsam die Lausanner Verpflichtung.

Trotz anfänglichem Widerstand von Billy Graham wurde nach Lausanne '74 eine permanente Organisation ins Leben gerufen, um die Anliegen von Lausanne weiter weltweit zu fördern: das Lausanner Komitee für Weltevangelisation. Später sprach man von der »Lausanner Bewegung für Weltevangelisation« oder einfach von der »Lausanner Bewegung« bzw. noch kürzer von »Lausanne«. Billy Graham übertrug Leighton Ford die Leitung des Lausanner Komitees. Leighton Ford betonte einmal, wie nahe die Lausanner Bewegung Billys Herz war:

»Ich denke, dass ›Lausanne‹ Billy repräsentiert. Ich denke nicht, dass ›Lausanne‹ seine Organisation [die Billy Graham Evangelistic Association] repräsentiert, die mehr auf tatsächliche Evangelisation ausgerichtet ist. Billys weite Sicht von Evangelisation, sozialen und theologischen Fragestellungen, von Theologie sowie kirchlichen Traditionen und Ausdrucksformen wird nicht so sehr in der Organisation als in Billy selbst repräsentiert.«

Mir ist aufgefallen, dass die Ausstellung zu Billy und Ruth Graham in Charlotte, die »Billy Graham Library«, zwar wirklich informativ und hervorragend gemacht ist, der so wichtige missionsgeschichtliche Beitrag durch die Missionskonferenzen und die Lausanner Bewegung aber zu wenig berücksichtigt wird. Trotzdem kann ich einen Besuch dieser unweit des Flughafens gelegenen Ausstellung wärmstens empfehlen. Anders das »Billy Graham Center« innerhalb des Wheaton College bei Chicago, das Billy Grahams Wirken in einen größeren kirchen- und erweckungsgeschichtlichen Kontext stellt. Es lohnt sich, sowohl die Ausstellung in Charlotte wie in Wheaton bei Chicago zu besuchen, da sie sich inhaltlich gut ergänzen.

Die Amerikaner sehen verständlicherweise in Billy Graham vor allem den Evangelisten der Massen, der in aller Welt, selbst hinter dem Eisernen Vorhang, das Evangelium verkündigte. Sie sehen in ihm zugleich den »Pastor Amerikas« und den geistlichen Ratgeber von elf amerikanischen Präsidenten. Für die Nichtamerikaner ist er aber auch die evangelikale Stimme der zweiten Hälfte des 20. Jahrhunderts schlechthin. Er hat dem evangelikalen Anliegen der Evangelisation und Mission ein Profil gegeben und zur weltweiten Erfüllung des Missionsauftrages beigetragen. Der Evangelist und Kirchenleiter Nilson Fanini aus Brasilien bestätigt die globale Wirkung der Lausanner Bewegung aus persönlicher Sicht:

»Gott hat das Lausanner Komitee benutzt, um den Geist der Evangelisation und Mission in der ganzen Welt neu zu beleben. Ich habe 82 Länder besucht. Ich habe die Auswirkungen von ›Lausanne‹ in der ganzen Welt gesehen.«

Die Lausanner Bewegung hat im Gegensatz zum immer liberaleren und verschwommeneren Missionsverständnis des Weltkirchenrates wieder das biblische Verständnis für Evangelisation und Mission auf das Banner gehoben. Schließlich gab sie den evangelikal-missionarischen Christen eine Identität und dadurch auch eine Stimme. Sie hat damit auch maßgeblich zur Einheit der evangelikalen Christen aus der alten und neuen Welt und aus alten und neuen Kirchen beigetragen.

Die Lausanner Bewegung hat mitgeholfen, dass der Feind Gottes das Denken vieler protestantischer Christen nicht noch mehr vernebeln konnte. Die beste Abwehr für eine liberale Theologie ist eine intellektuell verantwortete, bibelbezogene Theologie, die sich ihrer Grenzen bewusst ist und deshalb ihr Schaffen unter die Leitung des Heiligen Geistes stellt. Durch die Verbindung von biblisch gebundener Theologie mit evangelistischer Praxis wurde dafür gesorgt, dass die Hauptausrichtung erhalten blieb: Gott besser und tiefer zu begegnen und nicht bloß mehr über Gott zu wissen. Die Lausanner Bewegung hat wesentlich dazu beigetragen, dass Herz und Kopf wieder zusammengekommen sind. Heute steht Billy Graham, zumindest außerhalb von Nordamerika, für »Lausanne«; und »Lausanne« steht für eine reflektierte Verkündigung der biblischen Wahrheit vom alleinigen Heil in Jesus Christus und für einen ganzheitlichen Missionsbegriff, der die gesellschaftliche Verantwortung mit einbezieht, ohne das christologische Zentrum und den evangelistischen Auftrag aus den Augen zu verlieren.

Ich habe es selber immer wieder erlebt, dass bei größeren gemeinsamen Aktivitäten wie der Gründung des missionarischen Netzwerkes »Hope for Europe« oder den zwei international übertragenen Missionskonferenzen EXPLO '91 und EXPLO 2000 – die übrigens wie Lausanne '74 auch im Palais de Beaulieu in Lausanne stattfanden – man sich nicht lange mit der Formulierung einer gemeinsamen Glaubensbasis und eines gemeinsamen Missionsverständnisses auseinandersetzen musste, sondern sich schnell darauf einigte, die Lausanner Verpflichtung als gemeinsame Grundlage zu nehmen. Die Lausanner Verpflichtung ist tatsächlich so etwas wie die Zusammenfassung evangelikalen Glaubens- und Missionsverständnisses geworden.

Meines Erachtens bildet Lausanne '74 mit der Lausanner Verpflichtung eines der wichtigsten Vermächtnisse Billy Grahams überhaupt. Dank Lausanne '74 wurde der zunehmenden Aushöhlung des Heils- und Missionsverständnisses Einhalt geboten und das Wort Gottes wieder als absolut vertrauenswürdige, von Gott inspirierte Basis allen kirchlichen Handelns proklamiert. Dank Lausanne '74 bekamen die Evangelikalen ein gemeinsames Gesicht. Lausanne '74 führte die unterschiedlichsten Christen zusammen; Vertreter der alten Kirchen lernten die begeisterten Vertreter der jungen Kirchen kennen, und Vertreter der jungen Kirchen, v. a. aus der Zweidrittelwelt, lernten Geschwister aus den alten Kirchen kennen, denen die Evangelisierung der Welt ebenso unter den Nägeln brannte wie ihnen. Da die Vertreter der einzelnen Länder sich während des Kongresses mehrmals miteinander trafen, führte der Kongress auch zu einem größeren Miteinander in den einzelnen Länderdelegationen. Der langjährige Leiter des deutschen Evangeliumsrundfunks, Horst Marquardt, zieht in seinem Heft »25 Jahre Lausanner Bewegung« Bilanz:

»Als bereichernd haben wohl alle empfunden, dass auf einmal kirchliche neben freikirchlichen Teilnehmern saßen, Charismatiker neben Anticharismatikern, Pfingstler bei den Gemeinschaftsleuten, Vertreter der Arbeitsgemeinschaft Missionarische Dienste (AMD) und der Deutschen Evangelistenkonferenz zusammen mit Repräsentanten der Deutschen Evangelischen Allianz (DEA) und der sogenannten Freien Werke – eine Vielfalt, wie wir sie zuvor nicht erlebt haben ... Der Kongress in Lausanne hat darauf hingewiesen, dass die Aufgabe der Evangelisation unvollendet ist. Es ist großartig, wie viele sich das haben sagen lassen ... Nicht wenige haben sich in Lausanne ihrem Herrn aufs Neue zur Verfügung gestellt. Sie haben Vergebung ihrer Schuld erbeten und Vergebung empfangen. Nach Lausanne evangelisierten viele Evangelisten mit neuer Vollmacht, predigten Prediger mit neuer Freude, entdeckten Theologen den Wert der Heiligen Schrift, gewannen Missionare neuen Mut.«[245]

Die Lausanner Bewegung diente weltweit als Katalysator für evangelistische Strategien und Projekte. Nicht nur in Deutschland, sondern in unzähligen Ländern entstanden als Folge von Lausanne '74 eigene Lausanner Ableger, die sich, oft in Zusammenarbeit mit den nationalen Evangelischen Allianzen, mit der Umsetzung von Lausanne '74 auseinandersetzten.

Auch in meinem Heimatland, der Schweiz, hinterließ die Lausanner Konferenz Spuren. Der Bericht der Schweizer Arbeitsgruppe schloss mit dem Aufruf: »*Gemeinden unterschiedlicher Denominationen sollten lernen, bei evangelistischen Unternehmungen zu kooperieren … Die Verlorenheit der Schweiz muss unsere Herzen ergreifen. Schweiz, höre Seine Stimme!*«[246]

Als Folge von Lausanne '74 wurde die Schweizerische Arbeitsgemeinschaft für Evangelisation (SAFE) ins Leben gerufen, um sicherzustellen, dass die Vision von Lausanne auf einer nationalen Ebene umgesetzt wird. In einer Arbeitsgruppe der SAFE entstand dann auch die Vision eines etwa alle fünf Jahre stattfindenden Christustags, der die evangelisch-missionarischen Christen zu einem Tag der Sammlung und Sendung vereinigen sollte. In der Zwischenzeit haben fünf solche Christustage mit wachsenden Teilnehmerzahlen stattgefunden. Vom Christustag 2004 mit dem Fahnenaufmarsch von Fürbittern aus allen 2786 politischen Gemeinden der Schweiz gingen Impulse in mehrere Länder aus, die nun ähnliche Christustage durchführen als Auftakt zu flächendeckendem Gebet und Evangelisation.

Nicht nur in der Schweiz, sondern insbesondere auch in Deutschland und den skandinavischen Ländern wurden als Folge von Lausanne '74 eigene nationale »Lausanner Bewegungen« gegründet mit dem Ziel, die evangelistischen Bemühungen zu koordinieren und voranzutreiben. In Deutschland wurde neben der neuen Betonung des missionarischen Auftrags in den Gemeinden und von Mensch zu Mensch nun auch wieder der Großevangelisation der gebührende Stellenwert beigemessen. Dazu nochmals Horst Marquardt:

»*Wir haben neu erkannt, dass der besonderen evangelistischen Veranstaltung, einschließlich der Großevangelisation, besondere Bedeutung zukommt. Wir bitten unsere Kirchen und Gemeinden, solche Veranstaltungen zu planen und mitzutragen. Dabei müssen wir auch neue ungewöhnliche Wege gehen. Fantasie und Kreativität helfen, das Zeugnis von Jesus verstehbar zu machen.«*[247]

Zeitlebens verkündigte Billy Graham Jesus Christus als einzigen Weg zu Gott und zum ewigen Leben. Das Foto stammt von einer evangelistischen Ansprache von Billy Graham anlässlich der Weltmissionskonferenz Berlin '66.

Nachdem es 1985 in Verbindung mit der Deutschen Evangelischen Allianz und der Arbeitsgemeinschaft Missionarischer Dienste zur Gründung eines deutschen Zweiges der Lausanner Bewegung kam, wurde nach Wegen gesucht, gemeinsam das Evangelium einer größeren Öffentlichkeit bekanntzumachen. Nach dem Fall der Berliner Mauer lud der deutsche Zweig der Lausanner Bewegung, unterstützt von der Deutschen Evangelischen Allianz, Billy Graham ein, vor dem Reichstag zu predigen. Billy Graham folgte der Einladung. Am 10. März 1990 fand dann eine evangelistische Kundgebung mit ihm vor dem Reichstag in Berlin statt. Anschließend beschloss der Leitungskreis der Lausanner Bewegung, Billy Graham erneut als Redner einzuladen.

1993 fand dann in der Essener Grugahalle eine Großevangelisation mit Billy Graham statt unter dem Motto »ProChrist«, also »für Christus«. Die Ansprachen von Billy Graham wurden an zahlreiche Orte übertragen, was neue evangelistische Maßstäbe setzte. Die Auswirkungen waren so ermutigend, dass man beschloss, in Zukunft ähnliche evangelistische Großprojekte durchzuführen. Pfarrer Ulrich Parzany wurde gebeten, die evangelistischen Ansprachen zu halten. Der Name ProChrist wurde beibehalten.

Bis heute werden in Deutschland von Zeit zu Zeit ProChrist-Evangelisationen durchgeführt, wobei die evangelistischen Predigten dank der modernen Technik an eine große Anzahl Orte zu Tausenden von Menschen in Deutschland und Europa übertragen werden. Vom 29. März bis zum 5. April 2009 fand bereits zum siebten Mal eine solche Veranstaltung statt. Die Ansprachen Ulrich Parzanys wurden per Satellit an über 1 300 Orte in 18 Ländern übertragen. 1,1 Millionen Zuschauer verfolgten die Veranstaltung. Selbst Ulrich Parzany selber hatte nicht mit einem solch großen Interesse gerechnet. Mehr als 56 000 Menschen folgten der Einladung und suchten das Gespräch mit Seelsorgern. Die an ProChrist beteiligten Gemeinden begleiteten Interessierte nach der Großveranstaltung und boten Glaubenskurse an.

Die ProChrist-Evangelisationen sind die bekannteste und größte Evangelisationsveranstaltung Europas und sind letztlich indirekt auch eine Frucht des Wirkens von Billy Graham und der Lausanner Konferenz als Auslöser der Lausanner Bewegung für Weltevangelisation.

Manila ’89, oder Lausanne II in Manila, wie der Kongress auch genannt wurde, versuchte dann fünfzehn Jahre nach Lausanne ’74 vertiefter aufzuzeigen, warum zu einem ganzheitlichen Missionsbegriff sowohl die Evangelisation wie der praktische Einsatz zur Linderung der Not gehören. Schon das Thema »Verkündigt Christus, bis er kommt – ein Ruf an die Gemeinden, das ganze Evangelium der ganzen Welt zu bringen«, machte deutlich, dass zum ganzen Evangelium nicht nur das Wort der Liebe, sondern auch die Tat der Liebe gehört. Die soziale Verantwortung war als integraler Bestandteil eines umfassenden Missionsverständnisses unbestritten. Manila war auch der richtige Ort, um uns Teilnehmern aus der westlichen Welt die Notwendigkeit praktischen Handelns und umfassender Veränderung der Gesellschaft aufzuzeigen. Schon auf dem Weg von meinem Hotel in das Konferenzgebäude musste ich Menschen ausweichen, die in Lumpen gekleidet auf dem Boden saßen und um das Nötigste bettelten. Außerdem hat die Tatsache, dass 60 Prozent der Teilnehmer aus der Zweidrittelwelt stammten, zu einer größeren Sensibilität für die praktischen Nöte der Menschen beigetragen. Man konnte die Augen nicht weiter vor der drängenden Not verschließen, ohne als Christ unglaubwürdig zu werden. Richtungweisend war sicher das Referat des damals neu gewählten Leiters der Lausanner Bewegung, Tom Houston, der betonte, dass die Welt erst evangelisiert sei, wenn das Evangelium den Armen gebracht worden sei, wobei der Begriff »Arme« ein Sammelbegriff sei für alle Arten von benachteiligten Menschen. Tom Houston:

»Ich glaube, dass wir die Gute Nachricht von Jesus in einer feindlichen oder ungläubigen Welt überzeugend darstellen können, wenn wir durch Erbarmen das Anliegen der Armen und ihre Bedürfnisse ernst nehmen. Und ich glaube, dass wir in der Lage sein werden, den Säkularismus im Westen zu bekämpfen, wenn wir diese Art von Authentizität der Guten Nachricht von Jesus wiederherstellen.«[248]

In einem ausführlichen Interview, das ich mit Tom Houston führte, betonte er die Wichtigkeit zeichenhaften Dienstes, wobei er unter Zeichen generell Zeichen der Gegenwart Gottes verstand, wie tätige Liebe und herzliches Miteinander; aber auch Geistesgaben wie Prophetie, Heilung und Befreiung.

In Manila herrschte ein großer Konsens, dass eine umfassende Transformation aller Gesellschaftsbereiche anhand von christlichen Grundwerten angestrebt werden soll, dass die Transformation aber von innen nach außen durch geistlich erneuerte Menschen und daraus folgend erneuerten Beziehungen geschehen soll. Nur in Verbindung zu Jesus, dem »Friedefürsten« (Jesaja 9,5), könne echter Frieden gewirkt werden. Nur in Verbindung mit ihm, der durch seinen Sühnetod den Glaubenden Gerechtigkeit zuspricht, könne nachhaltig eine gerechtere Gesellschaft geschaffen werden. Der Auftrag Jesu, Salz und Licht in dieser Welt zu sein, beinhalte sowohl Evangelisation mit dem Aufruf zur persönlichen Umkehr wie den Einsatz für mehr Fairness und Gerechtigkeit. Die Verkündigung des ewigen Heils in Jesus Christus und die Bemühung um das irdische Wohl der Menschen, gespeist aus der Kraft und Liebe Gottes, standen nicht länger im Gegensatz zueinander, sondern ergänzten sich harmonisch.

Hundert Jahre nach der Weltmissionskonferenz in Edinburgh wird in Kapstadt, Südafrika, vom 16. bis 25. Oktober 2010 unter der Bezeichnung »Lausanne III« ein weiterer internationaler Kongress für Weltevangelisation stattfinden. Dem den Kongress vorbereitenden Lausanner Komitee für Weltevangelisation ist es ein Anliegen, vor allem drei Themen zu behandeln:

- Die Einzigartigkeit von Jesus in einer pluralistischen, postmodernen Welt
- Das Problem des Schmerzes und des Leids in der Welt
- Die mangelnde geistliche Reife und inadäquate Jüngerschaft in der heutigen Kirche

Lausanne III in Kapstadt wird versuchen müssen, die positiven Aspekte von sucherorientierten Gemeinden sowie des missionalen Ansatzes der »Emerging Churches« herauszuarbeiten und weiterzuentwickeln. Es wird immer wichtiger, uns mit dem Lebensumfeld unserer Mitmenschen auseinanderzusetzen und mit ihnen das Leben zu teilen, um von unserer Hoffnung in Christus zu erzählen. Nur mitten in der Welt können wir Salz und Licht für die Menschen sein. Gleichzeitig müssen wir uns dauernd bewusst bleiben, dass Jesus uns zwar mitten in die Welt hineingesetzt hat, dass wir aber nicht von der Welt sind. Wir können unseren evangelistischen Auftrag nur effektiv wahrnehmen, wenn wir uns nicht von der vorherrschenden säkularen Kultur vereinnahmen lassen. Billy Grahams Enkel, Tullian Tchividjian, betont in seinem Buch »Unfashionable« zu Recht, dass die Christen letztlich eine Gegenkultur zur vorherrschenden säkularen Kultur bilden. Er warnt vor einer falschen Anbiederung an die Welt um uns herum:

Tullian Tchividjian, Enkel von Billy Graham, tritt in manchen Bereichen in die Fußstapfen seines Großvaters.

»Ernsthafte Suchende suchen heute nicht nach etwas Attraktivem und Trendigem. Sie suchen nach etwas Tieferem als das, was gerade in Mode ist … Christen machen einen Unterschied in dieser Welt, indem sie sich von der Welt unterscheiden; sie verändern sie nicht, indem sie gleich sind. Das ist von entscheidender Wichtigkeit, denn in unserer Welt, die jedem Trend hinterherjagt, sind die Christen in Versuchung, ihre Unverwechselbarkeit einzubüßen, indem sie sich der Kultur anpassen … Jüngere Generationen wollen kein trendiges Engagement vonseiten der Kirche; in Tat und Wahrheit hegen sie Argwohn dagegen … Sie wollen ihr Leben mit aller Kraft in etwas investieren, für das es sich zu sterben lohnt. Sie wollen auf keiner Modewelle reiten, die morgen schon Vergangenheit sein wird.«[249]

Hat nicht schon sein Großvater immer wieder betont, dass das Evangelium von Jesus Christus für alle Menschen das gleiche und deshalb relevant sei, weil die grundlegende Not der Menschen, ihre Entfremdung von Gott und die Notwendigkeit der Sündenvergebung und geistlichen Neugeburt, überall die gleiche sei? Die Form der Verkündigung könne je nach Zuhörerschaft variieren. Nie aber darf gemäß Billy Graham der Inhalt der Verkündigung hörerfreundlich angepasst und das Ärgernis des Kreuzes geopfert werden. Nur am Fuße des Kreuzes Christi fänden Menschen Vergebung ihrer Schuld und ein grundlegend neues Leben mit einer total neuen Kraftausrüstung, um fortan Salz und Licht in dieser Welt sein zu können.

Und dieses Evangelium gilt es an die hintersten Ecken der Welt zu tragen. Das ist nur möglich, wenn wir Christen eng zusammenarbeiten, indem jeder seine Gaben einbringt und sich mit dem anderen vernetzt. Insbesondere muss die lebendige Kirche in der Zweidrittelwelt unterstützt werden, damit sie ihren entscheidend wichtigen Beitrag zur Einbringung der geistlichen Ernte vor der Wiederkunft von Jesus leisten kann. Es gilt zu berücksichtigen, dass in Bezug auf Evangelisation und Mission die stärksten geistlichen Bewegungen nicht mehr vom Westen und Norden, sondern vom Osten und Süden ausgehen. Gerade wir Christen der aufgeklärten westlichen Welt müssen lernen, dem Wirken des Heiligen Geistes mehr Raum zu geben. Nur so realisieren die mit dem Evangelium zu erreichenden Menschen, dass Gott ein lebendiger, sie liebender Vater-Gott ist, der willens und auch fähig ist zu helfen. In Zeiten der zunehmenden wirtschaftlichen und gesellschaftlichen Probleme wird der Dienst von Mensch zu Mensch und die Nachbarschaftshilfe sehr wichtig werden. Es geht darum, verunsicherten und orientierungslosen Mitmenschen geistliches Brot zu verteilen und angesichts des wirtschaftlichen Zusammenbruchs immer mehr auch wirkliches Brot. Zunehmend wichtig werden Kleingruppen werden, in denen Leben und Glauben geteilt werden und Menschen ganzheitliche Hilfe erfahren. »High Touch« wird in einer Zeit des »Hightech« immer wichtiger werden. In einer zunehmend anonymen und unübersichtlichen Welt haben die Christen den Auftrag, Gemeinschaft und Orientierung zu geben. In einer

Zeit der um sich greifenden Perspektivlosigkeit und Angst sollte Hoffnung vom Glauben her gestiftet werden und auf den hingewiesen werden, der uns in allen Nöten zu sich ziehen will: Jesus Christus.

Gleichzeitig geht es darum, die Transformation aller Gesellschaftsbereiche auf der Grundlage von christlichen Werten voranzutreiben. Es geht darum, unsere christliche Salz- und Lichtfunktion in Politik, Wirtschaft, Erziehung, Gesundheitswesen, Rechtssprechung, Medien, Kultur und Freizeitindustrie auszuüben. Die heilsamen biblischen Richtlinien unseres Schöpfers sollen uns dabei leiten.

Lausanne III in Kapstadt wird nicht nur das Erbe von Berlin '66, Lausanne '74 und Manila '89 vertiefen müssen, sondern auch das Erbe der drei von Billy Graham und der BGEA einberufenen Evangelistenkonferenzen Amsterdam 1983/1986/2000. Bei letzteren Konferenzen hatten Evangelisten aus aller Welt, insbesondere auch der Zweidrittelwelt, das notwendige evangelistische Rüstzeug erhalten.

Es ist für alle Teile sehr wertvoll, wenn Lausanne III 2010 in Südafrika wie die Vorgängerkonferenzen Berlin '66, Lausanne '74 und Manila '89 kirchliche Verantwortliche und Missiologen mit Personen in Verbindung bringt, die aktiv an der missionarischen Front tätig sind, darunter gerade auch Personen aus den Erweckungsgebieten der Zweidrittelwelt. Denn das hat Billy Graham mehr als alles andere ausgemacht, dass durch ihn die evangelistische Leidenschaft in Verbindung gebracht wurde mit profunder theologischer Reflexion und missiologischer Forschungsarbeit. Er hat Kirchenleiter und Missiologen mit den evangelistischen Praktikern an einen Tisch gebracht im Bewusstsein, dass die Herausforderungen der Zukunft sowohl einen hellen Kopf wie ein heißes Herz erfordern.

»Er hat die einen als Apostel, die anderen als Propheten, wieder andere als Prediger und schließlich einige als Hirten und Lehrer eingesetzt. Ihre Aufgabe ist es, die Gläubigen für ihren Dienst vorzubereiten und die Gemeinde – den Leib Christi – zu stärken. Auf diese Weise sollen wir alle im Glauben eins werden und den Sohn Gottes immer besser kennenlernen, sodass unser Glaube zur vollen Reife gelangt und wir ganz von Christus erfüllt sind« (Epheser 4,11-13).

9. Geistesleitung – Bevollmächtigt leben

»Komm, Heiliger Geist, überführe, weihe, bekehre, wehe wie der Wind, offenbare wie das Licht, brenne wie das Feuer! Mögen wir heute Abend niemand anderen außer Jesus sehen!«[250]

Billy Graham

»Als Mitarbeiter von unzähligen Evangelisationen von Billy Graham beeindruckte mich immer neu dessen große Sensibilität gegenüber der Leitung des Heiligen Geistes. Billy Graham hatte eine besondere Gabe, auf die feine Stimme Gottes zu hören, und wusste deshalb immer, wann der richtige Zeitpunkt für etwas gekommen war.«[251]

Viktor Hamm, Europaverantwortlicher der BGEA

»Zu den bemerkenswertesten Aspekten, die ich im geistlichen Leben meiner Mutter erkenne, gehört ihre Haltung des Gehorsams gegenüber Gott. Wenn Mutter glaubt, dass der Herr sie bewegt, etwas zu tun, dann ist es keine Frage, dass sie es tun wird … Mutter handelt dann unverzüglich. Ihre Haltung ist und war, seit ich mich erinnern kann: ›Mein Kommandant hat gesprochen; es ist mir eine Freude zu folgen‹.«[252]

Ruth Graham, Tochter

Mich haben Billy und Ruth Graham seit meiner Jugend fasziniert. Mich hat es fasziniert, wie sie es geschafft haben, bei allem Aufhebens, das um sie gemacht wurde, so normal zu bleiben, so bescheiden, so nahbar, so authentisch. Was ist der Grund, dass Billy der Trubel um seine Person nicht zu Kopf gestiegen ist? Wie konnten sie als Bühnenteam (Billy Graham, Cliff Barrows, Bev Shea) über all die Jahre zusammenbleiben? Warum sind sie von ihrem evangelistischen Auftrag nie abgewichen? Ich wollte unbedingt hinter das Geheimnis dieses Ehepaares und ihrer engsten Mitarbeiter kommen. Das könnte nicht nur eine Hilfe für mich selbst, sondern für unzählige zukünftige Leiterinnen und Leiter, für unzählige Verkündiger und Verkünderinnen, ja, für uns Christen generell sein.

Beim Studium ihres Lebens und Dienstes bestätigten sich manche Vermutungen. Ich machte jedoch auch viele Entdeckungen, die mich überraschten, die so gar nicht ins Bild passten, die ich mir von den Grahams gemacht hatte. Eine davon ist der Stellenwert, den sie dem Heiligen Geist gaben. Während Billy mehr die bevollmächtigende Seite des Heiligen Geistes zum Dienst betonte, war Ruth vor allem wichtig, dass er als unser göttlicher Beistand uns im Alltag zur Seite steht. Ruth sprach weniger vom Heiligen Geist als Billy. Sie erlebte ihn und seine Führung aber in gleicher Weise, indem sie ihr Leben ganz Gott unterstellte, verbunden mit dem Gebet, Gott möge durch die Bibel zu ihr reden. Da es ihr Bestreben war, immer »online« mit Gott zu sein, erlebte sie, wie er ihr seinen guten Willen immer wieder, manchmal auch durch kleine Alltagserfahrungen offenbarte. Ruth sprach öfters davon, wie wichtig es sei, inmitten des Alltags auf die feine Stimme Gottes zu hören und das zu tun, was er uns sage. Einmal war sie bei Freunden zu Gast, als sie eine Erfahrung machte, durch die Gott zu ihr sprach:

»Ich war in unserem Schlafzimmer. Das Telefon klingelte. Sofort ging unser Fernseher an. Da ich mich nicht für Elektrizität oder Mechanik interessiere, verstehe ich von diesen Dingen nichts. Ich wünschte mir aber, dass ich auch als Christin in gleicher Weise auf die Frequenz Gottes eingestellt bin, sodass er mich, wenn jemand leidet oder etwas

braucht, sozusagen per Fernbedienung (durch einen Impuls, eine Anregung eines Freundes, einen Bibelvers, der mir ins Gedächtnis kommt, einen göttlichen ›Stupser‹) anschalten kann.«[253]

Viele, die mit Ruth Kontakt hatten, nicht zuletzt Billy selber, attestierten ihr eine besondere Gabe, zu erkennen, was jemand gerade brauchte. Bei meinen zwei Besuchen in Montreat und Umgebung hörte ich vor allem zwei Dinge über Ruth Graham: dass sie eine sehr humorvolle Person mit Biss und Kampfesgeist gewesen sei – der Inhaber eines Ladens bezeichnete sie als Feuerwerk –, und dass sie oft die erste Person gewesen sei, die zur Stelle war, wenn jemand eine schwierige Zeit durchmachte. Sie hätte für jeden Menschen das richtige Wort oder die richtige kleine Handreichung bereitgehabt. Mehr als alle anderen profitierte Billy von Ruths Hilfsbereitschaft. Er betonte, sie hätte ihn oft aus ihrem großen Schatz an Wissen auf das richtige Bibel-

Ruth Graham hatte eine besondere Gabe, den nach Rat suchenden Menschen das richtige Wort auf den Weg zu geben. Sie schrieb unzählige Briefe an Menschen, die sich mit irgendeinem Problem an sie wandten.

wort zu einem Thema hingewiesen oder eine passende Illustration zu einer Predigt gegeben.

Ruth war eine aufmerksame Beobachterin des Zeitgeschehens und eine eifrige Leserin von Büchern und Zeitschriften. Oft sprach Gott zu ihr durch das, was sie las, oder durch Vorfälle des Alltags. Dies benutzte sie dann auch wieder, um Menschen, die sie traf, biblische Wahrheiten aufzuschließen. Ruths großes Vorbild war Jesus Christus selber, der oft Geschehnisse aus dem Alltagsleben nahm, um geistliche Wahrheiten zu verdeutlichen. Die erste und oberste Inspirationsquelle für Ruth war das Wort Gottes. Sie verglich einen biblischen Text oft in verschiedenen Übersetzungen und versuchte mit der Hilfe von Bibelauslegungen und Kommentaren die Bedeutung des ursprünglichen Wortlautes eines Textes zu ergründen. Immer war ihre Frage: »*Was willst du, Herr, mir damit sagen?*« Ruth: »*Wir müssen unser Anleitungsbuch sorgfältig studieren, aufmerksam zuhören, wenn unser ›Lehrer‹ spricht, und seinen Anweisungen umgehend folgen.*«[254]

Ruth ermutigte andere, eine spezielle Bibelecke einzurichten und immer einen Notizblock bei sich zu haben, um aufzuschreiben, wenn Gott durch die Bibel oder Vorfälle des Alltags zu uns spricht:

»Als wir in der Schule waren, hatten wir immer ein Heft zur Hand, um uns Notizen von den Vorlesungen der Professoren zu machen. Umso wichtiger ist es, sich Notizen zu machen, wenn Gott der Lehrer ist. Wenn eine viel beschäftigte Hausfrau sich während eines vollgestopften Tages eine Lücke freischaufeln muss, um die Bibel zu studieren, dann ist die Wahrscheinlichkeit groß, dass sie es ganz aufschiebt. Wenn sie aber einen Ort hat, an dem ihre Bibel immer offen und griffbereit liegt, dann kann sie bei jeder Flaute im Sturm einen Kaffee trinken und sich für ein paar Minuten oder mehr hinsetzen, um eine echte Erfrischung und Gesellschaft zu genießen. Während ich im Haus arbeite, mit dem Auto fahre, bügele, einkaufe oder irgendetwas anderes tue, wird mir in einem unerwarteten Moment immer mal ein auswendig gelernter Vers einfallen, und so ein Vers kann genau das Wort sein, das ich gerade brauche.«[255]

Die auswendig gelernten Bibelverse waren Ruths Kapital. Als sie als Folge ihres Unfalls sich nicht mehr an die Bibelverse erinnern konnte, war es ihr, wie wenn sie all ihr Vermögen verloren hätte:

»Plötzlich fühlte ich mich, wie ein Mann sich fühlen muss, der erfährt, dass die Bank pleite ist, und dass er die Ersparnisse seines ganzen Lebens verloren hat. ›Herr‹, bettelte ich, ›du kannst alles haben, aber gib mir bitte meine Bibelverse zurück!‹«

Der erste Bibelvers, der ihr in den Sinn kam, war dann: *»Ich habe dich je und je geliebt, darum habe ich dich zu mir gezogen aus lauter Güte«* (Jeremia 31,3; L). Ruth: *»Der Vers war da, zurückgegeben, als ich ihn am meisten brauchte.«*

Es ist der Heilige Geist, der durch die Bibel zu uns spricht. Die Bibel ist sein Instrument dazu. Erfüllt und geleitet zu sein vom Wort Gottes ist die beste Voraussetzung, erfüllt und geleitet zu sein vom Heiligen Geist. Zwischen den Aufforderungen von Paulus in Kolosser 3,16 und Epheser 5,18-20 gibt es erstaunliche Parallelen, mit dem Unterschied, dass Paulus im Schreiben an die Kolosser vom Wort Gottes spricht und im Schreiben an die Epheser vom Geist Gottes:

»Das Wort Christi wohne mit seinem ganzen Reichtum bei euch. Belehrt und ermahnt einander in aller Weisheit! Singt Gott in eurem Herzen Psalmen, Hymnen und Lieder, wie sie der Geist eingibt, denn ihr seid in Gottes Gnade« (Kolosser 3,16; EÜ).

»Lasst euch vom Geist erfüllen! Lasst in eurer Mitte Psalmen, Hymnen und Lieder erklingen, wie der Geist sie eingibt. Singt und jubelt aus vollem Herzen zum Lob des Herrn! Sagt Gott, dem Vater, jederzeit Dank für alles im Namen Jesu Christi, unseres Herrn!« (Epheser 5,18b-20; EÜ).

Je mehr wir im Wort Gottes leben, desto besser kann Gottes Geist unser Leben mit seiner Gegenwart füllen und unser Leben prägen und bestimmen. Je mehr wir die biblischen Wahrheiten in uns aufnehmen und »verstoffwechseln«, wie es die Österreicherin Maria Prean einmal bezeichnet hat, desto enger ist unsere Gemeinschaft mit Jesus Christus, und desto mehr geistliche Frucht bringt unser Leben! Erinnern wir uns an das Wort Jesu aus dem Weinstockgleichnis: *»Doch wenn ihr mit mir verbunden bleibt und meine Worte in euch bleiben, könnt ihr bitten, um was ihr wollt, und es wird euch gewährt werden! Darin wird mein Vater verherrlicht, dass ihr viel Frucht hervorbringt und meine Jünger werdet«* (Johannes 15,7-8).

Ruth forderte die Frauen heraus, ehrlich zu überprüfen, worauf sie ihren Dienst als Ehefrauen und Mutter stützen:

»Bauen wir an unserem Heim nach Gottes Bauplan? Ist die Bibel unser Bauplan?« Um dann hinzuzufügen: *»Die Bibel ist das relevanteste, aufregendste, das fabelhaft praktischste Buch in der heutigen Welt.«*[256]

Ruth Graham sah ihr ganzes Leben als Gottesdienst. Es ist bezeichnend, dass der Apostel Paulus in Römer 12,1-2 die Ganzhingabe unseres Lebens als Gottesdienst bezeichnet und die damit verbundene neue Gesinnung mit der Fähigkeit verbindet, Gottes Willen zu erkennen:

»Weil Gott so barmherzig ist, fordere ich euch nun auf, liebe Brüder, euch mit eurem ganzen Leben für Gott einzusetzen. Es soll ein lebendiges und heiliges Opfer sein – ein Opfer, an dem Gott Freude hat. Das ist ein Gottesdienst, wie er sein soll. Deshalb orientiert euch nicht am Verhalten und an den Gewohnheiten dieser Welt, sondern lasst euch von Gott durch Veränderung eurer Denkweise in neue Menschen verwandeln. Dann werdet ihr wissen, was Gott von euch will: Es ist das, was gut ist und ihn freut und seinem Willen vollkommen entspricht.«

Wir können nur in dem Maße Gottes Willen erkennen und tun, in dem wir unseren Eigenwillen am Kreuz Christi deponiert haben. Ruth Graham hatte von ihrem Naturell her einen ausgeprägten eigenen Willen. Sie hatte starke Überzeugungen, was auch eine große Gabe von ihr war. Sie bezeichnete sich selber als eine Person, die von ihrem Charakter her zu Sturheit neigte. Da sie ihre Ansichten aber immer neu Gottes Prüfung unterstellte und bereit war, sich korrigieren zu lassen, war sie fähig, die Leitung des Heiligen Geistes zu erkennen und das zu tun, was von Gott her dran war, und das zu lassen, was (noch) nicht dran war.

In einer Zeit des immer schnelleren Wandels müssen wir schnell auf die wechselnden Umstände reagieren können. Die Fähigkeit, Gottes Willen in einer Situation zu erkennen und zu tun, wird deshalb von zunehmender Wichtigkeit werden. Wir müssen lernen, auf die feine Stimme des Heiligen Geistes in unserem Leben zu hören, damit wir ihm bei seinen Plänen assistieren können und ihn nicht als Erfüllungsgehilfen unserer Pläne missbrauchen. Aus den vielen Stimmen gilt es Gottes Stimme herauszuhören. Das benötigt stete Übung. Mein praktisch veranlagter Großvater väterlicherseits, Stickereifabrikant von Beruf, hat mir einmal einen wertvollen Tipp mit auf den Weg gegeben. Ich hatte alte Briefe von deutschen Freunden meiner Großeltern, insbesondere von Wilhelm und Johannes Busch aus der Zeit während des Zweiten Weltkrieges und danach, durchgelesen. Dabei fiel mir auf, dass mehrmals Sätze fielen wie: »*Hans, wie konntest Du nur wissen, dass wir im Moment nirgendwo Strumpfhalter [was auch immer das ist] bekommen können?*« Oder: »*Die Kartoffeln sind wieder genau im richtigen Moment gekommen.*« Also fragte ich Opa nach seinem Rezept. Seine Antwort wird mir gerade wegen ihrer Schlichtheit zeitlebens in Erinnerung bleiben: »*Wenn mir oder meinem Wybli [damit meinte er seine Frau] irgendetwas Gutes in den Sinn kommt, das wir tun könnten, dann tun wir es. Es könnte ja von Gott sein.*«

Ruth war überzeugt, dass Gott im Normalfall durch alltägliche Dinge zu uns redet. Er leitet uns, dies oder jenes zu tun, indem er unsere Gedanken entsprechend leitet. Sie hielt sich an die Devise: »*Tue einfach das Nächste, das getan werden muss!*«

Jesus betont im 10. Kapitel des Johannesevangeliums, dass die Schafe die Stimme ihres Hirten unterscheiden können von den Stimmen derjenigen, denen die Schafe nicht gehören. Das Problem liegt oft darin, dass wir nicht hören: »*Gott spricht immer wieder, auf die eine oder andere Weise, nur wir Menschen hören nicht darauf*« (Hiob 33,14; Hfa). Deshalb ist es so entscheidend wichtig, dass wir uns immer wieder vom Lärm des Alltags zurückziehen und unsere Frequenz auf Gottes Frequenz einstellen.

Ruth war eine Person, die sich zeitlebens bemühte, ihre innere Antenne auf Gott auszurichten. Sie wollte die feinen Impulse des Heiligen Geistes wahrnehmen. Feinfühligkeit und Bereitschaft, Gott in allen Dingen zu gehorchen, machten es für Gott möglich, ihr immer wieder größere und kleinere Dienstaufträge zu erteilen, die sie dann bereitwillig ausführte.

Eine der größten Herausforderungen heute ist es, richtig mit den modernen technischen Errungenschaften umzugehen, damit sie uns und unserem Auftrag dienlich sind. Mit persönlichen Blogs und sozialen Netzwerken wie Facebook und Twitter können wir, wie es unser Sohn Daniel tut, schnell Tausende von Menschen erreichen und Zeugnis davon ablegen, wie ein Leben mit Jesus Christus aussieht. Wir können aber auch unsere wertvolle Zeit mit Belanglosigkeiten füllen, sodass wir nicht mehr fähig sind, Gottes feine Stimme zu vernehmen. Wenn wir nicht smart mit Smartphones umgehen, dann sind wir bald nicht mehr smart. Durch das Mobiltelefon und den Versand von SMS können wir Zeit und Energie sparen und Beziehungen zu Menschen knüpfen. Wir können damit aber auch Zeit und Energie vergeuden, die wir für den Bau des Reiches Gottes einsetzen könnten. Ich habe die Erfahrung gemacht, dass es hilfreich sein kann, gelegentlich beim Telefon den Stecker rauszuziehen bzw. das Mobiltelefon auszuschalten, um frei zu sein für eine tiefere Begegnung mit Gott. Es braucht oft Zeit, bis wir im Gebet in das Allerheiligste vordringen können, und da ist es wichtig, von vornherein jede Störung auszuschalten. Mir persönlich hilft es, immer wieder mit Gott zusammen längere Wanderungen zu unternehmen, nur ich und der Vater im Himmel. Ruth Graham kletterte zu diesem Zweck in früheren Jahren manchmal auf einen Baum hinauf, um allein mit Gott zu sein. Ihr war es ein Anliegen, nicht als Getriebene zu leben, sondern das aktiv voranzutreiben, wofür sie eine Überzeugung hatte.

Weil sie sich immer wieder vom Trubel um sie herum zurückzog, erlebte Ruth den Heiligen Geist als Einflüsterer im Alltag, der ihr half, Gottes Willen zu erkennen und zu tun. Er war es auch, der ihr Kraft für den Alltag gab und sie mit Liebe für die Mitmenschen erfüllte. Andere Familienmitglieder betonen mehr die Gaben des Heiligen

Geistes gemäß Römer 12 und 1. Korinther 12. Diese würden ihnen helfen, Christus tiefer in seiner ganzen Fülle zu erkennen und ihn mit ihrem Leben zu verherrlichen. Ruths ältere Schwester Rosa hat laut Gigi ein besonders unverkrampftes Verhältnis zu den Geistesgaben.

Ruth und Billys jüngster Sohn Ned erlebte in seinem eigenen Leben die befreiende und erneuernde Macht Gottes auf außergewöhnliche Weise. Ned litt lange Zeit seines Lebens unter den Folgen von Missbrauchserfahrungen, die er während seiner Schulzeit erlitten hatte. Er versuchte den Schmerz mit eigener Kraft zu bekämpfen. In der Zeitschrift »Charisma«, Ausgabe Mai 2007, berichtet er darüber:

»Ich bin Kletterer und Bergsteiger und konnte mich in meinem Leben durch schiere Kraft und Willensanstrengung über die Schmerzgrenze hinauskatapultieren.«

Aber er schaffte dies nicht auf die Länge und wurde zunehmend depressiv:

»Ich kam an einen Punkt, an dem ich alles aufgab. Ich kümmerte mich um nichts mehr. Ich fürchtete weder Leben noch Tod, weder Versagen noch Erfolg. Erst an diesem Punkt schaffte es Gott, zu mir durchzubrechen.«

Jemand riet ihm dann, Seelsorge bei einer Person zu beanspruchen, die sich in Bezug auf ganzheitliche Heilung der Persönlichkeit auskannte.

Mit dieser Person arbeitete er sein Leben inklusive der Missbrauchserfahrungen als Schüler in mehreren Treffen auf und brachte Jesus in alle diese traumatischen Erfahrungen hinein. Ned konnte im Gebet Bitterkeit und Wut ablegen. Gleichzeitig bat er Jesus, sein Leben zu heilen. Er erlebte dabei, wie dunkle Mächte, die ihn bisher bedrängt hatten, ganz von ihm ließen: Völlig befreit und von großer Freude und Dankbarkeit erfüllt konnte er Gott für die Befreiung und Wiederherstellung loben.

Ned Graham erlebte eine tief greifende Erneuerung durch den Heiligen Geist.

Ned fügt hinzu: »*Meinen Eltern konnten die positiven Veränderungen bei mir nicht entgehen. Meine Mutter versteht vollkommen, was ich durchgemacht habe.*« Auf die Frage an Ruth, welche Veränderung sie seither in ihrem Sohn sehe, meinte sie: »*Ned ist viel rücksichtsvoller und aufmerksamer, und er spiegelt mehr vom Heiligen Geist wider.*«

In einem anderen Interview[257] betonte Ned, wie wichtig es für ihn seither geworden sei, jeden Tag bewusst die geistliche Waffenrüstung nach Epheser 6 anzuziehen und alles im Wort Gottes zu gründen. Das müsse proaktiv gemacht werden und nicht bloß als Reaktion auf irgendetwas Vorgefallenes.

Was bedeutete der Heilige Geist für Billy Graham? Wie sah er die Rolle des Heiligen Geistes im persönlichen Leben wie im evangelistischen Dienst?

Ich war ehrlich gesagt erstaunt, als ich zum ersten Mal hörte, dass Billy Graham ein Buch über den Heiligen Geist schreiben würde. Billy Graham zählt man gemeinhin nicht zu den Charismatikern im engeren Sinne, höchstens zu den »Anders-Charismatikern«, wie ich sie einmal bezeichnen möchte. Das Buch »Die Kraft des Heiligen Geistes empfangen« (»The Holy Spirit«)[258] von Billy Graham hat unzähligen Christen die Augen geöffnet über den zentralen Stellenwert der dritten Person der Heiligen Dreieinigkeit im Leben und Dienst eines Christen.

Es ist unbestreitbar, dass Billy Graham zeitlebens einen sehr engen Draht zu Gott hatte und Gottes Stimme oft deutlicher vernahm als viele um ihn herum. In solchen Momenten erfassten den sonst eher ängstlich veranlagten Menschen eine absolute Entschlossenheit und Furchtlosigkeit; denn er wusste, Gott hatte gesprochen und würde auch alles ausführen, wie er es geplant hatte. Manche für Außenstehende überraschenden Eindrücke bestätigten sich nachher. Ein eindrückliches Beispiel seiner geistlichen Empfindsamkeit war sein Eindruck, New York würde ein starkes Gericht erleben und selbst Gebäude würden einstürzen. Am 25. Oktober 1954 berichtete das amerikanische »TIME«-Magazin:

»Billys größte Hoffnung besteht darin, eine echte religiöse Erweckung in den USA anzustoßen; und wenn das irgendjemand tun kann, dann ist es wahrscheinlich er. Er kann prophezeien: ›Die größte Sünde Amerikas ist unsere Missachtung Gottes … Gott hat es schon früher erlaubt, dass böse Nationen von anderen bösartigen Nationen zerstört wurden … Vielleicht braucht es Verfolgung und Demütigung, um Amerika zu Gott zu bringen … Wenn ich eine wunderbare Stadt wie New York sehe, dann habe ich gleichzeitig eine Vision von zusammenbrechenden Gebäuden und Staub. Ich werde das Gefühl nicht los, dass Gott, wenn wir nicht umkehren, zulassen wird, dass etwas über uns hereinbricht auf eine Weise, die ich nicht vorhersehe.‹«[259]

Vielleicht liegt da das Magazin »TIME« richtig, wenn es ihm eine prophetische Gabe zubilligt.

Wie war seine Haltung zu anderen Geistesgaben, wie der Gabe der Heilung?

Für den Heilungsdienst fühlte sich Billy Graham nicht berufen. Auf den Heilungsdienst von Menschen wie Oral Roberts angesprochen meinte er, er sei dankbar für Menschen, die mit dieser Gabe anderen dienen würden. Er selber hätte aber eine andere Gabe und einen anderen Auftrag; nämlich den Auftrag, das Evangelium zu predigen:

»Mein einziges Spezialgebiet ist das Gewinnen von Seelen. Ich bin kein großer Philosoph, kein Theologe, kein Intellektueller – Gott hat mir die Gabe gegeben, Seelen zu gewinnen.«[260]

Gerade deshalb war es für mich eine große Entdeckung zu erkennen, welch hohen Stellenwert Billy Graham dem Heiligen Geist in seinem Leben und Dienst zuwies. Für ihn war es immer klar, dass der Heilige Geist der eigentliche Evangelist ist und er höchstens sein Mundstück, und dass dieses Mundstück, wie er es ausdrückte, in dem Moment zu totem Lehm werden würde, wenn das Gesagte nicht mehr allein Jesus verherrlichte. Er bezeichnete einmal *»jede Aktivität, die nicht vom Heiligen Geist geleitet ist, als leere Geschäftigkeit«*. So wartete er mehrere Jahre, bis er von Gott grünes Licht dafür bekam, die Einladung der New Yorker Kirchen anzunehmen, dort eine Großevangelisation durchzuführen. Als die Zeitschrift »Newsweek« 1957 als Teil einer umfangreichen Berichterstattung über Billy Graham das Geheimnis seines Erfolgs in New York wissen wollte, verwies er auf die Macht des Heiligen Geistes:

»Reporter können nicht verstehen, wie ein intelligenter Absolvent einer Universität aus einer Menschenmenge aufstehen und nach vorne kommen kann, um sein Leben Christus zu geben. Doch während ich rede, ist eine andere Kraft am Werk – der Geist Gottes. Der Geist Gottes hat die betreffende Person vielleicht schon seit Wochen vorbereitet. Ich habe nicht die Macht, irgendjemanden zu bekehren – das ist das Werk des Geistes Gottes.«

Billy Graham rechnete bei seinen evangelistischen Feldzügen fest mit dem Wirken des Heiligen Geistes. Und er erlebte es dann auch, dass Gott souverän handelte und Menschen in Scharen zu ihm hinzog. Manchmal war das Wirken Gottes so stark, dass die Menschen schon nach vorne ans Podium strömten, bevor er sie dazu aufgerufen hatte. Ein Ehepaar hat dies einmal eindrücklich erlebt. Zuerst waren sie enttäuscht, dass sie nur noch schlechte Plätze inmitten von lärmigen Teenagern erhalten hatten, die immer etwas zu tuscheln hatten. Sie fühlten sich gestört; bis mitten in der Predigt plötzlich eine unerklärliche Stille die Menschen erfasste. Was ihnen noch am meisten in Erinnerung blieb, war die Reaktion der Teenager um sie herum: »*Weinen, sehr viel Weinen. Überall um uns herum weinten Teens. Vor der Einladung nahm das Weinen noch zu, und Dutzende von ihnen standen auf, schritten die Treppenstufen hinunter – noch bevor die Einladung überhaupt ausgesprochen worden war. An diesem Abend verließen Hunderte ihre Sitze, um nach vorne zu gehen und Christus in ihr Leben aufzunehmen.*«

Auf das Ehepaar hatte diese Erfahrung einen nachhaltigen Einfluss. Sie hatten miterlebt, wie durch die Macht Gottes das Leben von Tausenden einschließlich Hunderten von Teenagern verändert wurde. »*Wir befanden uns an diesem Abend inmitten der Kraft Gottes und sahen Gottes Geist in Bewegung.*«[261]

Solche Erfahrungen des offensichtlichen Wirkens des Heiligen Geistes bestätigten Billy Graham in seiner Überzeugung, dass der eigentliche Evangelist der Heilige Geist ist und er im besten Fall sein Assistent.

Im Rahmen einer Ansprache an geistliche Leiter im Vorfeld seiner Evangelisation in Düsseldorf beschrieb Billy Graham dies so:

»Ich möchte noch einmal sagen, dass ich alle Ehre Gott dem Heiligen Geist gebe für das, was wir in unseren Versammlungen erlebt haben. Ich stand oft ganz zurück in den Versammlungen; denn ich fühlte, dass ich beiseitegestellt war, und dass der Heilige Geist wirkte. Wir müssen ganz abhängig sein vom Heiligen Geist.«[262]

Ausführlicher sprach Billy Graham bei einer Jahresversammlung der Nationalvereinigung der Evangelikalen 1952 in Chicago über die Rolle des Heiligen Geistes bei Evangelisation und Erweckung. Zuerst redete er von der Heiligkeit Gottes:

»Jede große Erweckung in der Geschichte der Welt oder in der Geschichte der Kirche betonte die Heiligkeit Gottes. Beschäftige dich mit dem Wesen Gottes! Suche jede Schriftstelle, die du finden kannst, über die Heiligkeit und Gerechtigkeit und Reinheit Gottes und studiere sie und atme sie auf den Knien ein, und du wirst ein anderer Mann, eine andere Frau.«[263]

Dann kam er auf den Stellenwert der persönlichen Heiligung zu sprechen:

»Es ist Zeit für eine persönliche Heiligung – ein heiliges Leben.« Als Zeichen eines heiligen, erweckten Lebens erwähnte er, dass man beginne, die Lehren von Jesus Christus und des Neuen Testaments im Alltag umzusetzen: *»Wir werden anfangen, siebzigmal siebenmal zu vergeben. Wir werden beginnen, die andere Wange hinzuhalten. Wir werden beginnen, die zweite Meile mitzugehen. Wir werden unseren Rock lassen und dazu noch unseren Mantel. Wir werden anfangen, nach 1. Korinther 13 zu leben, und werden einander lieben.«*

Er fuhr fort, indem er betonte, dass die Liebe als erste Geistesfrucht des Heiligen Geistes in allen Bereichen gelebt werden muss, auch gegenüber denjenigen, die unsere Meinung nicht teilen.

Schließlich sprach er die anwesenden Pastoren und Leiter direkt an: *»Sind Sie mit dem Heiligen Geist erfüllt? … Wenn Sie nicht mit dem Heiligen Geist erfüllt sind, dann können die Worte, die Sie reden, oder die Entscheidungen, die Sie treffen, vom Geist geleitet sein oder nicht. Sie können vielleicht in Ihrem ganzen Leben falsch handeln, wenn Sie nicht vom Heiligen Geist erfüllt sind und nicht jeden Augenblick von ihm geleitet werden. Sie sind kein siegreicher Christ, wenn Sie nicht vom Geist erfüllt sind. Sie können von Gott nicht gebraucht werden, wenn Sie nicht vom Heiligen Geist erfüllt sind.«*

Stanley High, ehemals Herausgeber des »Reader's Digest«, schreibt in seiner Biografie von Billy Graham, »The Personal Story of the Man«, über das Geheimnis hinter Billy Grahams großer, nachhaltiger Wirkung. Er zitiert einen britischen Journalisten, der es nicht verstand, warum die einfache Botschaft eine so große Wirkung entfachen konnte, und der seine Ergebnisse folgendermaßen zusammenfasste:

»Ich glaube, dass das Geheimnis dahinter die erlösende Energie des Heiligen Geistes ist.« Auch er, fährt High fort, sei zum gleichen Schluss gekommen. Die einzige Erklärung sei Gott selber und der Wunsch Billy Grahams, Gottes Ehre nicht zu beschmutzen. High: *»Die Angst, mit der er lebt, besteht nicht darin, dass er äußerlich versagen könnte, sondern dass er innerlich den Allmächtigen enttäuschen könnte.«* Dann zitiert er 1. Korinther 9,27: *»Mit der eisernen Disziplin eines Athleten bezwinge ich meinen Körper, damit er mir gehorcht. Sonst müsste ich befürchten, dass ich zwar anderen gepredigt habe, mich danach aber womöglich selbst disqualifiziere.«* High erwähnt, dass Billy einmal, auf die Geschichte von Simson und Delila Bezug nehmend, meinte, das könnte ihm passieren. Auch er könnte wie Simson als Folge der Sünde seine Vollmacht verlieren und es nicht einmal merken.

Billy Graham: *»Ich frage mich die ganze Zeit, seit ich hier sitze: ›Billy Graham, bist du vom Heiligen Geist erfüllt?‹ Meine Kraft besteht einzig und allein im Heiligen Geist. Ohne ihn basiert alles, was ich tue, auf der Energie des Fleisches und wird vor dem Richterstuhl Christi verbrannt werden. Es ist mir egal, wir groß die Menschenmassen und wie groß die berichteten Ergebnisse sind; all das ist wie das ›tönende Erz und die klingende Schelle‹, wenn ich nicht mit dem Heiligen Geist erfüllt bin.«*[264]

Bei der Beurteilung von Billy Graham und seinem Dienst ist Stanley High zur Überzeugung gekommen, dass dessen Entschiedenheit, nie etwas ohne die Hilfe des Heiligen Geistes zu tun, mehr als alles andere zur großen Wirksamkeit seines Dienstes beigetragen habe.

Wie kam Billy Graham zur Erkenntnis der zentralen Wichtigkeit des Heiligen Geistes?[265]

Noch als Evangelist bei »Jugend für Christus« nach dem Ende des Zweiten Weltkrieges lernte er in Großbritannien den jungen walisischen Evangelisten Stephen Olford kennen. Nachdem er diesen über die Wichtigkeit der Erfüllung mit dem Heiligen Geist hatte sprechen hören, wurde ihm bewusst, dass ihm diese Erfahrung fehlte. Natürlich hatte er vom Heiligen Geist gehört. Natürlich wusste er, dass er durch den Heiligen Geist neues Leben geschenkt bekommen hatte, und dass als Folge seines Glaubens an Jesus Christus der Heilige Geist in ihm Wohnung genommen hatte. Gleichzeitig musste er aber erkennen, dass ihm die geistliche Vollmacht fehlte, die ein Stephen Olford offensichtlich besaß, und dass dies mit der Erfüllung und Bevollmächtigung durch den Heiligen Geist zusammenhängen musste. Billy Graham beschrieb es so: *»Er strahlte eine Dynamik … eine freudige Erregung aus, die ich einfangen wollte.«*

Billy trat an Stephen Olford heran mit der Bitte: *»Du hast von etwas gesprochen, das ich nicht habe … Ich will die Fülle des Heiligen Geistes auch in meinem Leben.«* In einem kleinen Hotelzimmer ging Olford alle biblischen Schritte mit Billy durch, die ihn selber zur Entdeckung des geisterfüllten Lebens und zur Erneuerung seines Dienstes geführt hatten. Er erklärte Billy, wie er im Vertrauen auf das Wort Gottes die Erfüllung und Bevollmächtigung durch den Heiligen Geist beansprucht hatte. Ohne vorhergehenden inneren Zerbruch gehe es aber nicht. Das Gefäß müsse zuerst entleert sein, damit es mit Gottes Geist erfüllt werden könne. Olford: *»Während ich sprach, und ich kann ihn noch jetzt vor mir sehen, ließen Tränen seine wunderbaren Augen glänzen, und er sagte: ›Stephen, ich sehe es. Das ist es, was ich will. Das ist es, was ich in meinem Leben brauche.‹«* Dann knieten beide Männer nieder und beteten, dass Billy mit dem Heiligen Geist erfüllt werden möge, wie es in der Bibel verheißen ist. Olford: *»Ich kann Billy immer noch hören, wie er sein Herz in einem Gebet totaler Hingabe an den Herrn ausschüttet.«* Gemeinsam lobten sie Gott und dankten ihm mit überschäumender Freude.

Diese Erfahrung mit dem Geist Gottes führte dazu, dass fortan noch mehr Leute als bisher auf Billys Aufforderung reagierten, Jesus Christus als ihren Herrn und Erlöser in ihr Leben aufzunehmen. Jahre später betonte Billy Graham, dass ihm diese Erfahrung der Erfüllung mit dem Heiligen Geist geholfen habe, besser zu verstehen, was es heiße, beständig in einer Haltung des Sieges zu leben, da ja Jesus, der Sieger, durch den Heiligen Geist in uns lebe.

Dr. Stephen F. Olford wurde selber ein bekannter Evangelist, der während vieler Jahre via seinen internationalen Radiodienst »Encounter« von Großbritannien aus das Evangelium in unzählige Nationen hinein verkündigte. Als hervorragender Bibellehrer wurde er zum geistlichen Vater von vielen jüngeren Leitern. Billy Graham nannte ihn einmal einen Mann, der seinen Dienst wie kaum ein anderer beeinflusst habe. Diesen Stephen Olford hörte ich selber zum ersten Mal bei der von Billy Graham organisierten Evangelistenkonferenz 1983 in Amsterdam. Dort sprach er über die Notwendigkeit eines heiligen Lebens und über die Wichtigkeit eines unbedingten Vertrauens in die Autorität des Wortes Gottes. Die Kraft der Predigt beruhe darauf, dass wir bei der Bibelauslegung mit Überzeugung sagen könnten: »*So spricht der Herr.*« Wir sollten uns immer daran erinnern, dass der Heilige Geist im Normalfall als Antwort auf das verkündigte Wort Gottes wirke. Leider seien sich dessen viele Verkündiger viel zu wenig bewusst.

Bei der gleichen Konferenz in Amsterdam rief Billy Graham den versammelten Evangelisten aus aller Welt zu:

»*Möge Gott uns mit dem Feuer vom Altar entflammen – möge der Heilige Geist in der mächtigen Kraft von Pfingsten auf uns herabkommen. Dies ist das Wort des Herrn: ›… nicht durch Heer oder Kraft, sondern durch meinen Geist‹, spricht der allmächtige Herr*« (Sacharja 4,6; L). Dann bat er uns als Abschluss seines Vortrages mit ihm zusammen laut auszusprechen: »*›… nicht durch Heer oder Kraft, sondern durch meinen Geist‹, spricht der allmächtige Herr.*«

Eindrücklich, wie Billy Graham in Amsterdam immer wieder versuchte, die Aufmerksamkeit von sich weg auf Gott hinzulenken. Wenn man ihm applaudierte, dann applaudierte er demonstrativ mit, um klarzumachen, dass aller Dank Gott gehöre.

Billy Graham und der Heilige Geist im Zeitablauf

Die 60 Jahre nach dem Zweiten Weltkrieg markieren den Zeithorizont von Billy Grahams öffentlichem Wirken. In diesen 60 Jahren konnte man unter den evangelisch-missionarischen Christen, den »Evangelikalen«, zwei Trends beobachten. Erstens haben sie sich auf ihren pietistischen bzw. puritanischen Ursprung zurückbesonnen, wo die persönliche Frömmigkeit immer auch verbunden war mit einer Verantwortung gegenüber den Nöten der Gesellschaft. Zweitens haben sie sich noch weiter zurückbesonnen, nämlich 2 000 Jahre, auf das Kommen des Heiligen Geistes, der aus Fischfischern wirkungsvolle Menschenfischer machte. Billy Graham betonte immer wieder, dass das Geheimnis der Kraft der ersten Christen der Heilige Geist gewesen sei, und dass wir heute diese Kraft mindestens so nötig hätten wie die Urgemeinde. Beide Themen – die Rolle der sozialen Verantwortung wie die Rolle des Heiligen Geistes – wurden unter den Evangelikalen in der zweiten Hälfte des 20. Jahrhunderts heiß debattiert.

Ich habe bereits dargelegt, wie insbesondere die Missionskongresse in Lausanne und Manila neu die ganzheitliche Weltverantwortung der Christen betonten. Wie war es nun aber mit dem ebenso umstrittenen Thema des Heiligen Geistes mit seinen Gaben und vielfältigen Wirkungen? Ich habe mir die Mühe gemacht, einmal Billy Grahams Hauptaussagen zu diesem Thema im Zeitablauf anzuschauen, angefangen bei der Zeit bei »Jugend für Christus«, noch bevor er einer größeren Öffentlichkeit bekannt war, bis zur Veröffentlichung seines letzten größeren Buches »Jedes Leben eine Reise« (»A Journey«) 60 Jahre später.

Kurz nach seiner einschneidenden Begegnung mit Stephen Olford und der Erfahrung einer neuen Dimension der Kraft Gottes in seinem Leben beschreibt Billy Graham 1947 in seinem ersten Buch »Calling Youth to Christ« (»Die Jugend zu Christus rufen«) den Heiligen Geist als mächtigen Dynamo, der uns helfe, den geistlichen Kampf gegen gottfeindliche Mächte siegreich zu bestehen:

»Er beansprucht die Herrschaft. Wenn du ihm also vollständig die Herrschaft abtrittst, erfüllt er dich mit seinem Geist, und sein machtvoller Dynamo namens Heiliger Geist wird dich befähigen, jedem Angriff Satans zu widerstehen … Es ist kein Kampf gegen Fleisch und Blut; es ist ein geistlicher Kampf gegen Mächte und Gewalten, gegen die Herrscher der Dunkelheit dieser Welt. Der Heilige Geist ist der absolut Einzige, der dir die Fähigkeit schenken kann, ›die Frontlinie zu halten‹.«[266]

Innerhalb des evangelistischen Feldzuges 1949 in Los Angeles widmete er einen Abend der Frage, wie man mit dem Heiligen Geist erfüllt werden kann. Im ersten Moment scheint es deplatziert, an einer Evangelisation über den Heiligen Geist zu sprechen. Andererseits sind an solchen Veranstaltungen auch viele gläubige Christen anwesend, die noch nie von der Möglichkeit gehört haben, im Vertrauen auf das Wort Gottes die Erfüllung und Bevollmächtigung mit dem Heiligen Geist zu beanspruchen. Bill Bright hat diese Botschaft einmal als die wichtigste überhaupt für ein gesegnetes Leben als Christ bezeichnet. Nachfolgend ein Auszug aus der Predigt von Billy Graham in Los Angeles über den Heiligen Geist:

»Bist du vom Geist erfüllt? Ich bin überzeugt, dass wir heute Abend nicht verzweifelt eine neue Organisation oder eine neue Bewegung oder eine neue Methode finden müssen – davon haben wir genügend. Ich glaube, das größte Bedürfnis heute Abend besteht darin, dass unsere Männer und Frauen, die den Namen von Jesus Christus bekennen, mit dem Geist erfüllt werden. Bist du vom Geist erfüllt? Ich glaube nicht, dass es möglich ist, Kinder im Kindergottesdienst zu unterrichten, wenn du nicht vom Geist erfüllt bist. Es ist unmöglich, kraftvoll zu predigen, wenn du nicht vom Geist erfüllt bist. Es ist unmöglich, das Leben Christi täglich zu reflektieren, wenn du nicht mit dem Geist erfüllt bist. ›Seid erfüllt vom Geist!‹ … Ich habe Gott darum gebeten, mich heim in den Himmel zu holen, wenn es jemals einen Tag geben sollte, an dem ich auf der Kanzel stehen würde, ohne um die Erfüllung und Salbung durch den Geist Gottes zu wissen, und an dem ich ohne Leidenschaft und Feuer predigen würde. Ich will dann nicht mehr leben. Ich will niemals auf der Kanzel stehen und ohne die Kraft des Heiligen Geistes predigen. Das ist eine gefährliche Sache.«[267]

Einige Jahre später betonte Billy Graham in seiner wöchentlichen Radioansprache »The Hour of Decision« (»Stunde der Entscheidung«) zum Thema »The Fruit of the Spirit« (»Die Frucht des Geistes«), dass der Heilige Geist eine göttliche Person sei, und dass durch die Verbindung mit ihm unser Leben von Grund auf neu werde:

»Die Bibel lehrt, dass der Heilige Geist mit Gott dem Vater und Gott dem Sohn gleichwertig ist. Die Bibel lehrt auch, dass der Heilige Geist eine Person ist. Auf ihn wird nie als ein ›Es‹ verwiesen. Er ist nicht bloß ein Vermittler, nicht bloß ein Einfluss. Er ist eine mächtige Person, der Heilige Geist Gottes … In dem Moment, in dem du zu Christus kommst, haucht der Geist Gottes dir und deinem Wesen das Leben Gottes ein, damit du leben kannst. Zum ersten Mal beginnst du, mit einem großen ›L‹ zu leben. Du hast eine Sprungfeder in den Beinen und eine Freude in deiner Seele und Frieden im Herzen, und das Leben hat eine neue Perspektive bekommen. Dein ganzes Leben hat eine neue Richtung bekommen, weil dir der Heilige Geist das wirkliche Leben Gottes gegeben hat, und Gott ist ein ewiger Gott – das heißt, du lebst, solange Gott lebt. Die Bibel lehrt uns auch, dass der Geist Gottes die Früchte des Geistes hervorbringt. ›Die Frucht aber des Geistes ist Liebe, Freude, Friede, Geduld, Freundlichkeit, Güte, Treue, Sanftmut, Keuschheit‹ [Galater 5,22; L]. Diese Dinge, diese schönen Dinge, neun Fruchtbündel, sollen das Leben jedes von Christus geborenen Gotteskindes charakterisieren.«[268]

Nochmals einige Jahre später hob er in der Zeitschrift »Decision« (»Entscheidung«) (Mai 1961) in einem mit »The Spirit of Pentecost« (»Der Geist von Pfingsten«) betitelten Beitrag die Verbindung von persönlicher Erweckung durch den Heiligen Geist mit landesweiter Erweckung hervor. Erweckung sei eigentlich der normale Zustand der christlichen Kirche:

»Die Kirchengeschichte zeigt, dass in Erweckungszeiten viel mehr Menschen der Kirche zugeführt werden als in Zeitabschnitten sogenannter Normalität. Es sind in der Tat derart viel mehr Menschen, dass ich überzeugt bin, dass Erweckung der Normalzustand der christlichen Kirche ist. Die Kirche wurde in einer übernatürlichen Erweckung zu Pfingsten geboren. Sie wurde von den Erweckungen des ersten Jahrhunderts genährt und belebt. Sie ist durch die Jahrhunderte hindurch von Erweckungen unterstützt worden … Der Prophet Habakuk stand einst in der Mitte eines Volkes, das mit jedem erdenklichen Segen über-

schüttet worden war, das aber seinen geistlichen Verstand verloren hatte, und er schrie: ›Herr, ich habe deine Botschaft gehört. Ich bin erschrocken! Herr, lass das, was du tun willst, bald geschehen, damit wir es noch erleben! Und hab Erbarmen mit uns, auch wenn du zornig bist!‹ [Habakuk 3,2]. Das ist der Herzensschrei Gott hingegebener Menschen an allen Orten. Erweckung ist Amerikas größter Mangel. Sie ist der größte Mangel der ganzen Welt. Wir brauchen eine Erweckung des christlichen Glaubens, der christlichen Erfahrung und des Gottesbewusstseins.

Der neutestamentlichen Kirche ist aufgetragen, ›mit dem Geist erfüllt‹ zu sein. Johannes der Täufer sagte über Christus: ›Er wird euch mit dem Heiligen Geist und mit Feuer taufen.‹ Es ist eine Sache, von Gott neu geboren worden zu sein, aber es ist eine andere Sache, von Gott in Brand gesteckt worden zu sein. Ich bin überzeugt, dass es für jedes Gotteskind möglich ist, für Gott in Flammen zu stehen – im geistlichen Sinne wie jener Busch in der Wüste zu sein, den Mose mit Gottes Gegenwart entflammt sah.«

Billy Graham: »Bist du vom Geiste Gottes erfüllt? Es gibt keinen wirkungsvollen Dienst außer in der Kraft des Heiligen Geistes.«

Es ist schon beeindruckend, solche Worte aus dem Munde eines Evangelisten zu hören. Es zeigt deutlich auf, welche Bedeutung Billy Graham zeit seines Lebens dem souveränen Wirken Gottes einräumte; ein Zeichen echter Demut, oder sollte man eher sagen: biblischen Realitätssinns?

In der Eröffnungsansprache von Berlin '66 führte Billy Graham diese Haltung noch aus und rief die Anwesenden auf, ein neues Ausgießen des Heiligen Geistes zu erwarten. Er begegnete damit gleichzeitig der Ansicht, Erweckungen gehörten der Vergangenheit an und seien heute nicht mehr auf Gottes Agenda:

»Auf meinen Reisen habe ich viele aufrichtige christliche Führungspersönlichkeiten getroffen, die glauben, dass eine weltweite Erweckung nicht möglich ist. Brüder, ich glaube nicht, dass die Tage von Wundern vorbei sind. Solange der Heilige Geist auf der Erde verbleibt und am Werk ist, ist das Potenzial der Kirche dasselbe wie in den Tagen der Apostel. Der große Paraklet wurde nicht abgezogen; er wartet immer noch darauf, durch diejenigen zu wirken, die willens sind, seine Bedingungen von Umkehr, Demut und Gehorsam zu erfüllen. Lasst uns Gott in seinem Wirken nicht einschränken, und lasst uns nicht dadurch scheitern, dass wir in dieser kritischen geschichtlichen Stunde nicht für neue und große Ausgießungen des Heiligen Geistes bereit sind. Wir leben heute in einer Generation, in der nichts außer der übernatürlichen Kraft, die über das hinausgeht, was die meisten Christen kennen, die überwältigende Macht Satans durchbrechen kann.«[269]

Wie aktuell sind diese Aussagen und dieser Herzenswunsch eines geistlichen Aufbruchs, auch noch über 40 Jahre nach dem Berliner Evangelisationskongress! In der Zeitschrift »Christianity Today« geht Graham in seinem Beitrag »Warum Lausanne?« tiefer auf die Beziehung zwischen Evangelisation und dem Wirken des Heiligen Geistes ein:

»Es gibt keine adäquate Evangelisation ohne den Heiligen Geist. Es ist der Heilige Geist, der von Sünde, Gerechtigkeit und Gericht überführt.

Es ist der Heilige Geist, der das Werk der Wiedergeburt vollbringt. Es ist der Heilige Geist, der in den Gläubigen wohnt. Es ist der Heilige Geist, der leitet, lehrt, unterweist und den neuen Gläubigen erfüllt. Der große Kommunikator des Evangeliums ist der Heilige Geist. Er gebraucht gewöhnliche Menschen wie uns als Werkzeuge – aber es ist sein Werk!«[270]

In seiner Schlussansprache von Lausanne '74, die er unter den Titel »Der König kommt« stellte, ging Billy Graham auf die Frage ein, ob wir angesichts der zunehmenden geistlichen Dunkelheit eine Erweckung des Heiligen Geistes erwarten können:

»Ich glaube, dass es zwei Linien in den prophetischen Schriften gibt. Eine dieser Linien bereitet uns darauf vor, dass es in den letzten Tagen vor der Wiederkunft Christi immer schlimmer werden wird. Joel spricht von ›Haufen über Haufen Volks im Tal des Gerichts‹. Der Tag des Herrn im Tal des Gerichts ist nahe. Aber ich glaube, dass wir gleichzeitig am Ende der Zeit, wenn wir der Wiederkunft von Jesus entgegensehen, mit einer Zeit großer Erweckung rechnen können. Wir dürfen die Möglichkeit und die Verheißung der Erweckung nicht vergessen, den Spätregen, der das Land feuchtet, von dem Hosea spricht, das Ausgießen des Geistes, von dem bei Joel die Rede ist. Das Böse wird zunehmen, aber Gott wird zur gleichen Zeit mächtig wirken. Ich bete darum, dass wir in den kommenden Monaten und Jahren einen Spätregen, einen Segensregen, der vor der Wiederkunft unseres Herrn vom Himmel auf alle Kontinente fällt, erleben werden. Es gibt das Geheimnis des Bösen, es gibt aber auch das Geheimnis der Gerechtigkeit, und beide wirken zur gleichen Zeit.«[271]

Neun Jahre nach Lausanne '74 fand die Evangelistenkonferenz Amsterdam '83 statt. In seiner Grußbotschaft[272] betonte Billy Graham, dass die Jünger alle Methoden für die Verbreitung ihres Glaubens benutzten, die ihnen zur Verfügung standen, um dann fortzufahren:

»Auch wir müssen jede legitime Methode prüfen, um die Welt für Christus zu erreichen. Neue Herausforderungen erfordern neue Methoden und neue Strategien. Aber Methoden und Organisation allein reichen nicht aus, wie wichtig sie auch sein mögen. Der Grund dafür lautet: Wir sind in eine geistliche Schlacht involviert. Der Evangelist und das Werk der Evangelisation sehen sich an allen Fronten dem Widerstand Satans und seiner Mächte gegenüber. Wenn die Saat des Evangeliums gesät wird, ist er immer da und sät das Unkraut, blendet den Verstand derjenigen, die wir zu evangelisieren versuchen. Lasst uns die Strategie Satans nicht unterschätzen. Er benutzt jede Art von Täuschung, Macht und Falschheit, um zu versuchen, die Effektivität des Evangeliums zu zerstören. Er leistet mit Sicherheit Widerstand gegen diese Konferenz, und wir werden seine Gegenwart hier spüren.

Aber wir wissen, dass derjenige, der in uns ist, größer ist als derjenige, der in der Welt ist. Wir müssen dem Heiligen Geist vertrauen, dass er diese Konferenz lenkt und leitet, gerade so wie wir dem Heiligen Geist in Bezug auf die Ergebnisse unserer Evangelisationen vertrauen, denn er allein kann Erfolg schenken. Daher ist Gebet ein so entscheidender Teil von Evangelisation. Jede Diskussion über Methoden ist sinnlos, solange wir nicht erkennen, dass Gottes Methode Männer und Frauen sind. Es kann kein Zweifel daran bestehen, dass der Kern der Methode Gottes Männer und Frauen sind, die vom Heiligen Geist erfüllt, gesalbt und berufen sind und die dann wiederum für ihn Zeugnis ablegen, wohin auch immer Gott sie sendet. Das ist ein Grund, warum die Erweckung der Kirche von Jesus Christus das ist, was wir in dieser Stunde am dringendsten benötigen. Wir leben heute in einer Generation, in der nichts außer der übernatürlichen Macht des Heiligen Geistes die überwältigende Macht Satans durchbrechen kann. Wenn die Kirche bei ihrer Geburt von Gott übernatürlich gesegnet worden ist, wer will dann sagen, dass sie in den letzten Tagen ihres Zeugnisses hier auf Erden nicht auf noch mächtigere Art gesegnet wird?

Da wir in zehn Tagen Amsterdam verlassen, sollte unser Gebet lauten: ›Oh Herr, entzünde die Flammen der Erweckung und beginne in mir!‹«

Billy Graham bezeichnet Menschen, die mit dem Heiligen Geist erfüllt sind, als *die* evangelistische Methode, die Gott benutzt. Und wieder spürt man seine Sehnsucht, Gott möge doch eine geistliche Erweckung geben und bei uns beginnen.

Bei der gleichen Konferenz sprach David Yonggi Cho zum Thema »The Evangelist and the Life of Faith« (»Der Evangelist und das Leben im Glauben«)[273]. Der Pastor der zahlenmäßig größten Gemeinde der Welt, David Yonggi Cho, aus Seoul, Südkorea, hob hervor, dass wir eine Beziehung mit der Person des Heiligen Geistes pflegen sollen, ähnlich wie wir Beziehungen in unserer Familie pflegen:

»Wir brauchen eine enge, intime Gemeinschaft mit dem Heiligen Geist, wir müssen ihm Zeit einräumen, uns das Wort zu offenbaren und Jesus Christus für uns Wirklichkeit werden zu lassen. Wenn wir in enger Gemeinschaft mit dem Heiligen Geist leben, wird unser Glaube wachsen … Wir werden glauben, dass Jesus Christus alles das tun wird, was zu tun er verheißen hat, und dass du alles tun kannst, von dem er gesagt hat, dass du es tun kannst. Wenn du das heute glaubst, würdest du morgen damit anfangen, deinen Teil der Welt mit der Botschaft des Wortes Gottes in Brand zu stecken. Die Gemeinschaft mit dem Heiligen Geist wird dein Leben für die Herrlichkeit Gottes in Brand stecken.«

Das war ein Durchbruch, dass ein evangelikaler Leiter wie Billy Graham einen Vertreter der pfingstlich-charismatischen Ausrichtung wie den Leiter der »Assembly of God«-Gemeinde in Seoul, David Yonggi Cho, eine Hauptbotschaft halten ließ. Nicht alle waren darüber glücklich, aber das kümmerte Billy Graham und sein Team wenig. Leighton Ford, der Amsterdam '83 mitverantwortete, bezeichnete es als einen der wichtigsten Beiträge der von Billy Graham einberufenen Konferenzen überhaupt, dass die »Evangelikalen« und »Charismatiker« zueinanderfanden und sich so schätzen lernten. Für die Pfingstler und Charismatiker hatte diese Aufnahme in den evangelikalen »Mainstream« einen heilenden Effekt, während sie für viele konservative Evangelikale bedeutete, eine in der Vergangenheit vernachlässigte Wahrheit neu zu entdecken. David Yonggi Cho brachte die Dankbarkeit für die Brückenbauerdienste von Billy Graham in späteren Jahren deutlich zum Ausdruck:

»Ich persönlich bin ihm zutiefst dankbar für sein Leben und seine Großherzigkeit, denn als wir das hundertjährige Jubiläum der koreanischen Kirche feierten, wollten mich einige bei den Feierlichkeiten nicht dabeihaben, da ich zu den »Assemblies of God« gehöre. Billy Graham war eingeladen, um bei der Eröffnungsfeier zu sprechen, und er bestand vehement darauf, dass ich einbezogen werden sollte. Also akzeptierten sie seine Empfehlung, und ich wurde als einer der Redner bei den Feierlichkeiten aufgenommen. Seit jener Zeit habe ich eine enge Verbindung zu allen Denominationen – besonders zu den Presbyterianern. Ich habe das Gefühl, dass das durch die Liebe und den Dienst von Billy Graham zustande gekommen ist.«[274]

Und Oral Roberts, während Jahrzehnten einer der einflussreichsten pfingstlich-charismatischen Persönlichkeiten, drückte es ähnlich aus:

»In meinem Heilungsdienst und bei der Erfüllung der Berufung Gottes für mein Leben ist Billy mir ein Freund gewesen, der im richtigen Augenblick durch das, was er gesagt oder getan hat, die Ansichten von öffentlichen Führungspersönlichkeiten über mich entscheidend verändert hat. Nur er hätte diese unvergesslichen Taten so liebevoll und furchtlos tun können … Billys völlig ungeniertes Einstehen für das Evangelium von Jesus Christus, unserem Herrn und Retter, ohne irgendwann zu schwanken oder Kompromisse einzugehen, war eine unglaubliche Ermutigung für mich, in meinem eigenen Zeugnis und Dienst aufrecht zu stehen.«[275]

Billy Graham hatte geistliche Leiter, die andere Geistesgaben als er, z. B. die Gabe der Krankenheilung, besaßen, immer hoch geachtet. Er hat sich gleichzeitig aber auch gegen die Propagierung eines einseitigen Wohlstandsevangeliums gewandt, wenn mit Wohlstand ausschließlich der materielle Wohlstand gemeint war. Billy Graham betonte, Gott liebe es, uns zu segnen, auch mit materiellen Dingen. Gott segne uns aber vor allem auch darum, damit wir mit dem erhaltenen Segen wieder andere segnen könnten. Billy Graham: *»Gott hat uns zwei Hände gegeben – eine zum Empfangen und eine andere zum Geben.«* Ein verkürztes Wohlstandsevangelium fördere nur den Egoismus. Wohlstand sei an sich eine erstrebenswerte Sache und könne viel Segen auslösen. Wenn der Wohlstand aber um Seiner selbst angestrebt würde, dann würde er uns schnell in Besitz nehmen. Der Heilige Geist und seine Gaben seien uns gemäß dem Wort Gottes nicht primär für unser eigenes Leben in der Nachfolge Christi gegeben, sondern um damit unsere Mitmenschen zu segnen und den Missionsauftrag von Jesus zu erfüllen:

»Aber wenn der Heilige Geist über euch gekommen ist, werdet ihr seine Kraft empfangen. Dann werdet ihr den Menschen auf der ganzen Welt von mir erzählen – in Jerusalem, in ganz Judäa, in Samarien, ja bis an die Enden der Erde« (Apostelgeschichte 1,8).

Billy Graham war es wichtig herauszustreichen, dass die Erfüllung und Bevollmächtigung durch den Heiligen Geist einhergehen müsse mit einem heiligen Lebensstil in allen Bereichen des Lebens und Dienstes. Nur so könnten wir mit der geschenkten Autorität und Vollmacht weise umgehen. Der sichtbare Erfolg könnte sonst auch leicht zu einem Rauschgift werden.

In der Eröffnungsrede der zweiten Evangelistenkonferenz 1986 in Amsterdam sprach er über die Persönlichkeit des Evangelisten. Dessen ganzes Leben müsse etwas von der Heiligkeit Gottes ausstrahlen. Er zitierte Robert Murray McCheyne mit den Worten:

»Es war nicht das, was du gesagt hast, das in mir den Wunsch weckte, Christ zu sein; es war vielmehr die Schönheit der Heiligkeit, die ich in deinem Gesicht sah.«

Billy Graham betonte gegenüber den versammelten Evangelisten aus aller Welt, dass es Menschen brauche, die ihre Lüste gekreuzigt hätten und immer wieder kreuzigten, um einen gekreuzigten Erlöser zu verkündigen. In seiner Abschlussansprache in Amsterdam erinnerte er die Teilnehmer daran, dass der Heilige Geist das Wort Gottes benutze, um zu den Menschen zu sprechen; dass Gott selber durch uns zu Wort kommen solle. Es gehe nicht darum, menschliche Gedanken zu verkündigen, sondern die Gedanken Christi. Es gehe um die Weitergabe der zeitlosen biblischen Wahrheiten, die ihre Kraft dadurch erhielten, dass man mit Überzeugung sagen könne: *»So spricht der Herr.«* Diese Art von Predigt finde man heute selten. Billy Graham: *»Wir müssen uns daran erinnern, dass der Heilige Geist nur auf das Wort reagiert; Seelen werden nicht aus vergänglichem, sondern aus unvergänglichem Samen wiedergeboren. Paulus ermahnt Timotheus, ›das Wort zu predigen‹ und ›das Werk eines Evangelisten zu tun‹«* (vgl. 2. Timotheus 4,2.5).

Bei der Konferenz Lausanne II in Manila 1989 wurde dann dem Thema des Heiligen Geistes noch mehr Raum gegeben. Eindrücklich, wie Evangelikale und Charismatiker zum Teil das gleiche Podium teilten, wie das Vonette Bright und Jack Hayford taten. In Seminaren und Workshops wurden umstrittene Themen wie »Geistliche Kampfführung« behandelt. Das löste zum Teil heftige Debatten aus, gerade auch unter den deutschsprachigen Teilnehmern. Und doch begann man sich in Manila ernsthaft mit anders geprägten Geschwistern auseinanderzusetzen. Gemeinsam war das starke Empfinden, dass man dem Heiligen Geist in der evangelistischen Verkündigung in Zukunft einen höheren Stellenwert einräumen muss, ist er gemäß den Abschiedsreden von Jesus doch derjenige, der den Menschen die Augen öffnet für ihre Bedürftigkeit und die Erlösungstat von Jesus Christus.

In Manila wurden wichtige Erkenntnisse in einem Dokument, das mit »Manifest von Manila« überschrieben wurde, zusammengefasst. In diesem wurde der Heilige Geist als der eigentliche Evangelist bezeichnet. Gleichzeitig wurde zur Buße aufgerufen, wo wir bei unseren evangelistischen Bemühungen auf unsere eigene Kraft gebaut hatten.

Ich möchte dieses Kapitel über den Stellenwert des Heiligen Geistes im Leben und evangelistischen Dienst mit dem entsprechenden Abschnitt des Manifestes von Manila beschließen:[276]

»Die Schrift erklärt, dass Gott selbst der eigentliche Evangelist ist. Denn der Geist Gottes ist der Geist der Wahrheit, der Liebe, der Heiligkeit und Kraft. Evangelisation ist ohne diesen Geist unmöglich. Er ist es, der den Botschafter bevollmächtigt, der das Wort bestätigt, der den Hörer vorbereitet, der den Sünder überführt, der den Blinden erleuchtet, der Tote zum Leben erweckt und der uns befähigt, Buße zu tun und zu glauben. Er verbindet uns mit dem Leib Christi; er schenkt uns die Gewissheit, dass wir Gottes Kinder sind; er hilft uns zu einem christusähnlichen Wesen und zu einem entsprechenden Dienst. Er sendet uns als Zeugen Christi aus. In alledem ist es das Hauptziel des Heiligen Geistes, Jesus Christus zu verherrlichen, indem er uns Christus vor Augen stellt und ihn in uns Gestalt werden lässt …

Obwohl die Wunder Jesu etwas Besonderes waren, nämlich Zeichen seiner Messianität und Vorwegnahme seiner vollkommenen Herrschaft, wenn ihm die ganze Natur unterworfen sein wird, haben wir nicht die Freiheit, der Macht des lebendigen Schöpfers heute Grenzen zu setzen. Wir weisen sowohl den Zweifel zurück, der Wunder verneint, als auch die Anmaßung, die Wunder fordert; sowohl die Ängstlichkeit, die vor der Fülle des Geistes zurückschreckt, als auch das Siegesverlangen, das die Schwachheit zu meiden sucht, in der doch die Kraft Christi sich mächtig erweisen will.

Wir tun Buße über alle selbstsicheren Versuche, im Vertrauen allein auf unsere Kraft zu evangelisieren oder dem Heiligen Geist etwas vorschreiben zu können. Wir sind entschlossen, in Zukunft den Geist nicht zu ›betrüben‹ oder zu ›dämpfen‹, sondern vielmehr danach zu streben, die Gute Nachricht ›in Kraft und in dem Heiligen Geist und in großer Gewissheit‹ [1. Thessalonicher 1,5] auszubreiten.«

10. Gnade – Barmherzig leben

»Über die Jahre habe ich buchstäblich Tausende wunderbare christliche Männer und Frauen getroffen. Ich habe niemanden getroffen, der demütiger, liebenswürdiger und in einem Wort ›realer‹ war als Ruth Graham und die Mitglieder ihrer fabelhaften Familie.«[277]

Jim Bakker, ehemaliger Fernsehprediger

»Ruth Bell Graham ist die Gnade in Person. Sie muss nichts beweisen, mit niemandem konkurrieren, und sie ist vollkommen mit sich im Reinen.«[278]

Guy Kawasaki, Geschäftsmann

»Ich kann unumwunden sagen, dass Billy Graham der freundlichste, mitfühlendste Mensch ist, dem ich je begegnet bin.«[279]

Grady Wilson, Mitarbeiter

Zwei Monate nach Billy Grahams letzter Großevangelisation in New York wütete der Hurrikan Katrina und verwüstete New Orleans und einen Teil der Golfregion. Billy konnte über nichts anderes mehr sprechen als über das Elend der betroffenen Menschen. Seiner Tochter Ruth gegenüber erzählte er, wie hilflos er sich fühlte. Gemeinsam mit seiner Frau Ruth entschied er, einer Familie aus New Orleans, die als Folge des Sturmes obdachlos geworden war, ihr früheres Wohnhaus zu überlassen, das gerade leer stand. Ihr Sohn Franklin hatte die Leute bei einem Hilfseinsatz ohne Dach über dem Kopf angetroffen.

So zog nun die ursprünglich aus Honduras stammende Familie in das ehemalige Wohnhaus der Grahams ein, insgesamt fünf Personen aus drei Generationen. Die Großmutter, Ernestina Martinez, war etwa 80 Jahre alt. Sie hatte sich beim Versuch verletzt, schwimmend den Fluten mit all den Trümmern zu entkommen. Tochter Ruth beschreibt, wie sie die Familie Martinez im alten Graham-Haus besuchte und ihren Vater dort vorfand, der gerade bei der Familie Martinez zu Besuch war:[280]

»Frau Martinez redete gerade, als ich ins Wohnzimmer kam. Daddy saß neben ihr auf dem Sofa und hielt ihre Hand.« Ruth berichtet, wie Frau Martinez via Übersetzer ihrem Vater die ganze Geschichte mit der Flut und der erlittenen Verletzung erzählte. Nachdem er zugehört hat, betete Billy Graham dann für die Frau. Im Gebet fasste er ihr gleichzeitig das Evangelium zusammen. Er dankte Jesus, dass er am Kreuz für die Sünden der Menschen gestorben ist, und dass wir Jesus jetzt als unseren persönlichen Herrn und Erlöser in unser Leben aufnehmen können und er uns ewiges Leben schenkt. Ruth berichtete, er habe sogar beim Beten gepredigt, wobei er sich immer wieder versichert habe, dass sie auch alles versteht. *»Ich schaute meinen Vater an, wie er auf dem Sofa saß und die Hand von Frau Martinez hielt. Ich dachte an die Zeiten zurück, in denen er die Familienandachten hier in genau diesem Zimmer gehalten hatte, als ich noch ein kleines Mädchen war. Meine früheste Kindheitserinnerung besteht darin, dass ich während der Familienandacht am Kamin im alten Haus kniete und mit einem losen Stein an der Feuerstelle spielte, während die Erwachsenen beteten. Fünfzig Jahre später betete Daddy noch an derselben Stelle.«*

Nachdenklich fügt sie hinzu:

»Er war zu Hause er selbst, authentisch wie immer. Er liebte die Menschen um ihn herum. Die große Bühne ist nun Geschichte, dachte ich, als ich die Szene im alten Haus beobachtete. Die riesigen Menschenmengen, die Arenen – die Zeit für diese Dinge ist nun vorbei. Aber die kleine Bühne, die persönliche Begegnung, steht Daddy immer noch zur Verfügung. Und er wird sie für Gott nutzen. Solange er bei uns ist, wird er sie nutzen. Denn so ist er nun einmal.«

Ruth und Billy Graham dienten den Menschen nicht, weil das zu einem guten Christen so gehört. Sie kümmerten sich nicht um das Wohl und Heil der Menschen, weil dies zum christlichen Auftrag gehört. Es war die Liebe Gottes und die persönlich erfahrene Barmherzigkeit Gottes, die sie dazu drängten, anderen Menschen auch von der Gnade Gottes zu erzählen. Barmherzige Anteilnahme zeigten die Grahams auf vielfältige Weise.

Schon früh lehrten sie ihre Kinder Großzügigkeit im Geben. Die Geschenke, die die Familie erhielt, wurden meistens an bedürftige Mitmenschen weitergegeben, nicht immer zur Freude der Kinder. Es kam immer wieder vor, dass sie vor Weihnachten mit ihrem Jeep losgefahren sind und bei irgendeiner ärmeren Person haltgemacht, Weihnachtslieder gesungen und ein Geschenk überreicht haben, das Ruth zuvor schön verpackt hatte.

Wann immer Billy von einer Not hörte oder von einem Menschen, der Probleme hatte, dann wollte er helfen. So konnte es vorkommen, dass er mitten in der Vorbereitung seiner wöchentlichen Radioansprache »Hour of Decision« das Haus Hals über Kopf verließ, wenn er davon hörte, dass unten am Tor jemand war, der in Not war und ihn unbedingt sehen wollte. Für seine Nächsten war es nicht immer einfach, Billy abzuschirmen. Einmal bat jemand inständig darum, Billy Graham sprechen zu dürfen. Fest entschlossen zählte er die Gründe auf, warum dies nötig sei. Ruth antwortete ebenso entschlossen, dass dies zu diesem Zeitpunkt nicht möglich sei. Doch der Eindringling gab nicht auf: *»Ich will ihn trotzdem für ein paar Minuten* *sehen!«* Worauf Ruth ihm, schlagfertig wie immer, antwortete: *»Das würde ich auch gerne.«*[281]

Oft hat man Billy vor sich selber schützen müssen. Ganz schlimm wurde es, als er einmal die Radiozuhörer von »Hour of Decision« in seiner liebenswürdigen Weise einlud, ihn in Montreat besuchen zu kommen. Die Zuhörer nahmen diese Einladung in Scharen an. Ganze Busladungen von Touristen wollten Anfang der Fünfzigerjahre einen Blick auf das Zuhause dieser »heiligen Familie« werfen. Die Kinder hätten sich dabei allerdings nicht immer so heilig aufgeführt und auch schon einmal den Personen geantwortet, die nach dem Hause Billy Grahams suchten: *»Billy Graham? Keine Ahnung. Nie gehört!«* Oder sie entwickelten Geschäftssinn und verkauften den neugierigen Eindringlingen Limonade.

Ruth meinte einmal, man hätte an dem Grad ihrer Aufdringlichkeit unterscheiden können, welcher Besucher zu welcher christlichen

Seit Mitte der Fünfzigerjahre wohnten die Grahams in diesem Blockhaus in den Bergen von North Carolina, das ihnen gleichzeitig als Rückzugsort diente.

Konfession gehörte. Dabei seien die Baptisten eindeutig die Mutigsten gewesen. Die Baptisten fühlten sich eben Billy besonders nahe, war er doch ein Kollege von ihnen. Grundsätzlich liebte Ruth ja mutige Leute, aber als dann ihr Mann sich nur noch auf dem Boden kriechend von einem Zimmer ins andere bewegen konnte, ohne gesehen zu werden, war es auch Ruth zu viel. Sie beschloss, dass es Zeit wäre, auf den Berg hinaufzuziehen, möglichst unerreichbar für die Masse der Touristen.

Sie brauchten diesen Rückzugsort. Über die Jahre haben unzählige Personen von ihrer Gastfreundschaft profitiert, nicht nur bekannte und erfolgreiche Personen, sondern auch viele sozial Benachteiligte. Viele waren gestrandete Menschen, die in ihrem Leben Schiffbruch erlitten und mancherlei Ablehnung erlebt hatten und die in ihrem Selbstwertgefühl wie in ihrem Gottvertrauen neu aufgebaut werden mussten.

Ein besonders eindrückliches Beispiel einer Person, die durch die Familie Graham Wertschätzung in einer schwierigen Lebenssituation erfahren hat, ist der »gefallene« ehemalige Fernsehevangelist Jim Bakker, der mehrere Jahre im Gefängnis verbrachte. In seinem Buch »I Was Wrong« schildert er ausführlich, wie ihn zuerst Franklin Graham und dann auch Billy Graham im Gefängnis besucht haben. Zu Franklin schreibt Jim Bakker, dieser habe auch nach all seinem Versagen zu ihm gestanden und habe ihn wie einen Freund behandelt, nachdem die meisten »Freunde« ihre Freundschaft aufgekündigt hätten. *»Franklin konnte mir kein größeres Geschenk machen als seine mich bejahende Freundschaft … Franklin Graham zeigte risikobereite, echte christliche Liebe.«*[282]

Anschließend besuchte ihn auch Billy Graham. Sein Besuch bedeutete Jim Bakker besonders viel. Billy habe ehrliches Interesse an seinem Ergehen gezeigt und auch herzliche Grüße von Ruth übermittelt, die nicht dabei sein konnte, da sie sich im Spital befand. Sie hätten miteinander Gutes wie auch Schwieriges besprochen. Zum Abschluss habe Billy für ihn gebetet. Dies alles hinterließ bei Jim einen tiefen Eindruck:

»Ich werde niemals den Mann vergessen, der gerade zu einem der einflussreichsten Männer der Welt gewählt worden war und der Millionen von Menschen gedient hat – dieser Mann nahm sich trotz seines vollen Terminkalenders die Zeit, einem einzigen Mann im Gefängnis zu dienen. Billy Graham war mitten in meine Depression, in meine Grippe, in meinen Schmutz und meine Hoffnungslosigkeit gekommen. Ich fühlte mich, als ob Jesus selbst zu mir zu Besuch gekommen wäre.«[283]

Die Geschichte von Jim Bakker und den Grahams geht aber noch weiter. Während Jim Bakker in einem Übergangshaus der Entlassung entgegensah, erhielt er eine Einladung von Ruth Graham, mit den Grahams zusammen einen Sonntag zu verbringen. Dieser Einladung wurde von den Vollzugsbeamten stattgegeben. Zuvor besuchte Jim Bakker mit der Familie Graham den Gottesdienst in der Montreat Presbyterian Church, der Heimatgemeinde der Grahams. Sie hätten mit ihren Kindern und Enkeln zwei volle Sitzreihen gefüllt, so Bakker. Dann sei Ruth Graham hereingekommen und habe sich direkt neben ihn gesetzt. Franklin habe die Predigt gehalten und ihn als seinen persönlichen Freund vorgestellt. Als dann die Gottesdienstgemeinde auch noch applaudiert hätte, hätten ihn die Emotionen übermannt. Das Ganze sei ein absoluter Kulturschock für ihn gewesen. Vor 48 Stunden hätte er sich noch im Gefängnis befunden, Insasse 07407-058, und nun habe er die Ehre gehabt, mitten im Graham-Clan einen Gottesdienst zu feiern. Nachher seien sie zum Wohnhaus der Grahams hinaufgefahren, wo Ruth ein feines Essen zubereitete.

»Ich fühlte mich, als säße ich mitten in einem Familienfest. Wir redeten und lachten, wie es irgendeine beliebige Familie beim Sonntagsessen tut. Wir sprachen auch viel über eines von Ruths Lieblingsthemen – wie wir es noch besser schaffen könnten, Gefangene und ihre Angehörigen mit Bibeln zu versorgen.«[284]

Als sie bemerkt habe, dass er anstatt eines Geldbeutels nur einen Briefumschlag hatte – Gefängnisinsassen war es nicht erlaubt, einen Geldbeutel zu besitzen –, habe sie ihm einen Geldbeutel von Billy ge-

Jim Bakker mit seiner zweiten Frau Lori und Gigi Graham zusammen mit Ruth Graham nach der Rehabilitation und Wiederverheiratung von Jim Bakker.

geben. Dann habe sie einen Dankesbrief geschrieben, den Jim Bakker den Vollzugsverantwortlichen überbringen sollte, in dem sie dafür dankte, dass sie Jim Bakker gut behandelten und ihm die Möglichkeit gegeben hatten, einen Tag mit ihrer Familie zu verbringen. Für Jim Bakker war dieser Tag sehr wichtig, da er durch die Familie Graham Gottes Liebe und Annahme erlebte. Dadurch wurde in ihm ein tiefer Heilungsprozess ausgelöst. Der Familie Graham stellte Jim Bakker ein wunderbares Zeugnis als echte, authentische Christen aus, die Gottes bedingungslose Liebe leben.

Ruth war überzeugt, dass die meisten Menschen aus Mangel an Ermutigung versagen würden. Entmutigung war in ihren Augen der Hauptgrund mancher offensichtlicheren Verfehlungen. Deshalb wollte sie zuallererst eine Ermutigerin sein, gerade auch gegenüber ihren Kindern.

In ihr Tagebuch schrieb sie einmal, ausgehend von der Anweisung Davids in Psalm 72,15, man solle für seinen Sohn Salomo immerfort beten und ihn täglich segnen:

»Kein Tag soll verstreichen ohne ein ermutigendes Wort an jedes Kind. Insbesondere dort, wo du irgendeine Verbesserung – und sei sie noch so klein – an einer Schwachstelle registriert hast, an einer Stelle, auf der du herumgehackt, die du kritisiert hast. Und versäume es nie, irgendetwas Gutes, das du über irgendeines deiner Kinder gehört hast, diesem Kind weiterzugeben.«[285]

Ruth wurde zum ersten Mal während ihrer Mittelschulzeit in Nordkorea so richtig bewusst, was es heißt, von Gott begnadigt zu sein. Die Eltern hatten ihr früh davon erzählt, dass Gott seinen Sohn geschickt hat, um für die Sünden der Welt zu sterben. Aber war sie da auch mitgemeint? Hatte er da auch an den unbedeutenden Teenager in Nordkorea gedacht? Hatte er auch ihre ganz persönlichen Sünden vergeben? Sie fragte ihre ältere Schwester Rosa, die dieselbe Schule in Pjöngjang besuchte, was sie machen sollte, um die nötige Gewissheit zu erhalten, dass Gott auch sie ganz persönlich meinte, als er Jesus in die Welt schickte, um für die Sünden der Menschen zu sterben. Rosa riet ihr, das 53. Kapitel von Jesaja zu lesen und überall ihren Namen einzusetzen:

»Er nahm Ruths Krankheiten auf sich und trug Ruths Schmerzen … Wegen Ruths Vergehen wurde er durchbohrt, wegen Ruths Übertretungen zerschlagen. Er wurde gestraft, dass Ruth Frieden hat. Durch seine Wunden wurde Ruth geheilt! … Ihn ließ der Herr die Schuld von Ruth treffen« (Jesaja 53,4-6).

Als Ruth das aussprach, kam eine tiefe Gewissheit in ihr Herz, dass Gott sie ganz persönlich meint. Nun war sie überzeugt, dass Jesus Christus auch für sie ganz persönlich sein Leben gegeben hat, um sie untadelig und fehlerlos vor Gott hinzustellen. Gott sah nicht mehr ihre Fehler; er sah einen Menschen, der im Glauben an die Erlösungstat seines Sohnes rein und vollkommen war.

Ruth war es in der Folge ein großes Anliegen, Menschen auch mit den Augen Gottes zu sehen. Sie wollte ihr Augenmerk nicht auf das schmutzige Äußere richten, sondern hinter dem Schmutz die Kristalle sehen, die zum Leuchten kommen, wenn Jesus sie durch sein Blut gereinigt hat. Ihr Glaubensblick war für die Menschen, die mit Ruth zusammentrafen, eine große Ermutigung. Viele von ihnen öffneten in der Folge Jesus ihr Leben und beanspruchten seine Vergebung und Reinigung. Ruth hat so dazu beigetragen, dass unzählige Menschen in ihrer Umgebung wieder zum Glänzen kamen. Das, was Ruth von Mensch zu Mensch tat, das tat Billy vom Podium aus: Menschen ihren schöpfungsgemäßen Glanz zurückzugeben und sie zum Leuchten zu bringen. Damit wurden diese auch wieder zum Licht und zur Orientierung für viele andere Menschen.

Gerade weil sowohl Ruth als auch Billy sich ihres eigenen Versagens so bewusst waren und täglich Gottes Gnade beanspruchten, waren sie fähig, auch ihren Mitmenschen gegenüber gnädig zu sein. Nichts machte sie ungehaltener, als wenn sie miterleben mussten, wie andere Menschen gnadenlos kritisiert wurden. Wenn Gott jemanden nicht verurteilt, wer sind wir, das Urteil über eine Person zu fällen? Letztlich sind wir doch alle aus dem gleichen Holz geschnitzt. Es ist bezeichnend, dass es Ruths Wunsch war, in einem Sarg begraben zu werden, der von einem zum Tode Verurteilten gebaut worden war. Und es ist bezeichnend, was auf ihren Wunsch hin auf ihrem Grabstein steht: »*End of Construction – Thank you for your Patience*« (»Ende der Baustelle – Danke für Ihre Geduld«). Sie hatte den Spruch, den sie einmal am Ende einer Baustelle sah, auf ihr Leben bezogen, weil sie ihr Leben auch als eine Baustelle empfand, an der Gott bis am Schluss des Lebens am Bauen war.

Weil sie sich zeitlebens als jemand empfand, der in der Schule Gottes war, war sie auch ihren Mitmenschen gegenüber großzügig, wenn diese in der Schule Gottes Nachhilfeunterricht brauchten. Ganz besonders setzte sie sich für einen jugendlichen Bandenchef ein, den andere als »hoffnungslos« abgeschrieben hatten. Es war dann ihr schönstes Neujahrsgeschenk, als das Telefon am Neujahrsmorgen überraschend klingelte und sie weckte. Der »hoffnungslose« Fall wollte sie zum neuen Jahr beglückwünschen und teilte ihr auch noch gerade mit, er habe sich in einem Bible College eingeschrieben und wolle Pastor werden. Ruth: »*Gibt es einen besseren Start ins neue Jahr?*«[286]

Oder da war der alte Mann, der von seinen Mitbürgern lieblos behandelt worden war. Als Ruth davon erfuhr, lud sie den Mann ein, in ihrer Nähe in einer kleinen, liebevoll von Ruth herausgeputzten Hütte seinen Lebensabend zu verbringen. Obwohl er selber kochen konnte, kochte sie oft für ihn. Und wenn sie als Familie am Wochenende einen Ausflug machten, dann war er auch mit von der Partie. Selbstverständlich nahmen sie ihn auch in die Gemeinde unten im Tal mit, wo Ruth dafür sorgte, dass er einen guten Bibelunterricht genoss. Einem Freund von Ruth hat er einmal mit Tränen in den Augen mitgeteilt, dass er nach Hause gefunden habe. Noch lange nach seinem Tode hatte Ruth eine Fotografie von ihm an einem Ehrenplatz im Haus hängen.[287]

Oder da war die Prostituierte, die Ruth anlässlich der ersten Evangelisation 1954 in London kennengelernt hatte und mit der sie viele Jahre Briefkontakt pflegte. Diesen hielt sie auch dann noch aufrecht, als es so schien, als ob all ihr Bemühen um diese Frau nutzlos sei.

Jemand, der Ruth über Jahre besonders nahestand, erzählte mir mit bewegter Stimme, er würde sie sehr vermissen. Sie hätte ihm geholfen, an einen Gott der Liebe zu glauben, weil sie diese Liebe und Barmherzigkeit selber gelebt habe. Besonders bewegt habe ihn auch die zärtliche Art zwischen Billy und Ruth im Alter. Einmal habe er beobachtet, wie Billy sich zu Ruth im Rollstuhl niedergebückt und ihr einen zärtlichen Kuss auf die Stirne gedrückt habe. Äußerlich schwach und hilfebedürftig waren sie im Alter noch zusätzlich zueinander hin gewachsen und erlebten gemäß ihren eigenen Worten eine ungeahnte Romantik in ihrer Beziehung.

Manchmal ging es im Umfeld von Ruth jedoch weniger romantisch zu, nämlich dann, wenn sie den Eindruck hatte, jemand müsste von einem übermäßigen Ego befreit werden. In solchen Situationen war Ruth unbarmherzig hart, da sie sowohl Selbstmitleid wie Selbstgerechtigkeit als äußerst destruktiv und gefährlich einstufte. War nicht auch Jesus mit selbstgerechten Menschen hart ins Gericht gegangen? Ruth hatte insbesondere Mühe mit Christen, die von sich eingenommen waren und meinten, sie seien etwas Besonderes. Sie hat es diese Personen auch wissen lassen. Die Botschaft kam zwar immer noch recht charmant beim Gegenüber an, aber sie saß. Um das zu illustrieren, möchte ich ein paar Müsterchen wiedergeben:[288]

Ruth hatte wieder einmal Freundinnen zu Gast. Eine von ihnen beherrschte offensichtlich das Tischgespräch, indem sie von ihrem

Ruth war eine gute Beobachterin, aber auch voll Schalk.
Viele in ihrer Umgebung bekamen es zu spüren.

schlechten Gesundheitszustand erzählte. Sie habe einen zu hohen Blutdruck und Herzprobleme. Der Arzt habe ihr verboten, Süßigkeiten zu essen. Als Ruth dann aber ihren wunderbaren Heidelbeerkuchen anbot, waren alle guten Vorsätze im Nu verflogen. Die Besucherin wünschte ein Stück vom Kuchen wie alle andern, mit viel Schlagsahne. Ruth gab ihr dann ein Stück mit besonders viel »Schlagsahne« drauf. Nur handelte es sich nicht um Schlagsahne, sondern um Rasierschaum von Billy. Freudig griff die Dame zu und ließ es dann beim einen Biss bewenden.

Fast noch schlimmer ging es einem Mitarbeiter, der Fleisch sehr geliebt haben muss. Für ihn hatte sich Ruth eine besonders unorthodoxe Behandlung ausgedacht. Als er die Fleischklößchen in seiner Suppe mit der Gabel aufspießen wollte, schwammen diese davon. Ruth hatte zusätzliches »Fleisch« hinzugetan in Form von lebendigen Kaulquappen!

Und noch ein typisch Ruth'sches Müsterchen:

Grady Wilson beklagte sich auf einem langen Überseeflug bei Ruth, dass er nicht einschlafen könne. Sie verabreichte ihm dann Schlafmittel in Form von Kapseln, die sie aber zuvor präpariert hatte. Sie hatte sie mit Senf gefüllt! Nachdem Grady aufwachte, meinte er, er hätte zwar ordentlich geschlafen, aber nun hätte er Magenprobleme.

Vielleicht gäbe es liebevollere Weisen, um Personen, die sich und ihre Problemchen zu wichtig nehmen, das bewusst zu machen, aber wahrscheinlich kaum kreativere.

Für die Grahams durfte Liebe nie auf Kosten der Wahrheit gehen. Gnade gewinnt ja nur auf dem Hintergrund des Gerichts die volle Bedeutung. Ich kenne kaum ein besseres Beispiel als Ruth und Billy Graham, wenn es darum geht, Wahrheit und Liebe miteinander zu verbinden.

Wahrheit und Liebe bedingen sich gegenseitig. Wahrheit ohne Liebe macht taub und wird nicht aufgenommen. Liebe ohne Wahrheit macht blind für die Realität und ist deshalb gefährlich. Wahrheit ohne Liebe ist deshalb so schlimm, weil das doppelte Liebesgebot von Jesus, Gott von ganzem Herzen zu lieben und den Nächsten wie uns selbst, gemäß Jesus das wichtigste Gebot überhaupt ist.

Jesus stellt in seiner Endzeitrede den Verlust von Gottes Leitlinien in Zusammenhang mit dem Verlust der Nächstenliebe:

»Die Gesetzlosigkeit wird immer mehr überhandnehmen und die Liebe wird bei vielen erkalten« (Matthäus 24,12).

Billy Graham hat oft den Zuhörern zugerufen, dass Gott sie liebe. Er hat aber genauso oft, speziell in früheren Jahren seines Dienstes, auf die Schrecknisse des Gottesgerichts hingewiesen, das wir verdient haben, wenn wir gegen die heilsamen Gesetze Gottes verstoßen und der Sünde in unserem Leben freien Lauf lassen. Auf dem Hintergrund des Gerichts hat er dann das gnädige Angebot Gottes ausgebreitet: Gott vergibt allen, denen ihre Sünden von Herzen leidtun und die Gott um Vergebung bitten, um Christi willen und schenkt ihnen ein neues Leben.

Der Bibelvers, über den Billy Graham wahrscheinlich mehr als über jeden anderen predigte, war Johannes 3,16:

»Denn Gott hat die Welt so sehr geliebt, dass er seinen einzigen Sohn hingab, damit jeder, der an ihn glaubt, nicht verloren geht, sondern das ewige Leben hat.«

Es war interessanterweise in den Tagen unseres Besuches bei Billy Graham, als mir durch eine persönliche Erfahrung die schleichenden Auswirkungen von Sünde tiefer bewusst wurden, und was Gnade in einer solchen Situation bedeutet.

Noch in der Schweiz erlitt ich beim Pilzesuchen einen Zeckenbiss. Rund um den Einstich gab es eine kleine Hautrötung. Ich schenkte dem keine große Beachtung, auch nicht, als sich die ringförmige Rötung in den folgenden Tagen leicht vergrößerte. Meine Frau und ich flogen ohne Bedenken in die Vereinigten Staaten, wo wir mit Gigi Graham verabredet waren, um gemeinsam ihren Vater zu besuchen. Zwischen den zwei Besuchen bei Billy Graham realisierte ich, dass sich die Hautrötung rund um den Zeckenbiss ringförmig ausgedehnt hatte. Ich wollte dem immer noch keine Bedeutung schenken. Aber meine Frau, die ausgebildete Krankenschwester ist, war da anderer Meinung. Da wir am kommenden Tag nochmals bei Billy Graham verabredet waren, fehlte uns die Zeit, die Sache von einem Arzt begutachten und behandeln zu lassen. Im Wohnhaus Billy Grahams angekommen war ich dankbar, die Hautrötung der anwesenden Krankenschwester zu zeigen, die mir riet, baldmöglichst einen Arzt aufzusuchen. Beim gemeinsamen Mittagessen mit Billy Graham kam anschließend auch mein Zeckenbiss zur Sprache. Billy Graham zeigte sich besorgt und riet mir unverzüglich, seinen Hausarzt im 30 Kilometer entfernten Asheville aufzusuchen. Dann begann er von seinem Arzt zu schwärmen und beschrieb ihn als den besten Arzt, den man sich vorstellen könne. Nach dem Mittagessen verabschiedeten wir uns herzlich von Billy Graham. Während wir das kurvige Bergsträßchen vom Anwesen der Grahams zuoberst am Berghang ins Tal hinunterfuhren, dachte ich: Das ist doch genau das, wofür Ruth und Billy Graham zeitlebens standen. Sie zeigten die verhängnisvollen Auswirkungen der Sünde auf und verwiesen auf den besten Arzt, Jesus Christus. Ähnlich dankbar wie die unzähligen Menschen waren, die anschließend hin zur Einladung Billy Grahams nach vorne hin zur Bühne strömten, um ihre Sünden loszuwerden und Vergebung und Heilung zu erfahren; ähnlich dankbar war ich, als ich mich vom Hausarzt Billy Grahams begutachten und behandeln lassen durfte. Und wie bei Jesus war auch dessen Behandlung gratis. »Gratis« ist lateinisch und heißt wörtlich übersetzt: aus Gnade. Die verabreichten Antibiotika taten dann schnell ihre Wirkung und töteten die Bakterien, die die Borreliose oder Lyme-Krankheit ausgelöst hatten. Ich erfuhr dann, dass wenn man nichts dagegen unternimmt, sich die Hautrötung schleichend über den ganzen Körper ausbreitet. Ohne Behandlung kann das den Körper zunehmend angreifen und schließlich bis zu schlimmen Lähmungen führen. Das geschieht oft erst nach Monaten oder sogar Jahren. Welch passendes Bild für die Auswirkungen von Sünde, die nicht behandelt wird, wie z. B. Groll und Bitterkeit. Am Anfang unscheinbar, beeinträchtigt sie mehr und mehr unsere geistliche Gesundheit bis hin zur Lähmung unseres ganzen geistlichen Lebens. Sollten wir in einer solchen Situation nicht dankbar das Angebot der Vergebung und Heilung vom großen Arzt in Anspruch nehmen, um die schleichenden aber verhängnisvollen Auswirkungen der Sünde in unserem Leben zu stoppen? Und die Behandlung ist erst noch gratis. Das Einzige, was wir tun müssen, ist, zu unserer Bedürftigkeit zu stehen. Zum Glück hatte ich im Umfeld der beiden Besuche bei Billy Graham endlich eingesehen, dass auch ein kleiner Zeckenbiss, wenn er nicht behandelt wird, große Auswirkungen haben kann, und bin in der Folge zum Arzt gegangen!

Ich bin überzeugt, dass ein großer Mangel bei mancher evangelistischen Predigt heute die Predigt der Gnade ohne gleichzeitige Verkündigung des Gerichts ist, und dass deshalb viele Bekehrungen so oberflächlich sind und so wenig nachhaltige Auswirkungen haben. Wenn man nachlässig ist im Umgang mit den Sünden in unserem Leben und das Ego statt Christus weiterhin unser Leben regiert, dann werden wir nie die ganze Freude der Gotteskindschaft erleben. Sicher darf die Frohbotschaft nicht zu einer Drohbotschaft werden; aber es ist auch keine wirkliche Frohbotschaft, wenn wir uns nicht bewusst sind, von welch drohendem Gericht Jesus Christus uns durch seinen stellvertretenden Sühnetod bewahrt, wenn wir ihm vorbehaltlos unser Leben anvertrauen. Billy Graham konnte nicht zuletzt deshalb als Gottes weltweites Sprachrohr dienen, weil er die Ernsthaftigkeit der Situation nicht verschwieg. Er hat dies aber auf eine unvergleichlich menschenfreundliche Weise getan und mit seinem Wesen neben Gottes Heiligkeit auch gleichzeitig dessen Liebe und Freundlichkeit dargestellt. Jemand aus meinem Männergebetskreis hat dies so ausgedrückt:

»Obwohl mich der christliche Glaube damals gar nicht echt interessierte, musste ich in meinem amerikanischen Hotelzimmer einfach Billy Graham zuhören, weil er das Evangelium auf eine so liebenswürdige, noble Art weitergab.«

Nobel, liebenswürdig: Man könnte es auch mit »voll Gnade« bezeichnen. Die Menschen fühlten sich hingezogen zu den Grahams, weil sie in ihnen aufrichtige Menschen sahen, die die Wahrheit voll Gnade weitergaben. Vielen haben sie so nicht nur den Weg zu Gott geöffnet, sondern auch wieder den Weg zur Kirche, nachdem diese von Mitchristen enttäuscht worden sind. Insbesondere Ruth hat die Menschen mit einer gebrochenen Vergangenheit und die Leute am Rande der Gesellschaft geradezu angezogen.

Die verstorbene schwarze Sängerin und Schauspielerin Ethel Waters beehrte die Evangelisationen Billy Grahams oft mit ihrer Anwesenheit und mit ihren bewegenden Liedern. Einem »New York Times«-Reporter gegenüber meinte sie:

»*Ruthie empfindet genau gleich wie es ihr Ehemann tut. Ich lernte, was Liebe wirklich bedeutet, von diesem kostbaren Kind.*« Damit meinte Ethel Waters Ruth Graham. »*Ich werde die Nacht nie vergessen, als ich den Feldzug in London besuchte. Ich war nicht gut auf den Füßen und wollte die Veranstaltung vor der großen Masse verlassen. Im Treppenhaus stieß ich auf Ruthie. Sie hielt ein Teenagermädchen fest, das offensichtlich unter Drogen stand … Das Mädchen war schmutzig, Typ Hippie, und stank, wie wenn sie seit Monaten kein Bad mehr genommen hätte. Aber das schien Ruthie nicht zu bekümmern. Sie sprach der jungen Frau gut zu. Sie umarmte sie. Sie zeigte ihr die Liebe Gottes. Sie demonstrierte ihr, dass sich jemand um sie kümmert.*«[289]

Menschen kümmern sich nicht um das, was wir glauben, bis sie wissen, dass wir uns echt um sie kümmern. Billy und Ruth waren Personen, die sich echt um das Wohl der Menschen kümmerten. Sie verkündigten nicht nur die bedingungslose Liebe Gottes, sie lebten sie auch. Und die Menschen fühlten sich von ihnen angezogen, wie sich die ausgestoßenen, Not leidenden Menschen im Neuen Testament von Jesus angezogen fühlten. Und wie Jesus, der bei der Samariterin am Brunnen (vgl. Johannes 4) nicht primär die Ehebrecherin sah, sondern einen Menschen, der nach Liebe und wahrem Leben dürstet, so sahen die Grahams in ihren noch so von der Sünde gezeichneten Mitmenschen Menschen, die hungrig und durstig sind nach echter Liebe, nach tiefer Freude und einem Leben, das Sinn macht.

Petrus spricht von Gott als dem »*Gott aller Gnade*« (1. Petrus 5,10), und Paulus redet vom »*Evangelium der Gnade Gottes*« (Apostelgeschichte 20,24). Es ist nicht vermessen, »Gnade« als Schlüsselwort des Neuen Testaments zu bezeichnen. Es ist die Gnade und Vergebung Gottes, die uns von der Welt unterscheidet und die auch in keiner anderen Religion zu finden ist. Die Christen sind begnadete Menschen und haben den Auftrag, das Evangelium der Gnade zu leben und weiterzugeben. Jesus hat uns aufgefordert, sogar unsere Feinde zu lieben. Neben der Gottesliebe ist die Feindesliebe das eigentliche Herzstück des christlichen Glaubens, das, was ihn eigentlich ausmacht. Wir Christen sollten nicht dafür bekannt sein, was wir alles schlecht finden, sondern dafür, dass wir gnädige, barmherzige Menschen sind, die die bedingungslose Liebe Gottes ausstrahlen. Wenn wir Christen diese Liebe leben, nicht zuletzt im Umgang untereinander, dann werden die Menschen wie zu Zeiten von Jesus wieder in die Kirche strömen; denn sie bekommen hier etwas, was sie sonst nirgendwo bekommen: Liebe und Annahme. Das wiederum öffnet ihre Herzen und macht sie bereit, Jesus Christus als persönlichen Heiland und Meister in ihr Leben aufzunehmen. Sie sind überzeugt: Wenn schon seine Vertreter auf Erden voll Gnade und Liebe sind, dann ist es sicher auch ihr Gott. Und wenn man einmal den Gott aller Gnade kennengelernt hat, dann möchte man ihm auch in allen Dingen mehr und mehr gefallen. Christen, die voll Heiligen Geistes sind, hassen die Sünde, aber sie lieben den Sünder. Sie wissen, dass sie selber auch nur begnadigte Sünder sind; Bettler, die Brot gefunden haben und nun anderen Menschen zeigen, wo sie auch Brot finden können.

Ich träume von einer Kirche, die berühmt ist für ihre Liebe und die auch harte Wahrheiten liebenswürdig und mitfühlend-gnädig vermittelt; wo man es als Vorrecht empfindet, das alte verkorkste Leben ans Kreuz zu bringen und neu anfangen zu dürfen. Philip Yancey, Autor von »Gnade ist nicht nur ein Wort«, beschreibt den Unterschied zwischen einer gnadenlosen Welt und einer gnädigen christlichen Gemeinde. Wenn man sich die folgenden Zeilen zu Gemüte führt, dann begreift man, warum Billy Graham von Philip Yancey sagt, dass es keinen Autor in der evangelikalen Welt gebe, den er mehr bewundere und wertschätze.

»Wenn die Welt eine stadtbekannte Sünderin verachtet, wird die Gemeinde sie lieben. Wenn die Welt die Unterstützung für die Armen und Notleidenden kürzt, wird die Gemeinde ihnen Nahrung und innere Heilung anbieten. Wenn die Welt Menschen unterdrückt, wird die Gemeinde den Unterdrückten aushelfen. Wenn die Welt einen Ausgestoßenen beschämt, wird die Gemeinde Gottes versöhnende Liebe beweisen. Wenn die Welt Profit und Selbstverwirklichung sucht, strebt die Gemeinde nach Opferbereitschaft und Dienst. Wenn die Welt Wiedergutmachung verlangt, erweist die Gemeinde Gnade. Wenn die Welt in Interessengruppen zerfällt, bildet die Kirche eine Einheit. Wenn die Welt ihre Feinde vernichtet, liebt die Kirche sie.«[290] Und dann fügt Philip Yancey bei, dass das zumindest die Vision der Kirche sei, die wir im Neuen Testament fänden.

Ruth und Billy Graham stehen für Gottes Gnade, aber nicht für eine billige Gnade, die als Entschuldigung dient für ein nachlässiges und ungehorsames Leben. Sie riefen im Gegenteil dazu auf, unser ganzes Leben radikal auf Jesus auszurichten. Billy Graham betonte wiederholt, Jesus sei überhaupt kein Weichling gewesen, wie er auf Bildern oft dargestellt würde. Er sei ein revolutionärer Leiter gewesen und habe zu einer Herzensrevolution aufgerufen, die die Gesellschaft von Grund auf verändere. Diese verlange seinen Nachfolgern alles ab. Gegenüber der Zeitschrift »Look« beschrieb Graham die revolutionäre Seite von Jesus folgendermaßen:

»Obwohl er sanft, still und mild war, war er auch ein militanter Anführer, dessen Einfluss und Lehre die Fesseln der Sklaven sprengte, Frauen in eine neue Position erhob und die Grundfesten des Römischen Reiches erzittern ließ und dessen Einfluss bis heute den Sturz von Diktatoren verursacht.«

Immer wieder betonte Billy Graham, Jesus nachzufolgen bedeute, sich zu verleugnen und bereit zu sein, das Kreuz auf sich zu nehmen. Vielleicht würden wir um unseres Glaubens willen ausgelacht oder gemobbt, vielleicht sogar wirklich verfolgt. Wenn Jesus bis zum Tod am Kreuz verfolgt wurde, sollten dann seine Jünger nicht bereit sein, für Jesus zu leiden? Billy Graham gab wiederholt seinem Bedauern darüber Ausdruck, dass oft ein verweichlichtes Christentum gepredigt werde, das den Nachfolgern Christi nichts an Opfern abfordere. Die Folge sei, dass solche Bekehrungen oft sehr oberflächlich seien und sich im Leben wenig auswirkten. In einem Interview, das er der Zeitschrift »Guideposts«[291] gab, führte er weiter aus, warum bei der Verkündigung des Evangeliums die Kosten der Nachfolge nicht verschwiegen werden dürfen.

Kürzlich sei ein berühmter Mann zu ihm gekommen, tief bewegt und bereit, Christus anzunehmen. Er war verheiratet, hatte aber gleichzeitig eine Freundin. Er habe gebetet, geweint, doch er sei nicht bereit gewesen, die Beziehung zur Freundin abzubrechen. Er, Graham, habe dem Mann dann klarmachen müssen, dass das sein Test sei, ob er es mit dem Gehorsam Gott gegenüber ernst meine. Ohne die klare Bereitschaft, von der Sünde zu lassen, sei es keine echte Bekehrung und gebe es keine Sündenvergebung. Auch er hätte bei seiner Bekehrung einen ähnlichen Test bestehen müssen. Er könne deshalb ein wenig nachvollziehen, was dieser Mann durchmache. Und dann erzählte er, was es ihn bei seiner Bekehrung gekostet hatte, Gottes Willen zu tun. Ich möchte diese wenig bekannte Begebenheit rund um Billy Grahams Bekehrung, so wie er sie der Zeitschrift »Guideposts« gegenüber darstellte, im Wortlaut wiedergeben:

»Als ich zum Glauben an Christus kam, hatte ich eine Freundin, die keine Christin war, und sie wollte auch keine werden. Ich war sehr in sie verliebt (so dachte ich zumindest), aber der Herr schien mir zu sagen, dass dies mein größter Test war – war ich bereit, die Freundin aufzugeben, oder nicht? Ich erinnere mich an den Abend, als ich zu ihr ging und ihr sagte, dass wir aufhören müssten, uns zu sehen. Wir waren drei Jahre befreundet gewesen, und ich bin mir sicher, dass wir beide beabsichtigt hatten zu heiraten. Und ich erinnere mich, dass ich auf der Heimfahrt an jenem Abend die ganze Zeit weinte. Aber ich

hatte das für Christus getan. Natürlich hatte ich damals keine Ahnung, dass der Herr eine andere Frau im Blick hatte, die sich als die ideale Frau für mich entpuppte.«

Im gleichen Interview beklagt sich Billy Graham, dass viele nicht mehr bereit seien, eine Verpflichtung einzugehen.

»Die Leute sind einfach apathisch, nur an ihrem eigenen Vergnügen interessiert, sie verschreiben sich keiner Sache. Und die Sache, über die ich rede, ist Jesus Christus. Manche Menschen sind nicht bereit zu sagen: ›Ich werde alle Brücken hinter mir abbrechen und kapituliere vollständig – ich werde meinen Willen, meinen Verstand, mein Herz, meine Familie, mein Geschäft, was auch immer – alle meine Ziele Jesus Christus ausliefern.‹ Das ist es, was Christus von uns verlangt: unsere Brücken abzubrechen und zu sagen: ›Christus, du und du allein bist der eine, von dem ich mich im Hinblick auf meine ewige Errettung und im Hinblick auf meine täglichen persönlichen Beziehungen abhängig mache. Du stehst an erster Stelle, und ich tue nichts, ohne dich um Leitung und Hilfe zu bitten.‹«

Im Alter wurde Billy Grahams totales Vertrauen zu Gott nochmals auf eine andere Weise geprüft, indem er verschiedene Gebrechen und eine fortschreitende Parkinson-ähnliche Erkrankung entwickelte.

»Jemand fragte mich kürzlich, ob ich nicht dachte, Gott sei unfair, dass er mir erlaubte, Parkinson und andere medizinische Probleme zu haben, nachdem ich versucht hätte, ihm treu zu dienen. Ich antwortete, dass ich dies überhaupt nicht so sehe. Das Leiden ist ein Teil der menschlichen Bestimmung, und wir alle sind davon betroffen. Der Schlüssel ist, wie wir darauf reagieren; entweder indem wir uns von Gott abwenden in Wut und Bitterkeit, oder indem wir näher zu ihm hinwachsen im Vertrauen und in der Zuversicht.«[292]

Ruth war im Alter sehr geschwächt. Ihre fortschreitende Arthritis mit Versteifungen, u. a. im Nackenbereich, bereitete ihr große Schmerzen.

In all ihrer persönlichen Gebrechlichkeit fühlte sie sich nur noch mehr hingezogen zu allem, was in den Augen der Welt nicht mehr viel taugte. Einmal kaufte sie bei einem Töpfer bewusst eine zerbrochene Vase zum großen Erstaunen des Töpfers. Gott liebte Kaputtes, also liebte sie es auch. Kaputtes zusammenflicken, das war ihre Leidenschaft. Sie liebte es, alte Dinge, zum Beispiel Möbelstücke, zu erstehen und wieder instand zu setzen; Dinge, die andere als Schrott bezeichneten. Die gleiche Haltung prägte sie auch im Umgang mit ihren Mitmenschen. Ihre Tochter Ruth bezeugt, dass ihre Mutter immer zuerst das Gute, Schöne in den Menschen gesehen habe, das es freizusetzen galt.

»Mutter sieht Schönheit auch in den Menschen, die von anderen ignoriert oder übersehen werden, z. B. in älteren Menschen, in Armen und Hilflosen. Mein Leben lang habe ich beobachtet, wie Mutter diejenigen mit Würde und Respekt behandelte, die von anderen schnell abgehakt werden; und ich habe beobachtet, wie Mutter verletzte Menschen ermutigt hat, wie sie darauf bestand, dass das Leben dieser Menschen noch lange nicht gelaufen sei und dass sie einen wertvollen Beitrag leisten könnten.«[293]

Wenn Ruth eine Not sah, dann versuchte sie alles, diese zu beheben, v. a. wenn sie den Eindruck hatte, die betreffende Person könne nichts dafür. Als einem Mitstudenten im Wheaton College das Studiengeld zum Weiterstudium fehlte, weil er auf die gut bezahlte Sonntagsarbeit auswärts verzichtete, zahlte Ruth das Geld anonym ein. Ein Teil des Geldes sparte sie selber, ein Teil des Geldes beschaffte sie bei ihrem Vater. Bei diesem Studenten handelte es sich übrigens um Paul Freed, den späteren Gründer von Trans World Radio (Evangeliumsrundfunk). Man könnte sagen, dass Paul Freed dank Ruth und ihrem Vater Gottes Gnade erlebt hatte.[294]

Gnade und Wahrheit gehören zusammen. Der Jünger Johannes schreibt in Johannes 1,17: *»Denn das Gesetz wurde durch Mose gegeben; Gottes Gnade und Wahrheit aber kamen durch Jesus Christus.«* Jesus hat die Wahrheit des Gerichts als Folge der Sünde nie verschwiegen. Er hat aber immer auch gleichzeitig einen gnädigen Ausweg gezeigt und schließlich durch seinen Tod am Kreuz Vergebung, Heilung und Neuschöpfung ermöglicht.

Grady Wilson, enger Mitarbeiter von Billy Graham und selber auch Evangelist, hob in seiner Autobiografie »Count It All Joy« hervor, dass es falsch sei, in Billy Graham einseitig einen Prediger des Gerichts oder der Gnade zu sehen. Er sei immer bemüht gewesen, den ganzen Ratschluss Gottes zu predigen und nicht nur einen Teil davon:

»Diejenigen, die nicht nah an Billy herankommen, haben nie alle seine Facetten gesehen … Je nachdem, woher sie kommen, sehen sie Billy unterschiedlich. Weil er den ganzen Ratschluss Gottes predigt und dabei Gericht und Hölle betont, denken manche, er sei streng, wenn nicht gar schroff. Weil er ebenso Gnade und Gottes rettende Liebe betont, denken andere, er sei nachsichtig. Alles hängt davon ab, wo sich jemand positioniert.«[295]

Es ist sicher so, und Billy Graham bestätigt dies, dass er anfänglich eher mehr Betonung auf das Gericht gelegt hat, und dass er in späteren Jahren die unverdiente Liebe Gottes mehr herausgestrichen hat. Gleichzeitig hat er aber mit den Jahren auch immer mehr Betonung auf praktizierte Jüngerschaft im Alltag und Gehorsam gegenüber Gott gelegt. Das Hauptproblem sei unsere Grundhaltung, dass wir unser Leben getrennt von Gott leben wollten und ihn nicht in unser Leben hineinsprechen ließen. Diese Haltung der Gleichgültigkeit oder gar Rebellion bezeichne die Bibel als Sünde. Die Sünden im Plural seien nur die Folge der Sünde im Singular. Sein Auftrag sei nicht, eine Rangliste der Sünden aufzustellen und zu entscheiden, welche am schlimmsten sei und welche weniger schlimm, sondern Menschen in den liebenden Gehorsam zu rufen. Die Überwindung der Sünde (Singular), der Unabhängigkeit von Gott, würde dann auch den Wunsch wecken und die Kraft dazu verleihen, die Sünden (Plural) nicht mehr zu tun. Deshalb konzentriere er sich bei der Verkündigung auf die

Überwindung der Sünde und nicht auf die Hervorhebung einzelner Sünden, so schlimm diese auch sein mögen. Nach 40 Jahren Evangelisationstätigkeit bezeugte Graham:

»Ich predige dasselbe Evangelium, das ich immer gepredigt habe. Wenn überhaupt, dann betone ich heute die Kosten der Nachfolge stärker. Ich weiß von keiner moralischen Frage, über die ich nicht irgendwann gesprochen habe – alles von Rassismus und Apartheid bis Atomwaffen und Frieden. Dennoch habe ich nicht den Eindruck, es sei meine Berufung, auf die Straße zu gehen und Demonstrationen anzuführen. Ich greife auch nicht aus der Masse der in der Schrift erwähnten Sünden eine einzelne heraus und reite mein Steckenpferd – auch wenn ich über die Jahre stark bedrängt wurde, genau das zu tun.«[296]

Dann fügte Billy Graham einen weiteren, ganz praktischen Grund für diese Haltung an:

»Wenn ich mich die ganze Zeit auf Sünden (Plural) konzentriere, könnte es geschehen, dass ich niemals an die Wurzel des Problems gelange, die in der Sünde (Singular) besteht.«

Deshalb habe er auch keine Mühe, alle Menschen zu lieben, selbst die größten Sünder. Letztlich könnten sie nicht anders, weil sie von einer übernatürlichen, bösen Macht, die außerhalb von ihnen sei, beherrscht würden. *»Vielleicht denke ich zu gut von allen Menschen. Ich habe noch niemanden getroffen, den ich nicht mochte und liebte.«*

Auch in Bezug auf seine Beziehung zu den amerikanischen Präsidenten war es Billy immer wichtig zu betonen, dass er sie einfach geliebt habe, und das völlig unabhängig von deren politischen Positionen, die er oft nicht geteilt habe. Im persönlichen Gespräch habe er ihnen seine Haltung mitgeteilt; er habe es aber nicht als seinen Auftrag empfunden, die Meinungsverschiedenheiten in der Öffentlichkeit auszubreiten. In seiner evangelistischen Verkündigung wollte er sich auf die Weitergabe der grundlegenden biblischen Wahrheiten und von deren Konsequenzen im eigenen Leben beschränken. Dabei war es ihm ein großes Anliegen, dies so einfach und verständlich zu tun wie möglich.

»*Vor allem will ich den Inhalt einfach halten. Ich studiere und arbeite daran, um meine Reden einfach zu halten … Der durchschnittliche Amerikaner hat religiös gesehen die Intelligenz eines Zwölfjährigen. Daher spreche ich in gewissem Sinne zu allen, als ob sie in religiöser Hinsicht Kinder seien.*« Dann fügte er hinzu, er wolle alles vermeiden, damit seine Worte nicht über die Köpfe hinweggehen würden.

Billy Graham wurde v. a. in der ersten Hälfte seines Dienstes oft kritisiert, dass er eine einseitige Betonung auf die Individualethik, die privaten Sünden, auf Kosten der Sozialethik, der gesellschaftlichen Sünden, legen würde. Die diesbezüglich profilierteste Stimme war der bekannte amerikanische Theologe Reinhold Niebuhr. Dieser war als Professor am Union Theological Seminary in New York tätig und äußerte sich zeitlebens nicht nur zu theologischen Fragen, sondern mindestens so stark zu sozialkritischen Fragestellungen. Deshalb wurde er auch als Krisentheologe bezeichnet. Reinhold Niebuhr meinte, Billy Graham mache es sich zu einfach, wenn er in seinen Botschaften die sozialen Sünden auf Kosten der persönlichen Sünden ausblende. Jesus sei nicht nur der Erlöser, sondern auch ein Sozialkritiker gewesen. Man dürfe nicht in einem individualistischen Pietismus verharren und die kulturellen Sünden Amerikas gerade gegenüber manchen Benachteiligten ausblenden.[297]

Später beanstandete Niebuhr in scharfer Weise Grahams, wie er meinte, unkritische Nähe zu den amerikanischen Präsidenten. In seinem Essay »The King's Chapel and the King's Court« beschreibt er Billy Graham als Folge seiner Nähe zu den Mächtigen der Welt als »angepasst« und »maßgeschneidert«. Wo sei der kritische Radikalismus geblieben, der Jesus ausgezeichnet habe? Hier hat Reinhold Niebuhr sicher einen heiklen Punkt getroffen. Billy Graham selber hat es später bedauert, dass er sich dann und wann, bei allem Bestreben, sich aus Parteipolitik herauszuhalten, politisch vereinnahmen lassen habe, und dass er zuweilen geneigt gewesen sei, amerikanische Kultur mit Reich Gottes gleichzusetzen. Er hätte sicher folgende Zeilen von Jon

Meacham in der Zeitschrift »Newsweek« vom 20. April 2009 mit unterschrieben:

»Die Erfahrung zeigt, dass selbst religiöse Autoritäten durch die Nähe zur politischen Macht korrumpiert werden können … Es gibt einige Hinweise im Neuen Testament, die eine Sicht von Glaube und Politik unterstützen, in der die Kirche ihrer Mission dann am treuesten ist, wenn sie von den Verstrickungen der Macht möglichst weit entfernt ist. Der Jesus der Evangelien weigerte sich entschieden, die Mittel dieser Welt einzusetzen, um seine Absichten zu verfolgen – weder den Gebrauch von Waffen noch die Leidenschaften der Politik.«

Was man aber Billy Graham zugutehalten muss, ist die Tatsache – und seine engsten Mitarbeiter, die ihn bei Besuchen von Staatsoberhäuptern begleiteten, bestätigten es übereinstimmend –, dass er praktisch immer auf Kernpunkte des Evangeliums zu sprechen gekommen ist. Er sah sich stets als Botschafter Gottes und empfand es als heiligen Auftrag, nicht nur den einfachen Menschen, sondern auch den sogenannten Mächtigen das Evangelium von Jesus Christus zu bringen. Dabei wies er wiederholt auf die Notwendigkeit einer grundlegenden Herzensveränderung hin, die nur möglich sei, wenn man um Vergebung der Sünden bete und Jesus Christus die Leitung des Lebens anvertraue.

In all den Jahren hat er mit vielen Mächtigen gebetet, darunter die englische Queen, zu der die Grahams eine spezielle Verbindung hatten. Und mit mehr als einem amerikanischen Präsidenten ist Billy als Zeichen der Ehrerbietung Gott gegenüber auf die Knie gegangen. Mehrere von ihnen haben ihn als ihren persönlichen Freund und Seelsorger hoch geschätzt und waren froh, in schwierigen Zeiten einen Glaubensmann seines Kalibers in der Nähe zu wissen. Dazu Präsident George Bush senior:

»In Zeiten der Schwierigkeiten und der Krise empfindet man das Bedürfnis, sich an diejenigen zu wenden, deren Glaube unerschütterlich ist. Dadurch wird man fähig, auch anderen Stärke zu vermitteln …

Seit des ersten Feldzuges 1954 in London verband die Grahams eine besondere Beziehung zur englischen Königin.

Unabhängig davon, wie tief der Glaube ist, braucht man manchmal den Rat und Trost eines lebendigen, atmenden menschlichen Wesens. Für mich, und für so viele andere Bewohner des Oval Office, war diese Person Billy Graham. Wenn meine Seele in Unruhe war, dann habe ich mich an Billy gewandt, für Rat, für Trost, für Gebet.«[298]

George Bush senior meinte, es sei zu persönlich und emotional zu beschreiben, was Billy Graham für ihn und seine Familie bedeutet habe. Sein Sohn George W. Bush wurde in jüngeren Jahren in seinem Glaubensleben stark durch Billy Graham geprägt, hatte aber während seiner Präsidentschaftszeit wegen Billy Grahams fortgeschrittenem Alter wenig Kontakt mit ihm. Einmal jedoch hat George W. Bush es sich nicht nehmen lassen, eigenhändig Billy Graham im Rollstuhl durch die Gänge des Weißen Hauses zu schieben. Auch das Ehepaar

Clinton hielt immer große Stücke auf Billy Graham, weil er sie nicht als Politiker, sondern als Menschen behandelt habe. Bei aller Freundlichkeit habe er durchaus aber auch heikle Dinge angesprochen. Leider konnte Barack Obama Billy Graham nicht mehr persönlich kennenlernen. Kurz vor seiner Wahl zum Präsidenten wünschte Barack Obama Billy Graham zu sehen. Die schlechte Gesundheit Billy Grahams erlaubte es ihm aber nicht, sich mit ihm persönlich zu treffen.

Die komplexeste Beziehung war sicher diejenige zu Richard Nixon, mit dessen Familie Billy Graham seit der Evangelisation in Los Angeles 1949 bekannt war. Nixon hatte Graham schon früh gewarnt, als ob er spätere Ereignisse vorausgeahnt hätte, sich nicht vor den politischen Karren spannen zu lassen. Grahams evangelistischer Dienst sei viel wichtiger als seine eigene politische Karriere. Der Watergate-Skandal mit den veröffentlichten Bändern Nixons öffnete dann Billy Graham vollends die Augen über den Wahrheitsgehalt der Aussage Richard Nixons. Seine Enttäuschung über seinen Freund war riesig.

George Bush senior stand der Familie Graham sehr nahe.
Hier teilt er das Podium in Texas mit Franklin und Billy Graham.

Offensichtlich hätte ihn eine fremde Macht geritten. »*Jene Aufnahmen offenbarten einen Mann, den ich nicht kannte. Ich hatte diese Seite nie bei ihm gesehen.*«

Die zu große Vertrautheit mit Präsident Richard Nixon, hier in einer Aufnahme von 1960 mit dem damaligen Vizepräsidenten, sollte Billy Graham später große Probleme bereiten.

Aber auch Graham selber musste sich öffentlich entschuldigen wegen negativer Äußerungen den jüdischen Mitbürgern gegenüber. Im Gespräch mit Nixon hatte er dessen Beurteilung geteilt, dass die Juden alles unter ihre Kontrolle bringen wollten. Dabei war er öffentlich immer für die Sache der Juden eingetreten. Gemäß Ruth sei das die schwierigste Zeit im Leben ihres Ehemannes gewesen. Tatsächlich empfand er sich als völligen Versager, der zumindest in diesem Fall die Ehre der Menschen mehr geliebt habe als die Ehre Gottes. Auch nach Watergate stand Graham zu seinem langjährigen Freund. Bei Richard Nixons Beerdigung hielt er dann auch die Predigt. »*Ich empfand echte Liebe für ihn. Er war immer sehr aufmerksam gegenüber seinen Freunden, vergaß keinen Geburtstag.«* Richard Nixon habe sein Land und seine Familie sehr geliebt. Bei unserem Besuch bei Billy Graham spürte man anhand einer Bemerkung über Präsident Nixon, dass er ihm sehr nahegestanden haben musste. Aber gerade diese Verbundenheit mit Richard Nixon hatte Billy Graham auch die größten Probleme in seinem Leben beschert.

Billy Graham wurde oft gefragt, was er im Nachhinein anders machen würde. Er erwähnte mehrere Bereiche: Erstens bedauere er es, keine tiefer gehende theologische Bildung genossen zu haben. Dann fühle er sich schuldig, weil er oft abwesend gewesen sei, wenn ihn seine Kinder am meisten gebraucht hätten.

Billy Graham bedauerte es im Nachhinein sehr, dass er zu wenig Zeit mit den Kindern verbracht hatte, als diese ihn am nötigsten gehabt hätten.

Manchmal habe er auch eine zu geringe kritische Distanz zur amerikanischen Kultur und Politik gepflegt. Leider sei er seiner großen Verantwortung als Botschafter von Jesus Christus nicht immer gerecht geworden. Und schließlich hätte er weniger, dafür aber längere Evangelisationen durchführen sollen. Je länger er an einem Ort gewirkt habe, desto größer sei die Zahl der der Kirche fernstehenden

Besucher gewesen, und desto mehr Menschen hätten sich bei seinem abendlichen Aufruf für die Nachfolge Christi entschieden. Er meinte, er hätte weniger Einladungen annehmen sollen.

Manches trifft sicher zumindest zum Teil zu. Aber im Unterschied zu manch anderen geistlichen Leitungspersönlichkeiten hat Billy Graham sein Versagen nie verschwiegen.

Billy Graham konnte so vollmächtig Gottes Gnade und Barmherzigkeit predigen, weil er täglich selber das Evangelium der Gnade für sich in Anspruch nahm. Er hob trotz aller seiner Erfolge und erlebten Huldigungen nie ab und konnte auch Misserfolge und Kritiken ertragen, weil er sich immer zuerst als Jünger von Jesus sah, ähnlich wie dies Henry Dunant, der Begründer des Roten Kreuzes, tat, der einmal sagte: »*Ich möchte Jünger von Jesus sein, sonst nichts.*« Ruth und Billy Graham waren zweifellos gute Jünger von Jesus.

Wenn ich alle Zeugnisse der verschiedenen Menschen höre, die im Laufe ihres langen Lebens und Dienstes Ruth und Billy Graham begegnet sind, dann muss ich mit der Einschätzung von Tochter Anne übereinstimmen:

»Es war ein Segen, sie zu beobachten – die Realität des Glaubens meiner Eltern, wie er auf dem Amboss jener täglichen Erfahrungen gelebt wurde, wenn Sachen schieflaufen. Dass sie das so gut hinbekommen haben und in ihrem Glauben, in ihrer Freude am Herrn und ihrer Liebe zu den Menschen eine derartige Beständigkeit gezeigt haben – das ist erstaunlich. Das ist Gottes Gnade.«[299]

Ruth und Billy Graham beurteilten ihr Leben im Lichte des göttlichen Auftraggebers. In seiner Gegenwart blieben sie sich bewusst, dass sie täglich auf Gottes Vergebung und Barmherzigkeit angewiesen waren; nicht nur die Suchenden, denen sie dienten, nicht nur die offensichtlich von der Sünde gezeichneten Mitmenschen, sondern sie: der weltberühmte Prediger und seine Ehefrau selber.

Mit derselben Barmherzigkeit und Großzügigkeit begegneten sie auch ihren Mitchristen. So manche christlichen Leitungspersonen bezeugen, dass es ihnen enorm geholfen habe, dass Ruth und Billy Graham an sie geglaubt und sie zu einem spezifischen Dienst ermutigt hätten. Noch viel zahlreicher sind jedoch die unzähligen älteren und jüngeren Menschen unterschiedlicher Herkunft, die als Folge des Lebens und Dienstes dieses Ehepaares neues Leben erhalten haben und einmal den Himmel bevölkern werden. Darunter sind erstaunlich viele geistliche Leiterpersönlichkeiten, die im Umfeld der Großveranstaltungen nicht nur selber zum Glauben fanden, sondern gleichzeitig auch noch eine Vision erhielten, »*in Gottes Namen etwas Tapferes zu tun*«, um es mit den Worten des Schweizer Reformators Huldrych Zwingli zu sagen. All das und noch viel mehr konnte geschehen, weil Ruth und Billy Graham ihrer göttlichen Berufung zeitlebens treu geblieben sind. Sie haben das Evangelium der Gnade Christi einfach und verständlich weitergegeben, im Vertrauen auf die Kraft des Wortes Gottes und des Heiligen Geistes.

Pfarrer Wilhelm Busch schreibt im Vorwort zur deutschen Ausgabe von Billy Grahams Buch »Friede mit Gott«:

»Vielleicht beruht darauf der Einfluss Billy Grahams, dass er so uneingeschränkt die Macht der Gnade Jesu Christi verkündigt. Und das in einer Sprache, die Hans und Gretel verstehen können. Hier ist das Evangelium, klares, biblisches, herrliches Evangelium! … Denn Billy Graham sagt, ›wie man das Heil ergreift‹.«[300]

Der bekannte deutsche Theologe Helmut Thielicke schrieb nach einem Besuch einer Evangelisation Billy Grahams in Los Angeles in einem Brief an ihn:

»Der Abend war eine tiefe Bußerfahrung für mich … wenn ich dann und wann um meine Meinung gebeten wurde über die Art ihres Predigens, war ich gewiss nicht zu bescheiden, eine oder zwei theologische Beobachtungen weiterzugeben. Der Abend mit ihnen machte mir klar (und der Heilige Geist wird mir dabei geholfen haben), dass die Frage andersherum gestellt werden sollte: Was fehlt mir und meinen Kollegen auf der Kanzel und am Universitätspult, das ein Billy Graham so nötig macht? … An jenem Abend mit ihnen wurde mir ein für alle Mal klar,

mein lieber Dr. Graham, dass Sie biblisches Brot und nicht intellektuelle Leckerbissen und raffinierte Propaganda verbreiten. Dafür möchte ich Ihnen danken.«[301]

In seiner Autobiografie »Gast auf einem schönen Stern. Erinnerungen« schildert Helmut Thielicke die Begegnung mit Billy Graham und seinem Team so:

»Wichtig war mir die Begegnung mit Billy Graham, der im Stadion von Los Angeles seine riesigen Evangelisationsversammlungen hielt. Ich hatte zunächst Bedenken, seine Einladung anzunehmen, neben ihm auf der Balustrade zu sitzen. Als ich es dann auf Drängen meiner Freunde doch tat, habe ich meine Augen kritisch weit offen gehalten. Ich bemerkte aber – als Tausende zum Bekenntnis vortraten – in seiner Crew nur gesammelte Meditation, keine Züge des Triumphes. Seine Botschaft war gutes Hausbrot. Von seiner warmherzigen, unprätentiösen Menschlichkeit war ich sehr angetan.«[302]

Immer wieder musste ich die Arbeit an diesem Buch in den vergangenen Jahren niederlegen, um Gott für Ruth und Billy Graham und das wunderbare Team um sie herum zu danken, verbunden mit der Bitte zu Gott: *»Bitte, tu es noch einmal! Wir haben biblische Verkündiger und prophetische Stimmen wie Billy Graham nötiger denn je.«*

Wir brauchen dringend wieder Streiterehepaare wie Ruth und Billy, die in gelebter Partnerschaft das Reich Gottes in allen Gesellschaftsbereichen in der Kraft des Heiligen Geistes vorantreiben. Es ist mein Gebet, dass auch in Zukunft authentische, geistgeleitete Leiterpersönlichkeiten heranwachsen, die aus Liebe zu Jesus seinem Missionsauftrag gegenüber gehorsam sind und denen Gott deshalb verantwortungsvolle Aufgaben anvertrauen kann; Menschen, denen er vertrauen kann, dass sie ihren Auftrag treu und zu seiner Ehre ausführen.

Ich empfinde, dass wir weltweit und insbesondere auch in Europa vor einer größeren geistlichen Ernte stehen. Diese Erntearbeit wird angesichts der wachsenden wirtschaftlichen und gesellschaftlichen

Krisen und der wachsenden Feindschaft allen monotheistischen Religionen gegenüber nicht ohne Schweiß und Tränen vonstattengehen. Wir Christen werden uns bei der Erntearbeit die Hand reichen müssen. Und wir müssen unsere Sensen schärfen, um das Evangelium in Einfachheit, biblischer Klarheit und mit einem Herzen voller Liebe und Erbarmen zu verkündigen. Neben dem evangelistischen Dienst von Mensch zu Mensch wird auch die Form der Groß- oder Eventevangelisation wieder ein zunehmend wichtiges Erntewerkzeug werden.

»Gott liebt dich. Du kannst zu ihm kommen, gerade so wie du bist. Gott möchte dir im Glauben an seinen Sohn Jesus ein neues Leben geben.« Gott möchte dir ein neues Leben geben. Diese Botschaft, die Ruth und Billy Grahams Leben und Dienst auszeichnete, muss wieder überall weitergegeben werden. Es ist Zeit für viele neue Ruths und Billys, die Gott mit dieser wunderbaren Nachricht in die Welt hinausschicken kann. Es ist Zeit für Ehepaare, die ihre Ehe und Familie als Berufung sehen und die sich als ganze Familie an der Erfüllung des Missionsauftrages Jesu beteiligen.

Es war sehr bewegend, als Billy Graham bei einem unserer Besuche, von seiner Krankheit gezeichnet und im Bett liegend, sein Bedauern zum Ausdruck brachte, dass es ihm nun unmöglich sei, das Evangelium weiterhin zu verkündigen. *»Sie sehen, ich kann nicht mehr.«* Aber wir können. Wir können seinen Auftrag weiterführen.

»Gott will, dass alle Menschen gerettet werden und zur Erkenntnis der Wahrheit gelangen« (1. Timotheus 2,4). Unsere Antwort darauf muss sein: *»Gott will, und wir wollen auch!«* Gibt es eine schönere Berufung, als den Menschen die beste aller Nachrichten weiterzugeben, dass Gott in Jesus unsere Sünden beglichen hat und uns allen einen neuen Start, ja, ein total neues, ewig dauerndes Leben anbietet?

Unser Beitrag bei der Erfüllung des Missionsauftrages mag sehr verschieden sein. Die einen bilden eher die Speerspitze und sind an der missionarischen Front tätig. Ebenso wichtig sind jedoch die Personen, die als Schaft die Speerspitze auf Kurs halten, sei dies, dass sie beten, die Mission mit finanziellen Mitteln unterstützen oder da und dort selber aktiv sind, indem sie z. B. im Lehrdienst oder im so wichtigen organisatorischen Supportdienst tätig sind. In jedem Fall aber müssen wir darauf achten, die Verbindung mit Jesus Christus täglich aufrechtzuerhalten, wie dies uns Ruth und Billy Graham vorgelebt haben.

Alles Wachstum geschieht normalerweise langsam und unter der Gnade Christi. Gott liebt uns nicht, weil wir mithelfen, den Missionsauftrag Christi zu erfüllen; er liebt uns um unser selbst willen; gerade auch dann, wenn wir wieder einmal versagt haben. Wenn wir diese Tatsache aus den Augen verlieren, dann ist das Leben und der Dienst als Christ ein freudloser und fruchtloser Krampf. Partnerschaft, Authentizität, Demut, Intimität, Fokus, Integrität, Glaube, Weltverantwortung, Geistesleitung – alle diese Qualitäten, wie wichtig sie auch sind, gewinnen erst in Verbindung mit der Gnade Gottes ihren richtigen Stellenwert. Er hat uns zuerst geliebt, und er liebt uns immer neu zuerst, unabhängig von unserem Verhalten. Welch wunderbare Botschaft, die wir unseren Mitmenschen weitergeben dürfen!

Mutter Teresa von Kalkutta ermutigte uns, Gottes Liebe und Güte weiterzugeben, wo immer wir uns befinden:

»Verbreite die Liebe überall, wo du gerade bist: zuerst in deinem eigenen Haus. Gib Liebe deinen Kindern, deiner Frau oder deinem Mann, deinem Nachbar im nächsten Haus … Lass nie jemanden zu dir kommen, ohne dass er dich besser und glücklicher verlässt. Sei der lebendige Ausdruck von Gottes Güte; Güte in deinem Gesicht, Güte in deinen Augen, Güte in deinem Lächeln, Güte in deinem warmherzigen Grüßen.«

Und auf unseren Auftrag auf dieser Erde bezogen meinte Mutter Teresa:

»Was ich tun kann, kannst du nicht tun; aber was du tun kannst, kann ich nicht tun. Die Nöte sind groß und niemand von uns, ich eingeschlossen, tut je große Dinge. Aber wir alle können kleine Dinge tun, mit großer Liebe, und zusammen können wir etwas Wunderbares tun.«

Ich habe bisher kaum Menschen getroffen, die so viel von Christus und so wenig von sich selber hielten wie Ruth und Billy Graham. Ich kenne wenig Menschen, die sich so bewusst waren, »dass nicht durch Heer oder Kraft, sondern durch Gottes Geist« (vgl. Sacharja 4,6) Menschen und Dinge nachhaltig verändert werden; die gleichzeitig aber auch glaubten, dass für Gott nichts, ja absolut nichts unmöglich ist (vgl. Lukas 1,37). Gott benutzte sie als seine Werkzeuge, weil sie Wahrheit und Liebe in unnachahmlicher Weise verbanden und sich in ihrem gottgegebenen Auftrag, Menschen zu Jesus Christus zu führen durch nichts abbringen ließen. Sie liebten ihren himmlischen Vater aus tiefstem Herzen und konnten ihn uns deshalb auch so lieb machen.

Die Bibel ermutigt uns, von den Personen zu lernen, die vor uns gedient haben und ihrer Berufung treu gewesen sind: »*Gedenkt an eure Lehrer, die euch das Wort Gottes gesagt haben; ihr Ende schaut an und folgt ihrem Glauben nach*« (Hebräer 13,7; L).

Ein privates Foto von Ruth und Billy Graham soll den Abschluss bilden. Es zeigt ein Ehepaar, das in einer aktiven Partnerschaft zeitlebens das Ziel im Auge behielt, den Menschen das rettende Evangelium von Jesus Christus weiterzusagen.

Ausgewählte Literatur

Eine ausführliche Bibliografie würde mehrere Hundert Bücher umfassen. Aus Platzgründen folgt nur eine kleine Auswahl von besonders wichtigen Büchern zum vertieften Studium. Für detailliertere Auskünfte zu einzelnen Teilbereichen des Lebens und Dienstes von Ruth und Billy Graham und der entsprechenden Literatur wende man sich an den Autor: hpnuesch@cfc.ch

Biografisches über Billy Graham

»Just As I Am«, Autobiografie, 2007, Zondervan. Die 1998 im Brunnen Verlag erschienene deutsche Fassung »Billy Graham – So wie ich bin« ist leider vergriffen.

»Billy Graham – die Biografie« (»The Billy Graham Story«), die offiziell autorisierte Biografie, John Pollock, 2003, SCM Hänssler.

»A Prophet with Honor«, William Martin, 1991, William Morrow, umfangreichste Biografie, eignet sich hervorragend als Nachschlagewerk.

»The Preacher and the Presidents«, Nancy Gibbs and Michael Duffy, 2007, Center Street, behandelt Billy Grahams Beziehung zu den amerikanischen Präsidenten.

»Billy Graham – His Life and Influence«, David Aikman, 2007, Nelson.

»Billy Graham – God's Ambassador«, Russ Busby, 2007, Harper One, Fotobuch, gibt einen guten fotografischen Überblick, mit wenig Text versehen.

»A Legacy of Faith«, Ruth Graham, 2006, inspirio, aus der Sicht der Tochter.

Über Leben und Dienst von Billy Graham sind mehrere DVDs und Videos erhältlich (vgl. Ebay oder Amazon).

Biografisches über Ruth Bell Graham

»Ruth, A Portrait – The Story of Ruth Bell Graham«, Patricia Cornwell, 1997, Doubleday, behandelt nur die Zeit bis 1983.

»A Legacy of Love«, Ruth Graham, 2005, inspirio, aus der Sicht der Tochter.

»It's My Turn«, Ruth Bell Graham, 1982, Fleming H. Revell Company, autobiografische Einsichten von Ruth Bell Graham, Geschichten aus dem Leben.

»Legacy of a Pack Rat«, Ruth Bell Graham, 1989, Oliver Nelson, autobiografische Einsichten und Geschichten, die das Leben schrieb.

»Ruth Bell Graham – Celebrating an Extraordinary Life«, Stephen Griffith, 2003, Word Publishing Group, aus der Sicht von Freunden und Bekannten.

»Celebrating Ruth Bell Graham« ist eine DVD, die die »Billy Graham Evangelistic Association« nach dem Heimgang von Ruth zusammenstellte, und die einen guten Einblick in ihr Leben gibt.

Von Ruth Bell Graham selbst sind zahlreiche Gedichtsbände erschienen, u. a. »Ruth Bell Graham's Collected Poems«, »Footprints of a Pilgrim«, »Sitting by My Laughing Fire«, »Never Let It End«, »Clouds Are the Dust of His Feet«. Die meisten von ihnen sind, wie auch die seelsorgerlich geschriebenen Bücher »Prodigals and Those Who Love Them« und »Footprints of a Pilgrim« im Buchhandel erhältlich. Das Gleiche gilt für die mit farbigen Illustrationen versehene Weihnachtsgeschichte »One Wintry Night«. Mit Tochter Gigi zusammen verfasste Ruth Graham das persönlich geschriebene Buch »Coffee and Conversation with Ruth Bell Graham and Gigi Graham Tchividjian« sowie »A Quiet Knowing«.

Weitere Literatur zu Ruth und Billy Graham

»Gelebte Leiterschaft – die Führungsprinzipien Billy Grahams« (»Leadership Secrets of Billy Graham«), Harold Myra, Marshall Shelley, 2005, Johannis.

»Examining Billy Graham's Theology of Evangelism«, Thomas Paul Johnson, 2003, Wipf and Streck, aus der Sicht eines evangelikalen Theologen.

»The Legacy of Billy Graham – Critical Reflections on America's Greatest Evangelist«, Michael Long (editor), 2008, Westminster John Knox Press, kritische Beurteilung aus der Sicht von Universitätstheologen.

»Invitation – Billy Graham and the Lives God Touched«, Basyle and Aram Tchividjian, 2008, Multnomah Books, aus der Sicht von Betroffenen.

»Man nennt mich Mutter Graham« (»They Call Me Mother Graham«), Morrow Coffey Graham, 1977, Telos, aus der Sicht der Mutter.

»Decision«, Monatszeitschrift, von der Billy Graham Evangelistic Association (BGEA) in Charlotte herausgegeben. Der deutsche Zweig der BGEA gibt in Berlin die Monatszeitschrift »Entscheidung« heraus mit grundlegenden Beiträgen zum christlichen Glauben, (info@entscheidung.org).

Ausgewählte Bücher von Billy Graham

»Jedes Leben eine Reise« (»The Journey«), 2007, SCM Hänssler, enthält eine gute Zusammenfassung über die wesentlichen Punkte des Lebens als Christ.

»Friede mit Gott« (»Peace with God«), 2007, von SCM Hänssler neu aufgelegt, das grundlegende Werk Billy Grahams.

»Die Kraft des Heiligen Geistes empfangen« (»The Holy Spirit«), 1978, SCM Hänssler.

»Engel – Gottes Geheimagenten« (»Angels – God's Secret Agents«), 2002, SCM Hänssler.

Quellenverzeichnis

1 Maurer Pfr. Dr. A., Ein paar Gedanken zum Besuch von Dr. Billy Graham, Kirchenbote für den Kanton Zürich, Reformierter Pfarrverein, Zürich, Juni 1955

2 Gibbs Nancy and Ostling Richard N., God's Billy Pulpit, in: TIME, Time Inc., New York, November 15, 1993, Seite 72

3 TIME, Time Inc., New York, November 13, 1993

4 Hart D. G., Deconstructing Evangelicalism, Baker Academics, Grand Rapids, 2004, Seite 119

5 Boone Pat, Thank You Billy Graham, DVD, Lamb & Lion Record, Los Angeles, 2006

6 Busby Russ, Billy Graham – God's Ambassador, W Publishing Group, Nashville, 1999, Seite 159

7 Boone Pat, Thank You Billy Graham, DVD, a.a.O.

8 Does a Religious Crusade Do Any Good?, U.S. News & World Report, United States News Publishing Corporation, Washington, Vol XLIII No. 13, September 27, 1957, Seite 74

9 Graham Billy, in: Pope John Paul II – LIFE, A Tribute, Time Inc. Home Entertainment, New York, 2005, Vorwort

10 Schaffer James and Todd Colleen, Christian Wives, Doubleday & Company, Garden City, 1987, Seite 51

11 Gaither Gloria, A Divine Appointment, in: Homecoming The Magazine, Salem Publishing, Nashville, May/June 2006, Seite 34

12 Bell Graham Ruth, Ruth Bell Graham's Collected Poems, Baker Books, Grand Rapids, 1997, Seite 158

13 Pollock John, The Billy Graham Story, Zondervan Publishing House, Grand Rapids, 2003, Seite 30

14 Boone Pat, Thank You Billy Graham, DVD, a.a.O.

15 http://transcripts.cnn.com/TRANSCRIPTS/0506/16/lkl.01.html

16 Auszug aus einem Brief Bill Clintons zu Ehren des 50-jährigen Dienstjubiläums von Billy Graham, Christianity Today, Christianity Today Inc., Washington, 13. November 1995

17 Rainer Thom S., Evangelism in the Twenty-first Century, Harold Shaw Publishers, Wheaton, 1989, Seite 173

18 Cornwell Patricia, Ruth, A Portrait, Bantam Doubleday Dell Publishing Group, New York, 1. Auflage, 1997, Seite 282

19 McKay William Paul & Abraham Ken, Billy: The Untold Story of a Young Billy Graham and the Test of Faith that Almost Changed Everything, Thomas Nelson, Nashville, 2008, Seite vii
20 http://www.msnbc.msn.com/id/8326362/
21 Johnston Thomas Paul, Examining Billy Graham's Theology of Evangelism, Wipf and Stock Publishers, Eugene, 2003, Seite 403
22 Long Michael G., The Legacy of Billy Graham – Critical Reflections on America's Greatest Evangelist, Westminster John Knox Press, Louisville, 2008, Seite 128ff.
23 Graham Billy, Angels: God's Secret Agents, Thomas Nelson, Nashville, 1995
24 Wilson Grady, Count It All Joy, Broadman Press, Nashville, 1984, Seite 287f.
25 Frist Betty, My Neighbors, the Billy Grahams, Broadman Press, Nashville, 1983, Seite 22
26 Graham Billy, Living in God's Love – The New York Crusade, G.P. Putman's Sons, New York, 2005, Seite 37ff.
27 Templeton Charles, Charles Templeton: An Anecdotal Memoir, McClelland and Stewart Limited, Toronto, 1983, Seite 54
28 Tullian Tchividjian, in: HomeLife, LifeWay Biblical Solutions, Nashville, April 2008
29 Shea George Beverly, Then Sings My Soul, Fleming H. Revell Company, Old Tappan, 1968, Seite 166
30 Billy Graham, The New Evangelist, in: TIME, Time Inc., New York, October 25, 1954
31 The Crusade for Britain, in: TIME, Time Inc., New York, March 8, 1954, Seite 73
32 Gaither Gloria, God's Ambassador, in: Homecoming The Magazine, Salem Publishing, Nashville, May/June 2006, Seite 24
33 Aikman David, Billy Graham: His Life and Influence, Thomas Nelson, Nashville, 2007, Seite 299
34 Billy Graham's Invasion: His Mission – Save New York, in: Newsweek, Weekly Publications Inc., Dayton, Volume XLIX, No. 20, May 20, 1957
35 Christianity Today, Christianity Today Inc., Washington, September 16, 1957, Seite 32
36 Babbage Stuart Barton and Siggins Ian, Light Beneath the Cross, Doubleday & Company Inc., Garden City, 1960, Seite 56
37 Babbage Stuart Barton and Siggins Ian, Light Beneath the Cross, a.a.O., Seite 39
38 Rohrer Norman S., Leighton Ford: A Life Surprised, Tyndale House Publishers Inc., Wheaton, 1. Auflage, 1981, Seite 166
39 Graham Ruth, A Legacy of Love, Inspirio, Zondervan, Grand Rapids, 2005, Seite 131f.

40 Remembering Ruth Graham, in: Reflection, A Magazine for Alumni and Friends of Montreat College, Montreat College Office, Montreat, Volume 10 No. 2, Fall 2007

41 Kawasaki Guy, Hindsights, The Wisdom and Breakthroughs of Remarkable People, Beyond Words Publishing Inc., Hillsboro, 1993, a.a.O., Seite 196

42 Billy Graham, in: TIME, Time Inc., New York, July 11, 1969, Seite 65

43 Cornwell Patricia Daniels, A Time for Remembering: The Story of Ruth Bell Graham, Harper & Row Publishers, San Francisco, 1. Auflage, 1983, Seite 62f.

44 Graham Lotz Anne, Heaven: My Father's House, Word Publishing Group, Nashville, 2001, Seite 98

45 Kooiman Helen W., Transformed: Behind the Scenes with Billy Graham, Tyndale House Publishers, Whcaton, 1970, Seite 98f.

46 Hootman Barbara, Black Mountain News, Vol. 62, No. 43, June 21-28, 2007

47 TIME, Time Inc., New York, June 7, 1954

48 Strober Deborah Hart and Strober Gerald S., Billy Graham: An Oral and Narrative Biography, Jossey-Bass, San Francisco, 1. Auflage, 2006, Seite 145

49 Bell Graham Ruth, Legacy of a Pack Rat, Oliver-Nelson Books, Nashville, 1989, Seite 197

50 Kooiman Helen W., Transformed, a.a.O., Seite 100f.

51 Billy Graham – Ambassador of Salvation, DVD, AIM International Television, Dist. by Vision Video, Worcester

52 Poling David, Why Billy Graham?, Sunstone Press, Santa Fé, 2008, Seite 154

53 Hosier, Helen Kooiman, 100 Christian Women Who Changed the Twentieth Century, Fleming H. Revell, Baker Book House Company, Grand Rapids, 2000, Seite 355

54 Ford Leighton, Transforming Leadership: Jesus' Way of Creating Vision, Shaping Values, and Empowering Change, InterVarsity Press, Downers Grove, 1991, Seite 233

55 Frist Betty, My Neighbors, the Billy Grahams, a.a.O., Seite 190

56 Frist Betty, My Neighbors, the Billy Grahams, a.a.O., Seite 197

57 McLellan Vernon, Billy Graham: A Tribute from Friends, First Warner Books, Clayton, 1. Ausgabe, 2002, Seite 137ff.

58 Bright Bill, The Greatest Lesson I've Ever Learned, Here's Life Publishers, San Bernardino, 1991, Seite 92ff.

59 Ockenga Harold J., Power Through Pentecost, Wm. B. Eerdmans Publishing Company, Grand Rapids, 1. Auflage, 1959, Seite 123-126

60 Frost David, Billy Graham Talks With David Frost, A. J. Holman Company, division of J. B. Lippincott Company, Philadelphia, 1. Auflage, 1971, Seite 23ff.

61 Corry John, God, Country, and Billy Graham, in: Harper's Magazine, Harper's Magazine Inc., New York, Vol. 238, No. 1425, February 1969, Seite 36

62 Graham Ruth, A Legacy of Faith: Things I Learned from My Father, Inspirio, Zondervan, Grand Rapids, 2006, Seite 56
63 Burnham George, To the Far Corners: With Billy Graham in Asia, Fleming H. Revell Company, Westwood, 1956, Seite 124
64 Christianity Today, Christianity Today Inc., Washington, September 13, 1974, Seite 14
65 Billy and His Beacon, in: Newsweek, Weekly Publications Inc., Dayton, Volume XXXV, No. 18, May 1, 1950, Seite 66
66 Billy Graham: Young Thunderer of Revival, in: Newsweek, Weekly Publications Inc., Dayton, Volume XLIII, No. 5, February 1, 1954
67 34,586 Decisions, in: TIME, Time Inc., New York, May 31, 1954, Seite 59
68 Billy Graham, The New Evangelist, in: TIME, Time Inc., New York, October 25, 1954
69 Billy Graham's Invasion: His Mission – Save New York, a.a.O.
70 Meacham Jon, Pilgrim's Progress, in: Newsweek, Newsweek Inc., New York, Volume CXLVIII, No. 7, August 14, 2006
71 Cook Charles T., London Hears Billy Graham, Marshall, Morgan & Scott, London, 3. Auflage, 1955, Seite 96
72 Frist Betty, My Neighbors, the Billy Grahams, a.a.O., Seite 39
73 Christian Life Magazine, Mai 1972
74 Cornwell Patricia Daniels, A Time for Remembering: a.a.O., Seite 60
75 Kawasaki Guy, Hindsights, a.a.O., Seite 193f.
76 Bell Graham Ruth, Prodigals and Those Who Love Them, Focus on the Family Publishing, Colorado Springs, special Billy Graham evangelistic edition, 1991, Seite 46
77 Bell Graham Ruth, Ruth Bell Graham's Collected Poems, a.a.O., Seite 175
78 Graham Ned, True Righteousness in Decision, Special Commemorative Issue, Billy Graham Evangelistic Association, 2007, Seite 31
79 Graham Ruth, A Legacy of Faith, a.a.O., Seite 80
80 Calvin John, Commentary of the Book of Psalms, Eerdmans Publishing Company, Grand Rapids, 1950, Psalm 9
81 Hall David W., The Legacy of John Calvin: His Influence on the Modern World, P&R Publishing Company, Phillipsburg, 2008, Seite 80
82 Murray Andrew, Humility, updated edition, Withaker House, New Kensington, 1982, Seite 27, 117
83 Coffey Graham Morrow, Man nennt mich Mutter Graham, SCM Hänssler, Holzgerlingen, 1977
84 Douglas J. D., The Calling of an Evangelist, World Wide Publications, Minneapolis, 1987, Seite 11
85 Graham Ruth, A Legacy of Love, a.a.O., Seite 59

86 Burnham George, To the Far Corners: With Billy Graham in Asia, a.a.O., Seite 156
87 Frist Betty, My Neighbors, the Billy Grahams, a.a.O., Seite 49
88 Bell Graham Ruth, Legacy of a Pack Rat, a.a.O., S. 75, 89
89 Billy in Dixie, in: LIFE, TIME Inc., Chicago, Volume 28, Number 13, March 27, 1950
90 Cornwell Patricia Daniels, A Time for Remembering, a.a.O., Seite 88
91 Graham Lotz Anne, A Godly Example, in Decision, Special Commemorative Issue, Billy Graham Evangelistic Association, 2007, Seite 30
92 Skoglund Elizabeth R., Wounded Heroes, Raven's Ridge Books, an imprint of Baker Book House, Grand Rapids, 1992, Seite 194f.
93 Hosier, Helen Kooiman, 100 Christian Women, a.a.O., Seite 350f.
94 Nixon Eisenhower Julie, Special People, Simon and Schuster, A Division of Gulf & Western Corporation, New York, 1977, Seite 65
95 Nixon Eisenhower Julie, Special People, a.a.O., Seite 47
96 Newsweek, Newsweek Inc., New York, August 12, 1974
97 Remembering Ruth Graham, in: Reflection, a.a.O., Seite 6
98 Griffith Stephen, Ruth Bell Graham: Celebrating an Extraordinary Life, Word Publishing Group, a Division of Thomas Nelson Inc., Nashville, 2003, Seite 43
99 Pollock John Charles, A Foreign Devil in China: The Story of Dr. L. Nelson Bell, World Wide Publications, Minneapolis, 1988
100 Brother Lawrence, The Practice of the Presence of God, revised edition, Whitaker House, New Kensington, 1982, Seite 67ff.
101 Tchividjian Tullian, Do I Know God?, Multnomah Books, Colorado Springs, 1. Auflage, 2007, Seite 103f.
102 Meacham Jon, Pilgrim's Progress in Newsweek, Newsweek Inc., New York, Volume CXLVIII, No. 7, August 14, 2006, Seite 37ff.
103 McLellan Vernon, Billy Graham: A Tribute from Friends, a.a.O., Seite 113f.
104 Aus einer persönlichen Notiz von Basyle »Boz« Tchividjian
105 Harold Myra and Marshall Shelley, The Leadership Secrets of Billy Graham, Zondervan, Grand Rapids, 2008, Seite 293
106 Bell Graham Ruth, Sitting by My Laughing Fire, Word Books Publishers, Waco, Billy Graham Evangelistic Association edition, 1977, Seite 29
107 Bell Graham Ruth, Clouds Are the Dust of His Feet, Crossway Books, a division of Good News Publishers, Wheaton, 1992, Seite 1
108 Burnham George and Fisher Lee, Billy Graham and the New York Crusade, Zondervan Publishing House, Grand Rapids, 1957, Seite 168f.
109 McLellan Vernon, Billy Graham: A Tribute from Friends, a.a.O., Seite 15
110 Griffith Stephen, Ruth Bell Graham: Celebrating an Extraordinary Life, a.a.O., Seite 65

111 Poling David, Why Billy Graham?, Sunstone Press, Santa Fé, 2008, Seite 142
112 Graham Billy, Just As I Am, a.a.O., Seite 676
113 Martin William, A Prophet with Honor: The Billy Graham Story, William Morrow and Company Inc., New York, 1991, Seite 595
114 Edman V. Raymond, Das ausgetauschte Leben, SCM R.Brockhaus, Witten, 1974
115 Strober Deborah Hart and Strober Gerald S., Billy Graham, a.a.O., Seite 144
116 Douglas J. D., Let the Earth Hear His Voice, World Wide Publications, Minneapolis, 1975
117 Strober Deborah Hart and Strober Gerald S., Billy Graham, a.a.O., Seite 134
118 Schaffer James and Todd Colleen, Christian Wives, a.a.O., Seite 56
119 Billy Graham spricht in Zürich zu 60 000 Zuhörern, in: Schweizer Illustrierte Zeitung, Ringier & Co. AG, Zofingen, Nr. 26, 20. Juni 1955, Seite 55
120 Dr. Billy Graham in Zürich, in: St. Galler Tagblatt, 20. Juni 1955
121 Eine Riesenveranstaltung des amerikanischen Evangelisten Billy Graham, in: Berner Tagwacht, 20. Juni 1955
122 Graham Billy, Just As I Am: The Autobiography of Billy Graham, revised and updated 10th anniversary edition, HarperCollins Publishers, New York, 2007, Seite 692
123 Kooiman Helen W., Transformed, a.a.O., Seite 97
124 Knaack Twila, Special Friends, Who Reflect the Fruit of the Spirit, Word Books Publisher, Waco, 2. Auflage, 1981, Seite 21f.
125 Billy and His Beacon, in: Newsweek, Weekly Publications Inc., Dayton, Volume XXXV, No. 18, May 1, 1950, Seite 67
126 Billy Graham's Invasion: His Mission – Save New York, a.a.O.
127 Graham Billy, Just As I Am, a.a.O., Seite 243
128 Poling David, Why Billy Graham?, Sunstone Press, Santa Fé, 2008, Seite 143
129 Karl Barth, in: TIME, Time Inc., New York, October 17, 1949
130 Douglas J. D., Let the Earth Hear His Voice, a.a.O.
131 Ferm Robert O., Cooperative Evangelism: Is Billy Graham Right or Wrong?, Zondervan Publishing House, Grand Rapids, 3. edition, 1958, Seite 23
132 Coffey Graham Morrow, They Call Me Mother Graham, Billy Graham Evangelistic Association, Charlotte, 2007
133 Graham Billy, Geboren um zu sterben?, TELOS-Sondertaschenbuch, SCM Hänssler, Holzgerlingen, 1976, Seite 51
134 Graham Billy, Billy Graham Talks to Teen-agers, Miracle Books, Wheaton, 1958
135 Graham Billy, Die Kraft des Heiligen Geistes empfangen, SCM Hänssler, Holzgerlingen, 1990
136 Graham Billy, The Holy Spirit, Word Books Publisher, Waco, First Key-Word edition, 1980, Seite 55

137 Flint Cort R., The Quotable Billy Graham, Droke House Publishers Inc., Anderson, 1. Ausgabe, Seite 61
138 Billy and His Beacon, in: Newsweek, Weekly Publications Inc., Dayton, Volume XXXV, No. 18, May 1, 1950, Seite 67
139 TIME, Time Inc., New York, June 24, 1957, Seite 74
140 Brauer Wilhelm, Billy Graham: Ein Evangelist der Neuen Welt, Brunnen Verlag, Gießen, 4. Auflage, 1955, Seite 32
141 Harold Myra and Marshall Shelley, The Leadership Secrets of Billy Graham, a.a.O., Seite 45
142 Martin William, A Prophet with Honor: The Billy Graham Story, a.a.O., Seite 109
143 Kooiman Helen W., Transformed: a.a.O., Seite 94f.
144 Remembering Ruth Graham, in: Reflection, a.a.O.
145 Schaffer James and Todd Colleen, a.a.O., 1987, Seite XIV
146 Bell Graham Ruth, It's My Turn, Fleming H. Revell Company, Old Tappan, 1982, Seite 75
147 Kawasaki Guy, Hindsights, a.a.O., Seite 194f.
148 Grady J. Lee, An Anchor of Integrity, in: Charisma & Christian Life, Strang Communications Company, Lake Mary, Volume 30, Number 12, July 2005, Seite 6
149 http://www.annegrahamlotz.com/static/uploads/Early_Show_9-13-01.pdf
150 Neuhaus Richard, in: Billy Graham – Ambassador of Salvation, DVD, a.a.O.
151 Graham Billy, A Biblical Standard for Evangelists, Billy Graham Evangelistic Association, published by World Wide Publications, Minneapolis, 1984, Seite 131
152 Harold Myra and Marshall Shelley, The Leadership Secrets of Billy Graham, a.a.O., Seite 58
153 Templeton Charles, Charles Templeton: An Anecdotal Memoir, a.a.O., Seite 61-63
154 Martin William, A Prophet with Honor: The Billy Graham Story, a.a.O., Seite 603
155 Blackaby Henry & Richard, Spiritual Leadership: Moving People on to God's Agenda, Broadman & Holan Publishers, Nashville, 2001, Seite 107
156 Blackaby Henry & Richard, Spiritual Leadership, a.a.O., Seite 239
157 Graham Billy, Just As I Am, a.a.O., Seite 27ff.
158 Graham Billy, Just As I Am, a.a.O., Seite 106f.
159 Graham Billy, Just As I Am, a.a.O., Seite 106f.
160 Graham Billy, Just As I Am, a.a.O., Seite 128
161 Harold Myra and Marshall Shelley, The Leadership Secrets of Billy Graham, a.a.O., Seite 57

162 Graham Billy, Just As I Am, a.a.O., Seite 128f.
163 The Religion Issue, in: TIME, Time Inc., New York, August 29, 1960, Seite 14
164 Graham Billy, Billy on Religion & Politics, in: TIME, Time Inc., New York, September 19, 1960, Seite 6
165 Thomas William, An Assessment of Mass Meetings as a Method of Evangelism – Case Study of Eurofest '75 and the Billy Graham Crusade in Brussels, Vrije Universiteit Amsterdam, Rodopi, 1977, Seite 61
166 www.beliefnet.com/News/2002/10/Billy-Graham-Organization
167 http://www.accessmylibrary.com/coms2/summary_0286-8767760_ITM
168 Martin William, A Prophet with Honor: The Billy Graham Story, a.a.O., Seite 73
169 Graham Billy, Just As I Am, a.a.O., Seite 59
170 Graham Billy, Just As I Am, a.a.O.
171 Moslems v. Billy, in: TIME, Time Inc., New York, February 15, 1960, Seite 86
172 Martin William, A Prophet with Honor: The Billy Graham Story, a.a.O., Seite 566
173 Wilson T. W., in: Billy Graham – Ambassador of Salvation, DVD, a.a.O.
174 A Conversation with Ruth Graham. Video eines Interviews von Anne Graham Lotz mit ihrer Mutter, aufgenommen für den »Chosen Woman Stadium Event« an der »Rose Bowl« in Pasadena, Kalifornien, vom 17. Mai 1997
175 Billy Graham Answers His Critics, in: LOOK, Cowles Magazines Inc., Des Moines, Vol 20, No. 3, February 7, 1956, Seite 47ff.
176 Rainer Thom S., Evangelism in the Twenty-first Century, a.a.O., Seite 171ff.
177 Dennis Jay, Leading with Billy Graham: The Leadership Principles and Life of T. W. Wilson, Baker Books, a division of Baker Publishing Group, Grand Rapids, 2005, Seite 148
178 Wilson Grady, Count It All Joy, a.a.O., Vorwort
179 Graham Ruth, A Legacy of Love, a.a.O., Seite 54
180 Nixon Eisenhower Julie, Special People, a.a.O., Seite 75
181 Graham Billy, Biblical Authority in Evangelism, in: Christianity Today, Christianity Today Inc., Washington, October 15, 1956, Seite 6
182 Larson Mel, Youth for Christ: Twentieth Century Wonder, Zondervan Publishing House, Grand Rapids, 1947, Seite 135
183 Bell Graham Ruth, in: Christianity Today, Christianity Today Inc., Washington, March 4, 1983
184 http://www.christianitytoday.com/tc/storiesofhope/powerofprayer/9r4043.html
185 Kawasaki Guy, Hindsights, a.a.O., Seite 199
186 »Ich betrachte das Leben als Vorrecht und nicht so sehr als Problem«, Interview mit Ruth Graham in Lydia, ICI (International Correspondence Institute), Darmstadt, 2. Quartal 1987

187 Kawasaki Guy, Hindsights, a.a.O., Seite 197
188 Bell Graham Ruth, Legacy of a Pack Rat, a.a.O., Seite 59, 80
189 Kooiman Helen W., Transformed, a.a.O., Seite 94
190 Zachary Bright Vonette, The Greatest Lesson I've Ever Learned: Inspirational Stories from Prominent Christian Women, Here's Life Publishers, San Bernardino, 2nd printing, 1990
191 Graham Ruth, A Legacy of Love, Inspirio, Zondervan, Grand Rapids, 2005, Seite 13
192 Cornwell Patricia Daniels, A Time for Remembering, a.a.O., Seite 149
193 Wilson Grady, Count It All Joy, a.a.O., Seite 289
194 Griffith Stephen, Ruth Bell Graham: Celebrating an Extraordinary Life, a.a.O., Seite 37
195 Bell Graham Ruth, Ruth Bell Graham's Collected Poems, a.a.O., Seite 87
196 Bell Graham Ruth, Ruth Bell Graham's Collected Poems, a.a.O., Seite 259
197 Bell Graham Ruth, Ruth Bell Graham's Collected Poems, a.a.O., Seite 255
198 Bell Graham Ruth, Footprints of a Pilgrim, Billy Graham Evangelistic Association, with permission from Word Publishing, a Division of Thomas Nelson Inc., Nashville, 2001, Seite 110
199 Graham Billy, in: Asheville Citizen-Times, Asheville, June 16, 2007, Seite A5
200 Graham Billy, Just As I Am, a.a.O., 135f.
201 Graham Billy, Just As I Am, a.a.O., Seite 138
202 Graham Billy, Just As I Am, a.a.O., Seite 138
203 Graham Billy, Just As I Am, a.a.O., Seite 139
204 Templeton Charles, Farewell to God: My Reasons for Rejecting the Christian Faith, McClelland & Steward, Toronto, Trade paperback edition, 1999
205 Flint Cort R., The Quotable Billy Graham, Droke House Publishers Inc., Anderson, 1. Ausgabe, Seite 74
206 Flint Cort R., The Quotable Billy Graham, a.a.O., Seite 30
207 Graham Billy, Biblical Authority in Evangelism, in: Christianity Today, Christianity Today Inc., Washington, October 15, 1956, Seite 6
208 Graham Billy, Why Lausanne?, in: Christianity Today, Christianity Today Inc., Washington, October 15, 1956, Seite 5
209 Graham Billy, Billy Graham Talks to Teen-agers, Miracle Books, Wheaton, 1958, Seite 59
210 Griffith Stephen, Ruth Bell Graham: Celebrating an Extraordinary Life, a.a.O., Seite 66f.
211 Pollock John, One Man's Furrow, in: Christianity Today, Christianity Today Inc., Washington, September 13, 1974, Seite 18f.
212 Cheatham Melvin, Make a Difference: Responding to God's Call to Love the World, Thomas Nelson, Nashville, 2004

213 Cheatham Melvin, Make a Difference, a.a.O.
214 Graham Franklin, Rebel With a Cause, Thomas Nelson, Nashville, 1995
215 Graham Billy, Just As I Am, a.a.O., Seite 185
216 Bell Graham Ruth & Graham Tchividjian Gigi, Mothers Together, Baker Bo-oks, Grand Rapids, 1998, Seite 15f.
217 Burnham George, To the Far Corners: With Billy Graham in Asia, a.a.O., Sei-te 81
218 Remembering Ruth Graham, in: Reflection, a.a.O., Seite 5
219 Remembering Ruth Graham, in: Reflection, a.a.O., Seite 15
220 Martin William, A Prophet with Honor: The Billy Graham Story, a.a.O.
221 Rosell Garth M., The Surprising Work of God: Harold John Ockenga, Billy Graham, and the Rebirth of Evangelicalism, Baker Academic, a division of Baker Publishing Group, Grand Rapids, 2008, Seite 169ff.
222 Burnham George, Billy Graham: A Mission Accomplished, Fleming H. Revell Comp, Westwood, 1955, Seite 143ff.
223 Billy Graham: A Prophet with Honor, DVD, Tullstar Productions, Vision Vi-deo, Worcester, 1989
224 Billy Graham Makes Plea for an End to Intolerance, in: LIFE, TIME Inc., Chi-cago, Volume 41, Number 14, October 1, 1956, Seite 138ff.
225 Long Michael G., The Legacy of Billy Graham – Critical Reflections on Ameri-ca's Greatest Evangelist, Westminster John Knox Press, Louisville, 2008, Sei-te 228f.
226 Hopkins C. Howard, John R. Mott, 1865-1955 – A Biography, National Board of the Young Men's Christian Associations, New York, published by William B. Eerdmans Publishing Company, Grand Rapids, 1989, Seite 363
227 Graham Billy, Just As I Am, a.a.O., Seite 559
228 Graham Billy, Just As I Am, a.a.O., Seite 561
229 Nelson Dr. Victor, in: Graham Billy, Just As I Am, a.a.O., Seite 561
230 Henry Carl F. H., God, Revelation and Authority (6 Volume Set), Crossway Books, Wheaton, 1999
231 Graham Billy, Just As I Am, a.a.O., Seite 563
232 Billy Graham, What God Is Doing, in: Decision, Billy Graham Evangelistic Association, Minneapolis, Vol 8, No. 1, January 1967, Seite 13
233 Graham Billy, Just As I Am, a.a.O., Seite 566
234 Billy Graham, What God Is Doing, in: Decision, a.a.O., Seite 14
235 The All-Britain Crusade of 1967 – A Pictorial Report, World Wide Publica-tion, Minneapolis, 1967, Seite 124
236 Berneburg Erhard, Das Verhältnis von Verkündigung und sozialer Aktion in der evangelikalen Missionstheorie, SCM R.Brockhaus, Witten, 1997, Seite 58
237 Christianity Today, Christianity Today Inc., Washington, September 30, 1957

238 Graham Billy, Just As I Am, a.a.O., Seite 568

239 Beyerhaus Peter, Krise und Neuaufbruch der Weltmission, Verlag der Liebenzeller Mission, Bad Liebenzell, 1987, Seite 57

240 Beyerhaus Peter, Krise und Neuaufbruch der Weltmission, a.a.O., Seite 65

241 A Challenge from Evangelicals, in: TIME, Time Inc., New York, August 5, 1974, Seite 48f.

242 Graham Billy, Just As I Am, a.a.O., Seite 568

243 Douglas J. D., Let the Earth Hear His Voice, a.a.O., Seite 29f.

244 Berneburg Erhard, Das Verhältnis von Verkündigung und sozialer Aktion in der evangelikalen Missionstheorie, SCM R.Brockhaus, Witten, 1997, Seite 73

245 Marquardt Horst, 25 Jahre Lausanner Bewegung, Lausanner Bewegung Deutschland, DEA, Stuttgart, 1999

246 Douglas J. D., Let the Earth Hear His Voice, a.a.O., Seite 1444f.

247 Marquardt Horst, 25 Jahre Lausanner Bewegung, a.a.O.

248 Hardmeier Roland, Kirche ist Mission, Neufeld Verlag, Schwarzenfeld, 2009, Seite 42

249 Tchividjian, Tullian, Unfashionable: Making a Difference in the World by Being Different, Multnomah Books, Colorado Springs, 1. edition, 2009, Seite 9ff.

250 Eröffnungsgebet anlässlich des evangelistischen Feldzuges 1959 in Melbourne, Australien

251 In einem persönlichen Gespräch mit dem Autor im Juni 2009 in Tallinn, Estland

252 Graham Ruth, A Legacy of Love, a.a.O., Seite 68

253 Bell Graham Ruth, Legacy of a Pack Rat, a.a.O., Seite 183

254 Bell Graham Ruth, Legacy of a Pack Rat, a.a.O., 98f.

255 Bell Graham Ruth, It's My Turn, a.a.O., Seite 170f.

256 Kooiman Helen W., Transformed: a.a.O., Seite 94f.

257 Homecoming The Magazine, Salem Publishing, Nashville

258 Graham Billy, Die Kraft des Heiligen Geistes empfangen, SCM Hänssler, Holzgerlingen, 1990

259 Billy Graham, The New Evangelist, in: TIME, Time Inc., New York, October 25, 1954

260 Billy Graham's Invasion: His Mission – Save New York, a.a.O.

261 Tchividjian Basyle and Aram, Invitation: Billy Graham and the Lives God Touched, Multnomah Books, Colorado Springs, 2008

262 Brauer Wilhelm, Billy Graham: Ein Evangelist der neuen Welt, Brunnen Verlag, Gießen, 4. Auflage, 1955, Seite 56

263 Cook Charles T., Das ist Billy Graham – Werden und Wirken eines Evangelisten unserer Zeit, Brunnen Verlag, Gießen und Basel, 1954, Seite 101f.

264 High Stanley, Billy Graham – The Personal Story of the Man, His Message, and His Mission, McGraw-Hill Book Company, New York, 1956, Seite 17
265 Harold Myra and Marshall Shelley, The Leadership Secrets of Billy Graham, a.a.O., Seite 22ff.
266 Graham Billy, Calling Youth to Christ, Zondervan Publishing House, Grand Rapids, 4. Auflage, 1974, Seite 41f.
267 Graham Billy, Revival in Our Time, Van Kampen Press, Wheaton, 1950, Seite 82, 93
268 Billy Graham, The Fruit of the Spirit, in: Radio Messages »The Hour of Decision«, Billy Graham Evangelistic Association, 1957
269 Billy Graham, What God is Doing, in: Decision, a.a.O., Seite 3ff.
270 Graham Billy, Why Lausanne?, in: Christianity Today, Christianity Today Inc., Washington, September 13, 1974, Seite 14
271 Douglas J. D., Let the Earth Hear His Voice, a.a.O., Seite 1466
272 Billy Graham, in: The Work of an Evangelist, World Wide Publications, Minneapolis, 1984, Seite 8
273 Billy Graham, in: The Work of an Evangelist, a.a.O., Seite 41
274 McLellan Vernon, Billy Graham: A Tribute from Friends, a.a.O., Seite 36
275 McLellan Vernon, Billy Graham: A Tribute from Friends, a.a.O., Seite 149
276 Auszug aus dem Manifest von Manila, dem Schlusspapier des Internationalen Missionskongresses des Lausanner Komitees für Weltevangelisation vom 11.–20. Juli 1989 in Manila
277 Bakker Jim, I Was Wrong, Thomas Nelson Publishers, Nashville, 1996, Seite 610
278 Kawasaki Guy, Hindsights, a.a.O., Seite 192
279 Wilson Grady, Count It All Joy, a.a.O., Seite 296
280 Graham Ruth, A Legacy of Faith, a.a.O., Seite 186ff.
281 Frist Betty, My Neighbors, the Billy Grahams, a.a.O., Seite 30
282 Bakker Jim, I Was Wrong, a.a.O., Seite 265
283 Bakker Jim, I Was Wrong, a.a.O., Seite 376f.
284 Bakker Jim, I Was Wrong, a.a.O., Seite 609f.
285 Bell Graham Ruth, It's My Turn, a.a.O., Seite 130
286 Frist Betty, My Neighbors, the Billy Grahams, a.a.O., Seite 170
287 Frist Betty, My Neighbors, the Billy Grahams, a.a.O., Seite 163
288 Frist Betty, My Neighbors, the Billy Grahams, a.a.O., Seite 149f.
289 Robbins Jhan, Marriage Made in Heaven, G. P. Putnam's Sons, New York, 1983, Seite 129f.
290 Yancey Philip, Gnade ist nicht nur ein Wort, SCM R.Brockhaus, Witten, 1. Taschenbuchauflage 2007, Seite 259
291 Guideposts, November 1977

292 Busby Russ, Billy Graham – God's Ambassador, HarperCollins, New York, 2007, Seite 190

293 Graham Ruth, A Legacy of Love, a.a.O., Seite 106

294 Freed Armstrong Ruth, in: Wheaton College Alumni, Vol. 10, Issue 4, Autumn 2007, Seite 29

295 Wilson Grady, Count It All Joy, a.a.O., Seite 295f.

296 Frost David, Billy Graham: Personal Thoughts of a Public Man, Chariot Victor Publishing, Colorado Springs, 1997, Seite 116f.

297 Fox Richard Wightman, Reinhold Niebuhr – A Biography, Pantheon Books, a division of Random House Inc., New York, 1985, 1. Ausgabe

298 Gibbs Nancy and Duffy Michael, The Preacher and the Presidents, Center Street, New York, 1. Auflage, 2007, Seite 303ff.

299 Griffith Stephen, Ruth Bell Graham: Celebrating an Extraordinary Life, a.a.O., Seite 66

300 Graham Billy, Friede mit Gott, SCM R.Brockhaus, Witten, 12. Ausgabe, 1974, Seite 6

301 Aus: The Christian, übersetzt in: Licht und Leben, 3/64, gedruckt in: Graham Billy, Friede mit Gott, SCM R.Brockhaus, Witten, 12. Ausgabe 1974, Seite 6

302 Thielicke Helmut, Zu Gast auf einem schönen Stern, Hoffmann und Campe Verlag, Hamburg, 1984, Seite 380